जे.एन.यू. में नामवर सिंह

जे.एन.यू. में नामवर सिंह

सम्पादन

सुमन केशरी

राजकमल प्रकाशन

ISBN : 978-81-267-1788-0

मूल्य : ₹695

पहला संस्करण : 2009
दूसरा संस्करण : 2019

प्रकाशक : राजकमल प्रकाशन प्रा. लि.
1-बी, नेताजी सुभाष मार्ग, दरियागंज
नई दिल्ली-110 002

शाखाएँ : अशोक राजपथ, साइंस कॉलेज के सामने, पटना-800 006
पहली मंजिल, दरबारी बिल्डिंग, महात्मा गांधी मार्ग, इलाहाबाद-211 001
36 ए, शेक्सपियर सरणी, कोलकाता-700 017

वेबसाइट : www.rajkamalprakashan.com
ई-मेल : info@rajkamalprakashan.com

मुद्रक : बी.के. ऑफसेट
नवीन शाहदरा, दिल्ली-110 032

J.N.U. MEIN NAMVAR SINGH
Edited by Suman Keshari

नामवर जी की दूसरी परम्परा

नामवर जी से मैं पहली बार जे.एन.यू. में उनके निवास पर ही मिला था। 1979 की एक सुबह थी। पन्नालाल जी के साथ मैं नामवर जी के जे.एन.यू. आवास पर गया था। पन्नालाल जी को मैं गुरुजी कहता था। गुरुजी इसलिए क्योंकि मुझे प्रकाशक बनाने के पाठ में दीक्षित करनेवाले वे पहले व्यक्ति थे। पन्नालाल जी ने ही पहली बार नागार्जुन, रामदरश मिश्र, भोलानाथ तिवारी से मिलवाया। रामविलास शर्मा, हरिशंकर परसाई, श्रीकान्त वर्मा, अशोक वाजपेयी से मिलने के लिए प्रेरित किया। अच्छे लेखक, अच्छी किताब का महत्त्व समझाया।

मैं और गुरुजी बसों में सफर करते पहली बार नामवर जी के घर पहुँचे। इससे पहले नामवर जी के बारे में वे मुझे बहुत कुछ बता चुके थे। उनसे मिलने का उत्साह भी था और मन में डर भी। हम ड्राइंग रूम में बैठे डॉक्टर साहब की प्रतीक्षा कर रहे थे। वहीं खाने की मेज पर डॉक्टर साहब के लिए भींगे बादाम आदि रखे थे। नामवर जी के घरेलू सहायक रामदुलारे उन्हें नाश्ता कराने की तैयारी कर रहे थे। पहले नामवर जी ने नाश्ता किया और फिर हमारे पास आकर बैठे। वे धोती-कुर्ते में थे। उन दिनों डॉक्टर साहब सिर्फ सफेद कुर्ता ही पहनते थे। लम्बा चौड़ा कसरती बदन। किसी को भी पछाड़ दें, ऐसी ताकत। अन्दर तक भेदती और मुस्कुराती चमकद्दार आँखें। मैं तो बहुत डरते-डरते पन्नालाल जी के साथ गया था, नमस्ते के अलावा कुछ बोलने का सवाल ही नहीं था। पन्नालाल जी उनसे काफी देर तक बातें करते रहे। पुराने-नए साहित्यकारों की बातें, नई से नई पुस्तकों की बातें। मैं गुरुजी की हिम्मत की और जानकारी की दाद देता रहा कि वे डॉक्टर साहब से ऐसे बात कर सकते थे। शायद कम लोग होंगे जो उनसे इस तरह बोल सकते हों। मैं पिछले कुछ वर्षों से ही उन्हें नामवर जी कहने का साहब जुटा पाया हूँ, शायद उनका स्नेह पाने के बाद, वरना 'डॉक्टर साब' के अतिरिक्त मेरे मुँह से कोई सम्बोधन

निकलता ही नहीं था। वैसे लोग उन्हें अलग-अलग सम्बोधनों से पुकारते हैं—सुधीरचन्द्र उन्हें 'पंडीजी' कहते हैं, त्रिलोचन जी उन्हें 'ठाकुर साहब' कहते थे, बहुत से लोग उन्हें अध्यक्ष जी या आचार्य जी कहते हैं।

नामवर जी से लम्बी बात नहीं हो सकती। जो पूछा, जवाब मिला, बस। आगे कुछ कहने की मेरी हिम्मत कभी नहीं पड़ी। इससे कभी असंतोष हुआ हो ऐसा भी नहीं है। प्रायः उत्तर सटीक मिले, मैं संतुष्ट होकर लौटा। बात चाहे अज्ञेय जी की पुस्तकों के प्रकाशन की रही हो या 'इतिहास और आलोचना' के प्रकाशन की। नामवर जी की उन दिनों अनुपलब्ध पुस्तक 'इतिहास और आलोचना' को मैं रायपुर की एक पुरानी दुकान से बड़ी मुश्किल से ढूँढ़ कर लाया था। इन प्रसंगों में डॉक्टर साब ने जो कह दिया वह मेरे लिए अन्तिम था। मैं और पन्नालाल जी 'इतिहास और आलोचना' की प्रति लेकर उनके पास गए थे और नयी भूमिका के लिए उनके पास छोड़ आए थे।

'जे.एन.यू. में नामवर सिंह' नाम बड़ा अलीब-सा लगता है। भारत में सैंकड़ों विश्वविद्यालय हैं और हजारों प्रोफेसर। यदि सभी पर पुस्तकें निकलने लगें तो क्या हो! वह भी रिटायर होने के अठारह साल बाद! लेकिन हमें लगा, न तो कोई विश्वविद्यालय जे.एन.यू. हो सकता है और न ही कोई प्रोफेसर नामवर सिंह। यह अनोखा मणिकांचन संयोग यहीं सम्भव हुआ। एक नए स्वप्न संसार में नई कल्पनाओं को साकार करने की सोचता, जगह-जगह भटकता, मजबूत इरादों और ज्ञान रश्मियों से दीप्त प्रोफेसर।

यह पुस्तक एक विशेष उद्देश्य से तैयार की गई है। इसमें नामवर जी की जिन्दगी के एक विशेष कालखंड का चित्र भर नहीं है। असल में नामवर जी ने जे.एन.यू. में अपने प्रगतिशील विचारों से जो नई दुनिया बनाई उसे समझने की दिशा में यह पहला प्रयास है। नामवर जी ने हिन्दी का नया पाठ्यक्रम बनाकर उसे आज के समय के अनुकूल बना दिया। उनके पढ़ाए हुए छात्रों ने अनेक दिशाओं में महत्त्वपूर्ण काम किए। यह नामवर जी की दूसरी परम्परा है जिसकी आहट इस पुस्तक में दिखाई देती है।

आज जब संस्थाएं अपनी स्वायत्तता खो रही हैं, व्यक्ति कुछ भी अलग निर्णय लेने में हिचकता है, ऐसे में इस तरह की पुस्तक की गहरी प्रासंगिकता है। आज के संकटकालीन समय में पीछे मुड़कर देखना कि ऐसा भी था, है और ऐसा भी हो सकता है, हमें नई ताकत से भर देता है।

जे.एन.यू. और नामवर सिंह जैसे मणि और कंचन। मणि को तराशने से और सोने में सुहागे से निखार आता है। मेरे प्रिय मित्र हरीश आनन्द और सुमन केशरी जी ने नामवर जी के जे.एन.यू. प्रवास का जीवंत दस्तावेज खोजने का महत्त्वपूर्ण काम किया। राजकमल इस महत्त्वपूर्ण पुस्तक का प्रकाशन कर रहा है और प्रसन्नता महसूस कर रहा है। जे.एन.यू., नामवर सिंह और राजकमल तीनों ही अपनी संस्थागत प्रकृति के कारण जाने जाते हैं और जाने जाते रहेंगे। यह पुस्तक नामवर जी की इस प्रकृति को परिभाषित करने का एक विनम्र प्रयास है।

—अशोक महेश्वरी
प्रबन्ध निदेशक
राजकमल प्रकाशन प्रा.लि.

यह किताब क्यों ?

बात 8 जनवरी, 2009 की है। कवि गोबिन्द प्रसाद के बल्गेरिया रवाना होने से पूर्व, उनके घर पर एक रात भोजन के लिए प्रो. नामवर सिंह, कविवर केदारनाथ सिंह और प्रो. गंगा प्रसाद 'विमल' के साथ मैं और पुरुषोत्तम भी आमन्त्रित थे। गोविन्द तीन वर्षों के लिए बल्गेरिया जा रहे थे। माहौल में नई जगह जाने की उत्सुकता के साथ जानी-पहचानी जगह छोड़ने का तनाव भी था। स्वभावतः यह मौका भारतीय भाषा केन्द्र पर चर्चा करने को प्रेरित करता था, इसलिए भी कि गोबिन्द के जाने के बाद जे.एन.यू. के हिन्दी विभाग में एक और वरिष्ठ अध्यापक की कमी आ जानेवाली थी क्योंकि पुरुषोत्तम तो सन् 2007 में ही स्वैच्छिक सेवानिवृत्ति लेकर यू.पी.एस.सी. जा चुके थे और डॉ. वीरभारत तलवार एक बार पुनः 'इंडियन इंस्टीट्यूट ऑफ एडवांस्ड स्टडीज', शिमला रवाना हो चुके थे। भारतीय भाषा केन्द्र की वर्तमान स्थिति पर चर्चा के केन्द्र में नामवर जी का होना स्वाभाविक ही था, आखिर वही तो थे इस केन्द्र को बनानेवाले, उसकी दिशा तय करते हुए नित नए-नए प्रयोग करनेवाले। धीरे-धीरे चर्चा जे.एन.यू. के अनोखेपन की ओर बढ़ चली। बातचीत के क्रम में पुरुषोत्तम को सूझा कि क्यों न एक पुस्तक जे.एन.यू. और नामवर जी पर केन्द्रित करके निकाली जाए। शीर्षक भी तुरन्त सूझ गया—'जे.एन.यू. में नामवर सिंह'। सुझाव आते ही मैंने इस पर अमल करने की इच्छा प्रकट कर दी। सभी एकदम सहमत हो गए। इस पुस्तक में लिखने के लिए वहीं कुछ नाम भी तय कर लिए गए। बात मेरे मन में गहरे बैठ गई...।

इस पुस्तक पर गहराई से सोचते हुए मैंने नामवर जी पर अब तक प्रकाशित पुस्तकों, लेखों आदि पर भी ध्यान दिया। मेरे लिए यह जानना जरूरी था कि आखिर क्योंकर जरूरी है इस किताब को निकालना? और यह किताब दूसरी किताबों से किस धरातल पर भिन्न होगी।

सबसे पहली बात तो यह कि इस पुस्तक में केवल उन्हीं लोगों के लेख हैं, जो किसी-न-किसी रूप में जे.एन.यू. से जुड़े रहे हैं, चाहे वे यहाँ के विद्यार्थी हों, अध्यापक हों, कर्मचारी हों या केवल दुकानदार ही क्यों न हों।

दूसरे, यह किताब आलोचक नामवर सिंह या अध्यापक नामवर सिंह का मूल्यांकन करने के उद्देश्य से तैयार की जा रही पुस्तक नहीं है, बल्कि आज जब शैक्षणिक संस्थाओं की स्वायत्तता पर तरह-तरह के हमले हो रहे हैं, यह पुस्तक देश की एक विशिष्ट संस्था, उसके निर्माण में नामवर जी के योगदान और स्वयं नामवर जी के विकास में उस संस्था के महत्त्व को रेखांकित करने के उद्देश्य से तैयार की गई है। इस तरह से यह एक व्यक्ति का मूल्यांकन नहीं बल्कि चिन्तन के एक खास स्कूल के प्रभावों-परिणामों का भी लेखा-जोखा करने जा रही पुस्तक है।

इन सब बातों पर दृष्टि साफ हो जाने के बाद मैंने राजकमल प्रकाशन के श्री अशोक महेश्वरी से इस विषय पर चर्चा की तो अशोक जी सदा की तरह सहर्ष-सोत्साह तैयार हो गए। उनसे स्वीकृति मिलते ही मैंने लोगों से बातचीत शुरू कर दी। जल्दी ही हमने जे.एन.यू. से जुड़े अनेक लोगों को इस बाबत चिट्ठी भेज दी। लोगों में भी उत्साह था, संस्था की तरह के एक व्यक्ति और मनुष्य जैसी संवेदना लिये एक संस्था के बारे में सोचने व लिखने के लिए। इस सोचने-लिखने में अन्तःसलिला सी विद्यमान उन बिन्दुओं की पड़ताल भी है, जिसके फलस्वरूप जे.एन.यू. जैसी संस्था का निर्माण किया जा सका, नामवर जी तथा उनके समय के अन्य अनेक विद्वानों को बेधड़क नए प्रयोग करने के लिए जमीन हासिल हो सकी और इसी के साथ उन प्रवृत्तियों पर भी प्रकाश डाला गया जिसके कारण जे.एन.यू. जैसी अनोखी संस्था क्रमशः मेनस्ट्रीम का हिस्सा बनने के लिए बाध्य हुई जा रही है। इसीलिए मैंने इस पुस्तक का नाम रखा : 'जे.एन.यू. में नामवर सिंह', जिसे कई लोगों ने 'जे.एन.यू. के नामवर सिंह' के तौर पर पढ़ा है– खैर, जे.एन.यू. के नामवर सिंह में भी तो कुछ बातें जे.एन.यू. के बारे में हैं ही। और फिर जे.एन.यू. जैसी जीवन्त संस्था और नामवर जी जैसे व्यक्ति के लिए भला यह सम्भव था कि वे एक-दूसरे को प्रभावित न करें, एक-दूसरे को रचें-गढ़ें नहीं?

नामवर जी के एक वक्तव्य, इंटरव्यू तथा चौंतीस लेखों से तैयार, यह पुस्तक छह खंडों में विभाजित है। यथा–(i) बज़ुबान ख़ुद, (ii) जे.एन.यू. : तब से अब तक, (iii) बाहर निकल कर..., (iv) कमी खली, (v) एक पक्ष यह भी और (vi) हम भी साथ हैं।

पहले खंड 'बज़ुबान ख़ुद' में जे.एन.यू. में 1992 में हुए विदाई समारोह में नामवर जी का दिया वक्तव्य है और इसी पुस्तक के लिए मेरे द्वारा लिया एक सुदीर्घ साक्षात्कार। यह साक्षात्कार उनकी अपनी निर्मिति की दास्तान भी है और जे.एन.यू. सम्बन्धी प्रयोगों का खुलासा भी, मार्ग में आनेवाली बाधाओं का स्मरण भी। इसमें उस सतत प्रयोगधर्मी व्यक्ति ने भविष्य में शिक्षा के विकास की रूपरेखा कुछ इस तरह दिखाई है–"दो सेमेस्टर में तो कोर कोर्स हों और बाकी दो सेमेस्टरों के लिए

कई विकल्प हों...वो आज की जिन्दगी को देखते हुए हों, जैसे जो विद्यार्थी मीडिया स्टडीज में जाना चाहता हो, बकायदा दो सेमेस्टर वह कोर्स करे, कम्प्लीट ट्रेनिंग देकर हम (उसे) भेजेंगे।''

दूसरे खंड 'जे.एन.यू. तब से अब तक' में वे लेख रखे गए हैं जिन्हें जे.एन.यू. के अध्यापकों ने लिखा है। इनमें से कुछ नामवर जी के समकालीन थे तो कुछ अब भी वहाँ पढ़ा रहे हैं। अधिकतर तो यहाँ विद्यार्थी भी रहे हैं। अतः विद्यार्थी और फिर सहकर्मी आदि की तरह उन्होंने इस विश्वविद्यालय और नामवर जी को किस तरह देखा, इसका ब्यौरा ये लेख देते हैं।

'उन दिनों जे.एन.यू.' को एक खास अन्दाज में फिर से रचते हुए पुरुषोत्तम अग्रवाल हमें विश्वविद्यालय की अवधारणा ('आइडिया ऑफ यूनिवर्सिटी') याद दिलाते हैं। जे.एन.यू. को बनाने में जे.एन.यू. वालों का और उन्हें बनाने में जे.एन.यू. के योगदान को याद करते हुए यह लेख कहता है कि 'समस्या उन दिनों और उन लोगों के प्रति भावुक होने में नहीं, उन्हें भुला देने में है।'

भगवान जोश नामवर जी के मार्क्सवाद के साथ 'सहज' विशेषण जोड़ते हैं : यूँ ही मिल जानेवाले के अर्थ में सहज नहीं बल्कि 'सहज सहज सब कोई कहे सहज न चीन्हे कोई' वाले अर्थ में 'सहज'। मूलतः अंग्रेजी में लिखे इस लेख का अनुवाद मैंने किया है। मेरे साथ हुई बातचीत के आधार पर तैयार प्रो. सदीकुर्रहमान किदवई का लेख इस 'टापू' के निवासियों की देश-विदेश की घटनाओं के प्रति संवेदनशीलता को बहुत साफ ढंग से सामने लाता है। अपने कवि और अध्यापक अवतारों में आवाजाही करते हुए प्रो. केदारनाथ सिंह भारतीय भाषा केन्द्र के उन आरम्भिक दिनों को याद करते हैं, जब नामवर जी के नेतृत्व में यह केन्द्र अध्यापन की लोकतान्त्रिक पद्धति और जीवन की सामासिकता के प्रयोग कर रहा था।

गोबिन्द प्रसाद का लेख गोया एक शबीह (शब्द छवि) है। 'हशमत' को याद करते हुए गोबिन्द, नामवर जी के चलने से लेकर बोलने तक के अन्दाज का एक व्यंजक चित्र प्रस्तुत करते हैं। डॉ. गोविन्द पुरुषोत्तम देशपांडे ने अपने लेख के माध्यम से नामवर जी के साथ अपने उस 'संवाद-सम्बन्ध' को फिर से जीने का प्रयत्न किया है जो हालचाल पूछने ('हितगुजा') से बहुत आगे की बात होते हुए भी व्यक्तिगत घनिष्ठता में नहीं बदल पाया। मूलतः अंग्रेजी में लिखे इस लेख का अनुवाद पुरुषोत्तम अग्रवाल ने किया है। नामवर जी को 'पैदायशी जे.एन.यू. ओरियेंटेड' बताते हुए डॉ. असलम परवेज 'जनाबे शेख़ के नक्शे कदम' तलाशते हुए हमें उस आइडियल यूनिवर्सिटी की सैर कराते हैं, जो अपने आइडियल वातावरण, आइडियल परम्पराओं, आइडियल छात्रों के साथ जब किसी के सम्पर्क में आती है तो सहज ही वे एक-दूसरे के अंग बन जाते हैं। प्रो. पुष्पेश पंत उन दिनों के जे.एन.यू. के निर्माण में नामवर जी

एवं उस पीढ़ी को याद करते हुए नामवर जी के व्यक्तित्व के अनेक पहलुओं को आलोचनात्मक सहानुभूति से सामने रखते हैं। नामवर जी के प्रति श्रद्धा भरा आकर्षण केवल हिन्दी के छात्र-छात्राएँ नहीं, बल्कि सभी नौजवान महसूस करते हैं–यह बात समाजशास्त्री प्रो. आनन्द कुमार के लेख से बखूबी उभरकर आती है। प्रो. तुलसीराम अपने लेख में नामवर जी की विख्यात अध्ययनशीलता में उनके बहुश्रुत होने के योगदान का जरूरी रेखांकन करते हैं। तुलसीराम जी यह भी बताते हैं कि दलित हितों के प्रश्न पर नामवर जी कई बार लीक से अलग हटकर काम करने की हद तक चले जाते हैं। उस टेलीफोन वार्ता में, जिसे आप एक छोटी-सी टिप्पणी के रूप में पढ़ेंगे, इतिहासकार सुवीरा जायसवाल, आचार्य हजारीप्रसाद द्विवेदी के योग्य शिष्य के प्रति अपनी कृतज्ञता प्रकट कर रही हैं। प्रो. शबरी मित्र के लिए जे.एन.यू. आना ऐसा था गोया 'घर की सारी खिड़कियाँ और दरवाजे खोल दिए गए हों और अद्‌भुत रोशनी में एक होलिस्टिक ज्ञान की दुनिया धीरे-धीरे उद्‌भासित होती चली गई और अब भी हो रही है।'' प्रो. चमनलाल ने केन्द्र एवं भगतसिंह सम्बन्धी सारी व्यस्तताओं के बावजूद समय निकालकर लिखा और 'अकादमिकता' में प्रगतिशीलता स्थापित करने के लिए नामवर जी की तमाम अन्तर्विरोधों के बावजूद सराहना की है। प्रो. रामबक्ष, नामवर जी के प्रति तो अपने लेख में कृतज्ञ हैं, परन्तु उन्हें जे.एन.यू. में ऐसी कोई विशेषता नजर नहीं आती जिसके प्रति कृतज्ञ या भावुक हुआ जाए। वहीं दूसरी ओर डॉ. रामचन्द्र ने अपने जैसे बहुत से लोगों के कृतज्ञता भाव को दर्ज करते हुए, भारतीय भाषा केन्द्र के वर्तमान और भविष्य के प्रति अपनी चिन्ताओं को भी रेखांकित करते हैं। और इस खंड के अन्त में एक ई-मेल। मैंने इस पुस्तक में लिखने के लिए प्रख्यात इतिहासकार प्रो. मुज़फ़्फ़र आलम, जो कि इन दिनों शिकागो में पढ़ा रहे हैं, को भी आमन्त्रित किया था। प्रो. आलम भारी व्यस्तताओं की वजह से लिख नहीं पाए–पर उनका ई-मेल नामवर जी की विद्वता और जे.एन.यू. में उनके योगदान का एक संक्षिप्त विवरण तो प्रस्तुत करता ही है।

पुस्तक के दूसरे खंड 'बाहर निकल कर...' में उन लोगों के लेख शामिल किए गए हैं, जो जे.एन.यू. के विद्यार्थी रहे हैं। इन विद्यार्थियों को नामवर जी से पढ़ने का सौभाग्य भी हासिल हुआ है, जो किसी-न-किसी रूप में इनके लेखों में भी अभिव्यक्त हुआ है।

श्री समीर वरण नन्दी के लेख में उन दिनों का जे.एन.यू. जीवन्त हो उठा है और नामवर जी का व्यक्तित्व भी। बांग्लाभाषी समीर की हिन्दी का एक अलग ही स्वर है। डॉ. राजकुमार, नामवर जी की विख्यात अध्यापन कला के बारे में बताते हुए एक रोचक घटना के जरिए, ये याद दिला देते हैं कि बार-बार कोंचे जाने पर नामवर जी कितने बिन्दास भी हो सकते हैं। नामवर जी मार्क्सवादी हैं, अतः कुछ

लोग इसी आधार पर कल्पना करते हैं कि उन्हें जैनेन्द्र और अज्ञेय जैसे लेखकों का 'विरोधी' होना चाहिए। लेकिन ज्योतिष जोशी के लेख से मालूम पड़ता है कि जैनेन्द्र कुमार पर काम करने की प्रेरणा उन्हें नामवर जी के कक्षा व्याख्यान से ही मिली। डॉ. सुरेश शर्मा का लेख उनकी खट्टी-मिट्ठी यादों के साथ ही नागार्जुन के हवाले से याद दिलाता है कि 'महामुनि के अलावा हिन्दी में ऐसा रह ही कौन गया है, जिससे आदमी डरे...।' राजेन्द्र शर्मा अपने लेख में याद करते हैं कि अपनी प्रिय छात्र मंडली के साथ नामवर जी के भोजनोपरान्त टहलने ने किस तरह जे.एन.यू. के माहौल में शॉकिंग होते हुए भी, हिन्दी क्षेत्र से आनेवाले छात्रों की जे.एन.यू. के माहौल में घुलने-मिलने में मदद की। जहाँ डॉ. राजेन्द्र पांडे अपने रोचक और विश्लेषणात्मक लेख में नामवर जी के अध्यापकत्व और व्यक्तित्व से अधिक ध्यान उनके आलोचना कर्म पर देते हैं, वहीं डॉ. जितेन्द्र श्रीवास्तव नामवर जी के बहाने जे.एन.यू. एवं परवर्ती अध्यापकों के प्रति अपना आदरभाव व्यक्त करते हैं।

इसी खंड के अन्त में मेरा अपना लेख शामिल है, जो दिखाता है कि कैसे जे.एन.यू. के माहौल और नामवर जी के अध्यापन ने मुझे एक समग्रतापूर्ण दृष्टि दी और लोकतांत्रिक मूल्यों को जीवन में उतारने का साहस दिया।

पुस्तक के अगले खंड 'कमी खली' में उन चार विद्यार्थियों के लेख हैं, जो नामवर जी की सेवानिवृत्ति के बाद जे.एन.यू. आए। इनमें से आनन्द पांडे का लेख जे.एन.यू. की जेंडर संवेदनशीलता को इस मार्मिक बिम्ब के जरिए रेखांकित करता है कि लड़कियाँ जे.एन.यू. में ऐसा महसूस करती हैं जैसा पानी में मछली और जे.एन.यू. के बाहर जैसे तवे पर मछली! धीरेन्द्र का लेख उनकी पीढ़ी के छात्रों की इस वेदना को स्वर देता है कि सेन्टर के प्रोफेसर एमिरेटस नामवर जी के साथ अकादमिक मेल-जोल के अवसर प्रदान कराने पर सेन्टर ने कोई ध्यान नहीं दिया। सूरज का लेख जहाँ जे.एन.यू. का एक संक्षिप्त परिचयात्मक वृत्त प्रस्तुत करता है, वहीं सुधा ने अपने लेख में जे.एन.यू. का यह निरालापन रेखांकित किया है कि बराबरी का लोकतान्त्रिक भाव जे.एन.यू. में केवल नारा नहीं, बल्कि व्यवहार की सच्चाई भी है।

पुस्तक के अगले दो खंड—'एक पक्ष यह भी' और 'हम भी साथ हैं'—अध्यापकों, छात्रों से अलग लेकिन उनसे जुड़े हुए सहयोगियों की दुनिया में नामवर जी की जगह के बारे में बताते हैं। जे.एन.यू. लाइब्रेरी की आत्मा कहे जानेवाले श्री लक्ष्मीनारायण मलिक, जे.एन.यू. लाइब्रेरी के साथ नामवर जी के उस सम्बन्ध को मार्मिक ढंग से याद करते हैं, जो सन् 1974 से आरम्भ होकर आज तक बना हुआ है। नामवर जी के साथ वर्षों से जुड़े श्री के.एम. शर्मा ने अपने लेख में नामवर जी के व्यक्तित्व के

एक अन्य पहलू को उजागर करते हुए बताया है कि दिल्ली की विख्यात/कुख्यात बसों में उतरना-चढ़ना उन्हें नामवर जी ने ही सिखाया और यह भी कि किस तरह हिन्दी एकक के जरिए नामवर जी का एक जीवन्त सम्बन्ध कैम्पस से बना रहा। अनस अहमद अत्यन्त कृतज्ञतापूर्वक नामवर जी के व्यक्तित्व के अनेक मानवीय पहलुओं को रेखांकित करते हुए, यह याद करते हैं कि चेयरमैन और डीन रहने के बावजूद और अपने सहज रोबदार व्यक्तित्व के बावजूद नामवर जी ने अफसरशाही को कभी पास फटकने नहीं दिया। बहुत समय से नामवर जी की सेवा में रहे श्री रामदुलारे जी और श्री मदन लाल राव जी के साक्षात्कारों से नामवर जी का आत्मसंयम एवं उदारता तो एक बार फिर से रेखांकित होती ही है, उन दिनों के जे.एन.यू. की वे विशेषताएँ भी सामने आती हैं, जिनका न होना आज इन साथियों को कसकता है। पूरण जी अपने साक्षात्कार में नामवर जी के प्रसिद्ध पान एवं तम्बाकू प्रेम का साक्ष्य देते हैं।

8 जनवरी, 2009 को जो बात, बातों-बातों में ही सूझ गई, उसने मेरे लिए जे.एन.यू. के प्रति अपनी कृतज्ञता को समझने के संवेदनात्मक अनुष्ठान का रूप ले लिया। जे.एन.यू. से जुड़ाव अपने आप में एक अनुष्ठान रहा है, और हम में से अनेकों के लिए अनेक अनुष्ठानों का कारक या सन्दर्भ भी। 'कुछ अलग-सा' कर जाने की बेचैनी का सन्दर्भ। आज, सोचकर अच्छा लगता है कि हमने भी कुछ किया। जो चीज़ें अब तक साथ हैं उनमें से एक है 'जिज्ञासा'।

1983 में श्री पी.एन. हक्सर एवं कुछ अन्य अग्रणी बुद्धिजीवियों ने 'साइंटिफिक टेम्पर' की जरूरत को रेखांकित करते हुए एक बयान जारी किया था। इसे पढ़ते ही हम कुछ दोस्तों ने एक सहमतिपरक वक्तव्य लिखकर 'मेनस्ट्रीम' को भेजा, जो अगले ही अंक में छपा। यह उस अनोखी गप्प-गोष्ठी के 'जिज्ञासा' में बदलने की शुरुआत थी। इसके बाद औपचारिक गोष्ठियाँ हुईं। अपने ढंग की अनोखी पत्रिका 'जिज्ञासा' प्रकाशित हुई। अनोखापन इस बोध से जन्मा था कि ज्ञान-विज्ञान और विमर्श में अनुवाद की बैसाखियाँ छोड़, प्रत्यक्ष जुड़े बिना कोई भी भाषा जीवित नहीं रह सकती। आज यह याद करके अच्छा लगता है कि 'जिज्ञासा' के लेखकों में ब्रह्मदेव शर्मा, अमर्त्य सेन, पी.एन. हक्सर, कृष्णकान्त और ए. रहमान जैसे लोग शामिल थे। सम्पादक थे पुरुषोत्तम अग्रवाल और नीलांजन मुखोपाध्याय। जिज्ञासुओं में उस वक्त सक्रिय लोग थे–ज्ञानेन्द्र पांडेय, अशोक श्रीवास्तव (सागरी), अशोक श्रीवास्तव (मिर्जापुरी), द्वारिका प्रसाद वर्मा, जयदत्त झा और स्वयं मैं। इसके दो अंक निकले–1983 और 1984 में। सम्पादकीय कार्यालय बना मेरे पिता स्व. श्री. सी.पी. केशरी का घर। 'जिज्ञासा' आज भी जारी है...।

इस अनुष्ठान 'जे.एन.यू. में नामवर सिंह' में शामिल होने का न्यौता मैंने अनेक बुजुर्गों, हमउम्रों और बाद की पीढ़ी के कई लोगों को दिया। कुछ को नहीं दे पाई और कुछ को जान-बूझकर ही नहीं दिया। जिन्हें निमन्त्रित किया उनमें से रोमिला थापर, दिग्विजय सिंह, सीताराम येचुरी, देवीप्रसाद त्रिपाठी, सी.पी. भांबरी, प्रो. अनिल भट्टी, प्रो. वरयाम सिंह, पंकज सिंह, मनमोहन, शुभा, दुर्गा प्रसाद गुप्त, मदन राय, उर्मिलेश, सुरेश बाफना और उमाशंकर उपाध्याय ने नहीं लिखा। कहानीकार उदय प्रकाश ने तारीखें तो कई दीं, पर लेख नहीं दिया। प्रो. वीर भारत तलवार ने लिखने से साफ इनकार कर दिया।

यह संकलन इतने कम समय में तैयार किया जा सका, इसके लिए मैंने अनेक लोगों से बेझिझक मदद ली है। कारण यह कि मैं हर हाल में अपने गुरुदेव व मातृ संस्था के प्रति अपनी व आपलोगों की कृतज्ञता 28 जुलाई, 2009 को यानी कि गुरुदेव नामवर जी के जन्मदिन पर ज्ञापित करना चाहती थी। यह काम सम्पन्न हो सका तो—सुधा, सूरज, मदन लाल राव, केशव मिश्र आदि के सहयोग से। सुधा और सूरज ने नामवर जी, मदन लाल राव, पूरणचन्द और दुलारे जी के इंटरव्यू ट्रांसक्राइब करने जैसा समयखाऊ और उबाऊ काम किया। उन्हें विशेष धन्यवाद। इस संकलन के लिए नामवर जी का 1992 वाला वक्तव्य प्रो. दुर्गा प्रसाद गुप्त ने उपलब्ध करवाया है, उन्हें धन्यवाद। फोटो उपलब्ध करवाने के लिए अनस भाई व भरत को धन्यवाद। बारिश के दिन भी सुन्दर फोटो खींचकर उन्हें तुरन्त उपलब्ध कराने के लिए युवा फिल्मकार सौम्यानन्द साही का धन्यवाद।

राजकमल प्रकाशन के श्री अशोक महेश्वरी जी और हमारे मित्र श्री हरीश आनन्द जी ने एक बार फिर से इतने कम समय में इतनी सुन्दर पुस्तक तैयार की इसके लिए उन्हें बधाई भी और धन्यवाद भी।

इतने पर भी किताब तैयार न होती अगर मुझे पुरुषोत्तम, ऋत्विक और ऋतम्भरा का इतना स्नेह भरा सहयोग न मिला होता...उन्होंने मुझे बार-बार अहसास कराया कि मैं एक महत्त्वपूर्ण काम कर रही हूँ। उन्होंने न केवल घर-बाहर के मेरे अनेक काम अपने जिम्मे ले लिये, बल्कि समय-समय पर महत्त्वपूर्ण सुझाव भी दिए...

प्यार इसी को तो कहते हैं! मैं तो गहरे में कृतज्ञ हूँ...

23 जुलाई, 2009 **सुमन केशरी**

अनुक्रम

बाहर निकल कर...

कमी खली

एक पक्ष यह भी

हम भी साथ हैं

बज़ुबान ख़ुद

अब तक क्या किया...

प्रो. नामवर सिंह

...तब हिन्दी-उर्दू के हम सिर्फ चार अध्यापक थे और छात्र भी छह, वे भी हिन्दी के। एक नया सेन्टर इसी पूँजी से शुरू हुआ था। आज उस सेन्टर में हिन्दी-उर्दू के बारह अध्यापक हैं। छात्रों की संख्या भी साठ से ऊपर ही होगी। आँकड़े के हिसाब से यह तीन गुनी बल्कि और ज्यादा तरक्की कही जाएगी। लेकिन जो सपना था, जो विज़न था उसको देखते हुए शायद यह बहुत सन्तोषप्रद न हो। प्रो. अनिल भट्टी को स्मरण होगा और प्रो. प्रमोद तालगिरी को भी, जवाहरलाल नेहरू विश्वविद्यालय में प्रोफेसर के रूप में आने से पहले 'स्कूल ऑफ लैंग्वेजेज' की ओर से एक सेमिनार किया गया था। उस सेमिनार की चर्चा का मुख्य विषय था कि भारतीय भाषाओं का जो सेन्टर बनेगा या बनना चाहिए उसका रूप क्या होगा? और मुझे उसमें भाग लेने के लिए जोधपुर से बुलाया गया था। उस सेमिनार ने मेरे सामने जवाहरलाल नेहरू विश्वविद्यालय का जो रूप रखा वह मेरे लिए एक आकर्षण और चुनौती की चीज थी। इन अठारह वर्षों में जो कुछ किया, जो कुछ हुआ, जो कुछ लिखा; उसमें साल भर की सबेटिकल छुट्टी के दौरान लिखी हुई 'दूसरी परम्परा की खोज' मेरे लिए जवाहरलाल नेहरू विश्वविद्यालय की सबसे बड़ी उपलब्धि है। उस किताब के लिए मैं विश्वविद्यालय का ऋणी हूँ।

जवाहरलाल नेहरू विश्वविद्यालय में आने से पहले 'मुक्तिबोध' की चार पंक्तियाँ मेरे दिमाग में बराबर गूँजती रहती थीं। आज भी मेरे साथ हैं और आगे भी रहेंगी। और वह सवाल था कि "अब तक क्या किया/जीवन क्या जिया/ज्यादा लिया और दिया बहुत-बहुत कम/मर गया देश, अरे, जीवित रह गए तुम!!" यह एक चुनौती थी। हमने इस समाज से, इस देश से कितना लिया है! आज इनसान से एक दर्ज़ा नीचे रहनेवालों की तादाद हमारे देश में नब्बे फीसदी से ज्यादा है। हम अध्यापक और विद्यार्थी उनकी तुलना में कितनी सुविधाओं से सम्पन्न हैं? एक ओर यह सब कुछ तो देश की जनता से ही मिला है, पैसा मिला है, सारी सुविधाएँ मिली हैं। उसकी

तुलना में अगर हम देखें तो हमने क्या दिया है उन लोगों को? यह मेरे मन में बार-बार सवाल उमड़ता था और चूँकि हमारा साधन, हमारा माध्यम साहित्य है और साहित्य में भी जिसके बारे में हम कुछ थोड़ा-सा जानते हैं, वह एक भाषा का साहित्य है। उसके माध्यम से हम क्या कर सकते हैं? ये कुछ सपने थे, कुछ बेचैनियाँ थीं हमारे मन में, जिन्हें लेकर, जिनके लिए एक सही जगह की तलाश थी मेरे मन में। सच पूछें तो ख्याल थे कुछ, कुछ आइडियाज़ थे और उस नाटककार या उस 'एक्टर' की तरह से मुझे 'थियेटर' की तलाश थी, जहाँ मैं कम-से-कम वो 'थियेटर ऑफ आइडियाज़' कह लीजिए, 'व्यूज' कह लीजिए जहाँ मैं उस रंगमंच को भरे-पूरे रूप में प्राप्त करके कुछ कर दिखाऊँ। ज़ाहिर है, उसके लिए सहयोगियों की ज़रूरत थी और ऐसे कुछ सहयोगी मिले भी। एक ऐसा थियेटर भी मिला जो विचारों में उन्मुक्त था, खुला हुआ था, मैं इसे अपना सौभाग्य मानता हूँ कि जवाहरलाल नेहरू विश्वविद्यालय में वह सब मिला। यह कुँवारी धरती थी, हर तरह से कुँवारी थी। मैं तो चार साल बाद आया। पर वे भाग्यशाली लोग हैं जिन्होंने सन् 1970 से इस जमीन को तोड़कर यहाँ एक नई दुनिया बनाने की कोशिश की थी। लेकिन देखते-देखते... मुझे...अगर एक पोढ़ी-पकी, बनी-बनाई हुई यूनिवर्सिटी मिली होती तो शायद मैं या हम लोग वह नहीं कर पाते जो कर सके। इसलिए हमने तो कोरी पटिया से शुरू की। कोरी स्लेट से शुरू किया था और एक हद तक यह हमारे लिए सौभाग्य की बात थी और विश्वविद्यालय भी ऐसा मिला जो लगभग एक 'लीजेंड' उस समय बना हुआ था। धीरे-धीरे वह 'लीजेंड' अब तो टूट रहा है।

उस नए दौर में आने पर, इस नई दुनिया में आने पर मेरे भीतर एक नया इनसान बना और पैदा हुआ, जिसका एहसास इन अठारह वर्षों में तो नहीं हुआ, लेकिन अब इस विश्वविद्यालय को छोड़ते हुए महसूस करता हूँ। यहाँ विद्यार्थियों से, छात्रों से जो बौद्धिक चुनौतियाँ मिलीं, अगर वे नहीं मिलतीं तो हम लोग भी उसी तरह से एक खास तरह की 'स्पॅगनेस' के शिकार हो गए होते। रोजमर्रा जो चुनौतियाँ हमें विद्यार्थियों से कक्षाओं के बाहर होस्टल में, सड़कों पर, सेमिनार में मिलीं और उसके साथ ही मैं बहुत भाग्यशाली हूँ...किसी दूसरे विश्वविद्यालय में शायद वह अवसर न मिलता जहाँ मुझसे बेहतर, मुझसे ज्यादा अच्छे दूसरे शास्त्रों में, दूसरी विधाओं में, चाहे वह सामाजिक विज्ञान हो चाहे वह अन्तर्राष्ट्रीय विद्या संस्थान हो या विज्ञान के लोग हों, उन लोगों से मिलने, जानने और सीखने का मुझे अवसर मिला। एक ऐसी 'लाइब्रेरी' मिली और उस दौर के एक ऐसे 'लाइब्रेरियन' मिले... मेरी ज़िन्दगी का एक बहुत बड़ा हिस्सा जवाहरलाल नेहरू विश्वविद्यालय की 'लाइब्रेरी' है। अगर कोई हाजिरी की किताब रहती तो पता चलता कि वहाँ जानेवालों में शायद सबसे नियमित यही आदमी था। कभी-कभी उन घड़ियों में भी, जब

जानेवाले थोड़े लोग होते थे। बहुत पाया है मैंने उससे, बहुत सीखा है। इसका पूरा एहसास है मुझे। बाहरी आचार-विचार को देखनेवाले लोग नहीं जानते कि किसी आदमी के शरीर के अन्दर दौड़नेवाली वो हजारों नसें हैं, जो खून और खुराक पहुँचाती हैं। वो अदृश्य दान इस विश्वविद्यालय का मेरे लिए रहा है। कहीं पढ़ा था कि दत्तात्रेय के चौबीस गुरु थे। चौबीस तो ख़ैर कहने के लिए थे। मशहूर यह था कि वे जहाँ भी जाते, वहाँ कुछ-न-कुछ सीखने के लिए मिल जाता। जैसे ओखली में मूसर चलानेवाली, धान कूटनेवाली औरत हो और उसकी चूड़ी झनझना रही हो, तो उससे भी दत्तात्रेय को कोई एक ज्ञान मिल जाया करता था। ऐसा जिज्ञासु होने का दावा तो मैं नहीं कर सकता, लेकिन मैंने कोशिश की है कि यहाँ के प्रवास में जितने लोगों से सम्भव है, ज्ञान बटोर लूँ। वह बटोरी हुई पूँजी इस कदर मेरे मानस का हिस्सा बन चुकी है कि उसके मूल स्रोतों के नाम भी आज याद नहीं रहे।

जवाहरलाल नेहरू विश्वविद्यालय में आया तो हिन्दी सुनाई नहीं पड़ती थी। हिन्दी बोलनेवाले लड़के थे लेकिन उन्हें संकोच होता था। एक खास तरह की आधुनिकता थी। उसे मैं अंग्रेज़ियत नहीं कहूँगा। उसमें कुछ 'बोहेमियन' तत्त्व मिला हुआ था। लेकिन जिसे कहें कि एक गरीबी का भी गर्व हुआ करता है, एक गँवारपन का भी स्वाभिमान हुआ करता है, उस स्वाभिमान के साथ इस पूरे विश्वविद्यालय में यह गँवार आदमी धोती-कुर्ता पहने हुए खड़ा रह सका। यह ताकत मुझे अपने गाँव के लोगों से, बनारस से मिली थी। मुझे लगता था कि यह देसीपन इस विश्वविद्यालय के लिए बहुत ज़रूरी है। ये विश्वविद्यालय उस विदेशी हवा-पानी के खुराक से जवाहरलाल नेहरू के नाम को सार्थक नहीं कर पाएगा। ये देसीपन अपने आप इस विश्वविद्यालय में जुड़कर एक नई ताकत, एक नई शक्ति बना। जो मुझे बल देता रहा है। मित्रों ने जिक्र किया कि हिन्दी की जो 'स्टीरियो टाइप' एक तस्वीर बनी थी, उसे मैं तोड़ना चाहता था और उस तस्वीर को तोड़ने के लिए ज़रूरी था कि हिन्दी केवल अपनी पहचान अकेले दम पर, केवल हिन्दी को लेकर नहीं बना सकती। इसके लिए सगी बहन उर्दू का साथ जरूरी है। स्कूल बोर्ड की अपनी पहली बैठक में सेन्टर का पाठ्यक्रम प्रस्तुत करते हुए मैंने प्रस्तावना के रूप में कहा था : और विश्वविद्यालयों में उर्दू और हिन्दी के विभाग जो जी चाहे करें, हम तो जे.एन.यू. में, हमारा सेन्टर ऐसा बने जहाँ कि गंगा जमुनी संगम चाहते हैं। बड़ा फर्क पड़ेगा इससे। प्रस्ताव का स्वागत करनेवालों में एन.के.वी. मूर्ति पहले सदस्य थे, जो इस विश्वविद्यालय के प्रथम रजिस्ट्रार रह चुके थे। और अब भी यह अकेला विश्वविद्यालय है जहाँ हिन्दी के विद्यार्थी को उर्दू पढ़ना और उर्दू के विद्यार्थी को हिन्दी पढ़ना अनिवार्य है। दूसरे विश्वविद्यालयों में जहाँ दोनों भाषाएँ पढ़ाने और पढ़नेवाले एक-दूसरे से लड़ने के लिए बदनाम हैं, हमारे छात्रों ने, हमारे सहयोगियों ने दोस्ती

की एक मिसाल पेश की है।...प्रेमचन्द के 'गोदान' उपन्यास में होरी की आखिरी बात याद आती है। होरी कहता है, "जो कुछ अपने से नहीं बन पड़ा उसी के दुखों का नाम तो मोह है। पाले हुए कर्तव्यों और निपटाए हुए कामों का क्या मोह! मोह तो उन्हें छोड़ जाने का है जिनके साथ हम अपना कर्तव्य निभा नहीं सके, उन अधूरे मनसूबों में है, जिन्हें हम पूरा नहीं कर सके।

इस क्षण जबकि हर तरह के मोह से आदमी को मुक्त होना चाहिए, अजीब बात है कि इनसान होने के नाते उस मोह से, जो अधूरे मनसूबे हैं, उनसे मुक्त होना बड़ा कठिन लगता है। एक सपना था कि हिन्दी-उर्दू के साथ कम-से-कम दक्षिण की एक भाषा हो, पश्चिम की एक भाषा हो, पूरब की एक भाषा हो और आधार रूप में संस्कृत हो। इन्हें मिलाकर कम-से-कम एक ऐसे भारतीय साहित्य, तुलनात्मक साहित्य की तस्वीर रखी जाए, जहाँ हर भाषा अपनी पहचान कायम रखते हुए भारतीय साहित्य की व्यापकता का आभास दे। फिर, 'स्कूल ऑफ लैंग्वेजेज़' से बड़ा विदेशी भाषाओं के अध्ययन का कोई संस्थान इस देश में नहीं है। रूसी, जर्मन, फ्रेंच, स्पैनिश, चीनी, जापानी के साथ ही अरबी, फ़ारसी इत्यादि भाषाओं की सर्वोच्च पढ़ाई यहीं होती है। ऐसे वातावरण में तुलनात्मक अनुशीलन की पद्धति अपनाकर भारतीय साहित्य क्या शक्ल ले सकता है, यह सोचते ही "तच्च संस्मृत्य संस्मृत्य रूपमत्यद्भुत हरेः। विस्मयो मे महान्यजन् हृष्यामिच पुनः पुनः॥" रोमांच हो आता है इसकी कल्पना करके। यह सपना हमारा रहा है और मैं समझता हूँ कि सपना देखना छोड़ना नहीं चाहिए। क्योंकि कभी-कभी सपना देखने का अधिकार भी छिन जाता है। तब हकीकत भी मुरझा जाती है और मर जाती है। मुझे उम्मीद है कि भारतीय भाषा केन्द्र आगे आनेवाले समय में, और विश्वविद्यालय का इस ओर ध्यान जाएगा, सही मायने में भारतीय भाषाओं के साहित्य का मरकज़ और केन्द्र बन सकेगा।

मित्रो! यहाँ आने के साथ हमारे मन में यह तो था ही। लेकिन इस सिलसिले में एक और अजीब बात देखी जब सन् 1986 में 'नई शिक्षा नीति' आई। क्या देखा कि पूरे इस दस्तावेज में 'लिटरेचर' शब्द नहीं है। जवाहरलाल नेहरू विश्वविद्यालय में भी स्कूलों का नाम देखता हूँ तो 'साइंसेज', 'सोशल साइंसेज', 'इंटरनेशनल स्टडीज', 'लैंग्वेजेज़' और 'लिटरेचर' नाम की कोई चीज़ यहाँ भी नहीं है। मैं कल्पना नहीं कर सकता किसी यूनिवर्सिटी की जहाँ साहित्य न हो, आर्ट न हो। मेरे सपनों में से एक सपना यह रहा है कि जवाहरलाल नेहरू विश्वविद्यालय की केवल 'आर्केटेक्चर' में ही नहीं बल्कि उसके बौद्धिक वातावरण को एक 'एस्थेटिक डाइमेंशन' की ज़रूरत है। उस 'एस्थेटिक डाइमेंशन' या सौन्दर्यपरक आयाम की बुनियाद साहित्य और कला से बनती है। ये साहित्य और कला की बुनियाद सम्भव है कि इस विश्वविद्यालय को एक 'टीचिंग इंडस्ट्री' के स्तर से ऊपर उठा करके इसे

संस्कृति की जगह बना सके। अपार सम्भावनाएँ यहाँ मौजूद हैं।

इस विश्वविद्यालय में जो चुनाव लड़े जाते हैं, उनके पोस्टर से अन्दाजा लगता है कि कितनी सर्जनशीलता है, कितनी सांस्कृतिक सम्पदा यहाँ मौजूद है। उन तमाम चीज़ों को क्या हम अपने 'एकेडेमिक प्रोग्राम' के द्वारा एक ऊँचा स्तर नहीं प्रदान कर सकते? इन प्रतिभाओं को देखते हुए मैं मित्रों से कहना चाहता हूँ कि यह तभी होगा कि जब उसके लिए भारतीयता का, भारतीय भाषाओं का ठोस आधार होगा। इनके बिना वह 'एस्थेटिक डाइमेंशन' दिया नहीं जा सकता है। ये कुछ सपने हैं जो आपके पास छोड़े जा रहा हूँ। 'जो भी दिया था वह आपका ही दान था और/तुमने जितना भी ग्रहण किया/उतना ही मुझे ऋणी बनाया है।' रवीन्द्रनाथ की कविता की ये पंक्तियाँ मुझे याद आती हैं। इन शब्दों के साथ मैं आज के अवसर पर इसलिए भी कि पुरानी परम्परा में कुछ तो जड़ें हैं ही, मैं ढूँढ़ता ही रहा कि विद्यार्थियों ने आयोजन किया है, हमारी परम्परा में ऐसे समय क्या गुरु के पास कहने को कोई शब्द होते हैं? मैंने देखा कि सारी परम्परा में शिष्यों के तो विदाई देने के तमाम मंत्र हैं; लेकिन गुरु विदाई लेता हो और उसके पास भी ऐसे अवसर पर कहने के लिए कोई मंत्र हो, समूचे शास्त्र में मुझे कहीं नहीं मिला। क्या इसका यह अर्थ है कि विद्यार्थी आते-जाते रहते हैं, गुरु तो स्थाणु है, अचल है, वह कहीं नहीं जाता है। इन शब्दों के साथ मैं आपसे विदा लेता हूँ।

(नामवर ज़ी द्वारा 1992 में जे.एन.यू. से सेवानिवृत्ति के समय दिया गया वक्तव्य। इसे उपलब्ध कराने के लिए प्रो. दुर्गा प्रसाद गुप्त का आभार।)

भगवान ही नहीं, कविता भी अवतार लेती है...

(प्रो. नामवर सिंह से सुमन केशरी की बातचीत)

सुमन केशरी : आप जोधपुर से जे.एन.यू. आए थे...

नामवर सिंह : जोधपुर के अप्रिय प्रसंग की चर्चा न ही करें तो अच्छा है। उस प्रसंग का सम्बन्ध 'आधा गाँव' को लेकर है। वहाँ किताब कोर्स में लगाने का विरोध हुआ था। अन्यथा जोधपुर का ऋण मेरे ऊपर है, क्योंकि जोधपुर ने पहली बार मुझे प्रोफेसर बनाया बिना इंटरव्यू के। मेरी अनुपस्थिति में मैं वहाँ चुना गया था। मुझे ऑफर देने में, निर्णायक भूमिका में, विशेषज्ञ के रूप में बुलाए गए विक्रम विश्वविद्यालय, उज्जैन के उपकुलपति श्री शिवमंगल सिंह 'सुमन' थे और कुलपति थे प्रो. वी.वी. जॉन, जो अहिन्दी भाषी थे और जिनका 'टाइम्स ऑफ इंडिया' में एक नियमित कॉलम छपता था। वे अंग्रेजी साहित्य के बहुत अच्छे विशेषज्ञ थे। उनके और राजस्थान के बारे में बहुत-सी बातें कही जा सकती हैं। वे साहित्य प्रेमी थे और 'कांग्रेस फॉर कल्चरल फ्रीडम' के एडीटर थे, जहाँ से 'क्वेस्ट' नाम की एक पत्रिका निकलती थी। वे राजनीतिक रूप से कम्यूनिस्ट विचारधारा के विरुद्ध रहा करते थे। सुमन जी ने उनसे बता दिया था कि और सब ठीक है लेकिन वह (मैं) राजनीतिक रूप से कम्यूनिस्ट है। वह कम्यूनिस्ट पार्टी के टिकट पर चुनाव लड़ चुका है। वी.वी. जॉन ने हँसते हुए कहा कि "है तो रहा करे, मुझे तो कन्वर्ट नहीं कर देगा और अगर वो अच्छा स्कॉलर है, विद्वान है तो मुझे कोई आपत्ति नहीं है, मैं तो ऐसे ही लोगों को ले आना चाहता हूँ।" और इस तरह से उस विश्वविद्यालय में बहुत से पदों पर अच्छे स्कॉलर आए, जैसे—संस्कृत के प्रो. जोशी, अंग्रेजी के उषा कृष्णमूर्ति, जो केरलवासी थे। विज्ञान विभाग में भी उन्होंने ऐसे कई लोगों को रखा। प्रो. जॉन उस विश्वविद्यालय में इस तरह कई लोगों को ले आए और जोधपुर यूनिवर्सिटी ज्यादा आकर्षक, बल्कि जयपुर यूनिवर्सिटी से ज्यादा आकर्षक हो गई थी। प्रो. जॉन विद्याप्रेमी, अच्छे एकेडमीशियन और पक्के क्रिश्चियन थे। संडे को नियमित चर्च जाते थे, कैथलिक थे, केरला के थे। जब उन्होंने कम्पेरेटिव लिटरेचर का एक नया

डिपार्टमेंट खोला तब वे साठ साल के हो चुके थे। वे अज्ञेय को इस डिपार्टमेंट में ले आए, इसमें उन्होंने मेरी राय ली थी। एक बड़ा ही बौद्धिक वातावरण था। मैंने जो जोधपुर में शुरू किया था उसे करने के लिए ही सम्भवतः आगे मुझे जे.एन.यू. आना था। तो उन्होंने वहाँ पूरी छूट दी कि "एकदम नया कोर्स बनाओ।" मैंने सारे कोर्स बदलकर जोधपुर में एक नए ढंग का कोर्स बनाया—बी.ए. का थ्री ईयर कोर्स बनाया, प्री यूनिवर्सिटी का कोर्स बनाया, फिर उनके लिए किताबें तैयार कीं। आज भी मेरे पास उनकी कॉपियाँ होंगी। मैंने करीब एक दर्जन किताबें तैयार कीं। प्री यूनिवर्सिटी कोर्स से लेकर बी.ए. तक के कोर्स के लिए। गद्य-पद्य संकलन भी तैयार किए। चूँकि वहाँ रहते हुए मैं वहाँ के पब्लिक सर्विस कमीशन का मेम्बर भी था और राजस्थान बोर्ड में हिन्दी कमेटी का चेयरमैन था, अतः कोर्स तैयार करते समय मैंने ये बराबर ध्यान में रखा कि वहाँ के पास किए लड़के यहाँ पब्लिक कमीशन में आ सकें। मैंने इस तरह के पाठ्यक्रम तैयार किए जिससे दोनों संस्थानों को फायदा हो। मैं जोधपुर अक्टूबर 1970 में पहुँचा और जे.एन.यू. सितम्बर 1974 में आया। मैं रहता तो जोधपुर में था किन्तु जयपुर अक्सर आया-जाया करता था। जयपुर में कई मित्र थे, लेकिन हिन्दी के नहीं। उनमें से एक प्रोफेसर दया कृष्ण सागर के दिनों से ही मेरे मित्र थे और इलाहाबाद के दिनों के मित्र थे प्रोफेसर गोविंदचन्द्र पांडेय। हिन्दीवालों में प्रोफेसर सरनाम सिंह से मेरे सम्बन्ध बहुत अच्छे हो गए थे।

तो जयपुर में बड़ा अच्छा समाज था। एक और अनुभव जो मुझे जोधपुर जाने से मिला वह था एक बड़ा खुला हुआ नया वातावरण और सबसे बड़ी बात कि हिन्दी विभाग को नए ढंग से बनाने की चुनौती, जिनमें कुछ नई नियुक्तियों का अवसर भी उपलब्ध था। वहाँ प्रगतिशील लेखक संघ को भी मैंने मजबूत किया और इस तरह से एक साहित्य समाज भी वहाँ बन गया। लेकिन जोधपुर जहाँ मैंने ये प्रयोग किए, था तो एक छोटा-सा शहर ही और उसका प्रभाव क्षेत्रीय ही रह सकता था, अखिल भारतीय नहीं हो सकता था। जोधपुर में रहते हुए ही साहित्य अकादमी की नई जनरल कौंसिल बनी और संयोग से 1971 के आस-पास मैं उसका सदस्य हो गया। तो दिल्ली से हमारा सम्बन्ध साहित्य अकादमी के चलते बना रहा। दिल्ली से गया था तो दिल्ली का साहित्यिक वातावरण और मित्र लोग तो यहीं रह गए थे। मैं अक्सर अप-डाउन करता रहता था। अकेला तो था ही।

इस बीच जे.एन.यू. बन गया था। हमारे जोधपुर के कई मित्र जे.एन.यू. आ गए थे। इनमें योगेन्द्र सिंह भी थे। बहुत बाद में प्रोफेसर योगेन्द्र अलघ आए जो उपकुलपति होकर आए थे। वे पहले जोधपुर में अर्थशास्त्र के प्रोफेसर थे। उन्हें मैं जोधपुर के दिनों से ही जानता था। संयोग से उसी समय विश्वविद्यालय अनुदान आयोग में प्रोफेसर सतीशचन्द्र चेयरमैन हो गए थे। उनसे हमारा पुराना सम्बन्ध था।

विश्वविद्यालय अनुदान आयोग की कमेटी में मैं था। तो एक पूरा मैदान मुझे मिला, जोधपुर में प्रोफेसर होने से, क्योंकि अगर मैं लेक्चरार होता तो इन कमिटियों में न होता। प्रोफेसर होने के जितने लाभ हो सकते थे और अवसर मिल सकते थे–वो सब मुझे मिले। तो अकसर मैं जब दिल्ली आता था तो योगेन्द्र जी से, विपिन जी से मिलता था। विपिन को मैं सन् 1965 से जानता था, दिल्ली यूनिवर्सिटी के इतिहास विभाग में थे। और कई लोग थे जिनसे मेरा परिचय था। राही मासूम रज़ा के नाते भी कई लोग जानते थे। जोधपुर में दो-ढाई साल बीतते-बीतते कुछ ऐसा हुआ, कुछ ऐसी राजनीति चली कि प्रोफेसर वी. वी. जॉन को जाना पड़ा। त्यागपत्र दे दिया उन्होंने। उनके बाद लखनऊ विश्वविद्यालय के राजनीति विभाग के प्रोफेसर थे–प्रो. मसलदान। वो उपकुलपति बनकर आए। बहुत भले आदमी थे लेकिन प्रोफेसर जॉन के जाने के बाद वो जो एक माहौल था यूनिवर्सिटी का, जाहिर है, वो तो रहा नहीं और मेरा मन भी उचाट था। लक्ष्य तो यही था कि दिल्ली वापस आ जाऊँ। खासतौर से जे.एन.यू. बनने के बाद एक आकर्षण पैदा हो गया था कि यहाँ कुछ बड़ा काम करने का मौका मिलेगा। उन दिनों जे.एन.यू. के स्कूल ऑफ लैंग्वेजेज़ में विदेशी भाषाएँ ही पढ़ाई जाती थीं। प्रोफेसर नागचौधरी उपकुलपति थे। उन्होंने कहा कि जे.एन.यू. में भारतीय भाषाओं को भी होना चाहिए। मुझे लगता है कि इसकी प्रेरणा उन्हें जापानी भाषा के लेक्चरार सत्यभूषण वर्मा साहब से मिली होगी। वर्मा जी ने मेरे साथ काम किया था। जापानी भाषा जानते थे इसलिए जापानी विभाग में लेक्चरार हुए। तो गर्मियों में हिन्दी विभाग की रूपरेखा तय करने के लिए एक मीटिंग हुई जिसमें मुझे बुलाया गया। तब तक यह नहीं कहा गया था कि मुझे यहाँ आना है। मैं तो विशेषज्ञ के रूप में बुलाया गया था। चूँकि यहाँ स्कूल और सेन्टर का कॉन्सेप्ट है इसलिए मैंने कहा कि हिन्दी-उर्दू को एक ही सेन्टर में रखा जाए–सेन्टर ऑफ इंडियन लैंग्वेजेज। जोधपुर से ही मेरी यह धारणा थी कि हिन्दी और उर्दू की पढ़ाई साथ-साथ होनी चाहिए, यह दोनों ही के हक में है। दोनों की उपाधियाँ अलग-अलग दी जाएँ पर दोनों की पढ़ाई साथ-साथ हो। यह बात मैंने उस मीटिंग में रख दी। इसके बाद उपकुलपति ने मुझे बुलाया और कहा कि हम चाहते हैं कि आप हमारे यहाँ आ जाएँ। सारी कार्यवाही पूरी करने में विश्वविद्यालय को कुछ समय लगा और मुझे सितम्बर 1974 में ऑफर मिल गया। उसी समय आगरा विश्वविद्यालय के उपकुलपति बालकृष्ण राव ने मुझे कन्हैयालाल माणिकलाल मुंशी विद्यापीठ के डाइरेक्टर पद का ऑफर भेज दिया। उन्होंने कहा कि रामविलास शर्मा यहाँ से अवकाश प्राप्त कर रहे हैं। अब तुम यहाँ आ जाओ। मैंने उन्हें बताया कि मुझे जे. एन.यू. का पत्र मिल चुका है और मैं वहीं जाना चाहता हूँ। जोधपुर के बाद आगरा का मतलब था ताड़ से गिरे खजूर पर अटके, पर राव नहीं माने। बोले–ये डाइरेक्टर

की पोस्ट है। मैंने उनसे कहा कि पद महत्त्वपूर्ण नहीं है। नए विभाग को शुरू करने का काम मुझे ज्यादा चुनौती भरा लग रहा है, इसलिए जे.एन.यू. ही जाना पसन्द करूँगा। तो बालकृष्ण राव जी बोले कि "भई, वह तो मैंने तमाम विरोधों के बावजूद पास करा लिया है। यहाँ तरह-तरह के लोग थे और मैं उन्हें लेना नहीं चाहता था, फिर मेरी रामविलास जी से भी बात हो गई है और उन्होंने कहा है कि नामवर सिंह को ले लो। तो अब तुम्हें यहाँ आना ही पड़ेगा। अभी ज्वाइन तो नहीं किया है जे.एन.यू. में?" मैंने कहा, "ज्वाइन तो नहीं किया है," तो बोले, "हमारे यहाँ ज्वाइन करो।" जे.एन.यू. की चिट्ठी मिल चुकी थी। तब मैंने उपकुलपति से कहा कि देखिए मैं कोशिश करूँगा कि एक महीना वहाँ रहूँ और ठीक एक महीने के बाद यहाँ आ जाऊँ और इस बीच मैं बालकृष्ण राव जी को भी मना लूँगा। उनका आदेश है, और उनकी बात भी रह जाए, तो मैं आगरा जाऊँगा। आगरा का क्वार्टर खाली था लेकिन मैं वहाँ गया नहीं, गेस्ट हाउस में रहता था और शनिवार को दिल्ली आ जाता था। मेरा सामान दिल्ली में मार्कंडेय सिंह जी के यहाँ था। वे रेलवे में थे और स्कूल के दिनों के दोस्त थे। रेलवे स्टेशन के पास उनका बहुत बड़ा बँगला था, जहाँ एक कमरा मेरे लिए रहता था। जब भी मैं दिल्ली आता, वहीं रहता था। मार्कंडेय जी, चन्द्रशेखर के बहुत अच्छे मित्र थे, क्लासफेलो थे। मेरे आगरा जाने के बाद डॉ. रामविलास शर्मा की विदाई हुई और उन्होंने मुझे चार्ज दिया। आगरा-दिल्ली अप-डाउन करते हुए मैं जब भी सोमवार की सुबह दिल्ली से आगरा जाता तो सीधे रामविलास जी के घर पहुँचता और इंस्टीट्यूट की अम्बेसडर कार से उनको अपने साथ ही संस्थान ले आता। यह नित्य का नियम था। यू. जी. सी. का एक प्रोजेक्ट रामविलास जी को मिला था। ज्वाइन करने के बाद मैंने इस आशय का एक पत्र उन्हें दिया कि वे विश्वविद्यालय में प्रोजेक्ट पूरा करने तक रहेंगे। करीब-करीब एक महीना मैं के. एम. इंस्टीट्यूट में रहा। फिर मैंने बालकृष्ण राव से कहा कि अब आपकी बात रह गई, आपको कोई नया डाइरेक्टर मिल जाएगा। राव बोले कि अगर मैं नियम का सख्ती से पालन करूँ तो आपको तीन महीने से पहले नहीं छोड़ सकता। मैंने कहा कि आपका टर्म तो खुद खत्म हो रहा है और आप दुबारा उपकुलपति होंगे या होना चाहेंगे अथवा नहीं पर आपके यहाँ न रहने पर इस संस्थान की जो हालत होगी, वह आप खुद जानते हैं। यहाँ की जो पॉलिटिक्स है और जिस तरह के लोग यहाँ हैं उसमें आपकी छाया के बिना काम करना मुश्किल होगा। सोचिए, मेरा क्या हाल होगा? फिर रामविलास जी भी यहाँ नहीं हैं, एक प्रोजेक्ट पर ही काम कर रहे हैं। इस पर उन्होंने कहा कि ठीक है वरना मैं तो आपसे तीन महीने की तनख्वाह रखवाकर ही छोड़ता। मैंने कहा, मैं एक काम करता हूँ, एक महीने की जो तनख्वाह मिलनी है वो मैं लिखकर दे देता हूँ कि मैंने उसे संस्थान को दिया। उन्होंने संस्कृत में गीता

का एक श्लोक लिखा और दिया। वो मेरे पास है अभी भी। अक्षर धुँधले हो गए हैं। एकाध शब्द पढ़ा नहीं जाता—यथोक्तं तत्रभवता श्रीकृष्णेन "सहजं कर्म कौन्तेय सदोषमपि न त्यजेत्।"...अतः यथानिश्चितं सम्यग् विचारणानंतरं यथाऽदिष्टम् अन्तःकरणेन तथैव कर्तव्यम्। आगे लिखा है : "शुभं भवतु।" हस्ताक्षर बालकृष्ण राव : 26.10.74। उन्होंने रामविलास जी की विदाई और मेरे अभिनन्दन की तस्वीरें दीं। मेरे जोधपुर और आगरा रहते हुए ही जे.एन.यू. में उर्दू की दो नियुक्तियाँ हो चुकी थीं। मुझे ठीक से याद नहीं है, हिन्दी की नियुक्ति मेरे सेन्टर में आने के बाद हुई थी या फिर मैं विशेषज्ञ के रूप में आया था। क्योंकि जो चयन समिति हुई थी, सम्भवतः मेरे आने के बाद ही हुई थी क्योंकि डॉ. नगेन्द्र विशेषज्ञ थे, एक विशेषज्ञ देवेन्द्रनाथ शर्मा थे और मैं अध्यक्ष था। रीडर और लेक्चरर की दो नियुक्तियाँ हुईं जिसमें सुधेश जी और शोभा जी आए। गंगा प्रसाद विमल भी कंडिडेट थे और मैं चाहता था कि उन्हें ले आऊँ, विमल जाकिर हुसैन में काम कर रहे थे। डॉ. नगेन्द्र ने विमल का विरोध किया, शोभा जी चूँकि यू.जी.सी. चेयरमैन की पत्नी थीं तो लगभग तय-सा था, और मुझे बता दिया गया था।

उन दिनों ओल्ड कैम्पस ही था। वहाँ स्कूल ऑफ लैंग्वेजेज़ की बिल्डिंग में कमरे ही नहीं थे। फर्स्ट-फ्लोर पर डीन का कमरा होता था। उन्होंने बताया कि दो कमरे खाली हैं। एक आप ले लीजिए, दूसरा कमरा जो हमारे ऑफिस के ठीक सामने है, उर्दू के किदवई साहब ले लेंगे। बाकी लोगों के लिए कोशिश करते हैं, जब कमरे खाली होंगे तब मिल जाएँगे। जर्मनवाले चौथे तले पर थे; फ्रेंचवाले दूसरे तले पर, तीसरे पर कोई और था यानी जब हम आए थे तो जगह भी नहीं थी।

खास बात यह कि हम लोगों के आने के पहले ही जो दबाव पड़ा हमारे छात्रों पर...प्रवेश प्रक्रिया के द्वारा जे.एन.यू. में हिन्दी के सात छात्र एम.ए. के लिए जुलाई-अगस्त में ही प्रवेश ले चुके थे। स्थिति यह थी कि छात्र हैं लेकिन पढ़ानेवाला कोई अध्यापक है ही नहीं। उर्दू का एडमीशन अगले साल हुआ था। हमारा ऑफिस और क्लासरूम एक ही था, जिसमें हम पढ़ाते भी थे। हमारे पहले विद्यार्थियों में मनमोहन, घनश्याम मिश्रा, विजय चौधरी के अलावा चार विद्यार्थी और थे जिनमें दो लड़कियाँ भी थीं। इस प्रकार हिन्दी में सात विद्यार्थी थे। उर्दू में नामांकन नहीं होने के कारण वे निश्चिन्त थे। छात्रों के चयन में हमारा कोई हाथ नहीं था, विश्वविद्यालय द्वारा चयन किया गया था। आते ही हमारा पहला काम था पाठ्यक्रम बनाना क्योंकि विद्यार्थी आ गए थे, कोई पाठ्यक्रम नहीं था, पढ़ाई भी नहीं हो रही थी। पहला सेमेस्टर दिसम्बर तक खत्म करना था, जिसकी परीक्षा भी होनी थी। अध्यापकों में सुधेश जी और शोभा जी आ गए थे। बी. एम. चिन्तामणि के पिताजी और हमारे नागचौधरी साहब के पिताजी मित्र थे, पारिवारिक सम्बन्ध थे। इस नाते

नागचौधरी जी ने मुझे घर पर बुलाकर चिन्तामणि जी को टेम्परेरी रखने की बात की। द्विवेदी जी के नाते भी चिन्तामणि को मैंने ले लिया। इस प्रकार अध्यापक तो हो गए थे और पाठ्यक्रम को लेकर जो एक टेंटेटिव नक्शा मेरे दिमाग में था, वो दे दिया। मुकम्मल कोर्स तो दूसरे सेमेस्टर से हमने बनाया अर्थात् जनवरी-फरवरी तक सही कोर्स बन पाया।

सुमन केशरी–आप जे.एन.यू. में 1974 में आए, कोर्स 1975 में तैयार हुआ और इमरजेंसी भी 1975 में ही लगी, जिसमें कुछ स्टूडेंट्स भी पकड़े गए, तो उस समय क्या स्थिति रही? आप लोगों को पढ़ाने में कोई दिक्कत आई?

नामवर सिंह–इमरजेंसी के समय मैं सर्वोदय इन्क्लेव में था, कैम्पस में नहीं था। क्योंकि उस समय तक रहने का कोई निश्चित ठिकाना नहीं था। सर्वोदय इन्क्लेव में ही किसी ने मकान खाली किया था, जिसे मैंने यूनिवर्सिटी के कहने से किराए पर ले लिया था। इमरजेंसी जून 1975 में लगी थी और मैं कैम्पस आया था अगस्त या सितम्बर 1975 में। इत्तफाक से वो मकान गोपीचन्द नारंग के घर के बगल में ही पड़ता था। उनके कारण एक कठिनाई में पड़ा था इसलिए जिक्र कर रहा हूँ। नारंग साहब चाहते थे कि मैं जे.एन.यू. में उर्दू के प्रोफेसर के लिए उनके बारे में कहूँ, क्योंकि उस समय वो रीडर थे।

जैसा कोर्स जोधपुर में बनाया था, उसका एक नक्शा मेरे दिमाग में था। तत्काल ही डिग्री के लिए कुछ टेक्स्ट और कोर्स की आवश्यकता थी। जैसा कि मैंने बताया कि अध्यापक केवल तीन ही थे–मैं, शोभा जी और सुधेश जी। शोभा जी को भक्तिकाल के अलावा किसी और क्षेत्र में दिलचस्पी थी नहीं। सुधेश जी को मैंने लिया ही इसलिए था कि कम-से-कम आधुनिक का टेक्स्ट तो पढ़ा लेंगे, मैं कितना पढ़ा पाऊँगा। मैंने अपने लिए इतिहास और आलोचना सम्बन्धी विषयों को रखा। इस प्रकार एक ढाँचा तैयार हो गया। भक्तिकाल शोभा जी, आधुनिक कविता के साथ कुछ उपन्यास और कहानी सुधेश जी, बाकी मैं। तत्काल मैंने दो सेमेस्टर का कोर्स बनाया और उसको अप्रूव करा लिया। हमने यह तय किया कि 'हिन्दी साहित्य का इतिहास' नाम का अलग से कोई कोर्स नहीं होगा बल्कि हम इसे टुकड़ों में बाँट देंगे और उसके समानान्तर उसी तरह का टेक्स्ट होगा। इसके साथ ही हिन्दी में भारतीय काव्यशास्त्र और यूरोपीय सिद्धान्त, पाश्चात्य समीक्षा का एक पर्चा भी होता था।

मैं जिस विश्वविद्यालय से आया था, वहाँ वार्षिक परीक्षा होती थी इसलिए सेमेस्टर सिस्टम को समझने में जरा देर लगी। सेमेस्टर सिस्टम के अनुसार कोर्स स्ट्रक्चर को समझना था क्योंकि यह मेरे लिए बिलकुल नया था। इसलिए कुछ चीजें किदवई साहब और उर्दू के और भी लोगों के साथ मिलकर तय कीं। हमने कहा कि कुछ चीजें हिन्दी-उर्दू दोनों ही विद्यार्थियों के लिए अनिवार्य हों। पहला यह कि हिन्दी

का विद्यार्थी उर्दू अवश्य पढ़े और उर्दू लिपि में पढ़े, क्योंकि स्क्रिप्ट उसको आनी चाहिए। इसके साथ ही कविताओं का और गद्य का एक सलेक्शन हो। इसमें कोई फिक्स्ड टेक्स्ट नहीं था बल्कि यह टेक्स्ट टीचर इंचार्ज पर छोड़ दिया गया था। हमारा मतलब यह था कि विद्यार्थी स्क्रिप्ट सीख ले, ग्रामर सीख ले, शब्द-सम्पदा कुछ हो जाने पर मीर, गालिब के क़लाम को पढ़ सके। इस तरह टीचर कुछ चुनी हुई गजलें, नज़्में, कहानियाँ लड़कों को पढ़ाएँगे।

उर्दू में बुरा हाल था क्योंकि उर्दू के लड़कों ने हिन्दी पढ़ने से इनकार कर दिया। उनका कहना था कि हम हिन्दी पढ़कर आए हैं। उत्तर प्रदेश और बिहार में हाई स्कूल तक हिन्दी अनिवार्य है। केवल हिन्दीवालों ने उर्दू पढ़ी।

एक और कोर्स जो हमने अनिवार्य बनाया, वह था 'हिन्दी-उर्दू प्रदेश की संस्कृति का इतिहास'। यह कोर्स भी दोनों के लिए था। उर्दू के विद्यार्थी इसका भी विरोध करते थे, इसे नहीं पढ़ना चाहते थे। लेकिन मैंने कहा कि कम-से-कम एक कॉमन कोर्स तो रहेगा ही जिसे आधा मैं (हिन्दीवाले) और आधा किदवई साहब (उर्दूवाले) पढ़ाएँगे। तब तक मोहम्मद हसन साहब नहीं आए थे, क्योंकि उस समय वे नेहरू फेलोशिप पर थे। वे एक साल बाद आए। ऐसे वे आते रहते थे। गोपीचन्द नारंग लगे हुए थे, मुझसे बार-बार कहते थे कि मुझे ले लीजिए। पर मैंने तय कर लिया था कि इनको तो नहीं ही लेंगे। किदवई साहब भी उन्हें नहीं लेना चाहते थे। तब मैंने कहा कि हसन साहब को इनवाइट कर लेते हैं, प्रोफेसर के लिए। उनके आने के बाद ही हम लोगों ने पूरा कोर्स बनाया।

पहले साल (1974-75) में हम लोगों ने एम.फिल. का एडमीशन नहीं लिया, पहले साल में केवल एम.ए. शुरू किया। दुर्भाग्य से इमरजेंसी इसी बीच लग गई। इमरजेंसी लगने पर तो नक्शा ही दूसरा था। उस समय मैं बनारस में था। हमारे मित्र मार्कंडेय सिंह ने बताया कि इमरजेंसी लगनेवाली है और तुम दिल्ली छोड़ के जाओ।

सुमन केशरी–लेकिन सी.पी.आई. समर्थन कर रही थी इमरजेंसी का...

नामवर सिंह–वो तो अलग एक कहानी है, मैंने उसी में रिजाइन किया सी.पी.आई. से। इमरजेंसी के दौरान सारी पत्र-पत्रिकाओं, अखबारों को सेंसर के लिए भेजना पड़ता था। पब्लिकेशन ब्यूरो पी.टी.आई. में बैठता था। सख्त हिदायत थी सारी मैगजीनों को कि छपने से पहले उन्हें सेंसर के लिए भेजना होगा। मैंने भी 'आलोचना' का अंक सेंसर के लिए भेजा। उसे बाकायदा काले रंग से इतना मोटा-मोटा पोतकर मेरे पास भेजा गया कि मैं नक्शा समझ गया। अजय भवन में एक मीटिंग हुई जिसमें एक प्रस्ताव था कि प्रगतिशील लेखक संघ की ओर से, जो पार्टी द्वारा विट्ठलभाई पटेल हाऊस में लेखकों का सम्मेलन हुआ था, करीब सितम्बर-अक्टूबर में...सेंसरशिप के पक्ष में एक रिजॉल्यूशन हम लोगों को पास कराना है। मैं इसके विरुद्ध था। मैंने

कहा कि मैं पार्टी की मेम्बरशिप रिन्यू नहीं कराऊँगा। मतलब मेम्बरशिप छोड़ रहा हूँ। पर्टीकुलरली एक राइटर के नाते, एक जर्नलिस्ट के नाते इस सेंसरशिप को सपोर्ट नहीं करूँगा। बाकी लम्बी बहस चली कि इमरजेंसी लगनी चाहिए कि नहीं लगनी चाहिए।

दूसरा नमूना ये कि हमारे यहाँ जिन लड़कों का एडमीशन हुआ था, उनके रिकॉर्ड को देखते हुए लिस्ट आई थी। उन लोगों में विजय चौधरी और चमनलाल का नाम था। शायद घनश्याम मिश्रा का भी नाम था। 1975 में जो एडमीशन हुए थे, उसकी लिस्ट भी भेजी गई थी। हिन्दी में तीन लड़के ऐसे थे जिनके नाम को ब्लैक घेरों से घेर दिया गया था, जिनका एडमीशन लेने से मना कर दिया गया था।

मैंने कहा कि मैं वी.सी. साहब से बात करूँगा और मैंने बात की। उनसे कहा कि एक तो मेरे यहाँ लड़के कम हैं—5-7 लड़के ही हैं, तीन ये भी चले जाएँगे तो सेन्टर का क्या होगा? मैंने कहा कि मैं अंडर-टेकिंग ले सकता हूँ इन लोगों की, आगे से कोई ऐसा काम नहीं करेंगे। लेकिन ये तो हमारे मुँह पर तमाचा है कि हमारे विद्यार्थी जेल चले जाएँ। लेकिन वे बोले कि नहीं, और कई सेन्टरों में भी ऐसा हुआ है। हमने कहा कि हुआ होगा, हम तो गारंटी देते हैं। मैंने लिखकर वहीं टाइप करवाया, साइन किया कि मैं इनकी रेस्पान्सिबिलिटी लेता हूँ कि ऐसा कोई भी तोड़-फोड़ का काम ये नहीं करेंगे और इन लोगों को मैंने वहाँ से छुड़ाया, बकायदे एडमीशन हुआ। लेकिन इमरजेंसी की वजह से कोर्स स्ट्रक्चर में कोई बदलाव नहीं आया। 1975 के अगस्त-सितम्बर का महीना था। मेरा कमरा गेट के ठीक पास घुसते ही नीचे का पहला कमरा था। उस समय मेनका गांधी जर्मन की छात्रा थी। सारे स्टूडेंट्स ने इमरजेंसी के खिलाफ़ हड़ताल कर रखी थी। जे.एन.यू. में आप जानते हैं कि ऐसे पॉलिटिकल मामलों में टीचर्स और स्टूडेंट्स पॉलिटिकल कमिटमेंट के साथ, एक साथ ही रहते हैं। अध्यापक हड़ताल तो नहीं करते, स्टूडेंट्स हड़ताल करते हैं लेकिन अध्यापकों की सिम्पैथी उनके साथ होती है।

इमरजेंसी की आँखों देखी घटना बता रहा हूँ। एक ब्लैक कलर की कार दौड़ती हुई आई और एस.एल. गेट के ठीक सामने रुकी। एस.एफ.आई. (सी.पी.एम.) का प्रवीर पुरकायस्थ प्रेसिडेंट था। वहाँ उसके साथ हड़ताल करानेवाले लोग और एस.एल. के कई लोग थे। अचानक कार से कुछ लोग उतरे और प्रवीर को पकड़कर गाड़ी में खींच लिया। इशारा करने के लिए मेनका वहाँ खड़ी थी, उसने इशारा किया होगा। प्रवीर को गाड़ी में खींचकर कुछ लोगों ने पकड़ रखा था। उसके शरीर का ऊपरवाला आधा हिस्सा कार के अन्दर और बाकी आधा बाहर था, यह दृश्य अभी भी हमारी आँखों के सामने है। कार दौड़ती हुई एस.एल. से एस.आई.एस. की ओर निकलती हुई गेट के बाहर चली गई। स्टूडेंट यूनियन के लड़के चिल्ला रहे थे। मैं

बाहर निकला, मुझे अपने कमरे से बाहर निकलने में 15 सेकेंड लगे होंगे...मालूम पड़ा कि जब मेनका आ रही थी तो हड़ताल करनेवालों ने ताना मारा था कि तुम्हारा मियाँ क्या करवा रहा है, चूँकि उस समय मेनका-संजय की शादी हो चुकी थी। इस पर वो भन्नाई हुई निकली। उसने तुरन्त फोन पर शिकायत की होगी। कार और कुछ लोगों को बुलवाया, जो कि प्रवीर पुरकायस्थ को घसीटते हुए ले गए। भयानक दृश्य था!

जे.एन.यू. में क्या टीचर, क्या स्टूडेंट कोई इमरजेंसी का समर्थक नहीं था। सी.पी.आई. के हों या सी.पी.एम. के, इमरजेंसी के सब विरुद्ध थे। कैम्पस में इमरजेंसी के ख़िलाफ़ जुलूस निकला तो विनय राय उसे लीड कर रहे थे—'इंटरनेशनल' गाते हुए। इमरजेंसी के समय ही एक रात की घटना है जब हमला हुआ था। उस समय पंकज सिंह पढ़ते थे, रात को हमारे घर ठहरे हुए थे, क्योंकि उन लोगों को सूचना मिली थी कि आज कुछ गड़बड़ होनेवाला है। वे मेरे यहाँ थे इसलिए बच गए थे। इमरजेंसी के मामले में जहाँ तक मैं जानता हूँ, जे.एन.यू. में इसके पक्ष में एक भी रिजोल्यूशन पास नहीं हुआ—न जे.एन.यू.टी.ए. की ओर से, न स्टूडेंट यूनियन की ओर से। सी.पी.आई. के लोग जो इमरजेंसी के समर्थक भी होंगे, उनमें से भी किसी ने कोई प्रस्ताव पास नहीं किया, ये नहीं भूलना चाहिए।

सुमन केशरी—डॉ. साहब, यह बताइए कि स्टूडेंट्स पकड़े जा रहे थे, फिर पढ़ाई कैसे हुई? यूनिवर्सिटी खुलने पर एडमीशन कैसे हुआ? उस दौरान क्या-क्या हुआ?

नामवर सिंह—हम लोग लगभग सभी लड़कों को जेल से छुड़ाकर लाए। एक-दो सीरियस केस थे, जैसे—देवी प्रसाद त्रिपाठी जेल में ही थे। मेरा ख़याल है, प्रवीर पुरकायस्थ आ गए थे, सीताराम येचुरी जेल में नहीं थे, प्रकाश करात के बारे में तो अलग ही क़िस्सा है...। उस समय इलेक्शन नहीं हुआ था इसलिए स्टूडेंट यूनियन थी ही नहीं। इमरजेंसी हटने पर देवी प्रसाद जेल से छूटकर आए। उन्हें मैं पहले से जानता था। मुझसे उन्होंने बताया कि उन्हें आँखों के इलाज के लिए जेनेवा जाना है पर पास में पैसा नहीं है और न ही कपड़ा-लत्ता। मैंने 200 रु. दिए थे।

इमरजेंसी के बाद जे.एन.यू. में सीताराम येचुरी प्रेसिडेंट बने। हो सकता है, इमरजेंसी के समय देवी प्रसाद त्रिपाठी ही प्रेसिडेंट रहे हों। जब मैं जे.एन.यू. में आया था तब आनन्द कुमार प्रेसिडेन्ट थे, उन्होंने प्रकाश करात को हराया था। मैं बनारस से ही आनन्द कुमार को जानता था। इमरजेंसी की भनक लगते ही श्यामाचरण दुबे ने आनन्द कुमार को बाहर भिजवा दिया था।

असल में जे.एन.यू. के कुछ सेन्टर पॉलिटिकली डिवाइडेड थे। जैसे—एस.आई.एस. में नॉन मार्क्ससिस्ट, उसमें कुछ नॉन कांग्रेसी और कुछ एंटी कांग्रेसी भी थे। कुछ सोशलिस्ट विचारों के भी थे। एस.आई.एस. में लेफ्ट का कोई वैसा असर नहीं था।

एस.एस.एस. में योगेन्द्र सिंह थे। इतिहास डिपार्टमेंट में मार्क्सवादी विचारधारा के होते हुए भी डिवाइडेड थे, सी.पी.आई. के लोग थे, सी.पी.एम. की तरफ शायद ही कोई हो। हिन्दी में सी.पी.आई. और सी.पी.एम. दोनों ही विचारधारा के लोग थे। राजनीति शास्त्र में सी.पी.आई. के थे क्योंकि वहाँ पी. सी. जोशी थे, दामोदरन थे इसलिए सी.पी.आई. का अच्छा प्रभाव था। सी.पी.एम. के लोग अर्थशास्त्र में ज्यादा थे। यहाँ उत्सा पटनायक, प्रभात पटनायक थे।

इस तरह ब्रॉडली लोग सी.पी.आई. विचारधारा को मानते थे। कोर्ट की मीटिंग में मोरारजी देसाई भी आए थे। स्टूडेंट यूनियन के विरोध करने पर इन्दिरा गांधी ने चांसलर पद से इस्तीफा दिया था।

जोधपुर का जो अनुभव हमारे पास था उससे कोर्स तो बन गया था, लेकिन दबाव था उस कोर्स को पूरा करने का, टीचर कम थे। ऐसे अध्यापक की जरूरत थी जो आधुनिक साहित्य और थ्योरी पढ़ा सके। मैनेजर पांडेय को मैं जोधपुर से यहाँ लाया, लेकिन उन्होंने आने में एक साल का वक्त लगाया। केदारनाथ सिंह को लाना चाहता था। उस समय तक उनके यहाँ से हमारे यहाँ रिश्ता नहीं हुआ था। उनकी बेटी की शादी की बात मेरे बेटे से चल रही थी। मैंने उनसे तय किया कि पहले आप ज्वाइन कीजिए, शादी बाद में होगी। दोनों के लिए मुझे बहुत संघर्ष करना पड़ा। हमारे पास टीचर कम थे। सुधेश जी यहाँ आ गए थे। उनको तो मैं इम्फाल भेजने के चक्कर में था क्योंकि वह सेन्टर भी चलाना था। वहाँ मैंने बाद में उदय प्रकाश को भेजा, देवेन्द्र कौशिक को भेजा। पर बाद में वहाँ का सेन्टर टूट गया।

केदार जी उस समय पडरौना में थे। नागचौधरी साहब से मैंने कह दिया था कि आधुनिक कविता के लिए बिलकुल सही आदमी हैं, कवि हैं। कामायनी, निराला आदि को अच्छे से पढ़ा सकेंगे। साथ ही भक्ति को भी पूरा करना था। शोभा जी तो टेक्स्ट तक नहीं पढ़ा सकती थीं। आन्दोलन हो गया था, पोस्टर लग गए थे, शोभा जी के खिलाफ–'देवी, तुम तो यू. जी. सी. की बैसाखी पर आई हो' आदि..., यह सब इमरजेंसी में हुआ था। विजय चौधरी और कई लड़कों ने मिलकर किया था, हड़ताल हो गई थी।

विनय राय से मैंने कहा कि भाई, मुसीबत में फँस गया हूँ। उन्होंने कहा, यू.जी.सी. रुपया देती है, चेयरमैन की बीवी को नहीं रखेंगे तो किसको रखेंगे? किसी तरह निभाइए। मैं तो संकट में था, यू. जी. सी. के दबाव के कारण उनकी बीवी थीं, सुधेश भी बस यूँ ही से पढ़ानेवाले। पोएटिक्स पढ़ानेवाला कोई था ही नहीं।

सुमन केशरी–भक्ति पोएट्री भी कमजोर रह गई थी।

नामवर सिंह–चूँकि शोभा जी छोड़ती नहीं थीं। मैंने कोर्स इस तरह बनाया था कि टेक्स्ट और टेक्स्ट के समानान्तर उसका इतिहास।

सुमन केशरी–टेक्स्ट उन्होंने कभी पढ़ाया नहीं और भक्तिकालीन इतिहास पर तो उन्होंने ही अपना कब्जा रखा...

नामवर सिंह–कोर्स में कमजोरी रहने का कारण था कि पूरा हिन्दी साहित्य पढ़ाने वाला हमारे पास कोई था ही नहीं।

सुमन केशरी–आरम्भिक दिनों में काव्यशास्त्र में भी बहुत दिक्कत हुई थी।

नामवर सिंह–मैं तो एप्रोचेज टू लिटरेचर पढ़ाता था। भक्ति का टेक्स्ट पढ़ाना चाहता था लेकिन वो तो सारा शोभा जी लिए बैठी थीं। आधुनिक कविता के लिए केदार जी आ गए थे तो मैं छायावाद, नई कविता आदि को लेकर निश्चिन्त हो गया। सुधेश जी को गद्य में रुचि थी नहीं, उनको क्या कहूँ, तो काव्यशास्त्र और भक्ति को लेकर हमारे सामने बहुत बड़ी समस्या थी। बहुत बाद में पुरुषोत्तम को तो मैं लड़कर ले आया। उनकी जगह शोभा जी अरुण मिश्र को लाना चाहती थीं। खैर, जब पुरुषोत्तम आ गए तो लगा कि अब कुछ हो सकता है। गद्य के लिए मैं वीरभारत तलवार को ले आया। यू. जी. सी. नई पोस्ट देने के लिए तैयार नहीं थी। हमें इतने ही लोगों से पूरा कोर्स चलाना था।

सुमन केशरी–पुरुषोत्तम और वीरभारत के आने तक हम स्टूडेंट नहीं थे। इसलिए हमें काव्यशास्त्र सुधेश जी ने ही पढ़ाया था।

नामवर सिंह–अध्यापकों के अनुसार कोर्स को लेकर चलना था, इसलिए हमारे सेन्टर में मन-मुआफिक कोर्स तो बना ही नहीं।

सुमन केशरी–इसके बावजूद डॉ. साहब, जो आपने कोर्स बनाया, और आप जैसे पढ़ाते थे वो लाजवाब है। मैं दिल्ली विश्वविद्यालय के बेहतरीन कॉलेज–एल.एस.आर. से जे.एन.यू. 1977 में आई थी। पहले 6 महीने में जब आप हमें एप्रोचेज टू लिटरेचर पढ़ा रहे थे, आपने शुरुआत ही की थी कि फॉर्मलिस्ट एप्रोच क्या है? पद्धति क्या है? बाद में समझाते हुए 'अभी टुक रोते-रोते सो गया है' में 'टुक' की व्यंजना क्या है? और अन्त में आपने क्लास खत्म की थी सस्यूर को पढ़ाते हुए। तब समझ में आया कि साहित्य को हम ऐसे पढ़ सकते हैं, ये एक एप्रोच है...

नामवर सिंह–कारण था, जे.एन.यू. में एक अन्तर्राष्ट्रीय विद्या की जो दुनिया है, बौद्धिक वातावरण है, उसमें हमारा विद्यार्थी विदेशी भाषाओं के लोगों के सामने, या राजनीति शास्त्र, अर्थशास्त्र, इतिहास आदि किसी भी विषय के विद्यार्थियों से जब मिले तो इंटलेक्चुअली वह भी सब कुछ जानता हो, वो अपने को छोटा न समझे। यह भावना थी मेरे मन में।

इंग्लिश का हमारे यहाँ सेन्टर था नहीं, एलिमेंट्री कोर्सेज को इंग्लिश कहते थे। मीनाक्षी जी के आने के बाद लिटरेचर आया। लिंग्विस्टिक्स भी नहीं थी हमारे यहाँ। मेरा सपना था कि लैंग्वेज के साथ लिंग्विस्टिक्स भी हमारा हिस्सा हो, संस्कृत भी

हो। लेकिन कुछ दबावों के कारण ऐसा नहीं हुआ। संस्कृत कोर्स एडवरटाइज किया गया था। लेकिन ऐसे लोगों के आने की आशंका थी, जिनका आना सेन्टर के लिए घातक होता। इसलिए एडवरटाइज तो हुआ लेकिन अप्वाइंटमेंट नहीं हुआ। बाद में संस्कृत सेन्टर अलग खुला। मैं चाहता था कि हमारा सेन्टर हिन्दी, उर्दू, लिंग्विस्टिक्स, संस्कृत को मिलाकर हो।

अब जाकर यूनिवर्सिटी को जो मैंने नोट दिया है, उसमें ये कि 'सेन्टर ऑफ इंडियन लैंग्वेजेज़' नहीं बल्कि 'स्कूल ऑफ इंडियन लैंग्वेजेज़' हो। इसका बहुत विरोध हो रहा है। कुछ लोग चाहते हैं कि लिंग्विस्टिक्स का एक अलग स्कूल हो, तो इस बात को लेकर तनाव है।

कोर्स बनाते समय हिन्दी और भारतीय भाषाओं पर मेरे दिमाग में बहुत कुछ था। इस बीच मुझे दो-तीन और कोर्स बनाने के मौके मिले। एक तो यू.पी.एस.सी. का। उस समय यू.पी.एस.सी. के चेयरमैन थे ए.आर. किदवई साहब, जो बाद में गवर्नर बने—बिहार के। वे चाहते थे कि उनके रहते यू.पी.एस.सी. में हिन्दी शामिल हो, जिसके लिए कोर्स मैं तैयार करूँ। यू.पी.एस.सी. के जरिये जो सेलेक्शन कमेटी होती थी, उसमें भी मैं होता था। यू.पी.एस.सी. का पुरानावाला कोर्स मैंने ही बनाया। दूसरा यू.जी.सी. का नेट का कोर्स। कोर्स बनाते समय मैं हमेशा इस बात को ध्यान में रखता था कि जे.एन.यू. के बच्चे इसे क्वालीफाई कर सकें।

दूसरी बात जो ध्यान में रखता था वो ये कि जे.एन.यू. के बौद्धिक वातावरण में हमारा लड़का अपने को हीन न महसूस करे। इंग्लिश कितनी जानता है या नहीं जानता, यह महत्त्वपूर्ण नहीं है। कम-से-कम जहाँ नॉलेज की बात हो वहाँ 'वेस्टर्न लिटरेरी थ्योरी', आइडियोलॉजी आदि सब उसको मालूम हो। समाजशास्त्र, इतिहास या अन्य किसी विषय पर चर्चा हो तो हिन्दी का विद्यार्थी केवल हिन्दी का न होकर रह जाए। इंटलेक्चुअली दूसरे लोगों से भी उसके संवाद हों, उसमें वो पीछे न हो। मैं चाहता था कि हमारा विद्यार्थी पुरानी भारतीय परम्परा से भी अपने को अलग न रखे। एक खुलापन हो। वैसा बैकग्राउंड भी हो।

सुमन केशरी—लेकिन वो पुराने बैकग्राउंड वाला जो हिस्सा था, डॉ. साहब, वो हमारा कमजोर रह गया...

नामवर सिंह—देवेन्द्र कौशिक को जब मैं ले आया, उसने अपने अंडर संस्कृत काव्यशास्त्र पर ही काम करवाया। वे डी. यू. से आए थे। उनके लिए हमारे यहाँ तो जगह थी नहीं। इम्फाल से लौटकर आए और वापस चले गए। उदय प्रकाश को वहाँ रखा था, अगर टिक जाते तो कायदे से उनको अपने यहाँ अन्तर्भुक्त कर लेते। बाद में उदय, केदार जी को लेकर आए थे कि हमको जे.एन.यू. में रख लीजिए। लेकिन मैंने कह दिया कि ये मेरे से नहीं होगा। उस समय छोड़कर नहीं चले गए

रहे होते तो आज जरूर प्रोफेसर होते।

सुमन केशरी—नेमि जी वाली बात बताइए, वे हमें नाटक पढ़ाते थे। उस कोर्स में उन्होंने वंशी कौल को बुलाकर पूरा वर्कशॉप करवाया...

नामवर सिंह—नेमि जी को रखा गया था थियेटर के लिए। हमारे यहाँ नाटक पढ़ानेवाला कोई नहीं था। मैंने नाटक पढ़ाने के लिए नेमि जी से कहा, इस नाते वे हमारे यहाँ से जुड़े। हमारे यहाँ पेंटिंग के लिए स्वामीनाथन रह चुके थे। तब तक 'स्कूल ऑफ आर्ट्स एंड एस्थेटिक्स' नहीं बना था। कोशिश हमारी ये थी कि बाहर के लोग यहाँ आएँ, जिसमें बड़े-बड़े राइटर और कवि भी होते थे, जो पढ़ाते थे, कविता पाठ होता था। ये कोशिश थी कि अपेक्षित अध्यापकों के न होते हुए भी हमारे यहाँ एक्टिविटी होती रहे जिससे कि विद्यार्थियों को इनपुट मिलता रहे और अधिक-से-अधिक फायदा हो। हमारे यहाँ देवेन्द्र शर्मा विजिटिंग प्रोफेसर के रूप में साल भर रहे थे। भीष्म साहनी, हजारीप्रसाद द्विवेदी, रामस्वरूप चतुर्वेदी आदि के सेमिनार, लेक्चर आदि होते रहते थे।

जे.एन.यू. को समझने के लिए या जो भी काम उस समय हुआ, उसे जानने के लिए आप 1974-1992 तक की 'आलोचना' पत्रिका की फाइल देख सकते हैं। आलोचना में कई लोगों पर केन्द्रित विशेषांक निकले। अपने यहाँ के लोगों से भी लेख लिखवाकर छापे हैं। जैसे—पुरुषोत्तम अग्रवाल, मैनेजर पांडेय आदि से। मैनेजर पांडेय की पूरी-की-पूरी किताब मैंने छापी है। नन्दकिशोर नवल की भी पूरी किताब मैंने छापी है। मैं 'आलोचना' के द्वारा अपने विद्यार्थियों के लिए पाठ सामग्री तैयार करता था। मैं एक्टीविटी जो भी करना चाहता था, 'आलोचना' पत्रिका द्वारा करता था।

सुमन केशरी—हम लोगों के समय में टी. एल. एस. या किसी अन्य पत्रिका अथवा पुस्तक में जो कुछ छपता था, हमारी क्लास में जरूर उसकी चर्चा जरूर होती थी। अप टू डेट सूचना और विश्लेषण के लिए आपकी क्लास जानी जाती थी...

नामवर सिंह—चूँकि मेरा नियम था। मॉर्निंग में सेन्टर, फिर खाना खाकर दोपहर में लाइब्रेरी। लाइब्रेरी ओल्ड कैम्पस में हुआ करती थी। वहाँ लाइब्रेरी में कौन-सी किताबें मँगवानी हैं, कौन-सी पत्रिकाएँ मँगवानी हैं, ये बताता था और मँगवाया भी जाता था। कुछ का तो मैं खुद ग्राहक बना। कुछ फोटोकॉपी करवाता था। फोटोकॉपी का तो मेरे पास बड़ा ढेर हो गया है। कुछ मैगजींस का तो जोधपुर रहते ग्राहक बन गया था। बहुत सारी विदेशी पत्रिकाएँ मैं खुद खरीदता था, कुछ मैगजीन लाइब्रेरी से मिल जाती थीं। लाइब्रेरी हमारी शरणस्थली थी। शाम को कुछ दोस्तों के घर पर जाता था। सबसे ज्यादा गोविन्द देशपांडे के यहाँ जाता था चूँकि हमारे ही ब्लॉक में रहते थे, 115 नम्बर में, थियेटर के बड़े-बड़े लोगों से वहाँ मेरी मुलाकात हुई। दूसरे अनिल

भट्टी, जर्मन के प्रोफेसर थे, उनके यहाँ जाता था। नए लोगों में सुवीरा जायसवाल, बी. डी. चट्टोपाध्याय, नीलाद्री, मृदुला मुखर्जी, आदित्य मुखर्जी, विमल प्रसाद, श्रीवास्तव जी आदि के यहाँ जाता था। गोपाल और रोमिला ये दोनों कैम्पस में नहीं रहते थे। लेक्चर देने आती थीं रोमिला। बहुत अच्छा माहौल था। कुछ मिलाकर जीने लायक जिन्दगी थी। मैंने मैनेजर पांडेय की विदाई के समय एक बात कही थी कि हम लोग ये तो जिक्र करते हैं कि जे.एन.यू. को हमने बनाया। यह भूल जाते हैं कि जे.एन.यू. ने हमको कितना बनाया। जे.एन.यू. का एक वातावरण है, हमारे छात्र-छात्राओं ने हमें बनाया है। उनसे संवाद के दौरान हमने बहुत कुछ सीखा है। उनके सवाल ऐसे होते थे जिनका जवाब देने के लिए तैयारी करके जाते थे ताकि हम इस लायक हों कि उनके सवालों का सन्तोषप्रद जवाब दे सकें। घनानन्द ने कहा है कि—

'लोग हैं लागि कवित्त बनावत
मोहे तो मोरे कवित्त बनावत'

इसलिए हमने ही छात्र नहीं बनाए, छात्रों ने भी हमें बनाया। इस बात को कभी नहीं भूलना चाहिए। सबसे बड़ी बात यह कि अगर ऐसे छात्र न मिले होते, उनकी ओर से चुनौतियाँ न आई होतीं तब कहीं और होते हम लोग। इसलिए जो मेधा, जो प्रतिभा हमको मिली जिससे हम आगे बढ़े, ऐसे विद्यार्थी सबको मिलने चाहिए। खुद वे लोग बहुत पढ़ते थे। आप अगर बिना पढ़े क्लास में चले जाएँ तो आपकी जुबान नहीं खुलेगी, आप बोल नहीं सकते।

सुमन केशरी—आपका यह कहना कि छात्र बहुत जागरूक थे, पढ़-लिखकर आते थे, बिलकुल ठीक है। लेकिन मुझे ऐसा लगता है कि छात्र वो मोमबत्ती है जिस पर लौ बालने का काम गुरु करता है...एक बार लौ जला दी तो...

नामवर सिंह—हमारे यहाँ जो लोग आए थे, वो केवल स्टूडेंट नहीं थे। ऑलरेडी वे परिपक्व स्कॉलर थे। अपनी स्टूडेंट लाइफ में रिसर्च के दौरान ही जो पेपर्स उन्होंने लिखे वो ऐसे जर्नल्स में छपे जहाँ ऐसे ही नहीं छप सकते थे। जे.एन.यू. में ऐसा हर विषय में हुआ। पर मुझे अफसोस है कि अपेक्षाकृत उर्दू में जितना होना चाहिए था उतना नहीं हुआ। उर्दू कल्चर थोड़ी अलग, शेरो-शायरी की कल्चर थी। हिन्दी के समानान्तर उर्दू में जो सीरियस स्कॉलर विकसित होने चाहिए थे वो नहीं हुए। अली जावेद थे, बड़े एक्टिव थे। इनके अलावा और भी कई लोग थे जिनसे उम्मीद थी कि कुछ कर सकते हैं लेकिन वो नहीं हो सका। कम-से-कम विदेशी भाषाओं में एक काम जो हो सकता था वो हुआ। फ्रेंच, स्पेनिश, रशियन, जर्मन आदि विदेशी भाषाओं से हमारा जो सम्बन्ध बना वो काफी फायदेमंद रहा। इन विदेशी भाषाओं के लोगों से हिन्दी में हमने अनुवाद कराए जो कि 'आलोचना' पत्रिका में छापे गए।

'आलोचना' पत्रिका में जे.एन.यू. में पढ़ाई जानेवाली लगभग सभी विदेशी भाषाओं पर अंक निकाले गए। इस तरह जिसे अन्तर्अनुशासनात्मक पद्धति कहते हैं, उसे अमल में ले आए। उसी प्रक्रिया में आगे चलकर हमने ट्रांसलेशन का कोर्स खुलवाया, जिसमें कि कुछ नहीं हो रहा। बार-बार मैंने कहा कि हमारे कोर्स बहुत पुराने पड़ गए हैं, बदलने की जरूरत है। बदलने का फॉर्मल तरीका एक तो पैनल है और दूसरा तरीका है कि वर्कशॉप किया जाए जिसमें हमारे ओल्ड स्टूडेंट्स, जो जानकार हैं तथा अच्छे पदों पर भी हैं, उन्हें बुलाया जाए। वो अपना-अपना सुझाव देंगे जिसे रिकॉर्ड करके उसे सेन्टर से, बोर्ड से पास करा लिया जाए। पर ऐसा कुछ नहीं हो रहा।

मैं उस समय यू. जी. सी. का मेम्बर था, डॉ. नगेन्द्र भी थे। पूरा कोर्स मैंने बनाया था। मैंने कहा कि एक तो ट्रांसलेशन का कोर्स, दूसरा हिन्दी टीचिंग का कोर्स होना चाहिए। जर्नलिज्म का भी एक कोर्स हो। ट्रांसलेशन जे.एन.यू. को दिया और डी.यू. के साउथ कैम्पस को जर्नलिज्म दिया। ट्रांसलेशन मैंने अपने यहाँ इसलिए दिया क्योंकि विदेशी भाषाओं को पढ़ाने के चलते हमारे यहाँ थोड़ी सम्भावना है। एक तिरुपति यूनिवर्सिटी को दिया। वल्लभ विद्या नगर को कम्प्रेटिव स्टडी दिया। मिनिस्ट्री ने अलग फंड प्रोवाइड किया था, कुछ सेन्टर खोलने के लिए। मैंने इस कोर्स में सुझाव दिया था कि पहली नियुक्ति प्रोफेसर की करो, फिर रीडर और अन्त में लेक्चरार। कोई भी डिपार्टमेंट प्रेस्टीज तभी हासिल करता है जबकि वो प्रोफेसर से शुरू हुआ हो। नहीं तो वो तुच्छ समझा जाएगा। पर ऐसा नहीं हो सका, साउथ कैम्पस का जर्नलिज्म का कोर्स बन्द ही हो गया है। मेन डिपार्टमेंट वाले इसको इनकरेज ही नहीं करते।

सुमन केशरी—आप लोगों के समय आप लोगों को इतनी स्वायत्तता मिली हुई थी—चाहे यूनिवर्सिटी बनाने की बात हो, कोर्स स्ट्रक्चर बनाने की बात हो या स्टूडेंट्स को पढ़ाने की। यहाँ तक कि बावजूद 1975 के संकट के आपने सारे काम किए। इसके परिणाम बेहतर स्टूडेंट्स के रूप में आगे देखने को भी मिले। लेकिन अब तो स्वायत्तता का इतना हनन हो रहा है। उदाहरण के लिए चाहे कोर्स स्ट्रक्चर का मामला हो या अप्वाइंटमेंट का या फी स्ट्रक्चर का, हर जगह ऊपर से हस्तक्षेप होता है। हाल में तो एच.आर.डी. ने नए विश्वविद्यालयों में वी.सी. अप्वाइंट करने के लिए आवेदन मँगवाए थे। ऐसी स्थिति में आपके क्या विचार हैं?

नामवर सिंह—असल में स्वायत्तता दी नहीं जाती है, अर्जित की जाती है। इसको इमपावरमेंट कहते हैं। जैसे—जब हम कहते हैं कि स्त्रियाँ अपनी स्वाधीनता/ताकत हासिल करें। यह दान नहीं है कि कोई दे दे और हम ले लें। दान जिस तरह से दिया जाता है उसी तरह से दान बन्द भी किया जाता है और दान छीना भी जा सकता है।

जैसा कि तुमने बताया कि वी.सी. की नियुक्ति के बारे में नया नियम बनाया

जा रहा है। इसमें चाहिए कि जे.एन.यू. का जे.एन.यू.टी.ए., डी.यू. का डी.यू.टी.ए. इसके अलावा देशभर के टीचर्स, स्टूडेंट सभी मिलकर इन चीजों के विरोध में संघर्ष करें। आज ही मैं 'जनसत्ता' में विपिन चन्द्रा का एक लेख पढ़ रहा था, जो रायपुर वाले डॉ. विनायक सेन के मुद्दे पर था। उसमें ये बात थी कि हमारे लोकतन्त्र में अनेक अलोकतान्त्रिक कानून बनाए गए हैं और बनाए जा रहे हैं। सरकार यह नहीं देख रही कि ये चीजें स्वयं हमारे बुनियादी संवैधानिक सिद्धान्तों के विरुद्ध हैं, अलोकतान्त्रिक हैं। अब इसके लिए संघर्ष करने की जरूरत है।

सुमन केशरी–लेकिन सत्ताधारी सवाल खड़ा कर देते हैं कि नक्सलवाद बढ़ रहा है या टेररिज्म आ रहा है तो बहुत जरूरी है इस तरह की चीजें बनाना।

नामवर सिंह–नक्सलवाद आज तो नहीं आया है। 60 के दशक से आया है, 50 साल हो गए हैं। उग्र क्रान्तिकारी भी अंग्रेजों के जमाने से ही हैं, ऐसा कहा जा सकता है। इसके बावजूद कलोनियल गवर्नमेंट तक ने ऐसे नियम नहीं बनाए थे, जैसे नियम हमारी लोकतान्त्रिक सरकार बना रही है। कम-से-कम शिक्षा संस्थाओं के मामले में ऐसी चीजें तो नहीं थीं। उदाहरणस्वरूप हम उस समय के यूनिवर्सिटी एक्ट, इलाहाबाद विश्वविद्यालय आदि जगहों की स्थितियाँ देख सकते हैं। पहले यूनिवर्सिटी का वी.सी. इलेक्ट होता था यूनिवर्सिटी कोर्ट के द्वारा, सरकार के द्वारा नहीं। जब मैं स्टूडेंट था तब मैंने वो चुनाव देखा है। यूनिवर्सिटी के अपने नियम होने चाहिए। उनके तहत वी.सी. का चयन होना चाहिए।

हमारा अनुमान है कि दिन-ब-दिन हम लोग एक मुक्त अर्थव्यवस्था की ओर जा रहे हैं। अगर आपको यूनिवर्सिटी चलाना है और किसी से (गवर्नमेंट) फंड नहीं लेना, अपने पैसे से चलाना है तो आप अपने कायदे-कानून बनाने के लिए स्वतन्त्र हैं। लेकिन इसके लिए हमें अपना संविधान बदलना होगा। संविधान में एजुकेशन की अलग-अलग जिम्मेदारी दी गई है। कुछ सेन्ट्रल गवर्नमेंट को, कुछ स्टेट गवर्नमेंट को, कुछ पब्लिक की गुंजाइश अलग रखी गई है जिसे नॉन गवर्नमेंट कहते हैं। इस तरह लोग मुक्त हैं विश्वविद्यालय खोलने के लिए। एक ज़माने में सरकार उन नियमों के बावजूद कुछ चीजों के बारे में हस्तक्षेप नहीं करती थी। जैसे—अध्यापकों की नियुक्ति के बारे में। ऐसा अब भी होता है। जैसे—यू.जी.सी. की नियुक्तियाँ जो होती हैं, उसमें एक रिसर्च नॉमनी होता है, जिसे व्यवहार में आमतौर से वीटो पावर मिलता है। इस पावर के तहत गलत अप्वाइंटमेंट को रोका जा सकता है। इसके बावजूद विश्वविद्यालय में वी.सी. या डिपार्टमेंट का हेड अपनी मनमानी करते हैं। ये मामला पेचीदा है—केवल वी.सी. की नियुक्ति का ही नहीं टीचर्स की नियुक्ति का, स्टूडेंट्स के एडमीशन तक का। अर्थात् पूरे स्ट्रक्चर का है। कहीं-न-कहीं इस पर अंकुश तो होना ही चाहिए।

धीरेन्द्र–ये लोकतान्त्रिक प्रक्रिया मुझे लगता है कि एक योग्य व्यक्ति को लाने और चेक एंड बैलेंस बनाए रखने का मामला है।...

नामवर सिंह–पश्चिम में दोनों तरह के विश्वविद्यालय हैं–सरकारी और गैर सरकारी, प्राइवेट में यूनिवर्सिटी सरकार से पैसा नहीं लेतीं। अपने ढंग से चलाती हैं। हार्वर्ड है, येल है, शिकागो है। मेरा मानना है कि शिक्षा-ज्ञान के मामले में दोनों बराबर होंगे। गैर-सरकारी यूनिवर्सिटी सरकार से कोई पैसा नहीं लेती।

सुमन केशरी–यदि आज की तारीख में आपको सेन्टर, सी.आई.एल. बनाने का मौका मिलता है तो आप ऐसा क्या नहीं करेंगे जो उस समय हो गया या क्या करेंगे जो उस समय नहीं कर पाए?

नामवर सिंह–*नाकरदा गुनाहों की भी हसरत कि मिले दाग़, या रब अगर इन करदा गुनाहों की सजा है!* जो गुनाह मैंने कर दिए उसकी सजा तो मुझे मिल रही है। अब लौट के उसी तरह का सेन्टर तो नहीं होगा। आज की जरूरतों के हिसाब से नए ढंग का कोर्स होगा जो पुराने कोर्स से एकदम अलग होगा।

सुमन केशरी–क्या होगा?

नामवर सिंह–ढाँचा बिलकुल अलग होगा। उसके हिसाब से आइटम भी बदल जाएँगे। मेरा मानना है कि पहले दो सेमेस्टर में 'कोर-कोर्सेज' को ध्यान में रखकर कोर्स बनाया जाए। बाकी दो सेमेस्टर में कई विकल्प हों। 'कोर-कोर्सेज' साहित्य पर केन्द्रित हों–मतलब हिन्दी लैंग्वेज और हिन्दी लिटरेचर से सम्बन्धित हों। बाकी दो सेमेस्टर में विकल्प के रूप में मीडिया, ट्रांसलेशन एंड इंटरप्रिटेशन आदि को रखा जा सकता है। यह केवल डिप्लोमा सर्टिफिकेट कोर्स न हो बल्कि बच्चों को इसकी कम्प्लीट ट्रेनिंग दी जाए। अगर इस तरह के काम के लिए यूनिवर्सिटी पैसा नहीं देती है तो सेन्टर को पहल करना चाहिए कि वे किसी प्राइवेट सेक्टर के पास जाकर अपने कोर्सेज के बारे में बताए और उन्हें स्पॉन्सर करने को कहें। हिन्दी के कोर्सेज को प्रोफेशनलाइज करने की आवश्यकता है, नहीं तो हमारे हिन्दी के लड़के बेकार हो जाएँगे। जो भी स्टूडेंट आगे टीचर बनना चाहते हैं उनके लिए टीचर ट्रेनिंग का भी एक कोर्स होना जरूरी है क्योंकि लिटरेचर पढ़ना एक बात है और पढ़ाना दूसरी बात। एक कोर्स विज्ञापन का भी होना चाहिए क्योंकि आजकल विज्ञापन में हिन्दी का इस्तेमाल बहुत किया जा रहा है। जैसे–'जय हो' नाम का गाना हिन्दी की ही मदद से बना है और यह अपने आप में दिमाग का काम है। हम चाहते हैं कि इस तरह के वोकेशनल कोर्सेज के लिए सारी सुविधाएँ हों, विद्यार्थियों को अच्छी ट्रेनिंग दी जाए। एक थ्योरी पार्ट हो, दूसरा प्रैक्टिकल हो, इसके लिए बाकायदे लेबोरेट्री की व्यवस्था भी की जाए। क्योंकि आज के जमाने में इस तरह के कोर्स की अधिक आवश्यकता है। आज के जमाने में पुराने ढंग का कोर्स नहीं चल पाएगा।

सुमन केशरी—आपने कोर्स के रूप में हिन्दी लैंग्वेज़ एंड लिटरेचर के स्कोप को बढ़ाने या बदलने की बात की। लेकिन मेरा आशय यह नहीं था। कभी-कभी लगता है कि भाषा की राजनीति या धर्म की राजनीति भी कोर्स को अपने ढंग से प्रभावित करती है। जब हम मीर या गालिब को पढ़ते हैं और जब हम कोर्स में रीतिकालीन साहित्य हम पढ़ते हैं तो हमारी सेंसिबिलिटी मीर या गालिब के ज्यादा नजदीक होती है। ऐसे में इनको अलग-अलग करके देखना अर्थात् हिन्दी-उर्दू को अलग करना अपनी सेंसिबिलिटी को झुठलाने जैसा तो नहीं है?

नामवर सिंह—अच्छा हुआ तुमने यह प्रश्न पूछ लिया। मैंने डीयू का नया कोर्स बनवाया जो पास हो गया है। मैंने कहा कि भक्तिकाल, रीतिकाल, छायावाद, नई-कविता आदि को फॉर्म के आधार पर बाँटो। एक कोर्स लिरिक का हो जिसमें अपभ्रंश के दोहा से लेकर, सूर, कबीर के पद, रीतिकाल के सवैया, कवित्त, छायावाद के कवियों की छोटी कविताएँ तथा आज के कवि भी जो लिख रहे हैं सब एक साथ हों। इसे हम ऐतिहासिक डॉक्यूमेंट के रूप में न पढ़ें बल्कि आज की कविता मानकर पढ़ें तो देखेंगे कि उसमें एक सम्बन्ध जुड़ जाएगा। साथ ही यह भी देखेंगे कि उसमें एक परम्परा है या कहीं चेंज होता है। जैसे—सूर के पद, कबीर के पद को आज भी गाया जाता है और उस म्यूजिक को हम आज का मानकर सुनते हैं। उसी तरह से मैंने कहा कि लम्बी कविताओं को अगर पढ़ाते हो तो 'रामचरितमानस' से लेकर 'मुक्तिबोध' की लम्बी कविता तक एक कोर्स होना चाहिए।

सुमन केशरी—मैं मीर और गालिब की बात कर रही हूँ कि जो उर्दू की परम्परा है, उसमें क्या हो?

नामवर सिंह—गजल का एक कोर्स होना चाहिए, जिसमें मीर से लेकर फैज़ अहमद फैज़ या आज के दौर में भी कोई गजल लिख रहा हो, सभी को एक साथ पढ़िए। नज़्म का भी दूसरा अलग कोर्स हो। हमने कहा कि फॉर्म के आधार पर विभाजित कीजिए, 'डिकेड और एज' के आधार पर नहीं।

सुमन केशरी—अगर हम फॉर्म के अनुसार करते हैं तो चाहे वह भाषा हो या सेंसेबिलिटी हो, ऐसा नहीं लगता कि उसके साथ न्याय नहीं कर पाएँगे। जैसे—हम भूषण को पढ़ रहे हैं तो भूषण की सेंसेबिलिटी एक डिफरेंट सेंसेबिलिटी है।

नामवर सिंह—रहा करे। आज जो 'वर्थवाइल' बचकर आया है महत्त्व उसका है, वरना इस आधार पर संस्कृत को अब खत्म कर देना चाहिए।

सुमन केशरी—नहीं-नहीं, मैं ये बात नहीं कर रही। मेरा मानना है कि जैसे भूषण का जो काल था या जिसके लिए वे लिख रहे थे, ठीक है, हम उसको लिरिक्स में पढ़ रहे हैं लेकिन भूषण की सेंसेबिलिटी और घनानन्द की सेंसेबिलिटी अलग होगी।

नामवर सिंह—देखो, ऐसा है, इस पर जर्मन में पूरा-का-पूरा सिद्धान्त है रिसेप्शन

थ्योरी। रचना पुरानी हो या नई हो महत्त्वपूर्ण यह नहीं है बल्कि हम रिसीव कैसे कर रहे हैं, यही इम्पॉर्टेंट है। हो सकता है कि हम आज के पोएट की अपेक्षा कबीर को ज्यादा रिसीव करें। तो 'रिसेप्शन इज मेन थिंग'। समझने का मतलब है किसी चीज को अपनी जमीन पर उतार लेना। इसी को अवतार कहते हैं, केवल भगवान ही अवतार नहीं लेते हैं, कविता भी अवतार लेती है। इसलिए भगवान को हम निर्गुण ब्रह्म से सगुण बनाते हैं, टाइम से उसको बाहर करते हैं और अपनी जमीन पर उतार लेते हैं। फिर उससे जब हम बात करते हैं तब वो अपना होता है। जब तक दूरी बनी रहेगी कालक्रम की तब तक हम उसको रिसीव नहीं कर सकते। हाउ टू रिसीव? और रिसीव करने के लिए अवतार जरूरी है। भगवान तो बहुत बड़े थे। यशोदा ने कहा कि हम तो चाहते हैं कि तुम हमारी गोद में आकर खेलो, तभी तुम हमारे हो। इसी सिद्धान्त पर कोर्स बनने चाहिए। डी.यू. का कोर्स बनाते समय मैंने यही कहा, छोड़ो रीतिकाल और मध्यकाल। इससे दूरी बराबर बनी रहेगी और लगेगा कि हम रीतिकाल पढ़ रहे हैं। आज की बनाकर पढ़ो कविता को, आनन्द भी आएगा, तुम्हारी हो जाएगी, तुमको याद हो जाएगी। विद्या और ज्ञान का मतलब है 'इंटिमेसी' अन्तरंगता! किसी चीज को इंटिमेट होना चाहिए। इसलिए इतिहास के कोर्स से साहित्य का कोर्स अलग होता है क्योंकि इतिहास में बराबर सेंस ऑफ़ हिस्ट्री बनी रहती है। वहाँ एन्सीएंट, मिडेवल, मॉडर्न है।

हम तो इतनी दूर तक मान के चलते हैं कि 'ट्रांसलेशन स्टडीज' के अन्तर्गत विदेशी कविता अपनी कविता हो जाती है। ट्रांसलेशन स्टडीज का मतलब है 'क्वेश्चन ऑफ एप्रोप्रिएशन, हाउ टू एप्रोप्रिएट' यही मूल सिद्धान्त है।

सुमन केशरी–आपने इतने कोर्सेज बनाए...इतनी कमिटियों में रहे। डॉ. साहब, जब हम छोटे से क्लर्क की नौकरी करने जाते हैं तब पहले लिखित परीक्षा होती है, फिर इंटरव्यू और फिर ट्रेनिंग होती है। यहाँ तक कि स्कूल टीचर के लिए भी पहले बी.एड. करना होता है, क्लास लेनी होती है, पास करना पड़ता है। लेकिन हमारे यहाँ लेक्चरर बनने के लिए कुल 15 मिनट या आधा घंटा या हद-से-हद एक घंटे का इंटरव्यू काफी माना जाता है। भले ही वो उसके बाद पढ़ा पाए या नहीं। यानी कि एक आदमी पन्द्रह मिनट में जाकर आपको इम्प्रेस कर दे और उसके बाद पैंतीस साल तक पढ़ाता रहे, चाहे पढ़ाना आता हो या नहीं। इस पर आपने कभी कुछ विचार किया है?

नामवर सिंह–उस पर बहुत सोचा है। हमारा बस चलता तो कर लेते। इस मामले में हम अमेरिकन सिस्टम या ब्रिटिश सिस्टम को देख सकते हैं। वहाँ इंटरव्यू नहीं होता है बल्कि एक सेमिनार होता है जिसमें पूरी फैकल्टी होती है, स्टूडेंट्स होते हैं, उसमें उन्हें भी बुलाया जाता है जो कहीं पढ़ा रहे होते हैं या जिनका उस विषय में नाम

होता है। उस सेमिनार में उनका लेक्चर होता है, सवाल-जवाब होते हैं और उसी दौरान यह तय हो जाता है कि यहाँ लायक यह व्यक्ति है या नहीं या यह किस पोस्ट (प्रोफेसर, रीडर या लेक्चरार) के लायक है। इस सिस्टम के तहत उसकी योग्यता का पूरा पता चल जाता है। यहाँ भी यही होना चाहिए। एक जो आदमी प्रतिष्ठित है उसको ऑफर करके बुला लीजिए, कोई इंटरव्यू की जरूरत नहीं है। चाहें तो उसका एक लेक्चर करवा दें। बाकी लोगों के लिए जिनके बारे में आप निश्चित नहीं हैं उनको सेमिनार में बुलाइए। सवाल-जवाब हो और फिर तय हो जाए, यह एक तरीका है। इंटरव्यू में बुलाकर 5-10 मिनट में किसी की योग्यता का पता नहीं चलाया जा सकता।

सुमन केशरी–लेकिन आप इतने बड़े पदों पर रहे, आपने इस तरह की शुरुआत करने की कोशिश नहीं की कि ऐसा हो?

नामवर सिंह–महात्मा गांधी यूनिवर्सिटी के दो-तीन ऑफर मैंने इसी तरह से दिलवाए हैं।

सुमन केशरी–प्रोफेसर के लिए दिलवाए होंगे। लेक्चरार के लिए तो नहीं दिलवाए होंगे।

नामवर सिंह–अभी तो इतना ही कर सकता हूँ। यह विश्वास की चीज है और इम्पावरमेंट की चीज है। हमारे यहाँ मुश्किल यह है कि किसी को अगर यह अधिकार दे दो तो उसका बहुत दुरुपयोग होता है।

दूसरा तरीका यह है कि जो भी डिपार्टमेंट या सेन्टर हो उसका चेयरमैन इनिशिएटिव ले कि हमारा स्टूडेंट है। क्योंकि दूसरों को आप जानते नहीं हैं। अगर स्टूडेंट्स में से ही किसी अच्छे स्टूडेंट की नियुक्ति आप करते हैं तो ठीक है। जे.एन.यू. में शुरुआती दौर में अधिकांशतः यहीं के स्टूडेंट्स को लिया गया।

सुमन केशरी–डॉ. साहब मैं कह रही हूँ कि नियुक्ति में ट्रांसपैरेंसी बनी रहे। जैसे सौ एप्लीकेशंस आए, आपने उसको स्क्रीनिंग करके कुछ पैरामीटर बना लिया, उसके आधार पर आप आठ-दस लोगों को चुन लिया, उनका ही सेमिनार करवा दिया तो इसमें बहुत ज्यादा समय तो जाएगा नहीं।

नामवर सिंह–ऐसा है कि कोई भी चीज देखने में अच्छी लगती है, 'फुल प्रूफ' कहीं नहीं होता। हमारा समाज इस मामले में इतना गड़बड़ हो गया है कि भगवान नाम की कोई चीज है, ऐसा डर खत्म हो गया है। बड़ी भद्र बेहयाई के साथ इसका लोग दुरुपयोग करेंगे। इसलिए फुल प्रूफ तो बहुत मुश्किल है।

सुमन केशरी–कम-से-कम दस लोगों के सामने तो होगा सही कि इसने ऐसा पढ़ाया था।

नामवर सिंह–मैंने तो बताया ही कि ये तरीका होते हुए भी इसमें कई गड़बड़ियाँ

हैं। इंग्लैंड, अमेरिका में भी ऐसा होता है, कई कहानियाँ मुझे पता है।

सुमन केशरी–गड़बड़ियाँ तो होती ही हैं। तय करके बता दिया जाता है कि हम आपसे ये सवाल पूछेंगे, आप तैयार कर लीजिए।

नामवर सिंह–सारी चीजों को फुल प्रूफ करना तो बड़ा मुश्किल है। लेकिन जहाँ स्ट्रक्चर मजबूत है वहाँ ऐसा सीधा सम्भव नहीं है। उदाहरण के लिए जे.एन.यू. में मनमानी करके वी.सी. किसी को नहीं बुला सकता। फैकल्टी मेम्बर के सहयोग के बिना वी.सी. अपनी पसन्द के किसी आदमी को अप्वाइंट नहीं कर सकता। 'चेक एंड बैलेंस' जिसे कहते हैं वह बहुत जरूरी है। लेकिन यह कैसा हो? कैसे हो? यह बड़ा पेचीदा मसला है।

चुनने की प्रक्रिया को लेकर इस वक्त देश में यू.पी.एस.सी. ही ऐसी संस्था है जिस पर कोई अँगुली नहीं उठाई जा सकती है। अभी तक यह संस्था सन्देह के दायरे में नहीं है। चूँकि मैं यू.पी.एस.सी. की कई कमिटियों में रहा हूँ इसलिए देखा है कि कैसे-कैसे लोगों को चेक किया गया है। किस तरह से दबावों का सामना किया जाता है। इसी वर्ष देख लीजिए। तीनों टॉपर लड़कियाँ हैं जिनमें से एक ने तो हिन्दी माध्यम से ही इतना ऊँचा स्थान पाया...मैं तो कहता हूँ, यू.पी.एस.सी. जैसी ही संस्था यूनिवर्सिटी के लिए भी बनाई जानी चाहिए। विशेषकर सेन्ट्रल यूनिवर्सिटी के लिए तो और भी जरूरी है। यूनिवर्सिटी को स्वायत्तता भी मिलनी चाहिए। मैं समझता हूँ कि इससे बहुत सारा भ्रष्टाचार दूर हो जाएगा। मतलब या तो सारी यूनिवर्सिटी को कम्पलीट ऑटोनॉमी दे दीजिए या फिर एक कमीशन। इसी तरह वी.सी. का चुनाव यूनिवर्सिटी कोर्ट करे जैसा बी.एच.यू. में मैंने देखा है। वहाँ के वी.सी. यानी राधाकृष्णन का उम्मीदवार हार गया और राधाकृष्णन ने रिजाइन किया हमारे सामने। इसलिए सिस्टम तो बनाए जा सकते हैं, लेकिन 'चेक एंड बैलेंस' की नीति जरूरी है।

सुमन केशरी–डॉ. साहब, इस बातचीत के लिए मैं आपकी बहुत आभारी हूँ कि आपने इन विभिन्न मुद्दों पर अपने विचार व्यक्त किए।

(इस बातचीत में साथ दिया–धीरेन्द्र बहादुर सिंह और सुधा निकेतन रंजनी ने)

जे.एन.यू. तब से अब तक

उन दिनों जे.एन.यू. ...

प्रो. पुरुषोत्तम अग्रवाल

1. सफेद हाथी

1987 में जब नामवर जी साठ साल के हुए, ज्ञानरंजन ने 'पहल' का अंक उन पर केन्द्रित किया था। मुझे भी उस अंक में लिखने का सौभाग्य मिला, मैंने लिखा, 'वे सिर्फ पढ़ाते नहीं, सिखाते हैं।' यही लेख सुधीश पचौरी ने 'नामवर के विमर्श' (1995) में पुनः प्रकाशित किया। फिर नामवर जी के पचहत्तर वर्ष पूरे करने पर, 2002 में अमृत महोत्सव कार्यक्रम में प्रभाष जी और केदार जी के आदेश पर भाषण दिया, जिसे ओम थानवी ने 'जनसत्ता' में प्रकाशित किया। यह भाषण नामवर जी के व्यक्तित्व के बारे में नहीं, 'दूसरी परम्परा की खोज' के बारे में था, कुल मिलाकर आलोचनात्मक। नामवर जी के व्यक्तित्व के बारे में तो पूरे बाइस साल बाद ही लिख रहा हूँ। आशा है कि जब वे एक सौ एक वर्ष के होंगे, तब भी उनके बारे में कुछ लिखने के लिए मैं उपलब्ध रहूँगा।

यह लेख जे.एन.यू. के नामवर जी के बारे में है। भारतीय भाषा केन्द्र की विशेषताओं, कोर्सेज, अध्यापकों के बारे में नहीं, यह लेख जे.एन.यू. के जे.एन.यू.पन और नामवर जी के नामवरपन के बारे में है। ऐसे व्यक्ति का हलफनामा है यह लेख—जिसे अपने जे.एन.यू.आइट होने पर आज तक बेधड़क अभिमान है, जिसके बारे में कहा जाता है कि वह नामवर जी के निकट है, लेकिन खुद जिसे ऐसा कोई मुगालता नहीं।

नामवर जी सन् चौहत्तर में जे.एन.यू. आए; भारतीय भाषा केन्द्र को नामवर जी ने बनाया। सोचना यह चाहिए कि जे.एन.यू. ने नामवर जी को, और अनेक अध्यापकों, छात्रों, कर्मचारियों, नागरिकों को बनाने में कोई विशेष भूमिका निभाई या नहीं? यों तो जे.एन.यू. भी एक और यूनिवर्सिटी ही थी और है, लेकिन क्या सचमुच जे.एन.यू. के होने या न होने से कोई फर्क नहीं पड़ता? कुछ संस्थाएँ किसी समाज में मानक का दर्जा क्या यों ही हासिल कर लेती हैं?

शान्तिनिकेतन, इंडियन इंस्टीट्यूट ऑफ साइंस, बी.एच.यू., ए.एम.यू., सागर, जामिया, जे.एन.यू. ये सब क्या सिर्फ इमारतें हैं? या ये सपने हैं—जागती आँखों सपने देखने के आदी, 'विचित्र' लोगों द्वारा देखे गए सपने। ऐसे सपने जिन्हें देखना और जिनकी ताबीर करना जितना मुश्किल है, चौपट कर देना उतना ही आसान। जे.एन.यू. ने इतने दिनों तक खुद को बचाए रखा, यह क्या भावुक हो जाने लायक बात नहीं? खासकर इन दिनों जबकि जे.एन.यू. गोया खुद ही अपनी निजी पहचान से पिंड छुड़ाकर भीड़ में शामिल होने को व्याकुल दिख रही है।

शान्तिनिकेतन, आई.आई.एस., बी.एच.यू., सागर, जामिया—ये सब सपने इतिहास के एक खास मोड़ पर देखे गए सपने थे। राजनैतिक के साथ-साथ बौद्धिक और सांस्कृतिक स्वाधीनता भी हासिल करने की हौंस रखनेवाले समाज में कुछ शानदार शख्सियतों द्वारा देखे गए सपने। जे.एन.यू. भी एक सपना था। ऐसे समय में देखा गया सपना जो अब 'रेस्टलेस सिक्सटीज' के नाम से इतिहास में दर्ज हो चुका है। साठ के उस दशक की वह विश्वव्यापी बेचैनी सत्तर के दशक तक भी सच ही लगती थी। यह प्रति संस्कृति (काउंटर कल्चर) का दौर था। जे.एन.यू. में जो बोहेमियनपन था, वह इस काउंटर-कल्चर ही की उपज था। काउंटर कल्चर का ही एक पक्ष है—दूसरी परम्परा (अदर ट्रैडीशन) की खोज। संयोग नहीं कि इस नाम की पुस्तक 'जे.एन.यू. के नामवर जी' ने ही लिखी। इस पुस्तक में भी, और उन दिनों के जे.एन.यू. में भी, वर्चस्व की संस्कृति का केवल विरोध नहीं था, विकल्प खोजने और रचने की छटपटाहट भी थी। इस अर्थ में नामवर जी की पुस्तक 'दूसरी परम्परा की खोज' भी खाँटी जे.एन.यू.-आइट है।

बहरहाल, प्रतिवाद, प्रतिरोध और विकल्प-रचना की इस विश्वव्यापी संस्कृति के प्रति अलग-अलग लोगों के अलग-अलग रवैये थे। विश्व-व्यवस्था का अपना तरीका था, विश्वव्यापी बेचैनी से निपटने का। जैसा कि नामवर जी ने ही एक बार क्लास में कहा था, 'पूँजीवाद में क्रान्ति भी बिकती है। चे ग्वेवरा की तस्वीरों वाली कमीजों से लेकर उनकी डायरियाँ तक अमेरिकी बाजार में बहुत लोकप्रिय हैं।' लेकिन इसी व्यवस्था में गुंजाइश निकलती है प्रतिरोध की। प्रतिरोध के लिए पहले चाहिए बोध। संसद में जे.एन.यू. का प्रस्ताव पेश करते समय सरकार के मन में जो भी रहा हो, जी. पार्थसारथि और मूनिस रज़ा जैसे लोगों ने जे.एन.यू. का सपना एक ऐसी यूनिवर्सिटी के रूप में ही देखा जहाँ बीसवीं सदी के सातवें-आठवें दशक में व्याप्त बेचैनी को व्यवस्था और विरासत दोनों के बेहतर बोध में बदला जा सके।

जिन विशेषताओं ने जे.एन.यू. को जे.एन.यू. बनाया, वे आकाश से नहीं टपक पड़ी थीं। बल्कि शायद कल्पना के आकाश में तो वे थीं, उन्हें अरावली की पहाड़ियों पर उतार लाना बड़ा काम था। मुझे तो मूनिस रज़ा से ठीक से बात करने का भी

मौका कभी नहीं मिला, लेकिन उनके विट के क़िस्से कई सुने हैं। ऐसा ही एक क़िस्सा यह है कि शुरुआती दिनों में प्रोफेसरों की किसी गप-गोष्ठी में मूनिस साहब नया कैम्पस विकसित करने की समस्याओं पर बात कर रहे थे। बोले, "भई सब कुछ सिरे से ही शुरू करना होगा। अभी तो आलम यह है कि पहाड़ियों पर उल्लू बोलते हैं।" किन्हीं प्रोफेसर साहब ने जुमला जड़ा, "अच्छा है, अभी तो बस बोलते हैं, कुछ दिनों बाद पढ़ाएँगे।"

"लेकिन आपको तो हम एपॉइंट ही नहीं कर रहे, पढ़ाएँगे कैसे?"—मूनिस साहब की तरफ से नहले पर दहला आया।

आत्म-साक्षात्कार का वह पल उन प्रोफेसर साहब पर कैसा गुजरा होगा, यह कल्पना आप कर लीजिए।

अभी पिछले ही दिनों एक मित्र ने कहा कि जे.एन.यू. में मुझे अब तक परायापन लगता है। जिस यूनिवर्सिटी में मैंने एम.ए. किया, वहाँ बिलकुल अपने गाँव जैसा लगता था।

बात ठीक ही है। हाँ, उनके हिसाब से जो कमजोरी है, मुझे वही जे.एन.यू. की सबसे बड़ी ताकत लगती है। अंग्रेजी में यूनिवर्सिटी और हिन्दी में विश्वविद्यालय जिस जगह का नाम हो, वहाँ पहुँचकर भी आपको लगे कि आप अपने गाँव या मोहल्ले से बाहर निकल ही नहीं पाए, तो यह चिन्ता की बात है। आपके लिए भी। यूनिवर्सिटी के लिए भी। जे.एन.यू. का नयापन शुरू में जरूर अटपटा लगता था, कुछ लोगों को शायद 'पराया' भी लगता हो, लेकिन जे.एन.यू. की खूबी यह थी कि यह किसी को पराया नहीं समझती थी। शैक्षणिक संस्थाओं में नए छात्रों से परिचय करने के लिए 'रैगिंग' की विधि से हम सब वाकिफ हैं। अब तो यह बाकायदा अपराध की श्रेणी में है। लेकिन जे.एन.यू. में नए छात्रों के 'पराएपन' और अपरिचय को दूर करने के लिए रैगिंग कभी मान्य विधि नहीं रही। नए छात्र जे.एन.यू. में आतंकग्रस्त तुच्छ जनों जैसा नहीं, शब्दशः 'वी.आई.पी.' जैसा महसूस करते थे। किसी हद तक अभी भी करते हैं। इस बात का क्या महत्त्व है, यह मेरे जैसे छोटे शहरों से आए विद्यार्थी भली-भाँति समझते हैं। इस बात का क्या मानवीय मोल है, यह उन लड़के-लड़कियों के माँ-बाप से पूछिए जिन्होंने रैगिंग के आतंक और यातना के दबाव में आत्महत्याएँ की हैं।

जे.एन.यू. का 'अपराध' यह अवश्य था कि यह अपने गाँव की याद दिलाती नहीं, आत्मसजग रूप से 'कॉस्मोपॉलिटन' होने का प्रयत्न करती संस्था थी, अपने सदस्यों को भी वैसा ही बनाने का प्रयत्न करती संस्था थी। केवल अंग्रेजी को खुले मन का अकेला प्रतीक उन दिनों के जे.एन.यू. में कभी नहीं माना गया, अंग्रेजियत की बातें करनेवाले कितनी भी करते रहें। हाँ, यह सही है कि अंग्रेजी के खिलाफ जिहाद को

ही लोकतान्त्रिक होने का पर्याप्त प्रमाण भी नहीं माना जाता था। लोकतान्त्रिक मिजाज इसमें झलकता था कि जो अंग्रेजी नहीं जानते थे, उनके नाम जे.एन.यू. में नोटिस बोर्ड पर नहीं लगा दिए जाते थे, जैसे कि टाटा इंस्टीट्यूट ऑफ सोशल साइंसेज़ में आजकल लगा दिए जाते हैं। अंग्रेजी की हो, या किसी और तरह की, असुविधाएँ दूर करने का प्रयत्न लोगों के आत्म-सम्मान की चिन्ता करते हुए ही किया जाता था। कॉस्मोपॉलिटन होने की परख फैन्सी अंग्रेजी बोलने के आधार पर नहीं, कुछ अन्य आधारों पर हुआ करती थी—इस बात का सबसे प्रत्यक्ष प्रमाण तो वह सम्मान ही है, जो नामवर जी को जे.एन.यू. समुदाय के हर हिस्से से प्राप्त था और है।

बढ़िया अंग्रेजी न जानने के कारण, कम-से-कम उन दिनों के जे.एन.यू. में एहसासे कमतरी की सम्भावना न के बराबर थी, कोई गाँव से ही ग्रन्थियों की गठरी लेकर चला आया हो, तो बात अलग है। मुझे खुद अपने अंग्रेजी 'ज्ञान' के तो कई चुटकुले आज तक याद हैं, लेकिन उनके कारण कभी मेरी खिंचाई की गई हो, ऐसा कोई प्रसंग याद नहीं, बल्कि हर लड़की दोस्त को 'गर्लफ्रेंड' नहीं कहा जाता, यह मुझे बड़े प्यार से मेरे अंग्रेजीदाँ दोस्तों ने ही बताया था। हाँ, जब मैं अच्छी-खासी अंग्रेजी बोलने-लिखने लगा था, अध्यापक हो चुका था, तब जरूर छात्रों के एक कार्यक्रम में मेरे अंग्रेजी ज्ञान और लहजे की खिल्ली, मेरे सामने ही उड़ाई गई थी। मेरे छात्र रामचन्द्र की व्याख्या के अनुसार, यह शब्द और कर्म दोनों में मेरे बहुत मुखर रूप से दलित समर्थक होने का 'दंड' था। खैर, यह दंड देनेवाले वे छात्र निश्चय ही 'क्वींस इंग्लिश' बोलते रहे होंगे, वह भी ठेठ 'ऑक्सोनियन' लहजे में। वे नहीं, तो उनके संरक्षक अध्यापक तो बोलते ही रहे होंगे—'नॉन' को 'नन' और 'बॉडी' को 'बडी' में बदलते हुए।

यह घटना नामवर जी के रिटायरमेंट के बाद की है। 1993 की।

नामवर जी के सम्बन्ध अपने सभी अध्यापक साथियों के साथ अच्छे ही नहीं थे। सभी का दिल से सम्मान भी वे नहीं करते थे। लेकिन मजाल है कि औपचारिक कार्यक्रम तो दूर की बात, अनौपचारिक रूप से भी कोई नामवर जी के सामने किसी अध्यापक साथी की शान में गुस्ताखी कर सके। यही बात उस वक्त के कई वरिष्ठ प्रोफेसरों के बारे में कही जा सकती है। अपनी उपस्थिति मात्र से नामवर जी और उन दिनों के जे.एन.यू. के अन्य प्रोफेसर 'सिर्फ पढ़ाते नहीं सिखाते' थे, सिखाते हैं। मुझे याद है, प्रो. शेषाद्रि डीन ऑफ स्टूडेंट्स वेल्फेयर होते थे। एक बार छात्र नेता के धर्म का निर्वाह करते हुए मैंने उनसे कुछ बातें ऊँची आवाज में कह दी थीं। शाम को ही नामवर जी ने तलब कर लिया। इतने सख्त ढंग से वे आम तौर से बोलते नहीं, जितने से उस दिन बोले। हालाँकि जब मैंने अपना पक्ष रखा तो थोड़े शान्त हुए। बहरहाल, महत्त्वपूर्ण तो वह गुरुमंत्र था, जो अन्ततः प्राप्त हुआ—"पुरुषोत्तम जी, विनम्रता और दृढ़ता में कोई विरोध नहीं हुआ करता, यह याद रखिए।"

बात चल रही थी, अंग्रेजियत की। अंग्रेजी माध्यम थी जे.एन.यू. में अध्यापन-अध्ययन, राजनैतिक-सांस्कृतिक जीवन की। धीरे-धीरे जब जे.एन.यू. की ही प्रवेश-नीति के कारण हिन्दी पृष्ठभूमि के छात्रों की संख्या बढ़ती गई, तो स्थिति भी बदलती गई। लेकिन, किसी को आँकने का, किसी की खिल्ली उड़ाने का जरिया बनने का सौभाग्य अंग्रेजी ज़बान को नामवर जी की पीढ़ी के रिटायरमेंट और जे.एन.यू. के धीरे-धीरे रूपान्तरण के बाद ही मिला। उन दिनों तो कामरेड पशुपतिनाथ सिंह अपनी अत्यन्त 'लोकतान्त्रिक' अंग्रेजी के साथ ही ए.आई.एस.एफ. के सम्मानित नेता हुआ करते थे। स्पोर्ट्स ऑफिसर टोकस साहब की अंग्रेजी तो किसी भी अंग्रेज को हत्या या आत्महत्या पर उतारू कर देने के लिए काफी थी—"प्ले, डू नॉट प्ले। वाट माई फादर्स गोज़, वाट एवर गोज़, योर फादर्स गोज़। यू नो, योर वर्क नोज़।"

उन दिनों के माहौल को समझे बिना ही कुछ लोग जे.एन.यू. की 'अंग्रेजियत' के विरुद्ध जिहाद मुद्रा में रहते थे। ऐसे ही एक सज्जन हम लोगों के किसी जूनियर बैच में पटने से पधारे थे। बात-बात में अंग्रेजी और जे.एन.यू. की अंग्रेजियत को कोसते ये महानुभाव नामवर जी की ही तरह धोती-कुर्ता पहनते थे। इस आधार पर वे स्वयं को नामवर सिंह द्वितीय मनवाने के फेर में भी रहते थे। हालाँकि हमारे लिए वे 'जायका' ही थे। हम लोग अपने सीनियर पंडित घनश्याम मिश्र का धोती-कुर्ता मंडित और चौधरी रामवीर सिंह तथा मौलाना अनीस का अचकन-चूड़ीदार सज्जित व्यक्तित्व देखे हुए थे। इसलिए इन सज्जन द्वारा बजरिए पोशाक दिए जा रहे सांस्कृतिक वक्तव्य की मौलिकता पर हमारा कोई ध्यान नहीं था। गोरख पांडे, आनन्द कुशवाहा, शन्ने मियाँ और रमाशंकर विद्रोही पर ध्यान था तब के जे.एन.यू. का, तो उनकी पोशाक के कारण नहीं, शख्सियत के कारण था। ध्यान देने या न देने का यह चुनाव ही जे.एन.यू. की ओर से वक्तव्य था। वैसा ही जैसा अष्टावक्र ने जनक की राजसभा में दिया था—'हम कपड़े से या चमड़े से नहीं, सामर्थ्य से परखते हैं, इनसान को।'

नामवर जी को भी जे.एन.यू. ने उनके धोती-कुर्ता से नहीं, सामर्थ्य से ही परखा था। नियुक्ति की नहीं, मैं बात परख की कर रहा हूँ। नियुक्तियाँ तो और भी हुईं, और कुछ 'जायकों' की भी हुईं। बात नियुक्ति की नहीं, जो सम्मान नामवर सिंह, रोमिला थापर, विपिन चन्द्र, योगेन्द्र सिंह आदि को मिला—उसकी है।

लेकिन बड़े-बड़े विद्वान तो और विश्वविद्यालयों में भी रहे हैं, अभी भी हैं। इसमें ऐसी बड़ी बात क्या है?

जे.एन.यू. केवल शीर्षस्थ विद्वानों को नियुक्त करके ही तो निश्चय ही जे.एन.यू. नहीं बन गई। जे.एन.यू. जे.एन.यू. बनी क्योंकि नामवर जी जैसे लोग सचेत भाव से जे.एन.यू. वाले बने, जे.एन.यू. को बनानेवाले बने।

जिन दिनों जे.एन.यू. बन रही थी, उन दिनों की जे.एन.यू. की सबसे बड़ी तारीफ

उस हिकारत में ही छिपी थी, जिसके साथ जे.एन.यू. को 'सफेद हाथी' या (दीन-दुनिया से बेखबर) 'टापू' कहा जाता था। जे.एन.यू. को सफेद हाथी कहनेवाले नहीं जानते थे कि भारतीय परम्परा में सफेद हाथी एक ही माना गया है—ऐरावत। करोड़ों काले हाथियों के बरक्स एक अकेला सफेद हाथी—ऐरावत।

जे.एन.यू. सचमुच सफेद हाथी था। पचीसों नई-पुरानी, महान-सामान्य यूनिवर्सिटीज के बीच एक अकेला, अनोखा जे.एन.यू.।

कहनेवाले नहीं जानते थे कि व्यंग्य करके भी वे जे.एन.यू. का माहात्म्य-वर्णन ही कर रहे हैं। वे बेचारे तो यूरोप के अवज्ञापूर्ण मुहावरे का देशी अनुवाद भर कर रहे थे। ऐरावत को जानते होते या उन हाथियों के रंग के बारे में सुना होता जो सिद्धार्थ को गर्भ में धारण किए जननी के सपनों में दिखते थे, तो शायद कोई और शब्द गढ़ते। लेकिन उससे भी क्या फर्क पड़ना था। किसी की निन्दा को विश्वसनीय बनाने के लिए भी तो उसकी विलक्षणता पर ध्यान देना ही पड़ता है। सो, कहनेवाले जो भी कहते, इतना तो जरूर ही कहते कि जे.एन.यू. विलक्षण था। 'ह्वाइट एलीफैंट' कह लो, 'आइलैंड' कह लो, बता तो यही रहे हो कि 'है बात कुछ ऐसी...'

क्या थी वह बात?

और क्या था नामवर जी का, उनकी पीढ़ी का योगदान उस बात में?

2. व्हाट इज़ टु बी डन?

क्यों लिखना पड़ा पिछला वाक्य भूतकाल में? क्यों दर्द-सा होता है, इस वाक्य को 'है' की बजाय 'थी' के साथ खत्म करने में? आज जे.एन.यू. उस बात के कितना करीब है और कितना दूर? और जो भी है, हुआ करे, जे.एन.यू. के बाहर के लोगों को क्या फर्क पड़ना चाहिए? जे.एन.यू. वाले रोते रहें सुनहरे दिनों को, घमते रहें अपने 'नास्टेल्जिया' में—बाकी लोगों को क्या?

हमारे एक मित्र थे, नहीं मित्र नहीं, बस परिचित। यार लोग उन्हें सर्जनात्मक दुष्ट भाव से 'धारा तीन सौ सतहत्तर' कहा करते थे। कसम से, मैंने कभी नहीं कहा। मैं तो उन दिनों भी धारा तीन सौ सतहत्तर को समाप्त करने का, समलैंगिकों-विषमलैंगिकों-उभयलैंगिकों सबों के समानाधिकारों का समर्थक था, आज भी हूँ। खैर, ये जो 'तीन सौ सतहत्तर' के नाम से विख्यात सज्जन थे, ये थे तो जे.एन.यू. में ही, लेकिन इन्हें अपना पुराना विश्वविद्यालय ही सर्वोत्तम लगता था। कहते थे, 'जे.एन.यू. में ऐसे क्या लाल लटके हैं? लोग बेमतलब में सेंटी होते रहते हैं—जे.एन.यू., जे.एन.यू.'।

प्रसंगवश, इन सज्जन को धारा तीन सौ सतहत्तर का अभिधान देने में ही नहीं,

जे.एन.यू. की भाषिक सर्जनात्मकता अन्य रूपों में भी अभिव्यक्ति पाती थी। ऊपर जिनका जिक्र आ चुका है, उन कामरेड पशुपति को एक अन्य कामरेड अश्विनी गौड़ यत्नसाधित उच्चारण दोष के साथ, 'पशुपक्षी' कहा करते थे।

चुनाव के दौरान नारे गढ़ने के लिए तो ऐसी सर्जनात्मकता बहुत आवश्यक थी। इस मामले में सब पर भारी पड़ते थे—एस.एफ.आई. के दादा अबरोल। एस.एफ.आई. की ओर से अध्यक्ष पद के लिए खड़े होनेवाले उम्मीदवारों के नामों पर नारे गढ़ने में वे उस्तादों के उस्ताद थे। 'बड़ी लड़ाई, ऊँचा काम—सीताराम सीताराम'; 'तोड़ेगा सब बाधा बन्धन—डी रघुनन्दन डी रघुनन्दन' जैसे अमर नारे दादा अबरोल ने ही गढ़े थे। लेकिन सबसे जोरदार चुनौती दादा अबरोल की प्रतिभा के सामने तब आई, जब एस.एफ.आई. ने रमेश दधीच को उम्मीदवार बना दिया। आप ही बताइए, 'दधीच' को सुर में लानेवाला नारा क्या हो सकता है? लेकिन दादा तो दादा थे—नारा गढ़ा—'हमारे बीच, तुम्हारे बीच—रमेश दधीच, रमेश दधीच।'

दादा अबरोल की नारा-प्रतिभा जितनी असंदिग्ध थी, राजनैतिक और बौद्धिक समझ, कुछ लोगों के हिसाब से उतनी ही संदिग्ध। ऐसे सन्देहवादी दादा के अपने संगठन एस.एफ.आई. में भी कम न थे। इनमें से ही एक थे, स्व. दिलीप उपाध्याय। दादा की समझ के प्रति अपने तथा बहुत से अन्य लोगों के सन्देह को दिलीप उपाध्याय ने दादा की नारा-प्रतिभा को टक्कर देते हुए एक नारे में ही ढाला—'लाइन लम्बी फंडे गोल—दादा अबरोल, दादा अबरोल।'

खैर, यह तो विषयान्तर हो गया, प्रकृत प्रसंग यह कि धारा तीन सौ सतहत्तर के नाम से मशहूर साहब आज बहुत याद आ रहे हैं। जहाँ भी हों, सुखी हों, और सोचें कि खुद उनमें कुछ लाल लटकाने में जे.एन.यू. को कामयाबी मिली या नहीं। मैं तो पिछले कई बरसों से यह सोचता रहा हूँ कि क्या दिया जे.एन.यू. ने हमारी पीढ़ी को—क्या थी वह बात जो आज भी नाज करने को प्रेरित करती है? क्या था नामवर जी का खुद का, और उनके जैसे दूसरे अध्यापकों का, और विद्यार्थियों का, कर्मचारियों का योगदान जे.एन.यू. को ऐसा बनाने में कि उसकी महिमा याद करते भावुक होने में संकोच नहीं होता।

यों तो इस प्रसंग में जे.एन.यू. का इतिहास भी लिखा जा सकता है, और समाजशास्त्र भी। लेकिन फिलहाल कुछ मजेदार घटनाएँ याद करके ही इस सवाल का जवाब तलाश करें। कोई 'आउटसाइडर' कमल कॉम्प्लेक्स पर कुछ बदमाशी करता पकड़ा गया। मेरे जैसे नए-नए आए लोगों को अपने संस्कारों से ही पता था कि 'स्टूडेंट कम्युनिटी' ऐसे तत्त्वों का उपचार किस विधि से करती है। वह सर्वमान्य विधि न भी अपनाई जाए तो इस बदमाश को पुलिस के हवाले तो तुरन्त किया ही जाना चाहिए। लेकिन अद्भुत था यह 'टापू', यह 'सफेद हाथी'। हम नवागतों के

अज्ञान पर काबू करने के लिए सभी संगठनों के कोई-न-कोई प्रतिनिधि एकाएक प्रकट हो गए। वहीं अनौपचारिक 'ऑल ऑर्गनाइजेशन मीटिंग', बल्कि छोटी-सी जी.बी.एम. (छात्र संघ की साधारण सभा) शुरू हो गई। विमर्श का विषय वही था जिससे कॉमरेड लेनिन ने अपनी उस पुस्तक का शीर्षक लिया है—क्या करें? व्हाट इज़ टु बी डन? पिटाई का तो खैर सवाल ही नहीं। हिंसा अपने आप में तो क्रान्तिकारियों के बीच क्या विवादास्पद होती, लेकिन एक वामपंथी, क्रान्तिकारी समुदाय गम्भीर राजनैतिक उद्देश्य के लिए की जानेवाली उचित हिंसा और भीड़ की तुच्छ हिंसा में फर्क करेगा या नहीं? खासकर तब जबकि इस सर्वहारा (जी, हाँ, इस तथा ऐसे अन्य शब्दों का व्यवहार उन दिनों के जे.एन.यू. के दैनन्दिन जीवन में वाकई होता था!) के अपराध का मूल कारण तो यह व्यवस्था ही है। उसी बूर्ज्वा/सेमी बूर्ज्वा, सेमी लैंडलॉर्ड/कम्प्रोडोर बूर्ज्वा व्यवस्था की दमनकारी बाहु ('रिप्रेसिव आर्म')—दिल्ली पुलिस को कैम्पस में आने का न्यौता देना क्या व्यवस्था को वैधता देना नहीं होगा?

उस 'अपराधी' के चेहरे का भौचक्कापन मैं कभी भूल नहीं सकता। उसने सपने में भी नहीं सोचा होगा कि उसकी साधारण बदमाशी ऐसी गम्भीर बहस को जन्म दे देगी। वह तो मन-ही-मन शायद मना रहा होगा कि यार! जो थप्पड़-लप्पड़ जमाने हैं, जमा कर या पुलिस के हवाले कर मेरा पिंड छोड़ो। उसे नहीं पता था कि वह हर बात को व्यापक सैद्धान्तिक परिप्रेक्ष्य में रखने की जे.एन.यू. संस्कृति की गिरफ्त में आ चुका है। बेचारा भौचक्का खड़ा देखता रहा। विद्यार्थियों के गोल घेरे के बीच और जब थक गया तो वहीं बैठ गया। इसी सांस्कृतिक आदत के चलते, एक बार जब हैल्थ सेन्टर खुलने में आधे घंटे से भी अधिक की देर हो गई, तो इन दिनों पेरिस में निवास कर रहे और उन दिनों जे.एन.यू. में त्रात्स्कीपंथी सिद्धान्तकार कुं. विजय सिंह इस निष्कर्ष पर पहुँच गए थे कि भारत में शासक वर्गों का आन्तरिक संकट असाध्य दशा तक पहुँच गया है। हैल्थ सेन्टर तक को जो व्यवस्था वक्त पर नहीं खोल सकती, वह कितने दिन चलेगी? इलाज न हो पाने पर भी, वे इस शुभ संवाद से बहुत देर तक प्रसन्न रहे।

लेकिन जे.एन.यू. कल्चर का अर्थ सिर्फ ऐसी रोचक घटनाओं में ही नहीं, इन बातों में भी खुलता था कि इसी के चलते जे.एन.यू. में छात्र-संघ के चुनाव मेस में खाने की विविधता जैसे 'ठोस और वास्तविक' मुद्दों पर नहीं, बल्कि इस तरह के 'हवाई मुद्दों' पर लड़े जाते थे कि भारतीय समाज और विश्वव्यवस्था के बारे में मार्क्स का विश्लेषण अधिक प्रामाणिक है या गांधी की अन्तर्दृष्टियाँ अधिक सार्थक हैं—और इन दोनों का ही कौन-सा 'पाठ' अधिक स्वीकार्य है। एक चुनाव में तो स्टालिन बनाम त्रात्सकी ही मुद्दा बना और डी.पी. त्रिपाठी और जयरस बानाजी की बौद्धिकता और वाग्मिता के जौहर के कारण यह चुनाव न भूतो न भविष्यति किस्म

का हो गया था। महिलाओं का सम्मान करने के लिए उस सफेद हाथी को किसी औपचारिक तन्त्र की जरूरत नहीं पड़ती थी—अन्य जगहों से आनेवाले 'मर्दानगी' सम्पन्न महानुभावों को मर्दानगी दिखाने के तौर-तरीकों की बजाय औरतों के साथ तमीज से पेश होने का पाठ यूनिवर्सिटी की फिजा ही सिखा देती थी।

तीखे राजनैतिक विवाद, चतुर रणनीतियाँ यह सब था, उन दिनों जे.एन.यू. में, लेकिन इस सबके अन्तस में थी एक सरस्वती जिसे जे.एन.यू. कल्चर कहा जाता था। किसी के व्यक्तिगत जीवन पर चटखारे लेना जहाँ परले दर्जे की अशिष्टता मानी जाती थी। कितने भी गम्भीर मतभेद के प्रसंग में शारीरिक समीक्षा की जहाँ कोई गुंजाइश नहीं थी। एस.एफ.आई. को सबसे तगड़ा झटका तभी लगा था जब दो-चार उत्साही कॉमरेडों ने बेदी-दुर्रानी की मशहूर फ्री-थिंकर जोड़ी के साथ मार-पीट कर दी थी।

उन दिनों जे.एन.यू. बतौर एक समुदाय के जो घोषित करता था, उसे जीने की भी कोशिश करता था। भले ही कितनी भी असम्भव या हवाई या हमारे उन परिचित के हिसाब से 'हास्यास्पद' और 'सेंटी' क्यों न हो ऐसी कोशिश। कथनी-करनी के अवश्यम्भावी भेद को जितना हो सके, मिटाने की कोशिश करनेवाले समुदाय के किसी सदस्य का अभिमान क्या सचमुच खोखला ही है?

न यह अभिमान खोखला है, न वह जे.एन.यू. संस्कृति हवा में से टपक पड़ी थी। उसे रचा गया था, सचेत भाव से। उसका विस्तार किया जाता था, औपचारिक-अनौपचारिक दोनों ढंगों से। निश्चय ही 'शासक वर्गों' ने ही यह स्पेस दिया था कि ऐसा विश्वविद्यालय सम्भव हो, लेकिन इस स्पेस का उपयोग अरावली की पहाड़ियों पर जे.एन.यू. रचने में जिन्होंने किया, समस्या उनके प्रति भावुक होने में नहीं, बल्कि उनका ऋण भूल जाने में है।

इस संस्कृति ने नामवर जी को बनाया। हम सब लोगों को बनाया। और हमने, हमसे पहले और पीछेवालों ने इसे बनाया। कोई बात तो थी कि छात्र संघ के चुनावों में हिंसा तो क्या गाली-गलौज तक अकल्पनीय थी। कोई बात तो थी कि छपे हुए पोस्टर लगाना, ज्यादा पैसे खर्च करना चुनाव में हार जाने का अचूक नुस्खा माना जाता था। कोई बात तो थी कि बिना किसी आरक्षण की धूमधाम के जे.एन.यू. में अद्भुत 'डाइवर्सिटी' थी। जाति, धर्म, भाषा और संस्कृति हर प्रकार की डाइवर्सिटी।

पं. हजारीप्रसाद द्विवेदी ने याद किया है, एक बार उन्हें सुनना पड़ा था, 'यूनिवर्सिटी गरीबों के लिए नहीं है, जाओ जाकर ईंटा ढोवो।' जे.एन.यू. में कमजोर आर्थिक या सामाजिक पृष्ठभूमि वालों को दाखिले में तरजीह दी जाती थी। एडमीशन इंडेक्स में ऐसी पृष्ठभूमि वालों को, लड़कियों को, और अंग्रेजी स्कूलों में जो नहीं जा सके, ऐसे लोगों को अतिरिक्त नम्बर मिला करते थे।

इसीलिए कहा कि उन दिनों जे.एन.यू. एक सपना था। समावेशी समाज की सम्भावनाओं का, बौद्धिक साहस की सम्भावनाओं का सपना। विभिन्न रुझानों के लोग अपने सारे मतभेदों के बावजूद जिस एक चीज को बनाए रखने के लिए प्रतिबद्ध थे, उसी चीज को जे.एन.यू. कल्चर कहते थे। इस कल्चर में प्रेम का नहीं, हिंसा का व्यवहार लज्जाजनक माना जाता था। लड़के-लड़कियों के साथ-साथ घूमने, गपियाने और इश्कियाने से नहीं, हमारी संस्कृति किसी को गरियाने या जाति-धर्म के आधार पर आँकने या हाथापाई पर उतारू होने से खतरे में पड़ती थी।

वे दिन गए। गए दिन लौटा नहीं करते। सवाल यह है कि जो दिन आए वे बेहतर थे या बदतर? सवाल यह भी है कि जे.एन.यू. की विशिष्टता को समझने की बजाय, अन्य विश्वविद्यालयों को उस विशिष्टता तक लाने की बजाय ऐसा क्योंकर हुआ कि उस विशिष्टता को समाप्त करने में स्वयं जे.एन.यू. के ही कुछ लोग सक्रिय हो गए। जिस जे.एन.यू. में विभागों को स्वायत्तता बतौर अधिकार के मिली हुई थी, वहीं जाने-माने विद्वानों को कुलपतियों की सनकों के कारण इस्तीफे क्यों देने पड़े? जो एडमीशन पॉलिसी सारे देश के लिए मिसाल बन सकती थी, उसे छोड़ समकालीन 'पॉलिटिकल करेक्टनेस' के कोरस में जे.एन.यू. वाले भी क्यों शामिल हो गए? जिस छात्र आन्दोलन से सारा देश सीख सकता था, वह कुछ छात्रों और कुछ प्रशासकों के अहंकारों के टकराव में घास की तरह पिस क्यों गया? 1983 में जरा-सी बात से शुरू हुआ यह टकराव जे.एन.यू. को सदा के लिए बदलनेवाला तूफान बन गया था। एक दिन मैंने नामवर जी से कहा था, 'श्रीवास्तव साहब इतना अड़ियल रवैया क्यों अपनाए हुए हैं? स्टूडेंट्स की इतनी-सी बात मान क्यों नहीं जाते?'

नामवर जी की आवाज में तीखापन कम अवसरों पर सुना है। हर स्थिति में सम स्वर में बात करने की कला वे बखूबी जानते हैं, लेकिन उस दिन था तीखापन आवाज में। बोले, 'स्टूडेंट्स की क्या नाक कटी जाती है? बदतमीजी के लिए माफी क्यों नहीं माँग सकते?'

मुझे अच्छा नहीं लगा, लेकिन बात नामवर जी की ही सही थी। आवाज का तीखापन जे.एन.यू. संस्कृति के भविष्य की चिन्ता से ही जन्मा था। वे उसके निर्माताओं में से हैं। समझ रहे थे कि खतरा कितना गहरा और कितना दूरगामी है। उस आन्दोलन की परिणति कुलपति के घर पर कई दिनों तक चलनेवाले घेराव और फिर धर-पकड़ और अन्ततः जे.एन.यू. में दूरगामी बदलावों में हुई। सच तो यह है कि 1983 के बाद जे.एन.यू. के इतिहास का जो अध्याय शुरू हुआ, उसमें जे.एन.यू. के धीरे-धीरे बदलते जाने की, खुद पर नाज करनेवाले 'द्वीप' स्वभाव को छोड़कर धारा के साथ तैरने को व्याकुल होते जाने की ट्रैजी-कॉमेडी ही लिखी हुई है। पिछले कुछ वर्षों में जे.एन.यू. 'मुख्य धारा' का अंश बनता ही चला गया है। रैगिंग

और ईव-टीजिंग की 'मुख्य धारा सुलभ' घटनाएँ जे.एन.यू. में भी घटने लगी हैं। छात्रों, अध्यापकों और कर्मचारियों के चुनाव जाति जैसे 'ठोस' आधारों पर होने लगे हैं। लाइब्रेरी के एक रीडिंग रूम का अनौपचारिक नाम ही 'धौलपुर हाउस' पड़ गया है।

आशा है कि अब धारा तीन सौ सतहत्तर जैसे और मेरे उन ग्रामस्मृतिलीन मित्र जैसे लोग जे.एन.यू. से ज्यादा अपनापा महसूस करते होंगे। खैर।

3. मुखामुखम

7 अक्टूबर, 1992 का दिन मेरे जीवन के सबसे यादगार दिनों में से एक है। मैंने दो-चार दिन पहले अपना लेख 'भक्ति संवेदना : काव्य और शास्त्र का मुखामुखम' नामवर जी को पढ़ने के लिए दिया था। इसी में मैंने भक्ति के काव्योक्त और शास्त्रोक्त रूपों को, उनके परस्पर मुखामुखम को समझने का प्रस्ताव किया है। आज शाम उस पर बात करने जाना था, उनकी राय जाननी थी। पहुँचा तो हस्बमामूल गुरुदेव ने स्वयं ही दरवाजा खोला। मैं कुछ कहूँ इसके पहले ही किवाड़ फेरते हुए बोले, "पुरुषोत्तम जी, लेख तो आपने ऐसा लिखा है कि आपके चरण छूने की इच्छा होती है!" मुझे काटो तो खून नहीं। अपने गुरुदेव की मारक व्यंग्य-क्षमता से अवगत था, खुद शिकार भी हो चुका था (इस घटना के बाद भी हुआ), बरबस मुँह से निकला, "डॉक सा'ब इतना ही खराब है, तो सीधे कह दीजिए। इतना तीखा सरकाज्म मत कीजिए, प्लीज।"

"मैं सरकाज्म नहीं कर रहा, ठीक कह रहा हूँ। अद्भुत लेख है। नारद के भक्ति-सूत्रों की ऐसी रीडिंग आज तक किसी ने नहीं की है। भक्ति-बोध का उन्नीसवीं सदी के नवजागरण से सम्बन्ध भी आपने बहुत सटीक ढंग से रेखांकित किया है, और पंडित जी की सीमाएँ भी बिलकुल ठीक दिखाई हैं। सबसे बड़ी बात यह कि इस लेख से भक्ति को स्वायत्त वैचारिक उपक्रम के रूप में पढ़ने की राह खुलती है।"

इस आश्वस्ति के साथ मेरे होश वापस लौटे और फिर काफी देर तक उस लेख के बहाने भक्ति-संवेदना और नवजागरण से जुड़ी समस्याओं पर बात होती रही।

सत्रह साल हो चले उस शाम को, उसका रोमांच तो जस-का-तस है ही, बीच-बीच में, इस व्यक्तिगत रोमांच से आगे जाकर भी नामवर जी द्वारा दी गई उस अभूतपूर्व शाबाशी का अर्थ समझने की कोशिश करता रहता हूँ।

मैं था क्या उस वक्त? नामवर जी का ऐसा विद्यार्थी, जो बकौल डॉ. वीर भारत तलवार के, उनकी सबसे ज्यादा डाँट खाता था। उनके विभाग का जूनियर मोस्ट

फैकल्टी मेम्बर और एक ऐसा लेखक जो था तो कवि, लेकिन 'उदीयमान' हो रहा था बतौर आलोचक के। एक ऐसा हिन्दुस्तानी जिसकी रुचि हिन्दी साहित्य के इतिहास में जगह बनाने से ज्यादा हिन्दू और अन्य प्रकारों की साम्प्रदायिकता से संघर्ष करने में थी। जिसे हितचिन्तक सलाह भी दिया करते थे कि इन 'फालतू' के कामों में ज्यादा वक्त देने से ज्यादा अच्छा है कि साहित्य जगत में उठा-बैठा जाए।

इस मामले में भी नामवर जी दूसरे साहित्यकारों से अलग ही थे। मैं दिलीप सीमियन, भगवान जोश, सुमन, जमाल किदवई, अरुणकुमार, रविकांत, वृंदा, अमर जैसे अनेक मित्रों के साथ 'साम्प्रदायिकता विरोधी आन्दोलन' (एस.वी.ए.) नाम के संगठन में काम करता था। यह संगठन भी अपने ढंग का एक ही था। खैर। तो, 1989 में हम लोग बहादुरशाह जफर मार्ग पर एक्सप्रेस बिल्डिंग के पास के मैदान में साम्प्रदायिक राजनीति के विरोध में कुछ दिनों के सांकेतिक उपवास पर बैठे थे। प्रेसनोट तो हमने जारी किया था, लेकिन किसी भी 'महत्त्वपूर्ण' व्यक्ति को अलग से आमन्त्रित नहीं किया था कि आकर हमारे धरने-उपवास की शोभा बढ़ाए या हमारा उत्साहवर्धन करे। एस.वी.ए. के काम करने के अन्दाज में स्वाभाविक रूप से वही बाँकापन था, जो उसके अधिकांश कार्यकर्ताओं के व्यक्तिगत स्वभाव का अनिवार्य अंश था।

लेकिन साम्प्रदायिकता के खतरे से आशंकित और चिन्तित केवल हम एस.वी.ए. वाले थोड़े ही थे। हमें अपनी हर गतिविधि में बहुत से लोगों का समर्थन और सहयोग मिलता था। इस उपवास में भी रोज बहुत से लोग आते थे। शाम को तो मेला-सा लग जाता था। प्रेस के मित्र भी बहुत सहयोग कर रहे थे, लेकिन यह बात अपनी जगह कि हम 'निमन्त्रित' किसी को नहीं करते थे। बिना निमन्त्रण के ही एक दिन स्व. वी.पी. सिंह भी आए थे, और मैंने, दिलीप ने अपनी आदत के मुताबिक उनकी भी क्लास ले डाली थी। प्रो. रणधीर सिंह, प्रो. विपिनचन्द्र, प्रो. धीरूभाई शेठ, कृष्णकुमार, दिलीप पाडगांवकर, जावेद अख्तर, अरविन्द नारायण दास—बुद्धिजीवियों में से ये कुछ नाम हैं जिनका उस उपवास में और एस.वी.ए. की अन्य गतिविधियों में भी रुचि लेना याद है। उस उपवास के दौरान रणधीर सिंह जी ने जिस वात्सल्य से हम में से हरेक के सिर पर हाथ फेरकर आशीर्वाद दिया था, वह मेरी अमिट यादों में से एक है।

नामवर जी एक दिन दोपहर में आए। सच यही है कि मैं ही नहीं, बाकी सब लोग भी उन्हें वहाँ देखकर चकित रह गए थे। आखिरकार यह तो हिन्दी जगत के बाहर भी विख्यात है ही कि नामवर जी किसी सार्वजनिक कार्यक्रम में जाते हैं तो अध्यक्षता करने! और यहाँ वे मौजूद थे बिना किसी खास न्यौते तक के। अपना समर्थन जताने और ''पुरुषोत्तम जी, दिलीप...साथ ही अन्य उपवासियों का हालचाल

जानने के लिए।" मैंने आत्मविडम्बना ओढ़ते हुए कहा था, "डॉक सा'ब माफ करेंगे, साहित्यिक काम कुछ खास नहीं हो पा रहा है, आजकल।" बोले, "फासिज्म से लड़ने से बड़ा साहित्यिक काम इस घड़ी और क्या है, पुरुषोत्तम जी।" मैंने कहा, "आप ही लोगों की प्रेरणा है।"

जवाब में जो उन्होंने कहा, वह रोमांचक था, साथ ही दायित्व-बोध की स्मृति बनाए रखनेवाला भी। तब भी था। अब भी है। मेरी बात के जवाब में बस अकबर इलाहाबादी का मिसरा दोहरा दिया, "अरे नहीं! हमारी तो बातें-ही-बातें हैं, सैय्यद काम करता है।" मेरे मुँह से तो बोल ही नहीं फूटा। कारण था। लोगों को तब भी लगता था कि मैं नामवर जी के बहुत निकट हूँ, वास्तविकता यह है कि मैं उनसे डरता था, अब भी डरता हूँ—न जाने कब अपने प्रसिद्ध व्यंग्य-बाणों में से एक इधर रवाना कर दें। या सीधे-सीधे ही हड़का दें। मुलाकातें भी बहुत कम होती थीं। और जो होती थीं, शुद्ध औपचारिक, एकेडमिक। अकबर इलाहाबादी के मिसरे के जरिए दी गई यह शाबाशी जितनी औचक थी, अपनी चुप्पी उतनी ही स्वाभाविक। नहीं?

इसके बाद बातचीत की कमान हमारे 'प्रिंसिपल साहब' दिलीप ने सँभाली, फंड का डिब्बा भी नामवर जी के सामने रखने से 'प्रिंसिपल साहब' नहीं चूके। नामवर जी ने कुछ योगदान किया। बहुत देर बैठे रहे—युवजनों से बतियाते रहे।

ये दो शाबाशियाँ मेरे लिए यादगार हैं। स्वाभाविक है। अपने लेखन और समाजकर्म दोनों की नामवर जी द्वारा ऐसी सराहना किसके लिए यादगार नहीं हो जाएगी? लेकिन ये शाबाशियाँ महत्त्वपूर्ण इसलिए हैं कि ये स्वयं नामवर जी के व्यक्तित्व के बारे में भी कुछ जताती हैं। कुछ लोगों का कहना है कि नामवर जी शक्ति-सम्पन्न लोगों को आसमान पर चढ़ा देते हैं। बात कभी-कभी सही भी लगती है। लेकिन फिर से कहूँ, ये मार्मिक शाबाशियाँ पानेवाला व्यक्ति न कोई बड़ा अफसर था, न कोई सत्ताधारी। 1989 में, वह एक नाकुछ से कॉलेज में हिन्दी पढ़ाता था, और 1992 में नामवर जी का जूनियर मोस्ट कलीग था, बस।

बतौर अध्यापक के उनके मूल्यांकनों की प्रामाणिकता हम लोगों ने तो हमेशा निर्विवाद रूप से विश्वसनीय पाई। मुझे हमेशा अच्छा ग्रेड देते थे, लेकिन मेरे ही एक परचे पर टिप्पणी की थी, 'घास-सी छीलकर रख दी है। परचा लिखने का सलीका सुमन जी से सीखिए।' मैंने यह बात गाँठ बाँध ली, और अन्य मित्रों को भी बँधवाई। समीर तो मूलतः कवि थे और हैं, बाकी जो कुछ भी वे हैं, भूलतः ही हैं। नामवर जी रूसी रूपवाद पढ़ा रहे थे। श्कोलोव्सकी के बारे में परचा लिखा था। समीर परचा लिखते समय भी कविया जाता था, इसलिए जमा करने के पहले परचा मुझे दिखा लिया करता था। इस परचे का आरम्भ कुछ इस प्रकार हो रहा था, 'मैं मुँडेर पर पाँव लटकाए बैठा था, कहीं चिड़िया बोल रही थी।' मैंने टिप्पणी की, 'यह परचा नामवर

जी को दिया, तो मुँडेर से ऐसे गिरोगे कि न चिड़िया बोल पाएगी, न चिड़ा।' परचा कविता की बजाय गद्य में लिखा गया और फिर नामवर जी को दिया गया।

नामवर जी के व्यक्तित्व में 'अनप्रिडक्टिबिलिटी' भी गजब की है। 'संस्कृति : वर्चस्व और प्रतिरोध' का लोकार्पण वी.पी. सिंह ने किया था। नामवर जी जो करते हैं, वही कर रहे थे—अध्यक्षता। अध्यक्षीय भाषण में उन्होंने किताब और लेखक दोनों को धोकर रख दिया। उस किताब में मेरी केन्द्रीय चिन्ता यह थी कि नफरत की राजनीति के बरक्स प्रेम की राजनीति की सम्भावनाएँ टटोलने में वामपंथी बौद्धिक विफल क्यों रहे? अस्मिता की राजनीति के प्रति सहानुभूति के साथ विचार करते हुए ही कुछ चेतावनियाँ भी इस किताब में दी गई थीं। नामवर जी ने इन बातों की काफी खिल्ली उड़ाई। यह बात और है कि आज तेरह साल बाद 'संस्कृति : वर्चस्व और प्रतिरोध' में की गई भविष्यवाणियाँ सही और दी गई चेतावनियाँ सार्थक ही सिद्ध हुई हैं। मैं नहीं मानता कि नामवर जी जैसे व्यक्ति को 'सस्कृतिः वर्चस्व और प्रतिरोध' के तर्क और सरोकार से सचमुच कोई असहमति हो सकती थी। लेकिन फिर भी किताब को खारिज कर दिया? क्यों? यह केवल कोई व्यक्तिगत समस्या थी, या इसका सम्बन्ध हिन्दी बौद्धिकता की व्यापकतर व्याधियों से है?

इस बात की विस्तृत चर्चा कहीं और, कभी और करूँगा। यहाँ तो इतना ही कहना है कि कई बार नामवर जी तात्कालिक सरोकारों के दबाव में बड़े सवालों की उपेक्षा कर जाते हैं। अब याद नहीं पड़ता, हो सकता है कि 1995 में गुरुदेव किसी कारण मुझसे खिन्न रहे हों, और इसी खिन्नता ने उन्हें मेरी खिंचाई के लिए प्रेरित किया हो। ऐसे चमत्कार नामवर जी अन्य लोगों के साथ भी कर चुके हैं। सच कहूँ, मैं आज तक नामवर जी के व्यक्तित्व की इस विशेषता को समझ नहीं पाया हूँ। इस तरह का व्यवहार उनसे करवानेवाली कौन-सी ग्रन्थियाँ हैं? नहीं जानता।

बहरहाल, मैं तो जे.एन.यू. का और जे.एन.यू. के नामवर जी का कृतज्ञ ही हूँ। नौकरी दिलवाने के लिए नहीं, ज्यादा बड़ी बातों के लिए। जैसाकि उनके साठ साल के होने पर लिखा था, 'सिर्फ पढ़ाने के लिए नहीं, सिखाने के लिए।'

1982 में जब सुमन द्वारा धकियाकर रामजस कॉलेज में इंटरव्यू देने के लिए भेजा गया था, तब न मैंने नामवर जी से कुछ कहा, न उन्होंने किसी से कुछ कहा। अपना तो प्रण था कि दस इंटरव्यू तो अपने बूते ही देंगे। न हुआ तो ग्यारहवें इंटरव्यू के लिए जाने के पहले गुरुदेव से बात करेंगे। भगवान की दया से जरूरत ही नहीं पड़ी। उस चयन समिति की अध्यक्षता गवर्निंग बॉडी के उपाध्यक्ष रामकँवर गुप्ता कर रहे थे, जिनसे मेरी भेंट न इंटरव्यू के पहले हुई थी, न बाद में कभी हुई। विभागाध्यक्ष प्रो. निर्मला जैन थीं, और उनके साथ थे प्रो. रामदरश मिश्र। मेरी नियुक्ति से कुछ लोग आहत हुए। डी.यू. के योग्य, योग्यतर, योग्यतम उम्मीदवारों पर इस जे.एन.यू.

आइट को वरीयता देकर दिल्ली विश्वविद्यालय के हिन्दी विभाग की 'परम्परा' तोड़ दी गई थी। कुछ ऋषियों ने विभिन्न प्रकार की कल्पसृष्टियाँ भी निर्मित एवं प्रचारित कीं। निर्मला जी ने अपने विख्यात स्वभाव के अनुसार 'जनसत्ता' के संवाददाता से कह दिया, 'जिस लड़के की नियुक्ति रामजस में हुई है, वह कई प्रोफेसरों को पढ़ा सकता है।' याने अपन पहले दिन से ही 'चर्चित' होते भए। खैर।

रामजस कॉलेज का वातावरण क्या पूरा 'अद्भुत, अनुपम, मनोहर बाग' था। लिख सका तो कभी उसके बारे में उपन्यास लिखूँगा। आशा है कि 'राग दरबारी' का 'छंगामल इंटर कॉलेज' उन दिनों के रामजस के आगे फीका पड़ जाएगा। कुछ वर्षों में हालत यह हो गई कि मैंने नौकरी छोड़ देने का मन बना लिया। राजेन्द्र माथुर मेरे लेख नियमित रूप से 'नवभारत टाइम्स' में छापते थे, सम्पादकीय विभाग में खपा लेने को भी राजी हो गए।

लेकिन मैंने आई.सी.सी.आर. की विदेश में हिन्दी अध्यापन योजना में भी एप्लाई किया था। माथुर साहब से बात करने के बहुत पहले। हमारे बेटे ऋत्विक के जन्मोत्सव में आए नामवर जी को मैंने इस बारे में बताया। मुझे विदेश जाने के बारे में अपनी स्वीकृति देनी थी। नामवर जी ने कहा, 'कोई जरूरत नहीं। तुम्हें जे.एन.यू. आना है।'

रामजस अझेल हो चला था। आई.सी.सी.आर. को मना कर चुका था। जे.एन.यू. का कुछ पता नहीं लग रहा था। इसीलिए माथुर साहब से बात की थी। उन्होंने हाँ तो की, साथ ही याद दिलाया, 'दूर के ढोल सुहावने होते हैं।' लेकिन रामजस की शहनाई से तो कैसे भी ढोल अच्छे ही होने थे--दूर के या पास के। इसी बीच जे.एन.यू. का इंटरव्यू कॉल आ गया। थोड़ी देर से ही सही, जे.एन.यू. वापस आने का अवसर मिला। नामवर जी की बात सही साबित हुई।

4. स्वधर्म और सुमति

आलोचना की बजाय रचनात्मक आलोचना लिखने के विरुद्ध 'पॉलिमिक्स' करते हुए नामवर जी ने गीता की उक्ति याद की है : ''स्वधर्मे निधनं श्रेय, परधर्मो भयावह।'' आलोचना कुछ और बनने का प्रयत्न करे, यह हीनता-ग्रन्थि है। उसे आलोचना ही होना चाहिए—इति आलोचक नामवर सिंह उवाच।

बहुत पहले, विश्वविद्यालयों में साहित्य शिक्षण पर उन्होंने 'आलोचना' में एक परिसंवाद आयोजित किया था। अपनी टिप्पणी में, वहाँ भी 'स्वधर्म' की बात की थी। विश्वविद्यालय में एक 'विषय' बनने के चक्कर में साहित्य अपने बहुमुखी, संवादधर्मी स्वभाव से हाथ धो बैठता है। इस स्वभाव की वापस प्रतिष्ठा ही विश्वविद्यालयों में

साहित्य पढ़ानेवालों की सबसे बड़ी चुनौती है। एक सीमित विषय नहीं, साहित्य समूचे जीवनानुभव के साथ मुखामुखम है, इसलिए औपचारिक रूप से साहित्य का अध्ययन-अध्यापन करनेवालों को जीवन के विभिन्न पहलुओं की पड़ताल करनेवाले विषयों से प्रामाणिक संवाद करना ही होगा।

जोधपुर से लेकर जे.एन.यू. तक नामवर जी के पढ़ाने और पढ़ाई को नियोजित करने के मूल में साहित्य के स्वधर्म-बोध से उत्पन्न यह मूलभूत प्रतिज्ञा ही है।

उसी टिप्पणी में, विश्वविद्यालय ही नहीं, समूची पूँजीवादी व्यवस्था का वर्णन नामवर जी ने 'पुराणों की भाषा' में किया था—'यह ऐसी व्यवस्था है, जिसमें पानी ने बहना और आग ने जलना त्याग दिया है, गरज कि हर वस्तु ने अपना धर्म छोड़ दिया है।'

स्वधर्म!

बतौर अध्यापक और आलोचक के, नामवर जी का सारा जीवन 'स्वधर्म' की पुनःप्रतिष्ठा के लिए संघर्ष का जीवन रहा है। सफलता हमेशा नहीं मिली है। कई बार स्वयं उन्होंने ही स्वधर्म से विचलन भी किए हैं। वे स्वयं कहते हैं, 'बार-बार हार मैं गया।' मुझे लगता है कि कई बार वे स्वयं से ही हारे हैं। उनकी अद्वितीय सम्भावनाएँ उनके वास्तविक जीवन के 'व्यावहारिक' दबावों से हारी हैं। यह विडम्बना उनकी ही नहीं, हम में से किसी की भी हो सकती है।

'बार-बार मैं हार गया'—यह आत्मस्वीकृति है। ऐसी नहीं कि कोई बगलें बजाने लगे, बल्कि ऐसी जिससे 'स्वधर्म' की स्मृति भी रखना सीखे, और विचलन से बचना भी। अपनी सम्भावनाओं को 'व्यावहारिक' दबावों से न हारने देना सीखे। नामवर जी के बारे में सोचता हूँ, तो अपने लिए यही सीख हासिल होती है। एक बार फिर से बाइस साल पहले लिखे अपने लेख का शीर्षक याद करूँ—'वे पढ़ाते नहीं, सिखाते हैं।' सजग रूप से भी, अनजाने भी। अपनी उपलब्धियों से भी—असफलताओं से भी। अपनी सम्भावनाओं से भी, विवशताओं और दुर्बलताओं से भी।

ठीक वैसे ही, जैसे उनका जे.एन.यू. सिर्फ पढ़ाता नहीं, सिखाता था, सिखाता है। असफलताओं से भी। सफलताओं से भी। 'द्वीप' रहकर भी सिखा रहा था—और इन दिनों 'मुख्य धारा' के साथ बहकर भी सिखा रहा है।

सौभाग्य था मेरा कि इस द्वीप पर, उन दिनों पहुँचा, जबकि वह द्वीप ही था। वह सन् सतहत्तर की गर्मियों की एक दोपहर थी। जे.एन.यू. पहुँचकर मुकाम किया, गंगा होस्टल। कमरा नं. 137। आज के जे.एन.यू. वाले कृपया न अविश्वास से मुस्कराएँ न ईर्ष्या में जलें। 'काउंटर कल्चर' के उन दिनों में भी जे.एन.यू. इतना उदार तो नहीं था। गंगा लड़कों का हॉस्टल हुआ करता था। कमरा अली जावेद का था—जिसका उपयोग हम जैसों की सराय के रूप में ही ज्यादा होता था। जावेद ने ही उसी दिन या शायद अगले दिन कमल कॉम्प्लेक्स के गीता बुक सेन्टर में किताबें

पलटते नामवर जी को और फिर विपिनचन्द्र को दिखाया था—'देखो वो रहे...'

सन् सतहत्तर की उस दोपहर के बाद के दिन मेरी जिन्दगी के सबसे रोमांचक दिन हैं।

मई 2001 में यूनिवर्सिटी ऑफ वेस्टर्न ऑस्ट्रेलिया, पर्थ जाने का सुयोग हुआ। सुमन वहाँ एम.बी.ए. की पढ़ाई कर रही थीं। मैं एक महीने के लिए, बच्चों को साथ लेकर गया था। कैम्पस में घूमते हुए एक दिन हम लोग पहुँच गए विन्थ्रॉप हॉल। बहुत खूबसूरत गॉथिक इमारत, वेनेशियन ग्लॉस की खिड़कियाँ—और उन पर ओल्ड टेस्टामेंट में वर्णित, परमात्मा द्वारा मनुष्य को कृपास्वरूप दी गई सुमतियों की छवियाँ—सूझ-बूझ, साहस, बुद्धि, संवेदनशीलता और ज्ञान। लेकिन ओल्ड टेस्टामेंट (इजाया 11.2) में बताई गई सुमतियों की संख्या तो सात थी। बाकी दो कहाँ गईं? उनकी छवियाँ क्यों नहीं बनाईं कलाकार ने? जाहिर है कि जानबूझकर ही नहीं बनाईं। लेकिन क्यों?

विन्थ्रॉप हॉल का निर्माण नेपियर वाल्टर ने 1931 में किया था। कई बरसों तक तो किसी ने उनसे पूछा ही नहीं कि आपने दो सुमतियाँ क्यों छोड़ दीं। आखिरकार 1959 में तत्कालीन वाइस चांसलर ने जवाब-तलब कर ही लिया। वाल्टर ने लिखा, "हाँ, दो सुमतियाँ मैंने जानबूझकर ही छोड़ी हैं, क्योंकि मेरी समझ से किसी यूनिवर्सिटी की परिकल्पना से उनका कोई लेना-देना है ही नहीं, 'धार्मिक और यौनपरक पवित्रता (पाइटी)' और 'भगवान का भय (फीयर ऑफ गॉड)'।"

वास्तुकार का यह सीधा, सार्थक उत्तर, बौद्धिक साहस और संवेदनशीलता का यह घोषणापत्र पढ़कर सचमुच आँखें भीग गई थीं।

अपने जे.एन.यू. ने ऐसी कोई औपचारिक घोषणा तो कभी नहीं की। लेकिन अपने होने भर से यह बता जरूर दिया कि यूनिवर्सिटी का स्वधर्म निर्भीकता और प्रश्न व्याकुलता है, संवेदनशीलता है, ज्ञान की साधना है, परमात्मा का डर दिखाकर खोखली पवित्रता का आरोपण करना नहीं।

उस जे.एन.यू. का विद्यार्थी जो हो, जिन्होंने उस जे.एन.यू. को बनाया, और जिन्हें उसने बनाया ऐसे नामवर जी का विद्यार्थी जो हो, उस मनुष्य को 'स्वधर्म' का निर्वाह तो करना ही होगा।

आशा है, कर सका। आशा है, कर सकूँगा।

यह भी आशा है कि नामवर जी द्वारा जीवन की सेंचुरी बनाने के अवसर पर चीयर-अप करनेवालों की भीड़ में, मैं भी कहीं खड़ा होऊँगा।

आमीन!

सहज मार्क्सवाद के विशिष्ट स्वर : नामवर सिंह

प्रो. भगवान जोश

इससे पहले कि मैं पाठक के मस्तिष्क में उठे इस प्रश्न से जूझूँ कि सहज मार्क्सवाद से आपका आशय क्या है, मैं चर्चा हेतु उपयुक्त सन्दर्भ तैयार करने के लिए एक छोटी-सी भूमिका बनाऊँगा।

इसी वर्ष (यानी कि वर्ष 2009) के 6 मार्च को दिल्ली विश्वविद्यालय के पंजाबी विभाग ने मुझे साहित्य एवं इतिहास विषय पर 'डॉ. हरभजन सिंह स्मृति व्याख्यान' देने के लिए आमन्त्रित किया था। इस वार्षिक व्याख्यान की अध्यक्षता प्रो. नामवर सिंह कर रहे थे। नामवर सिंह ने अपना अध्यक्षीय वक्तव्य इस तरह आरम्भ किया :

"मैंने भगवान से बातें तो बहुत बार की हैं, लेकिन एक फॉर्मल लेक्चर देते उनको पहली बार सुन रहा हूँ। अपने लेक्चर में उन्होंने यह दर्शाने की कोशिश की है कि साहित्य और इतिहास में कितना गहरा सम्बन्ध है।" इसके पश्चात् नामवर जी ने इस तथ्य को रेखांकित किया कि इतिहास भी वर्णन की एक पद्धति है और इतिहासकार भी अपनी बात को कहने के लिए उन्हीं पद्धतियों का उपयोग करते हैं, जिनका उपयोग सर्जनात्मक रचनाकार किया करते हैं। एक प्रकार से वे सकारात्मक इतिहास (पोजिटिविस्ट हिस्ट्री) की बड़ी प्रबल समीक्षा प्रस्तुत कर रहे थे। परन्तु उनके वक्तव्य का सर्वाधिक महत्त्वपूर्ण भाग वही था जिसमें उन्होंने डॉ. हरभजन सिंह की कुछ रचनाओं, खासकर उनकी आत्मकथा के कुछ हिस्सों के जरिए यह दिखाने का प्रयास किया कि किस तरह डॉ. हरभजन सिंह के लेखन में इतिहास और साहित्य एक साथ गुँथा हुआ है। अपने वक्तव्य के अन्त में उन्होंने खुलासा किया कि उन्होंने पिछली ही रात को प्रोफेसर साहब की आत्मकथा एक बार फिर पढ़ी, ताकि वे उनकी रचना के स्वर व संवेदना को ठीक से पकड़ सकें। छोटे-छोटे उदाहरणों द्वारा उन्होंने बताया कि हरभजन सिंह के बहुस्तरीय 'पाठों' के फॉर्म और कन्टेंट का निर्धारण उन ऐतिहासिक शक्तियों के कारण हुआ है, जो औपनिवेशिक शासन बल्कि उपनिवेशवाद के समूचे सन्दर्भ के प्रतिरोध में उन्मोचित हुई हैं। मैं इस बात को सर्वाधिक महत्त्वपूर्ण

मानता हूँ और रेखांकित करना चाहता हूँ कि बावजूद इस तथ्य के कि प्रो. हरभजन सिंह खुलेआम मार्क्सवादी विचारों को नकारते हैं, नामवर जी ने कितने सहज ढंग से इन रचनाओं में अन्तर्निहित मार्क्सवादी विचार व मानवतावादी मूल्यों की भावसत्ता को पहचाना और उन्हें श्रोताओं के सम्मुख प्रस्तुत किया। वर्ग की सपाट अवधारणा को हरभजन सिंह की रचनाओं पर जबरन थोपने का प्रयत्न नामवर सिंह ने पूरे भाषण में कहीं नहीं किया। साधारण श्रोताओं के लिए तो गोया नामवर सिंह के इस आलोचनात्मक वक्तव्य से सार्वभौम मानवता की गहरी भावना स्वतःस्फूर्त ढंग से निःसृत हो रही थी। मानवीय कर्ताभाव (ह्यूमन एजेंसी) और इतिहास की हमारी समझ को गहरा बनाने में मार्क्सवादी विचारों की प्रासंगिकता को इतने सहज ढंग से कहने की क्षमता को ही मैं 'नामवर सिंह का सहज मार्क्सवाद' कहता हूँ। उनकी व्याख्याओं में कुछ भी तो दुस्साध्य अथवा वैसे टेढ़े-तिरछेपन की सूचना देनेवाला नहीं था, जैसा टेढ़ा-तिरछापन आमतौर से भारतीय मार्क्सवादियों की व्याख्याओं में यहाँ से वहाँ तक देखने को मिलता है।

दूसरे शब्दों में उनके मार्क्सवाद की विशेषता ही है, भारत के प्राचीन एवं मध्यकालीन साहित्य में मार्क्सवादी विचारों का पुनर्वास करना और उन्हें पुनः आविष्कृत करके एक नए तेवर अर्थात् भारतीय तेवर में प्रस्तुत करना।

एक दूसरे अर्थ में भी उनकी तरह के मार्क्सवाद को मैं 'सहज मार्क्सवाद' कहता हूँ। इस बात को कतिपय निश्चय के साथ कहा जा सकता है कि सारे भारत में केवल नामवर सिंह ही ऐसे मार्क्सवादी चिन्तक हैं जो अनेक भारतीय भाषाओं के साहित्य से भली भाँति परिचित हैं। केवल वही पंजाबी में पाश की कविता, हजारीप्रसाद द्विवेदी के गद्य, शंकराचार्य के दर्शन पर प्रामाणिक आधिकारिकता के साथ बोल सकते हैं। यह केवल उनके ज्ञान का रेखांकन करना नहीं है बल्कि उनकी उस सहज विचार क्षमता को पहचानना है जो उनके साहित्यिक ज्ञान को विवेक में बदल देती है। ऐसा लगता है कि उनके लिए भारत में मार्क्सवाद सामान्य जनों के चित्त में तब तक अपना स्थान नहीं बना सकेगा जब तक कि वह ज्ञान की एक पद्धति और ऐतिहासिक अन्तर्दृष्टि से ऊपर नहीं उठ जाता। विचार की अन्य पद्धतियों से मुकाबला करने के लिए उसे एक अन्य आयाम से जुड़ना ही होगा जिसे हमारी परम्परा में विवेक कहते हैं।

विवेक से जुड़े बिना, विश्व के इस भाग में मार्क्सवाद भले ही चतुर तथा सक्षम राजनीतिज्ञ पैदा कर दे, किन्तु गांधी और नेहरू सरीखे दुर्लभ राजपुरुष तो नहीं ही पैदा कर सकता।

अनोखापन तो जे.एन.यू. की जन्मकुंडली में ही लिखा था...

प्रो. सदीकुर्रहमान किदवई

आज जे.एन.यू. के बारे में, नामवर जी के बारे में सोचते हुए कई पुरानी बातें याद आ रही हैं। मैं जे.एन.यू. के भारतीय भाषा केन्द्र में आनेवाला लगभग पहला अध्यापक था। मैंने और प्रो. सावित्री चन्द्र 'शोभा' ने एक ही दिन ज्वॉइन किया था। उन्होंने सुबह और मैंने शाम को। मैं 1960 से 1974 तक दिल्ली विश्वविद्यालय के उर्दू विभाग में पढ़ाने के बाद जे.एन.यू. आया था—एक ऐसी जगह आया था, जिसके बारे में लोग जानते थे और मानते थे कि वह एक अनोखा विश्वविद्यालय है—अलग जगह है—एकदम रिवोल्यूशनरी सोच का परिणाम है—जिसके जरिए हम अपने सपनों को, अपने आइलियल्स को अमली शक्ल लेते देख सकेंगे।

यूँ तो मैं खुद को यूँ भी खुशकिस्मत समझता हूँ कि मेरी पढ़ाई-लिखाई और ग्रूमिंग ऐसे परिवेश में हुई है, जिसे हम 'रेबेल' कह सकते हैं। मेरे वालिद श्री शफ़ीकुर्रहमान जामिया मिल्लिया के संस्थापकों में से एक थे। वे इकॉनामिक्स पढ़ाते थे। अलीगढ़ में बी.ए. की पढ़ाई के दौरान फ्रीडम स्ट्रगल में हिस्सा लेने के कारण वहाँ से निकाले गए तो उन्होंने एक दूसरा रास्ता ही चुन लिया। यह रास्ता आरामदेह नौकरी के, अंग्रेजों की चमचागिरी के रास्ते से अलग था। वे जामिया आ गए और उन्होंने 'सेन्टर फॉर कम्यूनिटी एंड एडल्ट एजूकेशन' की स्थापना की। इस तरह मुझे घर में ही आज़ादी से रहने, जीने और सोचने की तालीम हासिल हो गई थी।

मैंने 1941 से 1951 तक जामिया में पढ़ाई की। यानी कि 'अलिफ, बे', पढ़ने से लेकर दसवीं क्लास तक मैं जामिया का विद्यार्थी था। यह वही संस्था है, जिसकी स्थापना ज़ाकिर हुसैन साहब ने परम्परागत अलीगढ़ यूनिवर्सिटी के बरक्स एक रेबेल के रूप में, एक नेशनलिस्ट संस्था के रूप में की थी। जब मैं वहाँ विद्यार्थी था, तो

वहाँ महात्मा गांधी, जवाहरलाल नेहरू, मौलाना आज़ाद आदि आते रहते थे और फिज़ा में अंग्रेजियत के खिलाफ़ बगावत दिखाई पड़ती थी। ज़माना आज़ादी की लड़ाई का था और देश आज़ाद हुआ तो उस दौरान बड़ी सारी चीज़ें हमने देखीं...मैं कह रहा था कि मैं खुद को खुशकिस्मत समझता हूँ तो इस मायने में कि जामिया से निकलकर वैसे तो मैं बी.ए., एम.ए. की पढ़ाई करते अलीगढ़ गया, लेकिन वहाँ भी खुशकिस्मती से मैं प्रो. मूनिस रज़ा, डॉ. अली आदि के सम्पर्क में आ गया और स्टूडेंट्स फेडरेशन और प्रोग्रेसिव राइटर्स एसोसिएशन से जुड़ गया। तो अलीगढ़ में यूँ तो मेरी ग्रोथ कन्वेंशनल तरीके से हुई पर दूसरे ग्रुप से लगातार सम्पर्क में रहने के कारण सोच का अलग तरीका बरकरार रहा।

अलीगढ़ से एम.ए. करने के बाद मैं दिल्ली यूनिवर्सिटी में लेक्चरर बन गया। डी.यू. पूरी तरह कन्वेंशनल यूनिवर्सिटी है। डॉ. नगेन्द्र के चलते वहाँ का हिन्दी विभाग बड़ा मशहूर था। उर्दू विभाग में मेरे साथ डॉ. कमर रईस, फ़ारुकी साहब और नारंग साहब थे। ऐसे माहौल से मैं उस समय जे.एन.यू. पहुँचा जब इसका एक अज़ब 'औरा' (प्रभामंडल) था। एक ओर तो यह यूनिवर्सिटी अपने अनोखेपन में सबसे जुदा थी, एक टापू की तरह; पर दूसरी ओर यहाँ के अध्यापक, विद्यार्थी और कर्मचारी देश-विदेश में हो रहे युद्धों, संघर्षों और हलचलों से पूरी तरह जुड़े हुए थे। वह समय वियतनाम युद्ध, स्टूडेंट्स रिवोल्ट आदि का था और मेरे ज्वॉइन करने के लगभग साल भर बाद ही देश में इमरजेंसी लग गई। यह बड़े उथल-पुथल का जमाना था। हमसे कहा गया था कि जे.एन.यू. एक अलग ढंग का विश्वविद्यालय है अतः यहाँ का कोर्स, पढ़ाने का ढंग और इवेलुएशन का तरीका सब अलग होगा और आप लोगों को डवलप करना होगा। यह ऐसी जगह थी जहाँ अध्यापक-छात्र-कर्मचारी यूँ तो एक-दूसरे के कामों में दख़लअन्दाजी नहीं करते थे पर बराबरी से बहस जरूर करते थे। यहाँ की सबसे नायाब चीज़ थी यहाँ की स्टूडेंट यूनियन। ऐसी डेमोक्रेटिक स्टूडेंट यूनियन कहीं नहीं होगी। खूब बहसें होती थीं—राष्ट्रीय-अन्तर्राष्ट्रीय मुद्दों पर गरमा-गरमी भी होती थी पर बदजुबानी या हाथापाई कभी नहीं—बराबरी से बातचीत—माहौल बेहद ताजा। इतना ताज़ा कि उसकी ताज़गी अब भी मैं महसूस करता हूँ।

तो जब मैं 1974 में जे.एन.यू. आया तो यहाँ एक बेहद नई बात अनोखी शुरुआत देखी और सच कहूँ तो उसे लागू करने और बनाए रखने में शामिल लोगों में एक मैं भी हूँ—यह सोचकर मुझे आज भी फ़ख्र महसूस होता है। यहाँ जे.एन.यू. में और विश्वविद्यालयों की तरह उर्दू और हिन्दी के विभाग अलग-अलग नहीं थे। सेन्टर ऑफ़ इंडियन लैंग्वेज़ेज में दोनों की पढ़ाई साथ-साथ होती थी। कोर्स, रिसर्च और पढ़ाने की स्ट्रेटेज़ी इस तरह बनाई गई कि जहाँ तक सम्भव हो ज्वाइंट रिसर्च

कराया जाए, पढ़ाई में उर्दू-हिन्दी की फ़ैकल्टी साथ-साथ शामिल हो। फंक्शंस साथ हों—इसीलिए ईद मिलन और होली मिलन मनाया जाता था।

सी.आई.एल. की फैकल्टी में विद्यार्थियों में इस नएपन को अपनाने का सच्चा जज़्बा था। दरअसल माहौल बहुत दोस्ताना था। नई-नई यूनिवर्सिटी खुली थी—जिसका नारा ही था कि हम सबसे अलग हैं, हम सबसे अनोखे हैं—तो रात-बेरात विद्यार्थी अध्यापकों के घर चले जाते थे और वी.सी. का कमरा भी सबकी पहुँच में था। हम हर रोज़ असलम साहब के कमरे में लंच लेते थे। वहाँ साहित्य-राजनीति से लेकर सेन्टर कैसे चलाया जाए, कोर्स स्ट्रक्चर क्या हो आदि सब विषयों पर बात होती थी—और ऐसे में ही नामवर जी के व्यक्तित्व के कई पहलू मेरे सामने खुलते गए...

मैं जब जे.एन.यू. आया तो मैं नामवर जी को कुछ-कुछ जानता था। यह मालूम था कि एक बड़े विद्वान हैं नामवर जी—पर बात क्या भला इतनी-सी थी?

हिन्दुस्तान में उर्दू और हिन्दी को लेकर लगभग सौ-डेढ़ सौ वर्षों से कम्यूनल पॉलिटिक्स चल रही है। हर यूनिवर्सिटी में हिन्दी-उर्दू के अलग-अलग विभाग हैं। अलगाव का यही स्वरूप इन दोनों भाषाओं को देखने का नजरिया है। प्रो. मूनिस रज़ा, जे.एन.यू. जिनका सपना था—उन्होंने और नामवर जी आदि ने मिलकर एक ऐसे विभाग की परिकल्पना की, जिसमें यह दूरी न रहे—लोग एक-दूसरे को जानें-समझें। नामवर जी के सम्पर्क में आने के बाद मैंने पाया कि वे न केवल विद्वान हैं, ऐसे विद्वान जो दुनिया की कई ज़बानों के अजब की जानकारी रखते हैं—कई डिसिप्लंस राजनीति विज्ञान, समाज विज्ञान, दर्शनशास्त्र, इतिहास को जानते हैं, और जानना चाहते हैं। नामवर जी की शख़्सियत की सबसे बड़ी खासियत, मेरे नजदीक उनकी यह क्यूरिओसिटी-जिज्ञासा—ही है। अक्सर बातचीत करते हुए वे सहज ही कोई प्रश्न उठा देते, लोगों को ग़ौर से सुनते और बीच-बीच में कोई जानकारी या सूचना जोड़ते जाते। उनमें गज़ब की एनालिटिकल पावर है। किसी भी बात की गहराई तक पहुँचने की कोशिश करते हैं वे। हालाँकि वे उर्दू साहित्य के बारे में बहुतों से ज्यादा जानते थे, परन्तु बात ऐसे सुनते जैसे पहली बार सुन रहे हों, पहली दफ़े जान रहे हों। हमारा लंच एक तरह का क्लब था। इसमें फ़ारसी के अज़हर साहब, सोशल साइंसेज से जोया और अलिया जैसे दोस्त भी कभी-कभी आ जाते थे। बड़ा जीवन्त माहौल था। असलम साहब बात कहने की कला में माहिर हैं। ढेरों शेर और ग़ज़लें उन्हें याद हैं—कई-कई बार तो ऐसा होता कि हम दोनों दिन भर सारी बातें पोइट्री में करते। अदब में सच्ची दिलचस्पी का सबूत यही बातें तो हैं कि पढ़े-लिखे लोगों की बातें पढ़ाई-लिखाई, सोचने-समझने, मसलों का हल निकालने से जुड़ी हों। तो सी.आई.एल. केवल क़ाग़जों में हिन्दी-उर्दू का मुशतरक़ा सेन्टर नहीं

था–लोगों के दिल-दिमाग मिल गए थे उस सेन्टर में। वे जो दूरियाँ और अलगाव देश भर में कीं–हिन्दी और उर्दू वालों के बीच–वे यहाँ नहीं थीं–वह अलगाव काफ़ी हद तक उन दिनों तोड़ा जा सका था। लेकिन वे आइडियल्स के दिन थे–सपनों के दिन थे–हममें रिवोल्यूशनरी माद्दा था–आज तो ऐसा नहीं है–सेन्टर तो अब भी एक है पर मिलना-जुलना कम होता जा रहा है–कहूँ तो देश भर के माहौल की छाया जे.एन.यू. पर भी पड़ गई है। हम अपने जज़्बे को आगे बढ़ाने में पूरी तरह कामयाब नहीं हो पाए। सब कुछ बड़ा डिसएपॉइंटिंग (dissapointing) लगता है।

तो नामवर जी की नॉलेज़ और पढ़ाई की रेंज माइंड बॉगलिंग थी। उनके साथ बैठकर बात करने में बहुत फ़ायदा महसूस होता था। उनमें हायरारकी का भाव नहीं था। असलम साहब के कमरे में लंच के दौरान कभी-कभी चिन्तामणि भी आ जाते थे पर रोज का साथ तो नामवर जी और केदार जी का ही था। उन दिनों हम लोगों ने बहुत कुछ सीखा। जे.एन.यू. नई जगह थी, जो कुछ करना था हमें खुद करना था–ऐसे में एक तरह के सोचवालों के साथ काम करने से बड़ा फायदा हुआ। आज भी मैं उन दिनों की बातचीत को याद करता हूँ तो खुद को नए सिरे से तरोताजा पाता हूँ। केदार जी के साथ दोस्ती उन्हीं दिनों हुई जो आज भी बरकरार है। उनसे जो ताल्लुकात हैं वे मेरे लिए बहुत वेल्यूएबल हैं। हम दोनों घंटों साथ बिताते थे और कैम्पस से जरा दूर एक ढाबे में साथ-साथ चाय पीते थे। यहीं पर मैं चिन्तामणि जी को याद करूँगा। वे बड़े ओर्थोडोक्स थे, घोर पंडित। बड़े स्ट्रीक्ट। किन्तु इतना सिंसियर मित्र मैंने नहीं देखा। वे आपकी ऐसी बातों का भी ध्यान रखेंगे, जिनकी ओर आपका कतई ध्यान न हो। सर्विस रूल के जानकार और बड़े हेल्पफुल। पांडे जी अच्छे जुमलेबाज हैं।

नामवर जी में एक बात बहुत दिलचस्प है। वे अपने साथ के लोगों को बड़ी अच्छी तरह पहचानते हैं। उनकी कमजोरियों और खूबियों पर उनका पूरा ध्यान रहता है। पर सीधे-सीधे कुछ नहीं कहते। उनसे बहस में नहीं उलझते, न ही किसी बात पर सीधे अड़ते हैं। पर वे अपनी बात का वज़न बखूबी जानते हैं। वे जानते हैं कि बात को किस तरह रखा जाए कि बात बन भी जाए और सीधे कुछ न कहना पड़े। यह बात मैं इसलिए कह रहा हूँ क्योंकि वे सभी अध्यापकों द्वारा दिए अंकों को खुद मॉडरेट करते थे, उन्हीं मॉडरेशनों के दौरान कुछ दिलचस्प वाक़यात हुए। एक पर्चे में कुछ स्टूडेंट्स ने लिख दिया था कि कबीर या तुलसी पूरी तरह याद नहीं, पर इन्हीं में से किसी एक की ख़तो-किताबत शेक्सपीयर के साथ होती थी। नामवर जी यह देखते ही चौंके। स्टूडेंट्स को तलब किया तो पता चला 'यह टीचर ने पढ़ाया है।' फिर उन टीचर को बुलाया गया तो मालूम हुआ कि यह बात तो किसी किताब में

लिखी हुई है। किताब देखी गई, लिखा हुआ था–'देअर वाज़ सम कॉरेसपांडेंस इन आइडियाज...' (मिलता-जुलतापन) नामवर जी कुछ न बोले, केवल मुस्कुराए...उनकी मुस्कान भरी चुप्पी ने ही सब कुछ कह दिया।

यह उनकी पर्सनालिटी की सबसे बड़ी खासियत है। उनके बोलने और चुप रहने दोनों के मायने बड़े गहरे हैं।

(सुमन केशरी से बातचीत के आधार पर।)

जे.एन.यू. के नामवर सिंह

प्रो. केदारनाथ सिंह

दिल्ली आना नहीं चाहता था—पर 1976 में दिल्ली आ गया। तब इमरजेंसी लगी थी और जे.एन.यू. के कई छात्र नेता जेल में—शायद कुछ अध्यापक भी। इतना याद है कि एक तनावभरी चुप्पी का माहौल था, जो पूरे कैम्पस में छाया हुआ था। यहाँ आने से पहले मैं पूर्वी उत्तर प्रदेश के एक छोटे-से शहर में पढ़ाता था और न चाहते हुए भी होते-होते उस महाविद्यालय का प्राचार्य हो गया था। यह शहर बुद्ध की निर्वाण-स्थली (कुशीनगर) से बहुत दूर न था और लम्बे समय तक वहाँ टिका रह गया तो उसका एक बड़ा कारण यह भी था। 'मंच और मचान' कविता के चरितनायक 'चीना बाबा' को मैंने वहीं देखा था। वे बरगद के पेड़ से नीचे उतार लिए गए थे और उन्हें एक छोटी-सी कोठरी में डाल दिया गया था—लगभग मरणासन्न। कुछ दिन बाद उनका निर्वाण हो गया था। वह दृश्य इस पूरी कालावधि के दौरान मुझे 'हांट' करता रहा है। उस तराई-स्थित जनपद की जिन ढेर सारी स्मृतियों को लेकर मैं दिल्ली आया था, उनमें 'चीना बाबा' के साक्षात्कार के वे यातना-भरे अन्तिम क्षण भी थे।

आने से पहले जे.एन.यू. के बारे में काफी सुन चुका था। अब इतने दिनों बाद ठीक-ठीक नहीं कह सकता कि यह उन सुनी हुई बातों का आकर्षण था या प्राचार्य-पद का भयानक ऊब-भरा दबाव, जिसने दिल्ली के पक्ष में निर्णय लेने के लिए मुझे बाध्य किया। हाँ, एक चीज और थी जिसकी इस निर्णय में बड़ी भूमिका थी और वह थी जे.एन.यू. में नामवर जी की उपस्थिति। वे बनारस हिन्दू विश्वविद्यालय में मेरे गुरु रह चुके थे और उन्होंने अपने धारदार लेखन के साथ-साथ पढ़ाने की जिस आधुनिक शैली का आविष्कार किया था, उसकी गहरी छाप मेरे मन पर थी। बिम्ब पर काम करने का मित्रवत् सुझाव मुझे उन्होंने ही दिया था—शायद मेरी तब की कविताओं में कुछ रंगों और चित्रों को देखकर। बनारस की सड़कों पर चलते हुए—जिसमें अक्सर विश्वनाथ त्रिपाठी भी साथ होते थे—मैं जान चुका था कि

नामवर जी से जब भी मिले, कुछ-न-कुछ नया उनके पास हमेशा होता है–कोई नई कहानी, शमशेर या मुक्तिबोध की कोई अप्रकाशित कविता या कुछ नहीं तो गालिब का कोई अनपढ़ा शेर ही। आधुनिक हिन्दी की दो बहुचर्चित कविताएँ–'ब्रह्मराक्षस' और 'टूटी हुई बिखरी हुई' मैंने पहली बार नामवर जी के मुँह से ही सुनी थी और वह भी कहीं छपने से काफी पहले। बहरहाल, ये सारी बातें थीं, जिन्होंने मेरे दिल्ली आने के पक्ष में बड़ी भूमिका निभाई–उस दिल्ली में जिसकी दूरी से मेरे पुरबिहा मन को थोड़ा-थोड़ा डर लगता था। अब नहीं लगता–यह दावे के साथ आज भी नहीं कह सकूँगा।

उस समय का जे.एन.यू. आकार में छोटा था। माहौल में अंग्रेजियत थोड़ी ज्यादा थी–पर भारतीय भाषा केन्द्र उस पूरे माहौल में एक सुखद 'कंट्रास्ट' की सृष्टि करता था। कहना अनावश्यक है कि इसमें नामवर जी के धोती-कुर्तेवाले ठेठ बनारसी धज और बेशक उनके भाषिक ठाठ की भी बड़ी भूमिका थी। कभी जे.एन.यू. का सांस्कृतिक इतिहास लिखा जाएगा और गहरी छानबीन के बाद लिखा जाएगा तो पता चलेगा कि किस तरह हिन्दी ने अंग्रेजियत के उस मजबूत किले में सेंध लगाई थी और इस काम में अध्यापक तथा छात्र दोनों शामिल थे। जिन लोगों ने उन दिनों जे.एन.यू. के सेमिनारों को देखा-सुना होगा, वे भूले न होंगे कि उस पूरे अंग्रेजी-पोषित बौद्धिक विमर्श में नामवर जी की हिन्दी क्या करती थी। किसी भाषिक हीनता-ग्रन्थि से मुक्त इस बौद्धिक हस्तक्षेप ने नामवर जी के व्यक्तित्व को एक नई धार दी और स्वयं नामवर जी ने जे.एन.यू. के पूरे बौद्धिक माहौल को एक नई देशी भंगिमा। भाषा के धरातल पर इस देशी हस्तक्षेप ने जे.एन.यू. को भारतीय जीवन-धारा से जोड़ने में क्या भूमिका निभाई–यह आज भी अविवेचित है।

जे.एन.यू. आने से पहले नामवर जी जोधपुर विश्वविद्यालय में थे और वहाँ उच्चतर हिन्दी के पाठ्यक्रम को लेकर कुछ महत्त्वपूर्ण प्रयोग कर चुके थे, जिसका यथास्थितिवादियों ने प्रबल विरोध किया था। राही मासूम रज़ा के उपन्यास 'आधा गाँव' को पाठ्यक्रम में रखना एक ऐतिहासिक घटना थी और उसका जो विरोध हुआ, उसका सामना करते हुए नामवर जी ने एक अद्भुत साहस का परिचय दिया था। पर जे.एन.यू. का माहौल ऐसे साहसिक प्रयोगों के लिए ज्यादा अनुकूल था। नामवर जी के निर्देशन में यहाँ जो पाठ्यक्रम बना, उसमें कोशिश की गई थी कि साहित्य के भीतर इतिहास और समाज के जो जीवित रग-रेशे होते हैं, वे दृष्टि से ओझल न होने पाएँ। व्यवहार में यह साहित्य को समझने की एक अधिक खुली और वस्तुनिष्ठ पद्धति थी। पर इसकी एक फलश्रुति यह हुई कि 'टेक्स्ट' के बरक्स 'कांटेक्स्ट' का पलड़ा कुछ ज़्यादा ही भारी होता गया। अभी साल-डेढ़ साल पहले नामवर जी ने एक सेमिनार में लगभग आत्मालोचन की मुद्रा में बोलते हुए कहा था

कि इस स्थिति को बदलने की जरूरत है। पर मुझे उस समय भी लगा था और आज भी लगता हैं कि हिन्दी के अकादमिक हलकों में जे.एन.यू. की जो अलग छवि बनी, वह उस पाठ्यक्रम के बिना शायद सम्भव न थी, जो शुरू के दौर में बना था। हाँ, इस बात की कोशिश जरूर की जानी चाहिए कि साहित्य के अध्ययन और पाठ्यपुस्तक के बीच जो एक 'अ-रचनात्मक' दूरी लगातार बढ़ती जा रही है, उसे कम किया जाए। नामवर जी और उनकी टोली ने पिछली सदी के अन्तिम दशकों की ऐतिहासिक जरूरतों के मुताबिक एक पाठ्यक्रम का ढाँचा प्रस्तुत किया था। इक्कीसवीं सदी के साहित्य-अध्यापकों को इस समस्या का सामना अपनी ऐतिहासिक जरूरतों की रोशनी में करना होगा और यदि कोई समाधान निकलेगा तो उसे उन्हीं को खोजना और पाना होगा—अपने समय के सृजन की रोशनी में।

नामवर जी जिस भारतीय भाषा केन्द्र के प्रथम अध्यक्ष थे, उसमें हिन्दी के साथ-साथ उर्दू भी थी और दोनों के बीच पाठ्यक्रम और गोष्ठियों के स्तर पर एक सुखद आवाजाही भी थी। इतिहास बताता है कि हिन्दी और उर्दू के बीच का सम्बन्ध तनावों और विवादों से भरा रहा है। जे.एन.यू. ने भारतीय भाषा केन्द्र के ढाँचे के भीतर इस सम्बन्ध को एक नई परिभाषा दी और परस्पर संवाद का एक ऐसा मंच तैयार किया जो किसी-न-किसी रूप में आज भी कायम है। देश की नई सेकुलर संस्कृति के निर्माण में जे.एन.यू. और खासतौर से भारतीय भाषा केन्द्र का यह एक ऐसा योगदान है, जिस पर हम गर्व कर सकते हैं। क्या यह कहने की जरूरत है कि केन्द्र की इस संस्कृति के निर्माण में नामवर जी के नेतृत्व की बहुत बड़ी भूमिका थी?

जब मैं इन शब्दों को लिख रहा था तो मुझे सबसे पहले डॉ. असलम परवेज़ का ओल्ड कैम्पस स्थित वह कमरा याद आ रहा था, जहाँ हमारी लंच-गोष्ठियाँ हुआ करती थीं, जिसके अनौपचारिक अध्यक्ष प्रायः नामवर जी ही होते थे। रोटियाँ अकसर असलम साहब ही ले आते थे—और हाँ, कभी-कभी किदवई साहब भी, पर खाते हम सब थे। बिना किसी दस्तरखान के वह एक ऐसा विलक्षण सहभोज होता था, जहाँ धर्म और भाषा के सारे भेद किसी रासायनिक प्रक्रिया से छनकर खालिश मानवीय स्वाद में बदल जाते थे। मेरे लिए असलम साहब का वह हँसी-ठहाकों के बीच सुस्वादु गरमाहट से भरा छोटा-सा कमरा भारतीय भाषा केन्द्र की सबसे जीवन्त स्मृति है। खड़ी बोली की दूसरी परम्परा को—जिसे उर्दू के नाम से जाना जाता है—निकट से जानने का अवसर मुझे वहीं मिला। मेरे लिए असल में वह एक जीता-जागता मदरसा था, जहाँ मैंने शेरियत को समझने का सलीका सीखा।

जहाँ तक नामवर जी के अध्यापक-रूप का सवाल है तो उसके सम्बन्ध में सिर्फ़ एक प्रसंग का उल्लेख करना चाहूँगा। शायद चौरासी-पचासी की बात होगी। एक शाम उनके उत्तराखंडवाले आवास पर पहुँचा तो देखता क्या हूँ कि नामवर जी कुछ

परेशान हैं और लगातार किसी पुस्तक के पन्ने पलट रहे हैं। मैंने बाधा नहीं पहुँचाई और बाहर निकल गया—शॉपिंग सेन्टर की ओर। कुछ देर बाद लौटकर आया तो देखा, पन्ना पलटने का क्रम उसी तरह चल रहा है। मुझसे रहा न गया और मैं पूछ बैठा—"बन्धुवर, क्या कोई खास चीज तलाश रहे हैं?" बोले—"हाँ, क्लास में एक छात्र ने कुछ पूछा था। उत्तर में कुछ कहा जरूर, पर खुद सन्तुष्ट नहीं हूँ। घर में जो किताबें थीं, उनको उलट-पलट चुका हूँ। लगता है, पुस्तकालय जाना पड़ेगा।"

वे पुस्तकालय गए और सही सन्दर्भ (या तथ्य) की तलाश करके ही लौटे। मुझे याद है, अगले दिन उनके चेहरे पर कुछ पा लेने की एक चमक थी, जिसको लेकर वे क्लास में गए थे। जिज्ञासु छात्र के प्रति ऐसी जिम्मेदारी और अध्यापक-धर्म के प्रति ऐसी निष्ठा—यही वे तत्त्व हैं, जिन्होंने अध्यापक नामवर सिंह को एक विलक्षण और लगभग अद्वितीय अध्यापक बनाया। अध्यापक वे शुरू में भी थे और अवकाश-प्राप्ति के इतने वर्षों बाद भी अध्यापक-धर्म से उनका नाता टूटा नहीं है—वरना पिछले सेमेस्टर में एम.ए. के छात्रों के अनुरोध पर निराला की अन्तिम कविता 'पत्रोत्कंठित जीवन का विष बुझा हुआ है' को पढ़ाने के लिए इतनी सहजता से राजी न हो जाते। कहते हैं, उन्होंने पढ़ाया और उसी तत्त्वस्पर्शी दृष्टि और तन्मयता के साथ पढ़ाया जिसके लिए वे शुरू से जाने जाते हैं। अपनी दृढ़ मान्यताओं के चलते नामवर जी को विरोधों का सामना साहित्य की दुनिया में तो करना ही पड़ता है—जे.एन.यू. में भी दो-एक ऐसे मौके जरूर आए जब उन्हें विषम परिस्थितियों का सामना करना पड़ा। पर मैंने देखा है कि हर विरोध को एक शालीन चुप्पी से धारहीन कर देने की उनमें एक अद्भुत क्षमता है। केन्द्र के अध्यक्ष और संकाय के डीन के रूप में उन्होंने अपने दायित्वों का जो सफलतापूर्वक निर्वहन किया, उसकी निकट से पड़ताल की जाए तो उनके प्रशासक रूप को ज्यादा अच्छी तरह समझा जा सकता है और शायद उनके पूरे व्यक्तित्व की विलक्षण बनावट को भी। अपने आरम्भिक इतिहास के बीस-पच्चीस वर्षों में जे.एन.यू. ने शैक्षणिक संस्कृति की जिस बहुरंगी इमारत का निर्माण किया, उसके कुछ गिने-चुने शिल्पियों में नामवर जी का नाम भी जरूर होगा, इसमें मुझे कोई सन्देह नहीं।

जे.एन.यू. आने से पहले नामवर जी एक आलोचक के रूप में प्रतिष्ठित हो चुके थे। यहाँ आने के बाद अध्यापन के अलावा उन्होंने मुख्यतः दो काम किए। एक, 'आलोचना' का सम्पादन और दूसरा, 'दूसरी परम्परा' की अवधारणा का सर्जन जिसके फलस्वरूप 'दूसरी परम्परा की खोज' नामक पुस्तक लिखी गई। यदि आलोचक नामवर जी की कृतियों के आधार पर उनके क्रम-विकास का कोई ग्राफ तैयार किया जाए तो उसका पहला प्रस्थान बिन्दु तो स्वभावतः बनारस होगा और बनारस में भी अन्य कृतियों के साथ-साथ मुख्य रूप से 'इतिहास और आलोचना'

नामक पुस्तक का लिखा जाना। कई लोगों को यह किताब आज भी उनकी सबसे महत्त्वपूर्ण आलोचना-कृति लगती है। इस क्रम-विकास का अगला चरण 'कविता के नए प्रतिमान' है। यह पुस्तक तब लिखी गई थी जब नामवर जी क़ायदे से कहीं नहीं थे यानी यह बीच का समय था और लगभग उनका सबसे तनाव-भरा समय भी। यह आकस्मिक नहीं है कि यह 'तनाव' 'कविता के नए प्रतिमान' का एक प्रमुख बीज-शब्द है, जिसकी बाद में बहुत चर्चा हुई। इस पूरे ग्राफ के विकास का जो अगला बिन्दु है, वह है 'दूसरी परम्परा की खोज', जो जे.एन.यू. में रहते हुए लिखी गई थी। पंजाबी के प्रसिद्ध कवि और आलोचक प्रो. हरभजन सिंह ने एक बार मुझसे कहा था कि "यदि मेरा वश चले तो मैं इस पुस्तक के लिए भारत का बड़े-से-बड़ा पुरस्कार दे सकता हूँ।" मेरा मानना है कि इस पुस्तक में नामवर जी के आलोचक रूप का एक सर्वथा नया प्रस्थान दिखाई पड़ता है। यह अकारण नहीं है कि 'दूसरी परम्परा' हिन्दी विमर्श में अब लगभग एक व्यापक रूप से स्वीकृत मुहावरा बन चुका है। कभी-कभी सोचता हूँ कि क्या जे.एन.यू. से बाहर रहते हुए 'दूसरी परम्परा' की खोज सम्भव थी? स्वयं जे.एन.यू. भी शिक्षा की दुनिया में एक दूसरी परम्परा की खोज ही तो कर रहा था। इस दृष्टि से मैं नामवर जी की पुस्तक 'दूसरी परम्परा की खोज' और जे.एन.यू. की शैक्षणिक दुनिया के बीच एक सहज सम्बन्ध देखता हूँ। नामवर जी ने जे.एन.यू. की शिक्षण-संस्कृति को क्या दिया और स्वयं जे.एन.यू. ने नामवर जी के आलोचक व्यक्तित्व में क्या जोड़ा, यह एक दिलचस्प सवाल है और शायद कभी इस पर बात भी होगी। पर मुझे लगता है कि उनके साहित्यिक व्यक्तित्व के विकास का एक महत्त्वपूर्ण दौर ऐसा है, जिसे मैं—और नामवर जी के अनेक शिष्य (और बेशक पाठक भी)—'जे.एन.यू. में नामवर सिंह' जैसा कोई नाम देना पसन्द करेंगे। अपनी संस्था के साथ अध्यापकीय व्यक्तित्व की ऐसी अभिन्नता कि वह विभाग की छाप बन जाए—हिन्दी के कुछ थोड़े से प्राध्यापकों के जीवन में दिखाई पड़ती है और निस्सन्देह नामवर जी उनमें से एक होंगे।

नामवर सिंह : 'आलोचना की वाचिक परम्परा का महावाक्य'

डॉ. गोबिन्द प्रसाद

...जब तक वो मुँह न खोलें तो कभी-कभी उन्हें अपलक देखते रहने पर किसी धातुई प्रतिमा का धोखा होता है!

...और नामवर जी के स्वभाव का क्या बयान करूँ। बहुत खुली हुई तबीअत वाले तो वो हैं नहीं। यानी कम-से-कम मुझे नहीं लगता। जब-तब हँसी उनके चेहरे पर आकर चली जाती है। उसकी कोई छाया उनके चेहरे पर देर तक नहीं बनी रहती। अलबत्ता, मुस्कराहट कभी-कभी ज़रूर आती है जो अपने आप में बड़ी मानीख़ेज होती है और बहुत दूर का पता देती है। बहुत दूर तक मार करनेवाली। बहुत दूर का सन्दर्भ आलोक लिए हुए। लेकिन उनकी वह बेंधनेवाली मुस्कराहट।...उसे अनलिखी आलोचना का महावाक्य समझिए। आलोचना की वाचिक परम्परा का महावाक्य। अबोली आलोचना का अबोला बोल—वह खिंची हुई मुस्कान जिसमें पुतलियाँ कोरों को छूने लगती हैं। दर्शक-श्रोताओं की तो छोड़ो, ऐसे में चश्मे पर क्या गुज़रती होगी!

और, जहाँ तक हँसने का सवाल है मैंने तो उन्हें कभी हँसते हुए देखा नहीं। जे.एन.यू. में तो शायद कभी नहीं। क्या कहूँ।...तसव्वुर कर सकता हूँ चूँकि आचार्य हजारीप्रसाद द्विवेदी जी के जेठे शागिर्द रहे हैं तो उनके जैसा ठहाका न सही पर फिर भी उसकी कुछ छाया तो उनके चेहरे को छू ही गई होगी। बेशक अनजाने या अनचाहे ही सही। हाँ, इतना ज़रूर कह सकता हूँ कि चेहरे की सख़्तगी और आचार्यत्व से भरी रुखाई को देखते हुए अजब नहीं कि कोई अनजान उन्हें अगर देख ले तो मुस्कराना तो दूर शायद हँसना भी भूल जाए। थोड़ी देर के लिए ही सही। तो ऐसों को हँसमुख तो किसी तरह नहीं कहा जा सकता। हँसमुख तो ऐसे-ऐसे देखे हैं जिनके देखे से ग़म कोसों दूर भाग जाए। हाँ, उनके ज़बानो-बयान में ज़रूर वो बला की ताक़त है कि तकरीर सुनकर एक वक़्त को मुर्दा भी जी उठे। और-तो-और उनकी

फ़सीह़ तक़रीर में वो रंगत है कि एक और नई रूह दिल में आए। वो जादू बयानी कि ख़यालों के चराग़ ज़ह्न में झिलमिलाने लगें—गोया नए नुक़्तों से लबरेज़ अनोखे पहलुओं से पुरपेच रूह किसी नए जिस्म में पनाह माँगे। और नामवर जी तमाम अदीब-शाइरों की ओर से आपकी शान में यह शेर सिर्फ़ आपके और आपके लिए महज़ आप पर इसलिए सर्फ़ कर रहा हूँ कि हर शाइर-अदीब आपकी ओर बड़ी हसरत से देखता है और आपका जवाब।...बस क्या कहूँ।...जवाब नहीं आपका। क्योंकि आपका अन्दाज़ ही कुछ ऐसा है—

जान लेनी थी साफ़ कह देते
क्या ज़रूरत थी मुस्कराने की

'अनवर'

...जब तक वो मुँह न खोलें तो कभी-कभी उन्हें एकटक देखते रहने पर किसी धातुई प्रतिमा का धोखा होता है!

नामवर जी! विचित्र व्यक्तित्व है उनका। वो चुप रहें तो भी बहुत कुछ कहता है उनका अरमानों से...प्रतिमानों से भरा चेहरा। अपनी चुप्पी में भी बहुत कुछ बोलता-सा। और, जब बोलें और बोलने पर आ जाएँ तो वाक् में छिपी भंगिमाएँ और सिमटी हुई ख़ामोशियाँ भी ऐसी कि गर बोल उठें तो बोले हुए से भी दो हाथ आगे अनबोले को झंकृत कर जाए...'मेरी ख़ामुशी इस तरह गूँजी/कि हर तरफ़ से जवाब आए।'

जे.एन.यू. में नामवर सिंह...। जे.एन.यू. में नामवर जी को मैं कितना जानता हूँ। (...और फिर कौन होगा (शायद कोई अहमक़) जो नामवर जी को जानने का दावा करेगा!) मेरा मतलब है कैसे जानूँ जब मैंने उन्हें जे.एन.यू. में देखा ही नहीं। देखता कहाँ से।...न मैं उनके विभाग का विद्यार्थी रहा और न उनके रहते उनका सहकर्मी। इसलिए मेरा जानना, अगर उसे जानना कहा जाए तो, बाहर-बाहर का जानना ही ज़्यादा रहा। बल्कि जानना भी उसे क्या कहा जाए, बस उसे देखना समझ लो! और जे.एन.यू. का उनका जलवा देखा नहीं हाँ, सुनता ज़रूर आया हूँ। जब अपने ही विश्वविद्यालय में आचार्य नगेन्द्र का जलवा (जिसे उनके समकालीन तथा अधीनस्थ 'आतंक' कहना ज़्यादा पसन्द करते थे) नहीं देख सका तो भला जे.एन.यू. में नामवर जी का जलवा क्या देख पाता। दुर्भाग्य नहीं तो यह और क्या है मेरा!... और भी कुछ नहीं तो जाती हुई बहार ही देख पाता। पर फिर सोचता हूँ दो-दो न-कारों का जलवा मुझ जैसा अदना सह भी कैसे पाता।...क्या उनकी ताब ला पाता? बहरहाल, जो हुआ शायद अच्छा ही हुआ।

मेरे लिए बात अभी भी नई है, जिस दिन मैं पहली बार त्रिलोचन जी के साथ उनसे (नामवर जी) उनके घर पर मिला था। उनके जे.एन.यू. वाले घर पर। द्वार पर

देखते ही उन्होंने त्रिलोचन जी को 'भगवन्' कहते हुए विधिवत बैठकर चरण स्पर्श किया ('स्पर्श' कहने में वह प्रगाढ़ता, आत्मीयता और श्रद्धा का बोध नहीं जागता। क्योंकि वह छूना भर नहीं था, वह तो जैसे 'ढोंकना' था।) और मैं अवाक्...खड़ा-खड़ा यह सब होते हुए देखता भर रह गया। अब याद नहीं कि मुझे; मेरे नमस्कार का क्या हुआ। उन दिनों मैं उनके लिए वो उर्दूवाला लड़का था जो उन्हें बारहा फ़ैज़, इक़बाल और गाहे-ब-गाहे मीरो-ग़ालिब के अश्आर और कभी-कभी ग़ज़लें भी सुना चुका था। फिर जब मुलाक़ातों का सिलसिला चल निकला तो बातचीत में बराबर वे त्रिलोचन जी को 'शास्त्री भगवन' और मुझे 'तात्' कहकर सम्बोधित करते थे। इस 'तात्' में भी आदर की सुवास अधिक बसी थी, मुझ जैसे के लिए। इन दोनों सम्बोधनों को मैं उनके स्वभाव की कुंजी के रूप में देखता हूँ। शिष्टता, शालीनता और गहरे संस्कार में पगी कैसी अपनापे भरी व्यावहारिकता!

उस उर्दूवाले लड़के का भरम तो बहुत बाद में जाकर तब खुला जब नामवर जी ने किसी शेर के सन्दर्भ में शास्त्री जी से मेरा ज़िक्र किया और मेरा नाम याद न होने की वजह से वे बराबर शास्त्री को याद दिलाने के अन्दाज़ में कहते रहे कि वह आपका उर्दूवाला लड़का...वही जो बहुत शेर सुनाता रहता है, वही लड़का उर्दूवाला...। शास्त्री जी ने इशारा समझते हुए आँखों में चमक भर कहा (ऐसे में शास्त्री जी के होंठ कुछ नुकीले होकर एक चहक से इतने दीप्त हो जाते थे कि पूरे चेहरे पर वह आभा फैल जाती थी) कि वह हमारा उर्दूवाला नहीं आपका हिन्दीवाला ही है! नामवर जी हतप्रभ...लेकिन कुछ देर के लिए ही। तब से लेकर मैं उनके लिए वह नहीं रह गया जो था।...फिर तो मैं घर की मुर्गी दाल बराबर हो गया था।

...सोचता रहा। बहुत देर तक सोचता रहा, नामवर जी के व्यक्तित्व के बारे में। बहुत देर तक सोचता रहा उनके शारीरिक सौष्ठव के बारे में। उनकी कद-काठी के बारे में। फिर सोचता रहा उनका शारीरिक सौष्ठव है ही ऐसा कि एकबारगी उनके साहित्यिक व्यक्तित्व के बारे में सोचने की फुर्सत ही नहीं देता। (...'हम निहारते रूप...' वाली बात। रूपों में ही अटककर रह जाते हैं। उसके पार देखना हर एक के बूते की बात नहीं।) कसे-कसाए बदन की बनक और बानगी लिए हुए उनकी अजब कद-काठी एकाएक उनके आलोचक व्यक्तित्व को पीछे ढेलती हुई-सी दीख पड़ती है। फिर सोचता हूँ दोनों में एक होड़-सी मची हुई है लेकिन भीतर-ही-भीतर।...देर तक सोचता रहा उनके शारीरिक सौष्ठव यानी बदन का राग किस 'ठाठ' से निकला हुआ राग है। उनकी उन आँखों के बारे में सोचता रहा जिन पुतलियों में सारा कहा-अनकहा झाँक-झाँक जाता है। फिर कुछ देर उनकी मुस्कान के साथ खड़ा रहा...

खड़े-खड़े सोचता रहा उस नपी-तुली मारक (और कोई बेहतर शब्द नहीं सूझ रहा)—या चलो ज़्यादा मारक है तो वेधक समझ लो (सब कुछ भेदकर ताड़ने वाली)—मुस्कान के बारे में जो शब्दातीत होते हुए भी इतनी मानीख़ेज कि बस यूँ समझिए कि जैसे अनलिखी आलोचना का बोलता हुआ-सा महावाक्य!

...बहुत देर तक फिर सोचता रहा। फिर, एक नुक्ता हाथ आया। और फिर क्या था बस अचानक उनका चलना रह-रह के मेरे मन में कौंधने लगा। कौंधने क्या लगा रह-रह के चलने लगा मुझमें...पता नहीं मैं या नामवर या मेरे नामवर, जो मुझ में बसे रह गए थे...जितने भी और जैसे भी।

अहा! उनकी चाल में एक 'सहज-सहज पग धर्‌यो' वाला बँधा-बँधा-सा एक जादू है।...जादू है लेकिन संयमित। उद्धृत कर देनेवाला नहीं। जादू है...सहज लेकिन क्षिप्र लय में पगी हलकी-सी एक ठुमक का-सा समस्पर्श लिए हुए। इस चाल पर अचानक त्रिलोचन जी के सानेट की पंक्ति मन में चली आई—'चलना तो देखो इसका'...पर नहीं, वह मामला ज़रा अलग है। ज़रा नहीं बहुत अलग। वह राग और वह छन्द ही कुछ अलग है, और है। व्यक्तित्व में चाल का बड़ा महत्त्व होता है। और चाल का छन्द तो ऐसा होता है कि दूर ही से घने अँधेरे में भी आदमी पकड़ में आ जाए। चाल में आदमी का चरित्र समाया रहता है। शायद। है कोई जाननहारा उनकी चाल देखकर, मेरा मतलब है अध्ययन करके उनकी आलोचना का चरित्र बता दे! पर छोड़ो, मैं कहाँ फँस गया चरित्र में...आलोचना में। मैं फ़कत नामवर जी की बात कर रहा हूँ। मेरे अपने नामवर जी...जे.एन.यू. वाले।

पर नामवर जी, फ़कत नामवर कभी नहीं हो सकते। उनकी शख़्सियत ही ऐसी है। उनकी शख़्सियत का क्या ख़ूब बयान किया है हशमत ने—"...नामवर हिन्दी साहित्य-मंच के आलमआरा हैं। आबदार खादी की पोशाक और रखरखाव में बनारसी अदा। कद-काठी भी ऐसी कि हिन्दुस्तान के किसी भी हिस्से में राष्ट्रभाषा की नुमाइंदगी कर सकें।...इल्मो-अदब का अनोखा ठस्सा और बाक़ायदा पुरुषोचित्त सिंगार से लैस हाथ में गुटकावादी गुटका।...नामवरी चेहरे से भान तो यही होता है कि उस्ताद यख़नी पी-पीकर बड़े हुए हैं। पेशानी पर सन्तोष की झलक भी कुछ ऐसी कि देखनेवालों को मगजोंवाली ठंडाई याद हो जाए।...दिन-ब-दिन मुलायम होते दिल्ली के सँवरे-सहेजे बुद्धिवादी, उस्तादों और इज़्ज़ततलबों की जमात में ख़लीलुल्लाह से बने रहते हैं।" (हम हशमत : 8) यूँ तो नामवर जी में आपादमस्तक एक गर्वभरी नुकीली सादगी विराजती है। लेकिन इस सादगी में वो करीना भी झलकता है जो उन्हें रुचि सम्पन्नता से तनिक और आगे धकेलता हुआ 'अभिजात' के भरम तक भी ले जा सकता है। मैंने उनके पाँव देखे हैं। चप्पलों से झाँकते हुए साफ-सुथरे, धुले-उजले पाँव। चप्पलों से झाँकते पाँवों की उँगलियों के कटे-छँटे ख़ूब तराशे हुए वो नाख़ून

जो उनकी नफ़ासत पसन्दी का पता देने के लिए काफ़ी हैं। इस नफ़ासत को देखकर कोई जड़ मार्क्सवादी कह सकता है कि नामवर जी आप जैसे वामपंथी जनवादी को इतनी नफ़ासत ज़ेब नहीं देती। और कोई कहे भी क्यों न क्योंकि नामवर सिंह जिस विचारधारा की नाव पर सवारी करते हैं उस धारा का एक ही केन्द्रीय शब्द है—संघर्ष। लेकिन आज की पीढ़ी शायद उनके उन दिनों के संघर्ष से अनजान है जब उन्होंने वर्षों घोर आर्थिक अभाव के दिनों में साहित्य की साधना में रात-दिन एक कर दिए थे। और जेब में इतने पैसे भी नहीं कि दिल्ली की दुकानों से पान तक भी खा सके। पैसे का इतना तोड़ देनेवाला संकट कि पान के अभाव में खैनी खा-खाकर होंठ काट लिए! तफ़सील में जाना चाहते हैं जो, उन्हें गुरुवर विश्वनाथ त्रिपाठी जी का लेख—'हक़ अदा न हुआ'—ज़रूर पढ़ना चाहिए।

जे.एन.यू. में जब-जब उन्हें मैंने देखा लगा जैसे अपने छोड़े हुए घर में कोई चला आए। उनके चेहरे पर सन्तोष की परम झलक। पुराने छोड़े हुए घर की एक-एक चीज़ को रह-रह के उनका देखना जैसे वे कुछ रखकर किसी जगह कोई चीज़ भूल गए हों...उनकी आँखों में मैंने बारहा वो तलाश देखी है। वह रिक्तता देखी है जो कहीं कुछ रखकर भूल जाने या फिर खो जाने से उपजती है। उन्हें जे.एन.यू. में जब कभी देखा वो मुझे एक अभिभावक, हमारे अपने कुनबे के एक सरपरस्त ज़्यादा लगे। आलोचक नामवर...साहित्यकार नामवर पता नहीं कहाँ छूट गया।

नामवर सिंह आलोचक हैं।...आलोचक हैं। यह तो कोई बात न हुई। मेरा मतलब है इसे कौन नहीं जानता। इसे तो कवि-साहित्यकार और कलाकारों के पड़ोसी भी जानते होंगे। अमाँ पूरी बात तो सुनते नहीं हो, फ़ौरन लपक पड़ते हो बीच में। अच्छा, अब छुरी तले दम तो लो। दरअसल, मैं कह रहा हूँ कि नामवर सिंह आलोचक हैं यानी वो दिन-रात, सुबह-शाम आलोचक ही हैं। आठों पहर आलोचक। और आठों पहर तो आदमी भी आदमी नहीं रहता।...मेरा मतलब नहीं रह पाता। लेकिन एक नामवर है कि शक्ल से सूरत से, चेहरे से मोहरे से, चाल से ढाल से, बोली से बानी से बाने से—सर से पाँव तक एक आलोचकीय आत्मा! वो याद है न फ़िराक़ ने कहा था—

उस का सरापा हम से पूछो
चेहरा ही चेहरा पाँव से सर तक

आज की हमारी नई पीढ़ी के लेखकों में शायद ही कोई ऐसा भाग्यशाली होगा जिसने नामवर जी को पढ़ते हुए देखा होगा। लिखते हुए देखा होगा। मगर ऐसा कोई न होगा जिसने उन्हें बोलते न सुना हो। न देखा हो बोलते हुए। सारे कवि-रचनाकारों-सम्पादकों और श्रोता समाज की आँखों में देखी-समाई तस्वीरों को एक जगह अगर इकट्ठा कर

लिया जा सके तो उसमें नामवर ही नामवर नज़र आएँगे।...बोलती और बोलती हुई मुद्रा में।

लिखना तो दूर की बात—इन दिनों उनका बोलना भर पर्याप्त है। आप पढ़ने से बचे मैं लिखने से! और इस पर भी गुरु नानक के दोनों ज्ञानी!!

नामवर जी आलोचक। वाक् शूर आलोचक! वक्तृत्व कला के अप्रतिम आदर्श। मंच पर बोलते समय संयत, शान्त, आत्मविश्वास से भरे हुए दीप्त भाव से एक-एक शब्द का चुनाव और ढले हुए वाक्यों में लय में भीगी भंगिमाओं के साथ शब्दों की अदायगी कुछ ऐसी कि वाचन की उठती-गिरती लय के साथ ही निहितार्थ व्यंजनाएँ, अर्थ-आशय की गूढ़ छायाएँ भी खिल-खिल उठती हैं। और वाचन के साथ वाक्य विन्यास भी ऐसा कि विराम, अल्प विराम, अर्द्ध विराम ख़ुद-ब-ख़ुद अपने को सहज जताता हुआ। नामवर जी को देखकर ऐसा लगता है जैसे अभी-अभी देखते-देखते ही सारा दृश्य, देखा हुआ सब उनके द्वारा वाक् में सोख लिया जाकर बोलने में बदल जाएगा। और बोला हुआ सुनने में। अर्थात् दृश्य और दृश्यातीत (ज्ञान) जैसे सब कुछ ज्योतिर्मयी वाक्धाराएँ नाद-समुद्र में विलीन हो जाएँगी। यानी नामवर उस जादू बयानी का नाम है जो हर देखे हुए, सुने हुए, गहे हुए अनुभव के हर प्रकार को लिखने से पहले बोले हुए में तब्दील कर सकता है। और अपने बोले हुए में कुछ ऐसा रख दे, जैसे हर गोशे को ज़बाँ बख़्श दी हो। अब ऐसा बोलने के बाद भला कोई क्या लिखेगा।

छपे हुए शब्द में बड़ा जादू होता है। इसे नए-नए कवि-कहानीकारों से ज़्यादा कौन जानता होगा।—जिन्होंने साहित्य में बस अभी-अभी आँखें खोली ही हों। छपे हुए और अपने छपे हुए को देखकर कैसा सम्मोहन, कितनी ललक—इतनी ललक कि अपने हाथ का लिखा हुआ बेजान नज़र आता है और जब वही छपकर आता है तो वही 'बेजान' इतना प्राणदायी हो उठता है कि जान में जान आ जाती है। लेकिन नामवर जी को यह सम्मोहन भी बाँध नहीं पाया। और नामवर जी वाक्सिद्ध हो उठे।...दूसरी परम्परा की खोज या अपना निकाला हुआ रास्ता, कौन जाने यही हो।

नामवर जी के भाषण की ख़ूबी है कि विषय पर बोलते समय प्रतिभा का विस्तार किसी भी दिशा में हो और कितना ही हो लेकिन एकाग्रता का तार नहीं टूटने देते। वाचन की अद्भुत आरोही-अवरोही लय का संभार उसमें अर्थ के अनचीन्हे अतिरिक्त (मगर वांछित) आयाम भरता चलता है। गोष्ठी में अकेले नामवर जी काफ़ी हैं प्राणतत्त्व भरने के लिए। किसी और की क्या दरकार। और अगर कहीं तथाकथित विरोधी खेमा नज़र आ जाए तब तो उनकी वक्तृत्व कला पर और भी सान चढ़ जाती है।...और इसी जोड़ का यह भी सच है कि गोष्ठी को बेरौनक़ करने के लिए नामवर जी की अनुपस्थिति ही काफ़ी है। वह भी कोई आलोचना संगोष्ठी है जिसमें नामवर

सिंह न हों। और उधर नामवर जी का ये आलम कि 'हम जहाँ सर को झुका दें वहीं काबा वहीं बुतखाना है।'

यह नामवर जी का ही कमाल है कि उन्होंने आलोचना जैसी नीरस विधा को पाठ्य संस्कृति से निकालकर श्रव्य संस्कृति में बदल दिया है। यह नामवर जी को अचानक हुआ क्या! कविता तो निरन्तर श्रव्य से पठ्य की ओर बढ़कर ऐसी होती जा रही है। (होती क्या जा रही है हो गई है) कि अब वह सुनने (यानी वाचन) की चीज़ न रहकर फ़कत पढ़ने की, और वह भी अकेले पढ़ने की चीज़ होकर रह गई है और एक नामवर जी हैं कि उन्होंने कविता-कहानी के शास्त्र आलोचना जैसी चीज़ को पठ्य से श्रव्य बना डाला है। आलोचना जैसी चीज़ को वाचिक परम्परा से जोड़ दिया। वाह नामवर जी! आप भी ख़ूब हैं। दोनों हाथों में लड्डू--प्रगतिशील के प्रगतिशील बने रहे और हाथ से प्रयोगशीलता भी न गई। दोनों एक ही साथ। आख़िर आप आधुनिक हिन्दी आलोचना के वाक्सिद्ध आलोचक जो ठहरे।

उनकी इस वाक्सिद्ध छवि ने आलोचना को एक नया मुहावरा, एक नई राह दी। और एक नई पगडंडी बनाई। आप चाहें तो इसे आलोचना की वाचिक परम्परा की एक मज़बूत कड़ी के रूप में भी देख सकते हैं।

वो जो कुछ भी हैं ज़रूरत से ज़्यादा नहीं हैं। लगता है ज़रूरत से ज़्यादा उन्हें कुछ भी दरकार नहीं है। न ज़रूरत से ज़्यादा वे कवितावादी हैं न सत्यवादी हैं। न ज़रूरत से ज़्यादा स्पष्टवादी हैं और न ही संकेतवादी। न ही ज़रूरत से ज़्यादा वे यथार्थवादी हैं और न रहस्यवादी। न ज़रूरत से ज़्यादा वे कलावादी हैं और न ज़रूरत से ज़्यादा उपयोगितावादी हैं। न वे ज़रूरत से ज़्यादा ईमानदार हैं और न ज़रूरत से ज़्यादा ईमानदार नहीं है। ज़रूरत से ज़्यादा निष्ठा और ज़रूरत से ज़्यादा प्रतिष्ठा भी उनमें कदाचित् ही हो। ज़रूरत से ज़्यादा नकार भी नहीं ज़रूरत से ज़्यादा उनमें स्वीकार भी नहीं। लगता है जैसे उन्होंने बड़े ही जतन से व्यावहारिक रूप में 'मज्झिम निकाय' को अपने जीवन में गाँठ की तरह बाँध लिया है। हाँ, कभी-कभी वक्र वे होते हैं मंच पर ज़रूरत से ज़्यादा, उससे वे अपने आपको सिद्ध भी करते हैं और प्रसिद्ध भी! सृष्टि में अपवाद कहाँ नहीं है।

नामवर जी की आलोचना दृष्टि का ही कमाल है कि जो भी नुक़्ता वो पैदा करते हैं, भले ही वह नुक़्ता अपने आदि या बीज रूप में कहीं से आया हो लेकिन जब वह उनकी आलोचना-दृष्टि में समाकर वाणी के रूप में विराजता है तो वह नुक़्ता, वह विचार उनका अपना हो जाता है और ऐसा अपना कि अपना कहनेवाले यानी मौलिकता का दावा करनेवाले बगलें झाँकने लगें। मुझे ज़ाती तौर पर उनका यह गुण उनमें समाई हुई मूलतः कवि-प्रवृत्ति का ही बोधक जान पड़ता है। कवि प्रतिभा ही में तो यह चमत्कार पैदा करने की शक्ति होती है कि वह 'अति आखर थोरे' वाली

प्रतिभा को नूतन कल्पना (कल्पना, जिसमें सर्जना की बीज उड़ान होती है और जो देखे-भोगे हुए समस्त अनुभव को एक 'विज़न' में बाँध देती है) से रँगकर पराई वस्तु को भी ग्राह्य बना देती है। कलावन्तों का यही तो अनूठा गुण/लक्षण होता है। नामवर जी प्राध्यापक हैं, वामपंथी हैं, मार्क्सवादी हैं, रूपवादी हैं, आलोचकों के आलोचक हैं...जाने क्या-क्या हैं और होंगे बहुत कुछ, सबके लिए अलग-अलग और अपने-अपने नामवर। लेकिन मुझ जैसे के लिए वे वाणी के शृंगार हैं और मुझ जैसों के लिए तो वे एक सच्चे कलावन्त ही हैं। और, कलावन्त भी कैसे, अद्भुत सामर्थ्य से भरे हुए—

कलावंत पर-वस्तु लै, दैत रुचिर निज रंग।
करत चाँदनी चन्द है, रवि आतप लै अंग॥

(14 जुलाई, 2009)

नामवर सिंह के अभिनन्दन जैसा कुछ

प्रो. गोविन्द पुरुषोत्तम देशपांडे

मैं नामवर सिंह का 'अन्तेवासी' तो क्या उनके बहुत निकट भी नहीं था। हमारी ऐसी 'जोड़ी' नहीं थी कि हम आपस में व्यक्तिगत सुख-दुख के संवादों का आदान-प्रदान (मराठी में लोकप्रिय शब्द याद करूँ तो, 'हितगुजा') करें। हम जे.एन.यू. में उत्तराखंड के एक ही स्कवेयर के निवासी थे। वे 109 नम्बर के मकान में थे और मैं 115 में। निकटता इतनी थी कि यदि वे अपने घर की खिड़की से पत्थर फेंकें (निस्सन्देह लक्षणा में ही) तो मुझे चोट लगे ही लगे। यही हाल मेरे घर की तरफ से भी था। बेशक, ऐसा कभी हुआ नहीं। वे उदार, वरिष्ठ मित्र थे। हिन्दी साहित्य की दुनिया में ऊँचा कद था, उनका। आलोचकों के बीच तो उनका कद और भी बड़ा था। मराठी के आलोचकगण आमतौर से विचारों की दुनिया में किसी की भी ऊँचाई को लेकर सन्देहग्रस्त ही रहते हैं। लेकिन वे भी नामवर सिंह का लोहा मानते थे। दूसरी तरफ, मेरा तो कोई खास कद है नहीं। लेकिन फिर भी, अद्भुत बात है कि वे मेरे साथ कुछ समय बिताते थे, और सच्ची दिलचस्पी के साथ बिताते थे। भारत भर के सर्जनात्मक लेखन के विशाल फलक की उन्हें खासी जानकारी थी। वे ऐसे मराठी लेखकों से मिल चुके थे, जिनसे मैं नहीं मिला था। उन्हें पता था, और मुझे यकीन है कि आज भी पता है कि मराठी साहित्य में किसकी क्या हैसियत है।

मुझे हमेशा लगता रहा है कि मराठी की तुलना में हिन्दी की साहित्यिक दुनिया वैचारिक और राजनैतिक रूप से बहुत तीखे ढंग से बँटी हुई है। मैंने एक बार उनसे थोड़े बुद्धूपन के अन्दाज़ में ही कहा—हिन्दी का आलोचक सबसे पहला सवाल लेखक की राजनीति के बारे में ही पूछता लगता है। सो भी 'घोषित' राजनीति। रचना लेखक की राजनीति के बारे में जो बता रही है, उसी को क्यों नहीं बताने दिया जाता। ऐसा क्यों है? पूछा मैंने। अब ठीक-ठीक याद नहीं कि उन्होंने जवाब में क्या कहा, लेकिन उनका जवाब मेरे सवाल के बुद्धूपन के अनुरूप ही था। जो शामें कभी-कभार कैम्पस में उनके साथ बीतती थीं, वे भी ऐसे ही बुद्धू सवालों की शामें होती थीं—और साथ

ही तत्त्वमीमांसा और विरह भक्ति सरीखे विषयों के बारे में जिज्ञासाओं और चर्चाओं की भी। हिन्दी विमर्श में प्रचलित सगुण-निर्गुण भक्ति के द्वैत को लेकर मेरे मन में दुविधा बनी रहती थी। हिन्दी साहित्येतिहास की दुनिया के बहुत से लोग शायद देख नहीं पाते थे कि भक्ति एक ही नहीं है। मूल प्रश्न यह है कि सगुण-निर्गुण द्वैत को केन्द्रीय माननेवाली परम्परा की तुलना उस परम्परा से कैसे की जाए जो सगुण से निर्गुण की ओर यात्रा के रूप में भक्ति को देखती है, और जिसमें सगुण-निर्गुण घुल-मिल जाते हैं। यह अहसास मेरे मन में असुविधा उत्पन्न करता था कि भक्ति साहित्य के हिन्दी में होनेवाले विश्लेषण गैर-इरादतन ढंग से ही सही, लेकिन ज्ञानेश्वर और तुकाराम को जैसे कुछ हल्के भगवान का भक्त मानकर चलते हैं।

जे.एन.यू. कैम्पस अद्भुत था। मैंने उनके या अपने घर में उनके साथ बहुत साहित्य और तत्त्वमीमांसा बतियाई है। किसी लेखक को खोजने के तरीके कई होते हैं। मैंने हजारीप्रसाद द्विवेदी को थोड़ा-सा पढ़ा था। नामवर सिंह के साथ हुए संवादों के कारण मैं हजारीप्रसाद द्विवेदी को फिर से खोज पाया। उनके घर की दीवार पर हजारीप्रसाद द्विवेदी की तस्वीर थी। अभी भी शायद है। 2003 में रिटायर होने के बाद मैं पुणे में रह रहा हूँ, दिल्ली आता-जाता रहता हूँ लेकिन अलकनन्दा, कालकाजी में नामवर सिंह का घर आज तक नहीं देखा। हमारी दोस्ती में कुछ 'जे.एन.यू.त्व' था। एक बार बाहर गए, सो गए।

मेरे लेखन के मूल्यांकन में वे बहुत उदार थे। कोई शक नहीं, इस मूल्यांकन में उदारता से भी आगे कुछ था। मुझे हमेशा लगा है कि लेखन और लेखकों के बारे में उनकी धारणाओं में अनेकार्थकता रहती है। अच्छा यही है कि आप गद्गद न हो उठें। यह बात जे.एन.यू. में होनेवाले सेमिनारों में दिए गए उनके भाषणों में तो एकदम साफ हो जाती थी। मैं तो चूँकि चीनी अध्ययन से जुड़ा था, इसलिए साहित्य और संस्कृति वाले केन्द्र मुझे कभी सेमिनारों और बातचीतों के लिए नहीं बुलाया करते थे। अकेले अपवाद थे—जर्मन अध्ययन केन्द्र के अनिल भट्टी। मुझे भारतीय भाषा केन्द्र में एक ही बार बोलने जाना याद है—मर्ढेकर के बारे में बोलने के लिए गया था मैं। लेकिन नामवर सिंह के कार्यकाल में नहीं। नहीं, नहीं, मैं आहत-वाहत कुछ नहीं था। नामवर सिंह और उनके कुछ सहकर्मियों के साथ मेरे निजी संवाद तो जे.एन.यू. के भाषा केन्द्रों की निगाहों में, नाकुछ-सी मेरी हैसियत के बावजूद चलते ही रहते थे। सौभाग्य से जे.एन.यू. में 'गेट क्रैशिंग' को समस्या माना नहीं जाता था।

नामवर के भाषणों के दो-तीन विशिष्ट अन्दाज थे। 'भाषण-रूप' कहना शायद बेहतर होगा। जे.एन.यू. में, और बाहर भी, उन्हें सुनते हुए कम-से-कम मुझे तो ऐसा ही लगा है। भाषा के साथ उनकी क्रीड़ा को सुनने में आनन्द आता था। उनके भाषण की सादगी और सीधापन मन को छूता है। लेकिन तभी जब वे सचमुच हस्तक्षेप करने

के लिए बोलते हैं। उस वक्त तो कहना ही क्या जब वे पाश्चात्य साहित्य सिद्धान्त को लोकभाषा की दुनिया या दुनियाओं से जोड़ते हैं। पता नहीं, उन्हें देशज (नेटिव) और लोकभाषा (वर्नाक्युलर) जैसे शब्द अच्छे लगेंगे या नहीं, लेकिन जो भाषिक यथार्थ अभी भी हमारे साथ बना हुआ है, उसकी ओर संकेत करने के कारण, मेरे तो ये प्रिय शब्द हैं।

कई बार उनके भाषण 'परफारमेंस' बन जाते थे। पता नहीं क्यों, वे हमेशा आखिर में ही बोलना चाहते थे। (अभी भी यही हाल है क्या?) यह बात परफारमेंस वाले 'भाषण-रूप' के सर्वथा अनुकूल पड़ती थी। ऐसे परफारमेंस भाषणों के साथ दिक्कत यह थी कि अपने तर्क और प्रतिपाद्य को लेकर नामवर स्वयं अस्पष्ट से लगते थे। मैंने सुने हैं, ऐसे अस्पष्ट, अनिश्चित भाषण। इसी अनिश्चितता के फलस्वरूप वे एक ही विषय पर दिए गए दो भाषणों में परस्पर एकदम विरोधी बातें कर जाते थे। ऐसी बातों के कारण होनेवाली सारी आलोचना, निन्दा के बावजूद नामवर अपनी सारी अनिश्चतताओं और अनेकार्थकताओं को आनन्दपूर्वक धारण किए विचरते थे। दूसरी शैली के मूल में था—'देशज' दुनिया के विमर्श के पैराडाइम को बनाए रखने का उनका आग्रह। मुझे उनकी एक टिप्पणी याद है। बात चल रही थी—'नेशन' और 'राष्ट्र' की। उनका कहना था कि लिबरलों और 'राष्ट्रवादियों' दोनों ने ही 'राष्ट्र' को 'नेशन' के लक्षणों तक ही सीमित कर दिया है। इन दोनों के बीच अन्तर पर विचार करने का यह अवसर नहीं। फिलहाल मुद्दे की बात तो यही है कि वे हमारे विश्वविद्यालय के वातावरण को अपनी मौलिक और बेलीक उद्भावनाओं से जीवन्त बनाए रखते थे। ऐसी उद्भावनाएँ वे आमतौर से अपनी 'अन्तिम वक्ता' तकनीक के जरिए पेश किया करते थे। यह जैसे इस भाषण रूप की माँग ही थी कि वे अन्त में बोलें, और अपने परफारमेंस के जरिए बहस का पटाक्षेप कर दें। वे केवल अन्त में नहीं बोलते थे, अन्तिम शब्द बोलते थे।

तीसरा भाषण-रूप ढीला-सा, मौखिक परम्परावाला था। इसमें तो वे आचार्य ही थे। एकदम मुक्त-भाव। मुझे हमेशा मराठी परम्परा के प्रवचनकार याद आते थे, अन्तर इतना ही कहा था कि वे प्रवचनकारों जितनी संस्कृत नहीं बोला करते थे। जिसे हमारे 'कास्ट रेडिकल्स' 'ब्राह्मणवाद' कहते हैं, उसके प्रति नामवर सिंह का रवैया विविध और मिश्रित था। संस्कृति से जुड़े प्रश्नों के प्रसंग में सरलीकृत और सपाट धारणाओं को वे अविश्वसनीय मानते थे, ऐसा मुझे हमेशा लगा। संस्कृति के क्षेत्र में संघर्ष सम्भव ही न होते, यदि चीजें इतने अद्वन्द्वात्मक, सरल झगड़े के रूप में देखी जा सकतीं। हजारीप्रसाद द्विवेदी के प्रति उनके प्रशंसा-भाव में भी यही बात बोलती है।

नामवर सिंह ने जे.एन.यू. के अलावा बी.एच.यू. को भी मेरे लिए जीवन्त कर दिया था। वहाँ के हिन्दी विभाग की उनकी स्मृतियाँ, हजारीप्रसाद द्विवेदी से उनका

सम्बन्ध तो उन्हीं के मुँह से सुनने लायक है। उन्होंने एक बार सी.पी.आई. के टिकट पर लोकसभा का चुनाव भी लड़ा था। चुनावी असफलता के बाद जिस तरह उन्हें यूनिवर्सिटी से दूर जाना पड़ा, उसकी चर्चा उन्होंने एक बार की थी। वैसे तो सेमिनारों के निमन्त्रण हासिल करने की कोशिश करनी नहीं चाहिए, लेकिन एक बार मैंने उनसे कहा था कि बनारस में ऐसा कुछ करवाइए कि हम दोनों साथ चल सकें। मैं उनके साथ बी.एच.यू. में होना और उस प्रसिद्ध नगरी की संस्कृति को जीना चाहता था। मैंने शायद किसी मराठी लेख में लिखा है कि बनारस भारत का पहला कॉस्मोपॉलिटन मेट्रो है, जिसने बन्दरगाह वाले महानगरों का विकास होने के बाद अपना यह चरित्र खो दिया। बनारस के मेट्रोपॉलिटनिज्म का आनन्ददायी अनुमान भारतेन्दु हरिश्चन्द्र के एक नाटक से लगता है, जहाँ पूरे-के-पूरे दृश्यों में पात्र विभिन्न भाषाएँ बोल रहे हैं। कहीं मराठी तो कहीं बांग्ला। मैं नामवर जी, उनके भाई और दोस्तों के साथ बनारस में कुछ वक्त बिताना चाहता था। ऐसा लगा कि जैसे वे कोई बहुत उत्साहित नहीं हैं। राजी तो हाल हो गए, किया कुछ नहीं। नहीं, नहीं, मैं कोई शिकायत नहीं कर रहा।

नामवर सिंह का सम्बन्ध हमेशा वाम से रहा। सी.पी.एम. से कम, सी.पी.आई. से ज्यादा। उन दिनों एम.एफ.आई. का वर्चस्व था। बाद में आइसा का असर बढ़ा। इस अर्थ में, वामपंथी छात्र नेताओं से उनकी ज्यादा पटरी बैठती नहीं थी। मुझे नहीं लगता कि सी.पी.एम. किस्म के वाम विमर्श के प्रति उनके मन में कोई आकर्षण था। खुद मैं भी त्रिशंकु की तरह अधर में लटका था। उन्हें ई.पी.डब्ल्यू. में आनेवाला मेरा कॉलम पसन्द था, लेकिन मेरा खयाल है, इस कॉलम का प्रतिमाभंजन और बेधड़कपन ही उन्हें ज्यादा भाता था। अपने लिखे पर उनकी प्रतिक्रिया प्राप्त करना हमेशा सुखद होता था। मुझे याद है कि एक बार उनकी निगाह मेरे कॉलम में 'दिट्ठी' की बौद्ध अवधारणा पर पड़ी, और हमारे बीच बहुत उपयोगी बातचीत हुई।

मैं लिखता चला जा सकता हूँ, लेकिन आशा है कि जो कहना था, कह चुका। वे सहकर्मियों के बीच संवाद की जरूरत को समझते थे। मैंने एक बार मजे-मजे में उनसे कहा कि आपके लिए तो सारा साहित्य एक महान मौखिक परम्परा ही है। जे.एन.यू. को भी, और मेरे जीवन को तो निश्चय ही, जिन बहुत से सहकर्मियों ने समृद्ध किया, उनमें से मेरे लिए तो नामवर सिंह अव्वल नम्बर पर आते ही हैं। वे सच्चे अर्थों में 'भारतीय भाषाओं' के आदमी हैं। मुझे यकीन है कि प्रोफेसर एमिरिटिस के रूप में उनकी उपस्थिति से जे.एन.यू. अभी भी लाभान्वित हो रहा है। मैं तो अब वह सब बस याद ही कर सकता हूँ। कभी-कभार, किसी बहाने जे.एन.यू. के उन दिनों के बारे में बात करना कितना अच्छा लगता है। क्या दिन थे वे।

(अंग्रेजी से अनुवाद—पुरुषोत्तम अग्रवाल)

ज़नाबे शेख़ का नक्शे–क़दम नामवर जी जे.एन.यू. में

डॉ. अस्लम परवेज

तुम्हारी जैसी शबाहत को ढूँढता था दिल
तुम्हारी शक्ल न देखी थी जिस ज़माने में

शे'र की पहली पंक्ति में शायद 'शबाहत' शब्द आपको थोड़ी परेशानी में डाले। तो शबाहत का अर्थ है 'समरूपता'। यह परेशानी दूर होने के बाद आप अपनी निगाहों को ऊपर लिखी दो पंक्तियों पर वापस ले जाते हुए शे'र का अध्ययन एक बार फिर कीजिए। इस बार आपने यह अध्ययन पहले अध्ययन के मुक़ाबले में ज़्यादा रसिक और भाविक रूप से किया ना! कहने का मतलब यह है कि विश्वविद्यालय केवल किसी इमारत ही का नाम नहीं होता और जवाहरलाल नेहरू जैसा विश्वविद्यालय जिसके साथ बहुत-सी विशेषताएँ जुड़ी हुई हैं, वह तो बिल्कुल भी नहीं। एक आइडियल यूनिवर्सिटी, अपने आइडियल वातावरण, आइडियल परम्पराओं, आइडियल सूत्रों, आइडियल अध्यापकों, यहाँ तक कि आइडियल छात्रों के साथ भी जब आपके सम्पर्क में आती है और इस तरह आती है कि आप उसका और वो आपका अंग हो जाते हैं तो फिर गंगा ढाबे पर जेहलुम की ओर मुँह किए बैठे चाय की चुस्कियाँ लेते हुए यह शे'र पढ़ने में कितना आनन्द आता है :

तुम्हारी जैसी शबाहत को ढूँढता था दिल
तुम्हारी शक्ल न देखी थी जिस ज़माने में

जवाहरलाल नेहरू विश्वविद्यालय मानो एक भंडार है अकादमिक अनौपचारिकताओं का। अगर हम यह मानकर चलते हैं कि बुद्धिजीवियों के लिए और बातों के अलावा उनका अनौपचारिक होना भी ज़रूरी है और यह भी कि एक विश्वविद्यालय 'कुल मिलाकर' या कुल मिलाए बिना भी बुद्धिजीवियों की बस्ती होती है तो फिर एक विश्वविद्यालय को और विशेष रूप से जवाहरलाल नेहरू जैसे विश्वविद्यालय को ऐसा

तो होना ही है।

जवाहरलाल नेहरू विश्वविद्यालय की अनेक विशेषताओं में से एक विशेषता है उसका भारतीय भाषा केन्द्र। ज्ञान-विज्ञान की दुनिया में इंटर डिस्प्लिनरी अब कोई नई कल्पना नहीं रह गई है। लेकिन भाषा, समाज, संस्कृति और साहित्य के सन्दर्भ में हिन्दी-उर्दू के एक मिले-जुले विभाग की स्थापना, और एक घोड़े की बग्घी जैसे एक ही अध्यक्ष की छत्रछाया में चलनेवाले ऐसे विभाग की कल्पना और फिर उस कल्पना को सिद्ध कर दिखाना, यह एक ऐसा अनुभव है जिसकी कोई दूसरी मिसाल जे.एन.यू. को छोड़कर केवल हिन्द महाद्वीप ही नहीं शायद पूरी दुनिया में कहीं नहीं है। भारतीय भाषा केन्द्र, जिसका उर्दू नाम 'हिन्दुस्तानी ज़बानों का मर्कज़' और अंग्रेज़ बहादुर की भाषा में 'सेन्टर ऑफ़ इंडियन लैंग्वेज़ेज' है।

एक थे प्रोफ़ेसर मूनिस रज़ा, जो उस घोर अनौपचारिक अनुष्ठान (जे.एन.यू.) के औपचारिक रेक्टर होने के साथ-साथ अनौपचारिक सब कुछ भी थे। तो भारतीय भाषा केन्द्र उन्हीं प्रोफ़ेसर मूनिस रज़ा का मानस-पुत्र (ब्रेन चाइल्ड) है। और जिस व्यक्ति की कोख न जाने कब से शायद ऐसे ही बालक को गोद लेने को फड़क रही थी वो हैं प्रगतिशीलता का आकार प्रोफ़ेसर नामवर सिंह।

प्रोफ़ेसर नामवर सिंह, आचार्य हज़ारीप्रसाद द्विवेदी के होनहार शिष्य हैं। वह हिन्दी के प्रसिद्ध आलोचक, विद्वान और बेमिसाल वक्ता होने के साथ-साथ एक घोर कमिटेड अध्यापक भी हैं। वह अनेक प्रकार की साहित्यिक, सामाजिक और सांस्कृतिक गतिविधियों में गले-गले डूबे रहने की हद तक व्यस्त रहते हैं। बहुत-सी जगहों पर वह पकड़ बुलाए जाते हैं और बहुत-सी दूसरी जगहों पर वह कच्चे धागे से बँधे ख़ुद ही खिंचे चले जाते हैं। पर इस सबके बावजूद वह अपनी क्लास कभी नहीं छोड़ते, बिल्कुल उन प्रोफ़ेसरों के विपरीत जो अपनी क्लास कभी नहीं लेते। चुनाँचे नामवर सिंह के मॉडल को सामने रखते हुए जे.एन.यू. में प्रवेश करनेवाले छात्र यह कहते हुए भी सुने गए हैं कि अमुक-अमुक विश्वविद्यालयों में तो प्रोफ़ेसर क्लास भी लेते हैं पर जे.एन.यू. के प्रोफ़ेसर तो केवल क्लास ही लेते हैं। तो इस क्लास ही लेते हैं की परिभाषा यह है कि यहाँ अध्यापक और छात्र के बीच क्लासरूम में होनेवाली औपचारिक और क्लासरूम से बाहर होने वाली अनौपचारिक वार्त्ता में कोई ज़्यादा अन्तर नहीं होता सिवाए इसके कि क्लासरूम में कठिन मुद्दे सरलता के साथ सुलझते दिखाई देते हैं जबकि क्लासरूम के बाहर की वार्त्ता में सरलता के झरोखों से सामाजिक जीवन की उन पेचीदगियों का दृश्य दिखाई पड़ता है जिसमें लोक साहित्य का-सा चसका होता है। जे.एन.यू. का स्टूडेंट्स यूनियन का इलैक्शन भी शायद जे.एन.यू. की इसी परम्परा का प्रतीक है कि यह इलैक्शन दूसरी जगहों के इलैक्शनों की तरह पैसा फेंक तमाशा देख के आधार पर नहीं, मुद्दों की बुनियाद

पर होता है। लेकिन इलैक्शन का यह पाठ भी नए आनेवाले छात्रों को जे.एन.यू. ही पढ़ाती है। और इसका श्रेय जाता है जे.एन.यू. के पाठ्यक्रम चलानेवाले उन विशेषज्ञों को जिनमें से एक प्रोफ़ेसर नामवर सिंह भी रहे हैं।

मुल्कराज आनंद, बन्ने भाई सज्जाद ज़हीर और इनके साथियों ने प्रगतिशीलता और साहित्य के मंगल मिलन का जो बाग़ लगाया था, उसकी ख़ुशबू को अपने अस्तित्व में बसाए प्रोफ़ेसर नामवर सिंह साहित्य के अध्ययन और शिक्षा के क्षेत्र में ताज़ा हवा के एक झोंके की तरह इस तरह दाख़िल हुए कि शुह्रत उनके पैरों की धूल चाटती, उनके पीछे-पीछे डंका बजाती चलती दिखाई देती थी। और इसी शान के साथ उन्होंने नवम्बर, 1974 की पहली तारीख़ को जे.एन.यू. की चौखट पर क़दम रखा और विश्वविद्यालय के भारतीय भाषा केन्द्र के अध्यक्ष पद का भार सँभाला। जे.एन.यू. के चाकरी काल में मेरा महत्त्व कुछ भी रहा या चाहे कुछ भी न रहा हो मगर भारतीय भाषा केन्द्र के इतिहास में संयोगवश यह श्रेय तो मुझे ही प्राप्त हुआ कि नवम्बर 1974 ई. की जिस पहली तारीख़ को जे.एन.यू. का द्वार नामवर जी के स्वागत को खुला, उसी नवम्बर 1974 ई. की पहली तारीख़ को मानो नामवर जी के टोले के एक साधारण सदस्य समान मुझे भी जे.एन.यू. में प्रवेश करने का अवसर प्राप्त हुआ। उसी नवम्बर 1974 ई. की पहली तारीख़ से दो या तीन दिन पहले एक ही दिन दोपहर के भोजनकाल से पहले शोभा जी (मिसेज़ सावित्री चन्द्रा) और भोजनकाल के समय के बाद मित्र सदीक़ुर्रहमान क़िदवई केन्द्र के सदस्य हो चुके थे। फिर आगे-पीछे केन्द्र के अध्यापकों की पहली खेप में जो और लोग आ मिले उनमें डॉक्टर बी.एम. चिन्तामणि, डॉक्टर सोम प्रकाश सुधेश, प्रोफ़ेसर मुहम्मद हसन, डॉक्टर मैनेजर पांडे, डॉक्टर केदारनाथ सिंह, डॉक्टर अश्फ़ाक़ मुहम्मद ख़ाँ और नसीर अहमद ख़ाँ के नाम आते हैं।

जे.एन.यू. की स्थापना के बाद लगभग दो दशक तक यह सिलसिला रहा कि या तो दूसरी संस्थाओं से अनुभवी और नामी अध्यापकों को जे.एन.यू. में पढ़ाने का निमन्त्रण दिया गया या अगर सिलैक्शन कमेटी द्वारा कुछ लोगों को सिलैक्ट भी किया गया तो वे नौसिखिये नहीं बल्कि दस-दस, पन्द्रह-पन्द्रह साल का अनुभव रखनेवाले और अपने-अपने क्षेत्र में जाने-माने लोग थे। अपने उसी अनुभव और योग्यता के द्वारा ये लोग जे.एन.यू. के ज्ञानसागर में डुबकियाँ खाते नहीं बल्कि तैरते दिखाई देने लगे। और फिर एक-डेढ़ दशक बाद जब जे.एन.यू. के शिक्षा उद्योग से अपना माल तैयार होकर निकलना शुरू हो गया तो फिर उनमें से अधिकांश लोग यहीं खपते भी चले गए। चुनाँचे विश्वविद्यालय के लगभग तमाम ही विभागों में अनेक अध्यापक जे.एन.यू. ही के भूतपूर्व छात्र हैं। जे.एन.यू. में एपाइंटमेंट्स की प्रक्रियाएँ भी तरह-तरह की रही हैं। इसका सिर्फ़ एक उदाहरण ही यहाँ काफ़ी होगा। देहली

विश्वविद्यालय के हिन्दू कॉलेज से मित्र हरबंस मुखिया ने असिस्टेंट प्रोफ़ेसर के पद के लिए दरख़्वास्त दी। इससे पहले हरबंस मुखिया इतिहास के क्षेत्र में अपनी थोड़ी-बहुत पहचान बना चुके थे। उन्होंने इंटरव्यू के दौरान सिलैक्शन कमेटी के सदस्यों को भी काफ़ी प्रभावित किया। निष्कर्ष यह कि उन्होंने एसिस्टेंट प्रोफ़ेसर के पद के उस उम्मीदवार को एसोसिएट प्रोफेसर का पद पेश कर डाला। इसे कहते हैं :

ख़ुदा की देन का मूसा से पूछिये अहवाल
कि आग लेने को जाएँ पयम्बरी मिल जाए

सेन्टर ऑफ़ इंडियन लैंग्वेज़ेज़ जवाहरलाल नेहरू विश्वविद्यालय के स्कूल ऑफ़ लैंग्वेज़ेज का एक केन्द्र था। केन्द्र की स्थापना के साथ हिन्दी और उर्दू दो भाषाओं के साथ केन्द्र के अकादमिक कार्य की स्कीम तैयार हुई। नवम्बर 1974 ई. का महीना चूँकि 1974-75 ई. के अकादमिक वर्ष का बीच था इसलिए अब केन्द्र का अकादमिक प्रोग्राम अगस्त 1975 ई. ही से आरम्भ होना था जिसके दाख़िलों की प्रक्रिया मई-जून 1975 ई. से शुरू होनी थी। हिन्दी और उर्दू में एम.ए. और पी-एच.डी. के सिलेबस की तैयारी शुरू हुई। नवम्बर 1974 से लेकर अप्रैल 1975 तक फ़ैकल्टी की अनेक बैठकें हुईं जिनमें पाठ्यक्रम के भिन्न-भिन्न पहलुओं पर विचार-विमर्श होता था। लेकिन इन तमाम समस्याओं पर नामवर जी पहले ही से इतना कुछ सोचकर और उसकी रूपरेखा बनाकर लाते थे कि फ़ैकल्टी की बैठक में उस पर अन्तिम फ़ैसला करने में कोई समय नहीं लगता था। अधिकांश बैठकों में प्रोफ़ेसर मूनिस रज़ा को भी आमन्त्रित किया जाता था, हिन्दी-उर्दू के पाठ्यक्रम की रूपरेखा कुछ इस तरह तैयार हुई–

एम.ए. के स्तर पर निम्नलिखित कोर्स हिन्दी और उर्दू में कॉमन थे :

(1) साहित्यालोचन की मार्क्सवादी पद्धति
(2) पौर्वात्य साहित्य सिद्धान्त
(3) हिन्दुस्तान की साहित्यिक-सांस्कृतिक परम्पराएँ
(4) हिन्दी और उर्दू में खड़ी बोली का विकास
(5) साहित्यालोचन की रूपवादी पद्धति।

एम.ए. के चार सेमिस्टर के सोलह कोर्सों में से पाँच कोर्सों के कॉमन होने का मतलब यह हुआ कि एम.ए. हिन्दी और एम.ए. उर्दू के एक तिहाई कोर्स एक ही थे। यह बस जे.एन.यू. ही में हो सकता था। इस पर नामवर जी के दिमाग़ की एक उपज यह भी थी कि जहाँ तक हो सके, कॉमन कोर्सों की क्लास भी हिन्दी और उर्दू की एक साथ ही हो जिसे हिन्दी और उर्दू के दो अध्यापक मिल-जुलकर पढ़ाएँ। चुनाँचे इस तरह साहित्यालोचन की मार्क्सवादी पद्धति का कोर्स प्रोफ़ेसर नामवर सिंह और प्रोफ़ेसर मुहम्मद हसन के हिस्से में आया और हिन्दी और उर्दू में खड़ी बोली

का विकास का कोर्स नामवर जी के और मेरे हिस्से में। नामवर जी की इस सोच के दो पहलू सामने आते हैं, एक यह कि वह अच्छी तरह समझ गए थे कि जे.एन.यू. में क्या होता है और दूसरे यह कि जे.एन.यू. में और क्या-क्या हो सकता है। और क्या-क्या हो सकने में नामवर जी की समझ की एक दृष्टि यह भी है कि केन्द्र में हिन्दी और उर्दू के एम.ए. के सोलह-सोलह क्रेडिट कोर्सों के अलावा हिन्दी और उर्दू एम.ए. में एक-एक अनिवार्य नॉन-क्रेडिट कोर्स भी हो। मतलब यह कि हिन्दी एम.ए. के छात्रों को अनिवार्य रूप से उर्दू का एक नॉन-क्रेडिट कोर्स और उर्दू के छात्रों को हिन्दी का एक नॉन-क्रेडिट कोर्स भी करना होगा जिसके बिना वह हिन्दी या उर्दू एम.ए. की डिग्री के योग्य सिद्ध नहीं होंगे।

जब भारतीय भाषा केन्द्र स्थापित हुआ था तो उसके स्कूल का नाम केवल स्कूल ऑफ़ लैंग्वेज़ेज़ था। केन्द्र की स्थापना के लगभग पाव सदी बाद स्कूल ऑफ़ लैंग्वेज़ेज़ का नाम स्कूल ऑफ लैंग्वेज़ेज, लिटरेरी एंड कल्चरल स्टडीज़ हो गया। लेकिन अगर हिन्दी और उर्दू के कॉमन कोर्सों पर नज़र डाली जाए तो क्या यह बात सिद्ध नहीं होती कि नामवर जी के दिमाग़ में पहले ही से स्कूल ऑफ़ लैंग्वेज़ेज़ का मतलब स्कूल ऑफ़ लैंग्वेज़ेज़, लिटरेचर एंड कल्चर ही था। हिन्दी और उर्दू के डिसरटेशन के अलावा एम.फिल. के जो चार कोर्स थे, वे भी शुरू में हिन्दी और उर्दू के एक ही थे, जैसे :

(i) साहित्य का समाजशास्त्र
(ii) तुलनात्मक साहित्य
(iii) शोध पद्धति
(iv) पाठालोचन

भारतीय भाषा केन्द्र के पहले अध्यक्ष के रूप में नामवर जी ने अकादमिक और सांस्कृतिक, दोनों स्तरों पर कुछ ऐसी परम्पराओं की नींव डाली जो उससे पहले कहीं देखी न सुनी गईं। 1975-76 के साल के लिए जब दाख़िले का मौसम आया तो उसके दाख़िले में उम्मीदवारों के टैस्ट और इंटरव्यू होने थे। टैस्ट तो ख़ैर हिन्दी और उर्दू के अलग-अलग हो गए लेकिन इंटरव्यू हिन्दी और उर्दू के उम्मीदवारों के एक साथ हुए जिसमें हिन्दी और उर्दू की पूरी फ़ैकल्टी बैठी जहाँ फ़ैकल्टी के किसी भी सदस्य को, चाहे वह हिन्दी फ़ैकल्टी का सदस्य हो या उर्दू फ़ैकल्टी का, हिन्दी या उर्दू के किसी भी उम्मीदवार से प्रश्न पूछने का अधिकार था। एक साथ मिलकर काम करने के इस तरीक़े से हिन्दी और उर्दू वालों को अध्यापकगण के स्तर पर और छात्रगण के स्तर पर भी एक-दूसरे के सामने इतना खुलकर आने का अवसर प्राप्त हुआ कि कम-अज़-कम भारतीय भाषा केन्द्र की सतह पर हिन्दी-उर्दू के बीच कम्युनिकेशन गैप की कोई समस्या ही बाक़ी नहीं रही। अगर यह कहा जाए कि नामवर जी यह चमत्कार जे.एन.यू. के अलावा कहीं और न कर पाते तो फिर यह भी सच है कि

जे.एन.यू. में नामवर जी की जगह कोई दूसरा होता तो वह भी शायद यह काम इतनी सफलता से न कर पाता। और सबसे बड़ी बात यह है कि एक बार यह परम्परा स्थापित हो गई तो इसके साथ हममें से हर व्यक्ति वचनबद्ध हुए बिना इस तरह बँध गया कि बक़ौल शाइर :

ये मयख़ाना है, बज़्मे-जम नहीं है
यहाँ कोई किसी से कम नहीं है

केन्द्र की सांस्कृतिक गतिविधियाँ भी तरह-तरह की थीं। भारतीय भाषा केन्द्र में साल में दो त्योहार बड़ी धूम से मनाए जाते थे, एक ईद मिलन का और दूसरा होली मिलन का। ईद मिलन पर सब मिलकर सिवैयाँ खाते और गाते-बजाते और होली मिलन पर एक-दूसरे के गुलाल लगाते और मज़े-मज़े के पकवान तैयार होते। उसमें अध्यापक, छात्र, दफ़्तर के कार्यकर्ता और कुछ ख़ास मेहमान शामिल होते। हिन्दी या उर्दू का कोई बड़ा लेखक दिल्ली में होता तो उसे केन्द्र में आमन्त्रित किया जाता। बाबा नागार्जुन, सरदार जाफ़री, बाक़र मेहदी, फ़ैज़ अहमद फ़ैज़, अहमद फ़राज़, कैफ़ी आज़मी, ग़रज़ कौन यहाँ नहीं आया और एक नहीं अनेक बार। केन्द्र में कवि सम्मेलन और मुशाइरे भी होते। नामवर जी की एक विशेषता यह है कि चाहे वह उर्दू लिपि न जानते हों पर क्लासिकी और आधुनिक उर्दू साहित्य के बारे में वह इतना जानते हैं कि बहुत-से उर्दू वाले भी न जानते होंगे। नाटक देखने जाइए तो नामवर जी वहाँ दिखाई पड़ेंगे, बेगम अख़्तर की ग़ज़ल गायकी प्रोग्राम में भी नामवर जी हाज़िर, यहाँ तक कि उन्हें क़व्वाली की महफ़िलों में कभी-कभी झूमते पाया गया है। ग़रज़ जो हाल उर्दू शाइरी के जनाबे-शेख़ का है, वही नामवर जी का भी समझ लीजिए। दाग़ के शागिर्द साइल देहलवी का शे'र नामवर जी पर ही सिद्ध होता है :

ये मस्जिद है, ये मयख़ाना, तअज्जुब इस पे आता है
जनाबे-शेख़ का नक़्शे-क़दम, यूँ भी है और यूँ भी

भारतीय भाषा केन्द्र को भारतीय भाषा केन्द्र बनाने के लिए जिस सूझ-बूझ की ज़रूरत थी, वह नामवर जी मानो जन्म से अपने साथ लेकर आए थे। वह शायद पैदा ही जे.एन.यू. ओरिएंटेड हुए थे। मेरा मानना है कि चूँकि नामवर जी जे.एन.यू. की तमाम बड़ी कमेटियों के सदस्य रहे हैं इसलिए उन कमेटियों में विचारों के आदान-प्रदान द्वारा नामवर जी की तरफ़ से भी ऐसे सुझाव आते रहे होंगे जो जे.एन.यू. की फंक्शनिंग के लिए लाभदायक साबित हुए होंगे। केन्द्र में जब कभी कोई नया काम किसी को सौंपे जाने की स्थिति आती तो वह काम चाहे हिन्दी का हो या उर्दू का, उसका फ़ैसला नामवर जी हिन्दी-उर्दू के आधार पर नहीं, व्यक्ति के आधार पर करते थे और नामवर जी के ऐसे सारे फ़ैसले आगे चलकर ठीक ही साबित हुए। दिल्ली कॉलेज के वाइस प्रिंसिपल डॉक्टर एच.के. हलदार जिनके साथ मुझे काम

करने का अवसर प्राप्त हुआ है, उनका कहना था कि आपका डिस्पिलिन कौन-सा है यह सवाल बाद का है, पहला सवाल यह है कि क्या आपके पास कॉमन सेंस भी है और अगर वह आपके पास है तो फिर आपका डिस्पिलिन कुछ भी हो, मैं आपसे काम चला लूँगा। यही धारणा मेरे विचार में नामवर जी की भी है। नामवर जी उन लोगों में हैं जिनका सिक्का चलता है फिर ऐसे में उन्हें इसकी आवश्यकता नहीं कि उनकी टकसाल में सिक्का ढालने के लिए कौन-सी धातु है या नहीं है, वक़्त पड़ने पर वह चमड़े का भी सिक्का चलाएँगे तो चलेगा।

नामवर जी भारतीय भाषा केन्द्र के दो बार अध्यक्ष रहे और एक बार स्कूल ऑफ़ लैंग्वेज़ेज़ के डीन भी लेकिन जिसे दफ़्तरी भाषा में अफ़सरशाही कहते हैं, उसकी बू उनमें नाम को नहीं थी और होती भी क्यों इसलिए कि बुनियादी तौर पर वह उन लोगों में से हैं जो एक तहज़ीब का प्रतीक होते हैं। मैं ख़ुद अपने अनुभव के आधार पर यह कह सकता हूँ कि जे.एन.यू. के पूरे कार्यकाल में नामवर जी ने कभी भी किसी काम के लिए मुझे अपने दफ़्तर में नहीं बुलाया, अगर कोई बात करनी होती तो ख़ुद चलकर मेरे कमरे तक आते, आहिस्ता से कमरे का द्वार पट झिरी भर खोलते, ऐसे में अगर मैं क्लास ले रहा होता तो ख़ामोशी से तुरन्त लौट भी जाते। मैं उन दिनों जे.एन.यू. अपने दुपहिया स्कूटर पर आता था। अक्सर ऐसा हुआ है कि नामवर जी को कहीं आस-पास जाना हुआ तो बिना किसी हिचक के मेरे स्कूटर पर पीछे बैठकर चल पड़ा करते थे। नामवर जी के पास जे.एन.यू. के कार्यकाल में कभी कार नहीं रही। उन्हें अपने-अपने काम से गाड़ियाँ लेने आती थीं और गाड़ियाँ छोड़कर जाती थीं। ख़ुद अपने काम के लिए अगर ज़रूरी न हो तो वह हमेशा बस ही में सफ़र करते थे। मैंने कनॉट प्लेस पर शाम के समय नामवर जी को अपने चमचमाते कुर्ते-धोती के साथ जे.एन.यू. जानेवाली बस की लाइन में भी अक्सर खड़े देखा है। जे.एन.यू. में रहते दो बातें नामवर जी के साथ विशेष थीं। एक यह कि कभी ऐसा नहीं देखा कि नामवर जी के हाथ में कोई-न-कोई किताब न रही हो और दूसरे यह कि नामवर जी जितने दिन भी जे.एन.यू. में रहे, शायद ही कोई दिन ऐसा हो जब नामवर जी ने यूनिवर्सिटी लाइब्रेरी का फेरा न लगाया हो। नामवर जी ने कितना कुछ पढ़ रखा है इसका हिसाब शायद किसी के पास न हो लेकिन यह बात उनके बारे में सब जानते हैं कि उन्होंने जो कुछ भी पढ़ा है उसे ख़ूब अच्छी तरह पचाया भी है। इस तरह के पचाये हुए को आदमी पान की पीक की तरह बेवक़्त नहीं उगलता फिरता, यह जानना हो तो नामवर जी को एक वक्ता के रूप में सुनना और एक लेखक के रूप में देखना होगा। अनौपचारिक बैठकों में तो उनके पास दूसरी रोचक बातों का इतना भंडार है कि उनके साथ बैठना अपने आप में एक दिलचस्प मश्ग़ला है।

रेस का अच्छे से अच्छा घोड़ा अनाड़ी जॉकी को पकड़ा दीजिए तो वह रेस हार

जाएगा लेकिन नामवर सिंह जैसा जॉकी आपको टट्टू से भी रेस जीतकर दिखा सकता है। वहाँ केवल एक व्यक्ति का सक्षम होना महत्त्व नहीं रखता। महत्त्व इस बात का है कि जो कारख़ाना आप चला रहे हैं उसकी सक्षमता का स्तर क्या है और यह कमाल नामवर जी ने जे.एन.यू. के भारतीय भाषा केन्द्र में करके दिखाया है। आज अगरचे नामवर जी वहाँ नहीं पर बिग बैंग के प्रभाव समान यह ब्रह्मांड अब तक वैसा ही चल रहा है। तो क्या आख़िर में नामवर जी सहित वे तमाम लोग जो भारतीय भाषा केन्द्र से रिटायर हो चुके हैं उन्हें मैं उर्दू का यह शे'र अर्पित कर सकता हूँ :

का'बे से इन बुतों को भी निस्बत है दूर की
गो वाँ नहीं हैं, वाँ के निकाले हुए तो हैं।

आँखों देखे नामवर : जे.एन.यू. के फक्कड़-फकीर

प्रो. पुष्पेश पन्त

सुनने-पढ़ने में चाहे जितना भी अटपटा लगे, सच यही है कि जवाहरलाल नेहरू विश्वविद्यालय में नामवर जी के दर्शन मैंने पहले-पहल मुँहअँधेरे तब ही किए जब वह धोती बाँधे, सिर और मुँह पर मफलर लपेटे भाग रहे थे। सेंट्रल स्कूल के पासवाले मोड़ तक मैं पहुँच पाता और पहचानने के बाद बातचीत की कुछ कोशिश करता, वह रफ्तार पकड़ चुके थे और पीछे भागनेवाले दूसरे साहित्यकारों की तरह मुझे पछाड़ते जल्दी ही आँखों से ओझल हो गए और मैं कुछ देर हाँफने के बाद दौड़ने का हठ छोड़ अपनी पुरानी चहलकदमी पर लौट आया। यह बात किसे नहीं पता कि प्रो. नामवर सिंह अपनी नौजवानी में पहलवानी के शौकीन रहे हैं और जाने कितने सौ दंड पेलते, बैठक लगाते और कैसी-कैसी मुदगरे घुमाते तरह-तरह के दाव-पेंच में महारत हासिल कर चुके थे। जवानी के व्यसन बुढ़ापे में पीछा छोड़ते हैं क्या? यही सोचता अंगूर खट्टे हैं वाले अन्दाज में अपने मन को बहलाता मैं घर लौट आया, यह सोच-सोचकर खुश होता कि डॉक्टर साहब अब भी दौड़ रहे होंगे, दौड़ते रहे धूप निकलने के बाद भी, उमस में!

याद नहीं पड़ता कि धूप निकलने के बाद दिन-दहाड़े नामवर जी को किसी और ने इस तरह बेधड़क दौड़ते देखा हो। हाँ, पहलवानी अखाड़े के दाव-पेंच सभा-सेमिनारों में उनके सामने मुँह खोलनेवालों को बदस्तुर ध्वस्त करते रहते थे, इसी खाँटी देशी लगभग देहाती मनमोहक अदा में। जवाहरलाल नेहरू विश्वविद्यालय की पहचान शुरू से ही वामपन्थी-मार्क्सवादी रुझानवाला होने के साथ-साथ अत्याधुनिक अंग्रेजीपरस्त अंग्रेजियतवाली भी रही है। उस माहौल में नामवर जी की वेश-भूषा, उच्चारण, मुहावरा, खैनी खाने का अन्दाज ताजी हवा के एक झोंके के समान था। जे.एन.यू. में हिन्दी विभागाध्यक्ष बन जाने के बाद भी अपने को किसी परदेसी-शहरी साँचे-खाँचे में ढालने की जरूरत कभी उन्होंने महसूस नहीं की। जहाँ दूसरे प्रोफेसरदान कनखियों में एक-दूसरे को टोहते-टटोलते धीमे-धीमे थोड़ी कंजूसी से मुस्की ढीलते थे, वहाँ

नामवर जी खुलकर ठहाका लगाते थे। खैनी-पान से रँगे दाँत दिखाने में हिचकते नहीं थे, मानो कह रहे हों कि इस दिग्गज के खाने और दिखाने के दाँत एक ही हैं। अकादमिक काउंसिल की बैठक में जहाँ दूसरे एक्सेंट झाड़ते थे, वह ठेठ हिन्दी के ठाठवाले झाड़ू से इस कचरे को बुहार हाशिये पर धर देते थे और सीधे मतलब की बात पर आ जाते थे। उन्हें अपना स्वर ऊँचा करने की दरकार नहीं होती थी। हल्की आवाज भी दहाड़-सी फटकारती थी। इस हिन्दीवाले को धोती परसाद या गोबरपट्टी का जातिवादी कह खारिज करना किसी के लिए भी आसान नहीं था।

हम लोग जो हिन्दीवाले नहीं थे (मतलब हिन्दी विभाग के छात्र या अध्यापक) वह भी नामवर जी की अपने परिसर में मौजूदगी से बेहद प्रसन्न थे। जिस तरह इतिहास विभाग में रोमिला थापर या डॉ. गोपाल की तूती बोलती थी या समाजशास्त्र विभाग में प्रो. योगेन्द्र सिंह विख्यात थे, उसी तरह स्कूल ऑफ लैंग्वेज़ेज में सबसे मशहूर हस्ती फ्रेंच, रूसी और जर्मन भाषा के जानकारों के प्रभामंडल से कहीं अधिक चमकदार प्रकाशपुंज भी नामवर जी ही थे। वह हिन्दी के अद्वितीय शलाका पुरुष थे।

नेहरू विश्वविद्यालय में पहुँचने के पहले वह बी.एच.यू. और जोधपुर जैसे विश्वविद्यालयों की शोभा बढ़ा चुके थे। जो लोग उनसे ईर्ष्या दग्ध थे यह कहते नहीं थकते थे कि जाने कितने घाट का पानी पी चुके हैं और यहाँ भी कितने पापड़ बेलकर पहुँचे हैं वगैरह। यह सच था कि उन दिनों जे.एन.यू. में भारतीय कम्यूनिस्ट पार्टी के समर्थकों का बोलबाला था और प्रगतिशील बौद्धिक इस उपजाऊ खेत की लहलहाती फसल काट रहे थे। तत्कालीन शिक्षा मन्त्री सैयद नूरूल हसन थे जिनके व्यक्तित्व में खानदानी रईस की सामन्तशाही और विलायतपलट मार्क्सवादी भारतीय बौद्धिक के अदा-अन्दाज एक साथ देखने को मिलते थे। उनकी सीधी पहुँच श्रीमती गांधी के सचिव समानधर्मा पी.एन. हक्सर तक थी। उनके मनपसन्द प्रो. मूनिस रज़ा पहले ही जे.एन.यू. के विशेष कार्याधिकारी और फिर रेक्टर (सम कुलपति) बने थे। प्रो. रज़ा हिन्दी के प्रख्यात लेखक राही मासूम रज़ा के भाई थे। इन सब संयोगों के कारण पार्टी के साथ कभी जुड़े रहे नामवर जी की स्थिति काफी मजबूत थी और वह भौंकनेवालों की परवाह नहीं करते थे।

आज पीछे मुड़कर देखने पर उस जमाने की यादें ताजा करते हुए लगता है कि वह दौर नामवर जी के लिए काफी सुखद रहा होगा। बी.एच.यू. हो या जोधपुर, वहाँ उस तरह का खुलापन और आजादी दुर्लभ ही नहीं, असम्भव थी, जैसा उस वक्त के (आपातकाल से पहले के) जे.एन.यू. में सहज सुलभ था। न तो सीनियर-जूनियर का बहुत चक्कर था और न ही वैचारिक पक्षधरता के कारण प्रताड़न का संकट। यह बात सर्वविदित है कि कम्यूनिस्ट पार्टी के प्रति लगाव के कारण कितने कष्ट नामवर जी को बनारस में सहने पड़े थे। पार्टी के निर्देश पर लोकसभा का चुनाव

लड़ने के कारण उन्हें अपनी पक्की नौकरी से इस्तीफा देना पड़ा था और जीविकोपार्जन के लिए, संयुक्त परिवार की जिम्मेदारियाँ निभाने के लिए कई जगह भटकना पड़ा था। इन्हीं वर्षों में वह राजकमल प्रकाशन एवं सन्धू परिवार के साथ जुड़े और उन्होंने 'आलोचना' का सम्पादन सँभाला। उनके जीवन का यह अध्याय बहुचर्चित है और यहाँ उस पर टिप्पणी की जरूरत नहीं। मगर हाँ, इस सिलसिले में भी आँखों देखे नामवर की झलक के बारे में कुछ कहे बिना रहा नहीं जाता। मेरे अग्रज समान पथप्रदर्शक मनोहर श्याम जोशी जी की बड़ी आत्मीयता नामवर जी से थी। उन्हीं के साथ एकाधिक बार ऐसे जमावड़ों-जलसों में जाने के अवसर मिले, जहाँ नामवर जी राजकमल-सन्धू परिवार के सदस्य के रूप में दिखे। मुझे यह देखकर खासा आश्चर्य और थोड़ा दुख भी हुआ कि इन जगहों पर नामवर जी जे.एन.यू. वाले नामवर नजर नहीं आते थे। प्रकाशक विशेष द्वारा संरक्षित सम्पादक की तरह ही विनीत विनम्र मुद्रा में खड़े रहते थे। फर्माइश पर कोई चुस्त फिकरा तुरत-फुरत पेश करने या कोई दिलचस्प भूला-बिसरा प्रसंग किस्सागोई वाले अन्दाज में गम्भीर साहित्यिक अन्तर्दृष्टि से लबालब पेश करने के लिए। शीला सन्धू का अन्दाज ऐसे मौकों पर फतेहपुर सीकरी में जलवाफ़रोज शहंशाह अकबर वाला होता था, जिसे अपने नवरत्नों की नुमाइश का अच्छा-खासा मर्ज था—खासकर विद्वान हाजिर-जवाब शाही विदूषक बीरबल का। अभाव और संघर्ष के दिनों में प्राप्त सहायता और हौसलाअफजाई के लिए नामवर जी सम्भवतः उनका आभार मानते हों—यह उनका सौजन्य ही हो सकता है पर यह बात आसानी से पचाना कठिन था कि जो व्यक्ति अन्यत्र इतना तेजस्वी नजर आता है वह क्यों इस ठौर-ठिकाने पर खूँटे से बँधा-सा लगने लगता है। इतना कहना काफी नहीं कि इस पारिवारिक रिश्ते का आधार भी साम्यवादी विचारधारा ही थी। यह सच है कि सन्धू परिवार, जो राजकमल प्रकाशन का स्वामी था, वही चिराग एक्सपॉर्ट का भी मालिक था, जिसका लाभप्रद कारोबार सोवियत संघ के साथ भारत सरकार के दोस्ताना रिश्तों पर आधारित था। प्रगतिशील हिन्दी साहित्य का संरक्षण-सम्वर्द्धन राजकमल ने शुद्ध या मात्र आदर्शवादी भावुकता से कभी नहीं किया। राजकमल की साहित्यिक पहचान और प्रतिष्ठा ओमप्रकाश जी के कार्यकाल में ही स्थापित हो चुकी थी और नामवर जी के साथ जुड़ने का बड़ा निश्चित लाभ राजकमल को हुआ था। इस प्रकाशन का सम्पादकीय सलाहकार, 'आलोचना' का सम्पादक होना नामवर सिंह को भी असाधारण रूप से ताकतवर बनाता था। जब तक यह रथ और अस्त्र उनके पास थे उनको चुनौती देनेवाला हिन्दी रणक्षेत्र में कैसे कोई बचा रह सकता था? सम्भवतः स्वाभाविक विनय (विद्यादत्त) के अलावा द्वन्द्वात्मक भौतिकवाद पर आधारित विश्लेषण ने भी वर्षों इस रिश्ते को बरकरार रखा। जे.एन.यू. में रहते हुए भी नामवर जी कई लोगों की नजर में राजकमल के ही बने रहे।

जब से केदार जी का आगमन जे.एन.यू. में हुआ तब से नामवर प्रसंग में और एक दिलचस्प बात जुड़ गई। अब तक लोग दबी जुबान में यह कानाफूसी करते थे कि डॉक्टर साहब का ठाकुरवाद अदृश्य होने के बावजूद रेडियोधर्मिता की तरह प्रभावशाली है। अब खुल्लम-खुल्ला कुनबापरस्ती का लांछन भी उन पर लगाया जाने लगा। जो व्यक्ति हिन्दी में थोड़ी-सी साक्षरता भी रखता है, कवि के रूप में केदारनाथ जी की असाधारण प्रतिभा से और उनकी विद्वता से अपरिचित नहीं हो सकता। हिन्दी विभाग में उनकी नियुक्ति उनके अपने 'पौरुष' पराक्रम के कारण ही हुई थी, किसी पारिवारिक समीकरण के आधार पर नहीं। पर कहनेवालों का मुँह कौन रोक सकता है। नामवर जी और केदार जी सभागोष्ठियों में ही नहीं, मित्रों के घरों के बैठकों और मजलिसों में भी साथ-साथ देखे जाते थे और दिखते भी क्यों नहीं? साहित्यानुराग, संगीत, कला विनोद में रसिकता का साम्य समधी होने के नाते से कहीं अधिक बलवान था। ऐसी ही एक यादगार बैठक मुझे बीच-बीच में याद आती रहती है। उन दिनों मैं 131, उत्तराखंड में रहता था। नामवर जी और केदार जी के अलावा भगवती बाबू के सुपुत्र जो पायलट थे सपरिवार पधारे थे। हमारे कवि मित्र पंकज सिंह और शेखर पाठक भी उस रात मौजूद थे। सोमरस के साथ-साथ देर रात तक पंकज की गाई ठुमरियों और कबीर के भजनों ने सभी को मन्त्रमुग्ध रखा। नामवर जी तब साठ की दहलीज पार कर चुके थे पर उस रात उन्हें देखकर साठे होकर भी पाठे रहनेवाला मुहावरा याद आता रहा। तब का जे.एन.यू. आज का जैसा नहीं था। किसी भी पड़ोसी ने ब्रह्म मुहूर्त तक चली इस दावत में शोर-शराबे पर आपत्ति नहीं की। काश आज के पड़ोसी तब जैसे होते! कुछ समय बाद नामवर जी ने अपने 109 नम्बरवाले घर में कुछ मित्रों के साथ मिलने बैठने के लिए, बतियाने के लिए बुलाया। बैठक बहुत छोटी थी, मनोहर श्याम जोशी जी के अलावा सिर्फ पंकज साथ थे। उस दिन गाना कम बतियाना ज्यादा हुआ। जोशी जी उन दिनों, 'कुरु कुरु स्वाहा' समाप्त कर 'कसप' लिख रहे थे। वर्षों से अपने भीतर के जिस उपन्यासकार का उन्होंने गला घोंट रखा था वह खुली छूट पाकर बिक्रम की कहानीवाले बैताल की तरह उनके कन्धे पर सवार था। जोशी जी इस बात से भी बहुत खिन्न थे कि उनके पत्रकारिता कर्म और धारावाहिक लेखन को समानधर्मा लेखक और आलोचक गम्भीरता से नहीं लेते। बातचीत कुछ देर बाद साहित्य अकादमी पुरस्कारों की ओर मुड़ गई और फिर तेजी से नशा उतरना शुरू हुआ। पेशेवर लेखकों-आलोचकों और हिन्दी के प्राध्यापकों के अलावा इसमें भला किसकी रुचि हो सकती है? सिर्फ उस बैठक की यह बात याद रह गई है कि नामवर जी ने कई ऐसे लेखकों की-कवियों की उपलब्धियाँ बेहिचक स्वीकार कीं जो वैचारिक आधार पर उनके शत्रु ही समझे जा सकते थे।

नामवर जी इस बात को जानते थे कि मेरी माँ आचार्य हजारीप्रसाद द्विवेदी की

शिष्या (शान्तिनिकेतन-विश्वभारती) रह चुकी थीं और इस रिश्ते से वह उनके गुरुभाई थे। अपनी जिस मौसी के साथ रहकर मैं पढ़ा-लिखा वह हिन्दी की लोकप्रिय लेखिका शिवानी थी। बहन मृणाल उन्हीं की पुत्री है और समर्थ लेखिका और पत्रकार। नामवर जी लोकप्रिय लेखन और कालजयी साहित्य के बारे में सटीक टिप्पणियाँ करते रहें—न तो उन्होंने अनावश्यक शिष्टाचार का निर्वाह किया और न ही इस बात को अस्वीकार किया कि कुछ लेखकों-कवियों को वैसा आलोचकीय संज्ञान नहीं मिल सका है, जिसके वे अधिकारी हैं। जोशी जी के साथ-साथ उस शाम उन्होंने शिवानी का भी बड़े स्नेह से स्मरण किया और मृणाल के लेखन पर भी सहृदय टिप्पणियाँ कीं। बहरहाल दूसरी बहुत बहसों की तरह यह भी अधूरी ही रही। कुछ और वर्ष बाद मैं घर बदलकर 108 उत्तराखंड में रहने लगा। पहले इस मकान में हिन्दी की प्रसिद्ध लेखिका नासिरा शर्मा रहती थीं। अक्सर यह सोचता हूँ कि यदि पड़ोस में नामवर जी होते (वह 109 नम्बर में रहते थे) तो कितना बतरस रहता। मगर सोचने से क्या होता है, नामवर जी कई वर्ष पहले अवकाश ग्रहण कर अलकनन्दा जा बसे हैं।

अब भी कभी-कभार नामवर जी जे.एन.यू. आते हैं, किसी सलाहकार समिति की बैठक में भाग लेने या कुलपति के साथ मन्त्रणा के लिए। एकाध बार शायद यों ही पुरानी मित्रमंडली या चेलों की जमात से मिलने हिन्दी विभाग तक भी पहुँचे हैं। जिस संस्थान में वह काम करते थे, उसका पुराना नाम 'स्कूल फॉर फौरेन लैंग्वेज' था। नामवर जी के प्रयत्न से ही इसका नामकरण 'स्कूल फॉर लैंग्वेजेज' किया गया। आज वह इस बात के लिए प्रयत्नशील हैं कि इसका एक हिस्सा अलग कर उसका विकास स्कूल फॉर इंडियन लैंग्वेजेज के रूप में किया जाए। नामवर जी दूसरे हिन्दीवालों से बहुत फर्क हैं। जितना प्रेम और लगाव उन्हें हिन्दी से है उससे कम दूसरी भारतीय भाषाओं से नहीं। आज वह उतने बहुधन्धी और सांसारिक प्रपंचों में व्यस्त नहीं जितना 20 साल पहले तक थे। न ही *उदर निमित्तम् बहुकृतवेशम्* वाली कोई मजबूरी है। एक बार फिर वह जे.एन.यू. के फकीरीवाले दिनों में लौट आए हैं। वह जोगी ही क्या जो रमता न हो? यह नामवर जी ही कर सकते हैं कि जहाँ चिमटा गाड़ दिया वहीं धूनी रमने लगी और अलख जगानेवाले जुटने लगे।

मुझे 1965 की शामें अक्सर याद आती है जब मैं दिल्ली में नया-नवेला-अकेला पी-एच.डी. करने के लिए पहाड़ से पहुँचा था और सप्रु हाउस के पिछवाड़े गोमती होस्टल में रहता था। हर चीज नई थी और बेहद आकर्षक। बगल में ही त्रिवेणी कला संगम और रवीन्द्र भवन थे। मुझे हिन्दी लेखकों, कवियों से मिलानेवाले कमलेश भैया थे (कवि कमलेश शुक्ल जो उस वक्त डॉ. राममनोहर लोहिया के सचिव थे)। रघुवीर जी, सर्वेश्वर जी, श्रीकान्त जी, प्रयाग शुक्ल के अलावा स्वामीनाथन, अम्बा दास और हिम्मत शाह, जयराम पटेल आदि से मेरी मुलाकात उन्हीं ने करवाई। जहाँ तक याद

पड़ता है वही मुझे पहले-पहल रीगल बिल्डिंग के कोने पर बने टी. हाउस भी ले गए। वही उस समय हिन्दी साहित्यकारों, आलोचकों का अभिनेता बनने की हसरत पालनेवालों का अड्डा हुआ करता था। यहीं अपनी पसन्दीदा मेज पर यारबाश प्रशंसकों के साथ नामवर जी बिराजते थे। चोखी चुटकियाँ लेते थे और ठहाके लगाते थे। पर तब मैं इस जादुई घेरे की परिधि पर ही खड़ा इस तिलस्मी दुनिया को निहारता रहता था। टी. हाउसवाले नामवर दर्शन को मैं *दर्शनम् पापनाशनम्* वाली श्रेणी में नहीं रख सकता। नामवर जी हिमालय या गंगा नहीं जिनको देखने भर से जन्म-जन्मान्तर के पाप कट जाते हैं—आस्थावान हिन्दू की मान्यता के अनुसार। उनकी संगत जरूरी है सार्थक कायाकल्प के लिए। अब यह कायाकल्प कितना भला करता है या बुरा यह अपने वश में नहीं। या तो लौ लगने के बाद आदमी अपना दीपक खुद बन सकता है या फिर चिलम भर औरों के दम लगा लेने के बाद चर्चित लेखक-आलोचक बनने की दमित वासना का मारा नशेड़ी-गंजेड़ी ही बचा रह जाएगा।

नामवर जी ने जब अपने जीवन के 75 वर्ष पूरे किए तब उनके सम्मान में स्नेही देवी प्रसाद त्रिपाठी (डी.पी.टी.) ने एक आत्मीय भोज का आयोजन किया था। वहाँ प्रसिद्ध लेखकों-आलोचकों के अतिरिक्त बहुत सारे ऐसे मित्र भी थे, जो एकलव्य की तरह डॉक्टर साहब का शिष्यत्व सहर्ष स्वीकार करते रहे हैं, उन्हें भले ही इस बात का ज्ञान हो या न हो। डी.पी.टी., रमेश दीक्षित, और इन पंक्तियों का लेखक इसी बिरादरी के हैं। हम सभी के लिए यही बात परम सन्तोष का विषय है कि वर्षों नामवर जी ने हमें तमाम दोषों के बावजूद, हमारी धृष्टता को निरन्तर अनदेखा कर, दोषो वाच्या गुरोरपि वाली बदतमीजी बर्दाश्त करते हुए हम पर अपना वात्सल्यपूर्ण स्नेह न्यौछावर किया है, बिना किसी गुरुदक्षिणा की आशा-अपेक्षा के। हम सभी के अँगूठे पूरी तरह सलामत हैं!

नामवर जी की एक अद्भुत विशेषता कमलपत्रवत् जल पर उतराने की है। कीचड़ चारों ओर पसरने-लिपटने के बाद भी उन्हें दूषित नहीं करता, न ही परेशान। पानी की बूँद चिकने पत्ते पर (चिकने घड़े की तरह) टिकती नहीं। खिला हुआ सहस्र दल कमल प्रतीक-प्रेरणास्रोत-पहेली बना रहता है। याद दिलाता रहता है उस व्यक्ति की जो अपने आप में एक विश्वविद्यालय समेटे रहता था जो न केवल पांडित्य का भंडार था पर जिसने देहाती-कस्बाती पाठशाला के सबब भी बहुत सहेजकर, बचा रखे थे।

जे.एन.यू. में नामवर जी कुछ प्रसंग और कुछ अनुभव

प्रो. आनन्द कुमार

प्रो. नामवर सिंह ज्ञान सागर और गुरु गरिमा का अद्‌भुत संगम हैं। साहित्य और शिक्षा के क्षेत्र में उनको कौन नहीं मानता! उनकी बौद्धिक यात्रा का उद्‌गम काशी विश्वविद्यालय में विद्यार्थी और शिक्षक के रूप में हुआ है और जवाहरलाल नेहरू विश्वविद्यालय का हिन्दी अध्ययन केन्द्र तथा भाषा एवं संस्कृति अध्ययन संकाय उनकी कीर्तिकथा का शिखर संस्थान है। यह भी सच है कि बौद्धिक सरोकारों की दृष्टि से वैश्विक दायरे में जीनेवाले नामवर जी का निजी जीवन यानी खान-पान, वेश-भूषा, भाषा-बोली, घर-गृहस्थी पूरी तरह से बनारसी है। बनारस, काशी विश्वविद्यालय और जवाहरलाल नेहरू विश्वविद्यालय से मेरा भी सम्बन्ध रहा है। इसलिए मुझे नामवर जी के नाम-रूप-गुण की जानकारी है। यह लगभग आधी शताब्दी लम्बा सिलसिला है जिसमें पिछले दो दशकों में सघनता और निकटता आई।

वैसे यदि यह बात मैं बनारस में कहूँ तो तुरन्त टिप्पणी होगी कि "अरे भाई! नामवर जी को कौन नहीं जानता। यह कौन-सी बड़ी बात कह रहे हो?" काशी में हिन्दीप्रेमियों में यह लोकमान्यता है कि "बनारस के बाबा विश्वनाथ और प्रो. नामवर सिंह को पूरे देश में जाना-माना जाता है। और जो नहीं जानता-मानता है, उसके जानकार होने में शक करना चाहिए।" इसी प्रकार जवाहरलाल नेहरू विश्वविद्यालय की चार दशक लम्बी परम्परा से जुड़े हर विद्यार्थी-शिक्षक-कर्मचारी- अधिकारी को जे.एन.यू. के पर्यायवाची के रूप में जिन चन्द आचार्यों को मान्यता देने में कोई संकोच नहीं हो सकता उनमें नामवर जी का नाम होना स्वाभाविक है। फिर भी मुझे यह याद रखना प्रासंगिक लगता है कि नामवर जी को कोई कितना भी जान ले लेकिन हर अगले अवसर पर भी कुछ और जानने की गुंजाइश बनी रहती है। क्योंकि नामवर जी रोज कुछ नया पढ़ते हैं। कुछ नया देखते और सोचते हैं। प्रायः नया कहते हैं।

पुरानी रजाई और धराऊ रेशमी कुर्ते जैसी खासियतवाले नहीं हैं। उनमें तथा एक और बेजोड़ बनारसी बिस्मिल्लाह खाँ साहब में इस मामले में अद्‌भुत समानता रही है—दोनों को सुनना हर बार नया सन्तोष देता है। नया आनन्द देता है। क्यों? शायद इसलिए कि इन्होंने अपना रियाज़-साधना-अभ्यास कभी नहीं छोड़ा। गर्व को नहीं सिर चढ़ने दिया। जैसे-जैसे चमक बढ़ती गई वैसे-वैसे खुलते गए। सहज होते गए। राग-द्वेष के कठघरों से आगे बढ़ते गए। प्रसिद्धि को सिद्धि नहीं माना।

साधना की निरन्तरता वाले प्रसंग में यह जानकारी जोड़नी जरूरी है कि जवाहरलाल नेहरू विश्वविद्यालय को दिए अपने पूरे समय में दिन में एक बार कुछ घंटों के लिए पुस्तकालय जाना नामवर जी की दिनचर्या का हिस्सा था। आज भी पुस्तकालय के पुराने कर्मचारी उनकी इस आदत को विशेष आदर के साथ याद करते हैं। पढ़े-लिखे का रोज पुस्तकालय जाना पुजारी के रोज गंगा नहाने जैसा होता है। नया प्रवाह, नई जलराशि, नई लहरें और नया मिजाज देखने को मिलता है और इसी के साथ प्राचीनतम ज्ञानधारा, साहित्य संकलन और चिन्तन आधार के प्रति भी सचेत बने रहते हैं। एक बार प्रो. नामवर सिंह जी के साथ दिल्ली से बनारस तक की रेलयात्रा में मुझे सहभागी बनने का सौभाग्य मिला। हमारे ही निकट की जगहों पर काशी के तत्कालीन सांसद, एक पूर्व छात्रनेता और एक व्यवसायी भी साथ चल रहे थे। ट्रेन चलने के साथ ही परस्पर परिचय और नमस्कार-प्रणाम हुआ। फिर बनारसियों की बतकही शुरू हो गई। एकाध संक्षिप्त वाक्यों के योगदान के बाद नामवर जी ने चुपचाप अपने को एक किताब से जोड़ लिया। काशी विश्वविद्यालय के महिला अध्ययन केन्द्र में 'भारत में परिवार और सामाजिक परिवर्तन' पर हो रहे राष्ट्रीय सेमिनार में हम दोनों बुलाए गए थे। यह समाजशास्त्र का प्रश्न था और नामवर जी लगभग दो घंटे तक 'डेथ ऑफ फैमिली' नामक प्रसिद्ध समाजशास्त्रीय रचना का अध्ययन करने में विद्यार्थी भाव से संलग्न थे। दूसरे दिन उद्‌घाटन सत्र में एक समाजवैज्ञानिक की गम्भीरता और एक सरोकारी साहित्यकार और ग्रामीण गृहस्थी के बड़े भाई की संवेदना का सन्तुलन बनाकर बहुत अच्छा भाषण दिया। फिर पूरे मनोयोग से दूसरों के परचों को दोनों दिन सुनते रहे। मेरी प्रस्तुतिवाले सत्र की अध्यक्षता की। मैं समकालीन अध्ययनों के आधार पर बोला। चाय के अवकाश में उन्होंने कहा कि "अच्छी बातें उठाई हैं। इसमें पी.वी. काणे जी के 'धर्मशास्त्र का इतिहास' में प्रस्तुत जानकारियों को जोड़ने से और अच्छा हो जाता।" कहाँ-कहाँ से ज्ञान राशि का संचय करते रहते हैं? मैं सचमुच चमत्कृत हो गया। नामवर जी की ताजगी, गहराई और व्यापकता के कारण हमारे विश्वविद्यालय में उनका व्याख्यान एक शुभ समाचार जैसा रहता था। देश के हर हिस्से में होनेवाली साहित्य सभाओं में उनका वक्ताओं में होना पिछले तीन दशकों की एक जरूरी शर्त जैसी हो चुकी है।

ज्ञानसाधक के लिए अग्रजों के प्रति आदर और अनुजों के लिए अनुराग दोनों ही जरूरी शर्तें होती हैं। तभी तो ज्ञानधारा में प्रवाह बनता है। प्रो. नामवर सिंह में यह दोनों गुण दोष की हद तक भरे हुए हैं। वह सार्वजनिक रूप से हर बड़ी बहस में 'अपने गुरुवर' आचार्य हजारीप्रसाद द्विवेदी का भरपूर स्मरण करते-कराते हैं। इसमें उनकी विनम्रता का भरपूर पुट रहता है। हालाँकि हजारीप्रसाद जी के कई यशस्वी शिष्य हुए हैं लेकिन नामवर जी वाला भाव कहीं और नहीं मिलेगा। नामवर जी अपने व्याख्यानों के लिए बहुत मशहूर हैं लेकिन उनका हर व्याख्यान अपने पूर्ववर्ती ज्ञानियों के योगदान को भूमिका के रूप में जरूर शामिल रखता है। बुद्ध और मार्क्स, कबीर और मुक्तिबोध, गांधी और नेहरू, तुलसी और टैगोर—प्रसंगानुकूल जाने कैसे-कैसे स्रोतों से पूरी सटीक उक्तियों का सजग इस्तेमाल नामवर जी की खूबी है। इसलिए उनको सुनना ज्ञानगंगा में एक सक्षम मल्लाह की मदद से नौकाविहार जैसा सुख देता है। आप तमाम विचारकों-चिन्तकों के प्रति आदरभाव के साथ नामवर जी की बात को समझते हैं। उनको सुनना ज्ञान अनुरागी बनने का एक सहज मार्ग है। इसीलिए नामवर जी का विद्यार्थी बनने का सौभाग्य जिनको मिल सका है, उनकी तो एक लम्बी कतार है ही। काशी, सागर, जोधपुर, दिल्ली—कहाँ-कहाँ, कौन-कौन इस पद के अधिकारी बने यह लम्बी कथा हो जाएगी। लेकिन उनसे बड़ी तायदाद ऐसे नामों की है, जिन्होंने 'एकलव्य भाव' से प्रोफेसर नामवर जी को अपना गुरु माना और दूरियों के बावजूद उनसे 'सीखा' है। उनके ऐसे शिष्य किसी एक मुलाकात, एक व्याख्यान या एक लेख को ही इस दावे का आधार बताने में संकोच नहीं करते। इसीलिए हमारी पीढ़ी से अब तक की तीन पीढ़ियों में उनके प्रति 'गुरुभाव' रखनेवालों की अपार संख्या है।

नामवर जी अपने शिष्यों के प्रति अनुजतुल्य आचरण के लिए शुरू से मशहूर रहे हैं। चयन समितियों के मोर्चे से लेकर साहित्य समीक्षा के अखाड़े तक 'अपने' लोगों के लिए दम लगाना उनका बहुत बड़ा 'गुण-दोष' कहा जाता है। उनकी आलोचना करनेवालों में सबसे बड़ा तर्क नामवर जी की पक्षधरता का है। वैसे शेख सादी यह हिदायत दे चुके हैं कि 'नेकी कर और दरिया में डाल'। नामवर जी का शेख सादी समेत सभी सूफियों-सिद्धों-नाथों से पुराना परिचय है। इसलिए 'नेकी' का लाभ उठानेवालों की कोई फेहरिस्त नहीं रखते। कोई जत्था नहीं जुटाते। सारे उपकारों को नियम से होनेवाली काशी-यात्राओं में अपनी खास नदी गंगा में प्रवाहित करते रहते हैं। लेकिन उनको दो नुकसान तो पिछले पाँच दशकों के दौरान उठाना ही पड़ रहा है। एक तो कुछ लोग गुरु को 'गुड़' (या 'गुड़-गोबर'!) मानते हुए चेला के 'चीनी' होने के स्वयंसिद्ध दावे को गाहे-बगाहे पेश करते रहते हैं। नामवर जी ऐसी प्रवृत्तियों को, व्यक्तियों को, गजराजवाले भाव से देखते हुए अपनी यात्रा जारी रखने

के लिए प्रसिद्ध हैं। दूसरे यह भी कि जो 'कृपापात्रों' के कारण 'वंचित', 'उपेक्षित' या 'बहिष्कृत' हुए, उनकी बौद्धिक दिनचर्या में नामवर जी का निन्दापाठ करना अनिवार्य बना रहता है। नामवर जी को जाननेवाले ऐसे निन्दकों के प्रति हमदर्दी और दया का भाव रखते हैं। नामवर जी के नेहरू विश्वविद्यालय से अवकाशप्राप्ति पर हुए शानदार विदाई समारोह में जब मैंने यह सच सुनाया तो शिष्यों-प्रशंसकों से ठसाठस भरे सभागार में खूब तालियाँ बजीं। सम्भवतः नामवर जी भी मुस्कराए थे। गुरु और शिष्य दोनों के सम्मान और हितों की रक्षा के लिए अपने मान-अपमान की चिन्ता न करने को कौन पाप कहेगा! जो कहता है उसे भारतीय गुरु-शिष्य परम्परा का कोई ज्ञान नहीं हो सकता। वैसे आखिरी फैसला तो नामवर जी के मन में ही सुना जा सकता है।

नामवर जी का जवाहरलाल नेहरू विश्वविद्यालय में अध्यापन काल लगभग तीन दशकों तक विस्तृत रहा है। यह मानना भूल होगी कि इस दौरान नामवर जी ने अंग्रेजी माध्यम और पश्चिम-पलट प्रगतिशील लोगों के लिए बने एक नए विश्वविद्यालय में पहुँचकर हिन्दी साहित्य और भाषा की धोती-कुर्तावाली देशज पोशाक में असाधारण सेवा की। प्रतिष्ठा बनाई। चमक पैदा की। एक नई ऊँचाई दी। यह सब तो बस हो गया। इसको तो उनके नेतृत्व में होना ही था। नामवर जी के जे.एन.यू. में होने का बड़ा सच यह है कि इन तीन दशकों में पूरे विश्वविद्यालय को नामवर जी की ऊर्जा, यश और प्रकाश मिला। क्योंकि इन तीन दशकों में आपातकाल (1975-77), जनता राज (1977-80), इन्दिरा जी-संजय गांधी-राजीव गांधी राज (1980-1989), वी.पी. सिंह-चन्द्रशेखर वाला मंडल-कमंडल दौर (1990-92) तथा नरसिंह राव-मनमोहन सिंह (1992-1997) का उदारीकरण दौर जैसी कई करवटें ली गईं। इनसे देश के साथ ही जे.एन.यू. समेत सभी विश्वविद्यालयों के सामने भी दिशा का संकट आया। कई लोग मौसम के हिसाब नई-नई 'पोशाकों' में दीखे। लेकिन नामवर जी 'बनारसी बेफिक्री' के साथ अपनी धुन में बने रहे। एक अत्यन्त उत्तेजक और विवादास्पद दौर में प्रतिक्रिया देने की जिद करने पर उन्होंने अखबारवालों को दो-टूक शब्दों में समझाया कि "प्रधानमन्त्री और सरकार के हर निर्णय पर अध्यापक और विश्वविद्यालय को प्रतिक्रिया देने की क्या जरूरत है? क्या हम सरकारों से अपनी दृष्टि बनाएँगे? जैसे हमारी समझदारी के बारे में मन्त्री लोग हर बार नहीं बोलते हैं, वैसे ही हम अध्यापकों को भी सरकार की हर नीति कार्यक्रम के बारे में कुछ कहने की विवशता नहीं महसूस करनी चाहिए। वह अपनी समझ से चलें, हम अपनी समझ से चल रहे हैं।"

जे.एन.यू. के साथ के लम्बे सम्बन्ध में इस विशाल परिसर का उनका औसत दरजे का आवास सबसे महत्त्वपूर्ण घरों में से था। मुझे उनके घर जाने के हर अवसर

पर देश के दूरदराज इलाकों से पहुँचे हुए नामी-अनामी अनेक लोगों से परिचित होने का मौका मिला। दो तरफ से ऊँची अलमारियों में सजी पुस्तकों से बने कोनेवाली बैठक में पूरब की तरफ बड़ी-सी खिड़की से आती रोशनी के बीच नामवर जी आगन्तुकों से पूरी सहजता से सुबह-शाम मिलते रहते थे। बीच-बीच में फोन के जरिए भी लोगों की बात सुनते हुए हरेक का सादगी और स्नेह के साथ स्वागत इस सहजता का ही अंश था। यह खुलापन जे.एन.यू. के अधिकांश विद्वानों द्वारा सत्तर के दशक से बनाई संस्कृति की बड़ी खूबी है और इसमें नामवर जी के घर-परिवार का योगदान अमूल्य था।

नामवर जी हिन्दीवालों के जितने अपने थे, उतने ही समाजशास्त्र, राजनीतिशास्त्र, इतिहास, भाषा विज्ञान और अन्तर्राष्ट्रीय अध्ययन संस्थान के भी रहे। हर महत्त्वपूर्ण राष्ट्रीय-अन्तर्राष्ट्रीय आयोजन में जवाहरलाल नेहरू विश्वविद्यालय परिवार के लोग उनको वक्ताओं में शामिल करने की जरूरत मानते थे। वह स्वयं हर महत्त्वपूर्ण सेमिनार-सम्मेलन के दिलचस्प सत्रों में श्रोताओं में भी शामिल हुआ करते थे। जब समाजशास्त्र का अध्ययन करानेवाले केन्द्र में आधुनिक भारतीय सामाजिक चिन्तकों के बारे में एक विशेष पाठ्यक्रम शुरू किया गया तो शुरू के तीन वर्षों में नामवर जी हमारे अनुरोध को स्वीकार कर विशेष व्याख्यान देने के लिए हर सत्र में एक बार जरूर आए। अपने पहले ही वक्तव्य में उनका सुझाव था कि आधुनिक भारतीय मानस को समझने के लिए बाकी सबको तो जानना ही होगा लेकिन बिना कुछ महत्त्वपूर्ण कहानियों-कविताओं और उपन्यासों को पढ़े पूरी तस्वीर नहीं बनेगी। उन्होंने विद्यार्थियों-शिक्षकों को सुझाव दिया कि परम्परा-आधुनिकता का बुनियादी द्वन्द्व आधुनिक भारतीय समाज के लिए जटिल चुनौती है और इसका सबसे अच्छा प्रस्तुतीकरण रवीन्द्रनाथ टैगोर के कालजयी उपन्यास 'गोरा' में है। तब से आज तक हमारे केन्द्र में 'गोरा' का पाठ अनिवार्य बना हुआ है। लगभग 70 देशों से हमारे यहाँ पढ़ने आए छात्र-छात्राओं को हम किसी समाजशास्त्रीय ग्रन्थ की बजाय एक उपन्यास के जरिए आधुनिक भारत के मानस निर्माण की प्रक्रिया को समझा चुके हैं। यह सुझाव सिर्फ एक उदाहरण है। हमारे सभी सहयोगियों को नामवर जी की ऐसी कितनी भेंटें मिलती रही हैं। उनकी व्यापकता और विशिष्टता के तमाम साक्ष्यों से जे.एन.यू. की कैम्पस-कथा का हर पहलू झिलमिलाता है। नामवर जी से जे.एन.यू. का अटूट सम्बन्ध हम सबकी साझी पूँजी जैसा है। हमारे कारोबार और सरोकारों में उनकी स्नेहछाया से बहुत सहायता मिलती रही है। यह विशिष्ट सम्बन्ध हम सबकी शक्ति और क्षमता के मूलाधारों में से है। यह अक्षुण्ण रहे, यही सबकी कामना है। नामवर जी स्वस्थ और सक्रिय रहें। हम सबके प्रेरणास्रोत शतायु हों—यह मेरी समूची पीढ़ी की प्रार्थना है।

ऐसे हैं प्रो. नामवर सिंह

प्रो. तुलसी राम

साहित्यिक आलोचना के क्षेत्र में प्रो. नामवर सिंह की ख्याति पौराणिक चरित्र जैसी है। उनकी ऐसी ही छवि शुरू से ही मेरे मस्तिष्क में आ बसी थी। मैंने जुलाई 1966 में इंटर पास करने के बाद बनारस हिन्दू विश्वविद्यालय के आर्ट्स कॉलेज में दाखिला पाया था। उस समय बनारस हिन्दू विश्वविद्यालय में छात्र आन्दोलन के चलते काफी उथल-पुथल थी, जिसका प्रमुख कारण था तत्कालीन भारत के शिक्षा मंत्री एम. सी. छागला द्वारा लाया गया एक प्रस्ताव जिसके तहत बनारस हिन्दू विश्वविद्यालय से 'हिन्दू' तथा अलीगढ़ मुस्लिम विश्वविद्यालय से 'मुस्लिम' शब्द हटाए जाने का प्रावधान किया गया था। अतः छात्रों ने 'हिन्दू' शब्द हटाए जाने के विरोध में एक उग्र आन्दोलन करके सन् 1965 में विश्वविद्यालय को अनिश्चित काल के लिए बन्द करवा दिया। इस पृष्ठभूमि में मैं जब वहाँ गया तो छात्र राजनीति की काफी धूमधाम थी। वहाँ के पुराने छात्र अक्सर बताते थे कि विश्वविद्यालय में सन् 1958 में छात्र संघ को भंग कर दिया गया था तथा कम्यूनिस्ट होने के आरोप में नामवर सिंह को प्राध्यापक पद से मुअत्तल कर दिया गया था। उनके साथ हजारीप्रसाद द्विवेदी को भी मुअत्तल किया गया था। इस पृष्ठभूमि में यह भी पता कि नामवर सिंह सन् 1957 में भारतीय कम्यूनिस्ट पार्टी से चन्दौली लोकसभा का चुनाव भी लड़ चुके थे। नामवर जी के बारे में यह सब सुनकर मस्तिष्क में कुतूहल-सा मचता था, क्योंकि मैं भी उस समय कम्यूनिस्ट बनने की प्रक्रिया से गुज़र रहा था। नामवर जी जब विश्वविद्यालय से मुअत्तल हुए, उस समय वहाँ के वाइस-चांसलर वेणी शंकर झा थे, जो अपने दक्षिणपंथी स्वभाव के लिए काफी प्रसिद्ध थे। उन्होंने छात्र संघ को भंग कर दिया था। तभी से वहाँ यह प्रतिबन्ध जारी था। इसी दौरान अंग्रेजी हटाओ आन्दोलन शुरू हो गया तथा छात्र संघ को पुनः बहाल करने की माँग तेज हो गई। उस समय जब भी छात्र सभाएँ होतीं, 1958 की घटनाओं का जिक्र अवश्य आता और एक बार फिर नामवर सिंह को याद किया जाता। मेरी बहुत उत्कंठा होती कि

नामवर सिंह से मिलूँ, किन्तु अपने दस साल के बनारस प्रवास के दौरान ऐसा सम्भव नहीं हो पाया।

संयोगवश बी.ए. में पढ़ते समय अंग्रेजी साहित्य तथा फिलॉसफी के साथ हिन्दी साहित्य भी मेरा एक विषय था। हिन्दी साहित्य के चलते मेरी मुलाकात नामवर जी के छोटे भाई तथा प्रसिद्ध कथाकार काशीनाथ सिंह से हुई जो मेरे प्राध्यापक भी थे। साहित्य में प्रगतिशीलता से मेरा सम्पर्क काशी जी द्वारा कक्षा में दिए गए भाषणों से हुआ। यह जानकर बहुत अच्छा लगता था कि काशी जी नामवर सिंह के छोटे भाई हैं। मैं बनारस हिन्दू विश्वविद्यालय में पढ़ते समय कम्यूनिस्ट पार्टी का 'होल टाइमर' था, इसलिए जितने भी मार्क्सवादी रुझान के प्राध्यापक थे, उनसे मेरी काफी नजदीकी रहती थी। इस सन्दर्भ में काशीनाथ सिंह मेरे बहुत बड़े प्रशंसक थे। 1975 में इमरजेंसी लागू होने के कुछ माह बाद मैं पार्टी के काम से दिल्ली आ गया और जब इमरजेंसी समाप्त हुई तो 1977 के आते ही देश की राजनीति बिलकुल बदल गई थी। मैंने पार्टी का काम छोड़कर एक नए सिरे से शिक्षा जगत में आने का निर्णय लिया। अतः जवाहरलाल नेहरू विश्वविद्यालय के स्कूल ऑफ लैंग्वेजेज़ के 'पश्तो' विभाग में मेरा पहला दाखिला हुआ। उस समय नामवर सिंह की जे.एन.यू. में तूती बोलती थी। मैं उन्हें जाते-आते देखता किन्तु काशीनाथ सिंह के शब्दों में उनकी 'भकाऊ' वाली छवि से डर जाता। इसलिए बहुत दिनों तक मेरी हिम्मत नहीं हुई कि मैं उनसे मिलकर अपना परिचय दूँ। लगभग दो साल (1977-79) तक मैं उन्हें गली-कूचों से गुजरते हुए ही देखता रहा, किन्तु परिचय नहीं हो सका। इसी बीच एक बार काशीनाथ सिंह दिल्ली आए और मुझे ढूँढ़ते हुए पेरियार होस्टल पहुँचे। उन्होंने मुझसे पूछा कि 'भैया' से मुलाकात होती है या नहीं। मैंने कहा कि बस आते-जाते देख लेता हूँ। दूसरे दिन सुबह काशी जी मुझे नामवर सिंह के जे.एन.यू. स्थित निवास स्थान, 109, उत्तराखंड लेकर गए। इस तरह मेरा पहला सुचारु सम्पर्क नामवर जी से हुआ। इस सम्पर्क में काशीनाथ सिंह ने बिचौलिया का काम किया। उनसे पहली मुलाकात नाश्ता के साथ समाप्त हुई। जाहिर है, जिस सम्बन्ध में बिचौलिया का काम काशी जी स्वयं करें, उसकी रंगत का अन्दाजा लगाया जा सकता है? सच पूछिए तो इसके बाद नामवर जी से खूब छनने लगी। मेरी उनकी हर मुलाकात राजनीतिक बहस में बदल जाती। वे दलित मुद्दों को लेकर काफी उत्सुक रहते थे, विशेष रूप से डॉ. अम्बेडकर के ऊपर खूब बहस होती। बुद्ध को लेकर भी हमारे बीच काफी चर्चा होती। इसके साथ साहित्य, कला एवं संस्कृति पर भी चर्चा होती रहती थी। दलित हित में कोई सूचना होती, तो नामवर जी मुझे बुलाकर बताते। ऐसी सूचनाएँ नौकरियों से भी सम्बन्धित होती थीं। इस सन्दर्भ में एक अप्रतिम घटना सन् 1982 के जाड़े के दिनों की है। एक सन्देश भेजकर नामवर जी ने मुझे पेरियार होस्टल से अपने घर

बुलाया। वे कहने लगे कि दिल्ली स्थित नेशनल डिफेंस कॉलेज में सैनिक अफसरों को पढ़ाने के लिए फ्रेंच भाषा में लेक्चरर की जगह खाली है। यह पद दलित वर्ग के लिए आरक्षित था तथा दो बार विज्ञापित हो चुका था। यदि तीसरी बार कोई नहीं मिला तो यह पद सामान्य श्रेणी को चला जाएगा। उन्होंने यह भी कहा कि अभ्यर्थी का फ्रेंच भाषा में एम.ए. होना आवश्यक है। नामवर जी ने यह भी आश्वासन दिया कि मैं जिस किसी की भी सिफारिश करूँगा, उसकी नियुक्ति हो जाएगी, क्योंकि वे स्वयं चयन समिति में थे। वे बार-बार इस बात पर जोर दे रहे थे कि उनके रहते यदि आरक्षित पद सामान्य श्रेणी में बदल गया, तो यह एक अनहोनी घटना होगी तथा दलित अधिकारों का हनन भी होगा। उन्होंने मुझे दो-चार दिन के अन्दर फ्रेंच भाषा में एम.ए. पास दलित अभ्यर्थी ढूँढ़ने को कहा। मैंने दूर-दूर तक तलाश की, किन्तु ऐसा कोई नहीं मिला। अन्ततोगत्वा मेरे एक मित्र लीला राम तान्डेकर थे, जो फ्रेंच भाषा में बी.ए. पास कर मेरे साथ स्कूल ऑफ इंटरनेशनल स्टडीज, जे.एन.यू. से इंटरनेशनल पॉलिटिक्स में एम.ए. पास करके पी-एच.डी. कर रहे थे। मैं झिझकते हुए नामवर जी से तान्डेकर के बारे में बताया कि वे फ्रेंच भाषा में बी.ए. पास है किन्तु एम.ए. दूसरे विषय में है। नामवर जी के सामने विकट समस्या थी, क्योंकि लेक्चरर पद के लिए उसी विषय में एम.ए. होना जरूरी था। इस मुश्किल के बावजूद उनकी असली चिन्ता यह थी कि आरक्षित पद सामान्य श्रेणी में न चला जाए। मुझे हैरत हुई कि नामवर जी सीधे तत्कालीन यू. पी. एस. सी. के चेयरमैन एम. एल. सहारे के पास चले गए और उन्होंने उनसे कहा कि फ्रेंच भाषा में एम.ए. होने की आवश्यक योग्यता के स्थान पर बी.ए. की डिग्री को आवश्यक मान लिया जाए। चूँकि तान्डेकर एम.ए. इंटरनेशनल पॉलिटिक्स में किए हुए थे, इसलिए नामवर जी ने तर्क दिया कि लेक्चरर के लिए आवश्यक योग्यता एम.ए. उनके पास है। नामवर जी बार-बार मुझसे पूछते रहे कि तान्डेकर को प्राइमरी स्कूल के बराबर की फ्रेंच भाषा पढ़ाना पड़ेगा। क्या वे पढ़ा पाएँगे या नहीं? मैंने उन्हें आश्वासन दिया कि तांडेकर को पढ़ाने में कोई दिक्कत नहीं आएगी। अन्ततोगत्वा नामवर जी के प्रयास से तांडेकर जी को यू. पी. एस. सी. द्वारा नेशनल डिफेंस कॉलेज में लेक्चरर पद पर चयनित कर लिया गया। शायद यू. पी. एस. सी. के इतिहास में यह एक अनोखी घटना है। उस समय मुझे याद है कि नामवर जी सबसे ज्यादा चिन्तित इस बात के लिए थे कि नेशनल डिफेंस कॉलेज जैसी एलीट संस्था में दलित प्राध्यापक होना आवश्यक है। मुझे यह भी याद है कि जिस दिन तान्डेकर उस पद पर नियुक्त हो गए, उस दिन नामवर जी अत्यन्त प्रसन्न हुए थे। इतना ही नहीं, वे जिस किसी भी चयन समिति में होते, वे अनेक अवसरों पर मेरी सलाह मानकर दलित उम्मीदवारों के लिए संघर्ष करते। मैं स्वयं जब सन् 1985 में पी-एच.डी. समाप्त कर रहा था, वे उस समय बार-बार यह कहते कि

मुझे जे.एन.यू. में ही रहना है। यद्यपि नामवर जी का स्कूल अलग था, फिर भी वे मेरी नियुक्ति के लिए अत्यन्त चिन्तित थे। 21 फरवरी, 1986 को मेरी नियुक्ति स्कूल ऑफ इंटरनेशनल स्टडीज के 'सेन्टर फॉर सोवियत एंड ईस्ट यूरोपियन स्टडीज' में हुई। मैं जब सुबह-सुबह नामवर जी के घर गया तो वे उठकर खड़े हो गए। उनकी खुशी का ठिकाना नहीं था। वे कहने लगे : "आपको बहुत बड़ा स्कॉलर बनना है।" इसके बाद वे समय-समय पर मेरे निवास स्थान पर केदारनाथ सिंह के साथ आते और घंटों खूब बहस होती। बहस के मुद्दों में दलित साहित्य, बौद्ध दर्शन, कला तथा साहित्य आदि अनेक विषय शामिल होते। उनके साथ जब भी बैठक होती, वह एक अद्भुत घटना में बदल जाती। उनके साथ एक ऐतिहासिक घटना यह हुई कि मेरी नियुक्ति के बाद मुझे ओल्ड कैम्पस में स्कूल ऑफ सोशल साइंस के द्वितीय मंजिल पर एक कमरेवाला निवास मिला था। नामवर जी 60 साल के होनेवाले थे। घटना 1 मई, 1987 की है। उन्होंने स्वयं तय किया कि यह अवसर वे मेरे साथ बिताएँगे। मुझे अत्यन्त प्रसन्नता हुई। उस दिन मेरे उस निवास पर प्रो. नामवर सिंह के अलावा केदारनाथ सिंह, कवि त्रिलोचन शास्त्री तथा प्रसिद्ध आलोचक डॉ. बच्चन सिंह आए। शाम को सात बजे बैठक शुरू हुई। मैं अकेला रहता था। अतः उस कमरे की बॉलकनी में मैं स्टोव पर खाना बना रहा था जिसमें मीट भी शामिल था। उस बैठक की विशेषता यह थी कि मेरे एक हाथ में 'कलछुल' होती और दूसरे हाथ में बोतल। उसी दिन केदारनाथ सिंह से पता चला कि नामवर जी ऐसे 'पेय पदार्थ' को 'अन्तरकम्बल' कहते हैं। ये सभी महानुभाव 'रम' पसन्द करते थे। नामवर जी का मनचाहा ब्रांड था 'रॉयल रिजर्व'। वह बहुत गर्म दिन था और 'अन्तरकम्बल' ने गर्मी और बढ़ा दी। तमाम विषयों पर चर्चा होने लगी। त्रिलोचन शास्त्री एकदम बेकाबू थे। वे गिलास में 'नीट' भर लेते और बिना पानी मिलाए एक ही घूँट में गटक जाते। उस दिन नामवर जी ने बनारस के अनेक संस्मरण सुनाते हुए साठ साल का कुछ लेखा-जोखा भी प्रस्तुत किया। साहित्य पर भी खूब चर्चा हुई। करीब एक बजे रात को बैठक समाप्त होने के बाद नामवर जी तथा केदार जी पैदल टहलते हुए न्यू कैम्पस स्थित अपने निवास चले गए। मेरे यहाँ से प्रस्थान करने के पहले केदार जी ने एक भरी हुई बोतल को कमरे से उठाकर बाथरूम के ताखे पर छिपा दिया। उस रात को त्रिलोचन शास्त्री तथा बच्चन सिंह मेरे यहाँ ही सो गए थे। केदार जी ने धीरे से कहा कि रात में त्रिलोचन जी पर मैं निगरानी रखूँ, अन्यथा वे बोतल तलाशकर पी जाएँगे। उनकी सबसे बड़ी चिन्ता यह थी कि कुछ माह पूर्व भोपाल में पीते समय त्रिलोचन शास्त्री को हार्ट अटैक आ गया था और बड़ी मुश्किल से उनकी जान बची थी। मुझे त्रिलोचन शास्त्री की चिन्ता तो थी ही, उधर डॉ. बच्चन सिंह मई की उस भयंकर गर्मी में कम्बल ओढ़कर जमीन पर सो गए थे। यह एक गजब का संयोग था। एक

तरफ उनके अन्दर 'अन्तरकम्बल' और ऊपर असली कम्बल। मैं बार-बार रात में उठकर बाथरूम में छिपाई हुई बोतल को देखने जाता, जिसका सबसे बड़ा कारण यह था कि त्रिलोचन जी बेतहाशा पीनेवाले पुरुष बन चुके थे। अतः केदार जी ने मुझे अच्छी तरह समझा दिया था कि कहीं बेहद 'पी-पा' कर त्रिलोचन जी को कुछ हो गया तो मेरे लिए एक विकट समस्या खड़ी हो जाएगी। जो भी हो, वह दिन मेरे लिए निश्चित रूप से ऐतिहासिक था।

सन् 1980 तथा 90 का दशक दलित साहित्य के उत्थान में चर्चा का विषय बना हुआ था। नामवर जी मुझसे अकसर इस विषय पर चर्चा करते तथा डॉ. अम्बेडकर के बारे में जानकारी के लिए किताबों की माँग करते। मैं उन्हें ऐसी किताबें उपलब्ध कराता रहता था। धीरे-धीरे हम लोगों की अकादमिक बहसें प्रगाढ़ सम्बन्धों का रूप लेने लगी। मुझे अन्य लोगों से कई बार पता चला कि नामवर जी ने कई मंचों पर मेरा उल्लेख करते हुए स्वीकार किया कि दलित साहित्य से उनका सम्पर्क मेरे कारण हुआ। यह नामवर जी जैसा उद्भट विद्वान ही स्वीकार कर सकता था। दलित साहित्य के सन्दर्भ में नामवर सिंह के साथ मेरी एक रोचक यात्रा सन् 1996 में सम्पन्न हुई। गोरखपुर विश्वविद्यालय में मुंशी प्रेमचन्द की 115वीं जयन्ती पर एक नेशनल सेमिनार का आयोजन प्रसिद्ध आलोचक प्रो. परमानन्द श्रीवास्तव द्वारा किया गया था, जिसमें मैं भी निमन्त्रित था। नामवर जी ने मुझसे कहा कि हम दोनों एक साथ गोरखपुर जाएँगे। अतः हमलोग 'वैशाली एक्सप्रेस' से गोरखपुर के लिए रवाना हुए। यह सहयात्रा पूर्णरूपेण द्विपक्षीय बहस में बदल गई। नामवर जी रात में खाने के लिए चने का पराठा लाए थे और मैं रोटी के साथ अरवी की सब्जी जो उन्हें बहुत पसन्द आई। इसके साथ मैंने एक पेप्सी की खाली बोतल में उनका 'अन्तरकम्बल' भी भर लिया था। खान-पान के साथ नामवर जी ने प्रेमचन्द के साहित्य पर चर्चा शुरू कर दिया। उन दिनों दलित साहित्यकारों के बीच प्रेमचन्द को लेकर बहुत कड़वाहट का वातावरण बना हुआ था। नामवर जी ने समय के अनुकूल ही प्रेमचन्द की कहानी 'कफ़न' पर मेरी राय जाननी चाही। मैंने उनसे स्पष्ट कहा कि इस कहानी में दलित पात्रों की अवमानना की गई है। मेरा विचार था कि कफ़न के पैसे से शराब पीना बड़ा अटपटा लगता है। पूरी कहानी पर बहुत देर तक चर्चा होती रही। प्रेमचन्द की अन्य कहानियों तथा उपन्यासों पर भी खूब चर्चा हुई। काफी देर रात गए हम सो गए। गोरखपुर पहुँचने पर अनेक साहित्यकारों ने हमारा स्वागत किया। सेमिनार का उद्घाटन नामवर सिंह को करना था। उद्घाटन भाषण के दौरान मुझे हैरत हुई कि नामवर सिंह ने ट्रेन में हुई मेरे साथ बहस को ध्यान में रखते हुए अपने भाषण में प्रेमचन्द की कहानी 'कफ़न' का कोई उल्लेख नहीं किया। यह नामवर जी का बड़प्पन था जो मेरी बातों को इतनी गम्भीरता से ले सकते थे। उद्घाटन के बाद नामवर जी

किसी विशेष कार्यवश तुरन्त दिल्ली वापस आ गए। दूसरे सत्र में मुझे बोलना था। दलित साहित्य पर मैंने करीब डेढ़ घंटे का भाषण दिया। सत्र सम्पन्न होने पर चाय के लिए एक ब्रेक हुआ। उस समय एक विचित्र घटना हुई। गोरखपुर विश्वविद्यालय की एक शोध छात्रा, जो दलित साहित्य पर शोध कर रही थी, उसका नाम मैं भूल चुका हूँ किन्तु उसका उपनाम 'मिश्रा' था। वह छात्रा मेरे पास आई और अपनी डायरी मेरे हाथों में देते हुए उसके 'आटोग्राफ' की माँग की। मैंने कुछ लिखकर हस्ताक्षर के साथ अपना पूरा नाम लिख दिया। जब उस छात्रा ने मेरा नाम पढ़ा तो आश्चर्यचकित होकर वह बोल पड़ी : "तो क्या आप नामवर सिंह नहीं हैं?" मैंने कहा, नहीं। उस छात्रा को बड़ी निराशा हुई। बाद में जब नामवर सिंह को इस घटना का पता चला, तो वे खूब हँसे।

ऐसी ही एक अत्यन्त रोचक यात्रा अक्टूबर 2004 की है। हिमाचल प्रदेश के मंडी नामक स्थान पर प्रगतिशील लेखक संघ का एक सम्मेलन होनेवाला था। सम्मेलन का मुख्य विषय था 'साहित्य तथा फासीवाद'। नामवर जी ने इस विषय के साथ मुझे उद्‌घाटन भाषण के लिए कहा। जैसा कि अवगत है कि नामवर जी प्रगतिशील लेखक संघ के राष्ट्रीय अध्यक्ष हैं। उनके साथ मैं, डॉ. खगेन्द्र ठाकुर तथा कमला प्रसाद पांडे एक टाटा सूमो में मंडी के लिए रवाना हुए। यह पूरी यात्रा एक दार्शनिक सेमिनार में बदल गई। हमलोगों के बीच प्राचीन भारतीय चिन्तन परम्परा से लेकर आधुनिक राजनीतिक परम्परा तक पर खूब चर्चा हुई। नामवर जी की एक खास बात यह है कि वे जितने बड़े वक्ता हैं, उससे कड़ीं ज्यादा बड़े श्रोता भी हैं। अनेक प्रश्नों पर वे मुझे लगभग पूरी यात्रा में सुनते रहे। वापसी यात्रा में भी यही दृश्य था। प्राचीन काल में विद्वानों को 'बहुश्रुत' कहा जाता था। नामवर जी आधुनिक काल में सही मायनों में एक अद्‌भुत बहुश्रुत हैं। आज के युग में हर व्यक्ति अपनी सुनाना पसन्द करता है किन्तु सुनना नहीं। इस सन्दर्भ में नामवर जी अपवाद हैं। मंडी में करीब ढाई सौ लेखक इकट्ठा हुए थे। नामवर जी जहाँ भी होते हैं, उनका दर्जा सुपर स्टार की तरह होता है। मंडी में भी उनकी ऐसी ही स्थिति थी। ऐसे वातावरण में उद्‌घाटन भाषण देकर कौन गौरवान्वित महसूस नहीं करेगा? मैंने अपना भाषण पिछली सदी में पश्चिमी देशों, विशेष रूप से अमेरिका में चलाए गए साहित्य-विरोधी आन्दोलन के विश्लेषण से शुरू किया और साहित्य के सन्दर्भ में विभिन्न दार्शनिकों के दर्शन से गुजरते हुए फासीवाद के बारे में ग्राम्सी के विचारों से अन्त किया। जाहिर है नामवर जी की उपस्थिति में मेरा यह एक अनोखा सम्मान था। बाद में उन्होंने मुझसे फासीवाद पर 'आलोचना' के लिए एक विशेष लेख लिखने के लिए कहा। इसी तरह पिछले साल 9 अप्रैल से 11 अप्रैल, 2008 तक बेगूसराय के गोदरगाँव नामक गाँव में एक बार फिर प्रगतिशील लेखक संघ का राष्ट्रीय सम्मेलन

हुआ। मंडी की ही तरह गोदरगाँवा में भी मुझे वही सम्मान मिला। इस सम्मेलन का मूल उद्घाटन प्रसिद्ध लेखिका महाश्वेता देवी के द्वारा होना था, किन्तु अचानक बीमार पड़ जाने के कारण वे नहीं आईं। नौ अप्रैल को महापंडित राहुल सांकृत्यायन का जन्मदिन था। शाम का समय था। उद्घाटन स्थल पर करीब दस हजार की भीड़ इकट्ठी थी। मेरी भी तबीयत ठीक नहीं थी, इसलिए एक कमरे में लेटा हुआ था। अचानक माइक से घोषणा करके मुझे मंच पर आने के लिए कहा गया। मैं बिस्तर से उठकर मंच पर गया तो देखा कि वहाँ नामवर जी के साथ विख्यात नाटककार हबीब तनवीर तथा असगर अली इंजीनियर समेत अनेक लेखक मौजूद थे। महाश्वेता जी की अनुपस्थिति में हम चारों ने मिलकर उद्घाटन भाषण दिया। यह भी एक अनोखा उद्घाटन समारोह था। बाद में मुख्य सत्र में 'नव साम्राज्यवाद तथा दलित लेखन' पर मुझे बोलने के लिए कहा गया। मैंने नव साम्राज्यवादियों द्वारा भूमंडलीकरण के तहत दुनिया भर की अर्थव्यवस्था के साथ साहित्य एवं संस्कृति के एकीकरण के प्रयास का विश्लेषण करते हुए विभिन्न देशों में सीधे राजनीतिक हस्तक्षेप पर अपना मत व्यक्त किया। एक विचित्र तथ्य यह है कि भूमंडलीकरण के दौर में मानव को मानव नहीं, बल्कि 'उपभोक्ता' समझा जाता है। यहीं से शुरू होती है उपभोक्ता संस्कृति। उपभोक्ता संस्कृति के टूल के रूप में केबुल, टी. वी., इंटरनेट, ग्लोबल एडवरटाइजिंग, इनफार्मेशन हाईवे, सैटेलाइट फोन, वेस्टर्न स्टूडियो आदि का इस्तेमाल करते हुए दुनिया भर में विशाल स्वप्न उद्योग कायम किया जा रहा है, जिससे स्थानीय साहित्य तथा संस्कृति बुरी तरह प्रभावित हो रही है। इन सन्दर्भों में मैंने दलित साहित्य की चर्चा की। बाद में इस विषय पर काफी उपयोगी बहस हुई जिसमें देश भर से आए अनेक लेखकों ने हिस्सा लिया। बहस का समापन बड़े शक्तिशाली ढंग से नामवर जी ने किया। गोदरगाँवा का यह सम्मेलन एक यादगार घटना सिद्ध हुआ।

पिछले तीस साल के दौरान मैंने नामवर जी के व्यक्तित्व को बहुत नजदीक से देखा। उनकी सबसे बड़ी विशेषता यह है कि यदि कोई उनकी आलोचना करता है, तो भी वे कभी अपना सन्तुलन नहीं खोते। मुझे याद है कि हिन्दी क्षेत्र के कुछ दलित लेखक नामवर जी को मंच पर देखते ही भड़क उठते थे तथा वे लगभग गाली-गलौज पर उतारू हो जाते थे, किन्तु नामवर जी चूँ तक नहीं करते थे। बाद में जब भी वे मुझसे मिलते अपनी आलोचना को दरकिनार करके साहित्य तथा राजनीति पर बहस करते। मैंने पाया कि नामवर जी की जितनी मजबूत पकड़ साहित्य पर है, वैसी ही पकड़ राजनीति एवं इतिहास पर है। मुझे याद है जब 1989-90 में मंडल कमीशन को लेकर आन्दोलन चल रहा था, चारों तरफ गरमागरम वातावरण था। उसी समय एक दिन नामवर जी मेरे निवास पर केदारनाथ सिंह के साथ आए। प्रसिद्ध

राजनीतिशास्त्री प्रो. सी. पी. भांभरी भी मौजूद थे। हम सभी मंडल कमीशन के तौर-तरीके पर बहस कर रहे थे। इसी बीच प्रो. भांभरी ने कहा : "चाहे जो भी हो, वी. पी. सिंह (तत्कालीन प्रधानमंत्री) एक ईमानदार आदमी हैं।" इस पर नामवर जी ने तपाक से कहा : "देश ईमानदारी से नहीं, समझदारी से चलता है।" नामवर जी की इस प्रतिक्रिया पर एकदम गम्भीर वातावरण हो गया और सभी लोग देश की तरफ देखने लगे। मेरे लिए तो यह जुमला हमेशा के लिए 'तकिया कलाम' बन गया। सन्दर्भ आते ही मैं इसे हमेशा दोहराता रहता हूँ। मेरे लिए ऐसे हैं प्रो. नामवर सिंह!

पंडितजी के शिष्य के प्रति कृतज्ञता

प्रो. सुवीरा जायसवाल

नामवर जी के नाम से मेरा परिचय जवाहरलाल नेहरू विश्वविद्यालय में आने के बाद ही हुआ। मैं सन् 1971 में इतिहास विभाग में रीडर बनकर आई थी। करीब 1974-75 में मेरे गुरु और गाइड प्रो. रामशरण शर्मा ने मुझसे कहा कि 'जे.एन.यू. में तो प्रो. नामवर सिंह भी आ गए हैं—सी.आई.एल. में अध्यक्ष और प्रोफेसर के रूप में।' उन्हीं से मैंने नामवर जी की विद्वता और उनके काम के बारे में जाना।

नामवर जी को पहले-पहल सुनने का मौका भी इतिहास विभाग में ही मिला, जब उन्हें अपभ्रंश में लिखे साहित्य पर बोलने के लिए बुलाया गया था। पंडित हजारीप्रसाद द्विवेदी के शोध-निर्देशन में अपभ्रंश पर उनका सचमुच में बड़ा महत्त्वपूर्ण काम है। उनके भाषण में तत्कालीन ऐतिहासिक-राजनैतिक परिस्थितियों का बड़ा अच्छा विश्लेषण था। शब्दों के विकास को भी दिखाया गया था। भाषण बड़ी मेहनत और सलीके से तैयार किया गया था।

लेकिन इन सबके बावजूद मैं नामवर जी को अधिक बार नहीं सुन पाई और न ही उनसे कोई सम्पर्क रख पाई। दो-एक बार प्रो. रामशरण शर्मा के साथ ही उनसे मुलाकात हो पाई।

दरअसल मैं जब भी पीछे मुड़कर अपना जीवन देखती हूँ तो कभी आश्चर्य से तो कभी विडम्बना बोध से भर जाती हूँ। मेरी पढ़ाई-लिखाई इलाहाबाद में हुई। ग्रेजुएशन के तुरन्त बाद एम.ए. के दौरान मेरा विवाह कर दिया गया और उसके बाद मैं अपनी पारिवारिक-सामाजिक दुनिया में इस तरह बँध गई कि पढ़ाई-लिखाई की औपचारिक दुनिया से बिलकुल ही कट गई। इसका एक कारण यह भी था कि मेरे पति नौकरी में थे और उनके ट्रांसफर के साथ मेरा स्थानान्तरण जुड़ा हुआ था। उस वक्त की दुनिया आज की दुनिया की तरह नहीं थी। पारिवारिक जिम्मेदारियों का दायरा बड़ा होता था। और फिर व्यक्ति का अपना स्वभाव भी होता है। विवाह के बाद के सात साल यूँ ही बीते। पर पढ़ने—कुछ करने की ललक के चलते, विवाह

के सात वर्ष बाद मैंने पटना विश्वविद्यालय से प्रो. रामशरण शर्माजी के अंडर पी-एच.डी. का काम शुरू किया। मेरा काम वैष्णव भक्ति पर है।

इस सबके बावजूद जे.एन.यू. आकर मैं यहाँ की लार्जर कम्यूनिटी का हिस्सा नहीं बन पाई, इसका एक कारण यह भी है कि मेरे पति और मेरी बेटी दोनों का स्वास्थ्य कुछ ठीक नहीं रहता था। अतः मैं क्लास लेने के बाद घर लौट आती थी और मेरी अधिकतर पढ़ाई घर पर ही होती थी। और इस तरह मैंने अध्ययन-अध्यापन की दुनिया और पारिवारिक दुनिया के बीच सन्तुलन बनाने का प्रयास किया।

लेकिन एक बात के लिए मैं आजीवन नामवर जी की कृतज्ञ रहूँगी और वह यह कि उन्हीं के प्रयासों के फलस्वरूप मुझे पं. हजारीप्रसाद द्विवेदी को सुनने का मौका मिला। सूरदास पर अपने गुरु के दो भाषण उन्होंने जे.एन.यू. में करवाए थे। चूँकि मेरा खुद का काम वैष्णव भक्ति पर है अतः पंडितजी के ये भाषण मेरे लिए महत्त्वपूर्ण थे। आज भी जब कभी मैं नामवर जी को याद करती हूँ तो यही बात मुझे सबसे पहले याद आती है। नामवर जी की छवि इस घटना के साथ जुड़ गई है।

जैसा कि होता है, मेरा काम मूलतः अंग्रेजी में है। पर इन दिनों मैंने हिन्दी में काम करना शुरू किया है। 'तद्भव' में राम सम्बन्धी शोध पर मेरा लेख प्रकाशित हुआ है तथा और भी काम जारी है। हिन्दी में काम की बड़ी सम्भावनाएँ हैं और इस भाषा की पहुँच भी बहुत अधिक है।

अन्त में मैं नामवर जी को सक्रिय सार्थक जीवन के लिए हार्दिक शुभकामनाएँ देती हूँ।

(सुवीरा जी से टेलीफोन पर बातचीत के आधार पर सम्पादक द्वारा तैयार)

जीवन भर जे.एन.यू.

प्रो. शबरी मित्र

वो एक दौर था, जे.एन.यू. का और मेरी ज़िन्दगी का भी। बहुत कुछ सीखने का, बहुत कुछ जानने-समझने का। कुछ खोने का, कुछ पाने का। बीसवीं सदी का आठवाँ दशक। जे.एन.यू. के पोस्ट-एमरजेंसी सफर के महत्त्वपूर्ण कुछ वर्ष। साथ ही में मेरी निजी ज़िन्दगी के सबसे अमूल्य कुछ वर्ष, जिसमें जे.एन.यू. नहीं होता तो मेरी दिशा ही बदल जाती, या फिर शायद ज़िन्दगी दिशाहीन हो जाती।

बुद्धिजीवी माता-पिता की इकलौती बच्ची। जहाँ एक तरफ मिली थी चिन्ताशैली की प्रसारता और बौद्धिक बहुमुखिता की सीख, वहीं एक टिपीकल मध्यमवर्ग परिवार की बच्ची को समाज और जीवन की कड़वी सच्चाइयों से बचाए रखने का प्रयास। ऐसी ही एक परवरिश और बी.एस-सी. डिग्री के साथ मैं जे.एन.यू. आई थी 1982 में चीनी भाषा और साहित्य पढ़ने। जाहिर है जे.एन.यू. के इंटेलेक्चुअल ग्लैमर से मेरी आँखें चौंधिया गईं। मानो जैसे घर की सारी खिड़कियाँ और दरवाजे खोल दी गई हों और अद्भुत रोशनी में एक होलिस्टिक ज्ञान की दुनिया धीरे-धीरे उद्भासित होती चली गई। और अभी भी हो रही है।

क्या था उस समय के जे.एन.यू. में जिसे हम अभी भी सँजोए रखने की कोशिश कर रहे हैं? इस कोशिश में शामिल हैं वही सब भावनाएँ, वही सब मूल्यबोध, वही जीवन दर्शन जो जन्मे थे जे.एन.यू. के उन दिनों की राजनैतिक, सामाजिक और बौद्धिक संस्कृति से।

जब मैं जे.एन.यू. के भाषा संस्थान में चीनी भाषा और साहित्य पढ़ने आई थी, तब बहुत कम छात्र चीनी पढ़ने आते थे। हालाँकि बंगाल, केरल और त्रिपुरा के बाद भारत का 'तीसरा/चौथा लाल राज्य' होने के नाते जे.एन.यू. में चीन के बारे में उत्सुकता बहुत थी। आज जैसा नहीं, जब चीन को एक बृहत् बाज़ार और चीनी भाषा को सिर्फ एक पैसा कमाने का ज़रिया समझते हैं ज़्यादातर छात्र। सांस्कृतिक क्रान्ति के बाद चीन ने जिस सामाजिक और आर्थिक नीति को अपनाया था उसके बारे में

जानना चाहते थे सब शिक्षक, छात्र और वैसे सारे 'राजनैतिक एक्टिविस्ट' जो कभी जे.एन.यू. में पढ़ने आते थे और फिर हमेशा के लिए अनौपचारिक रूप से यहीं रह जाते थे। ख़ासकर भाषा संस्थान के ऐसे शिक्षक जो कि अपने-अपने क्षेत्रों में प्रगतिशील आन्दोलन के धरोहर थे, जैसे नामवर सिंह जी। इसलिए शायद नामवर जी चीन के बारे में अपनी बहुत सारी उत्सुकता और सोच मेरे गुरु गोविन्द पुरुषोत्तम देशपांडे के साथ बाँटते थे। संस्कृति और साहित्य से जुड़ी हुई मौलिक तात्विक समस्याओं और व्यावहारिक नीतियों के बारे में न जाने कितनी बहस इन दोनों ने की होगी। दुर्भाग्य यह है कि 1987 तक नामवर जी और जी.पी.डी. किसी को भी हमने करीब से नहीं जाना। सिर्फ दूर से उनके भाषणों को सुनते रहे और उनके ज्ञान की व्याप्ति में एक छोटे से तिनके की तरह बहते रहे। मज़े की बात यह है कि मैंने अपनी छात्रावस्था में कभी भी जी. पी. डी. का कोई कोर्स नहीं किया। जबकि मैंने एम.फिल. और पी-एच.डी. का शोधकार्य उन्हीं के निर्देशन में किया। उसकी वजह यह थी कि जब मैं एम.फिल. करने एस. आई. एस. के ईस्ट एशियन स्टडीज में आई तब जी. पी. डी. जे.एन.यू. से छुट्टी पर थे और नेहरू फेलोशिप के तहत शोधकार्य में व्यस्त थे। मुझे अभी भी याद है, एक दिन मैं डाउन कैम्पस के हेक्सागोनाल के कैरिडोर में बैठी हुई थी और जी.पी.डी. गुज़र रहे थे। ऐसे ही कुछ सामान्य बातचीत के दौरान उन्होंने कहा कि अगर मैं चाहूँ तो एम.फिल. उनके साथ कर सकती हूँ। मुझे मानो जैसे चाँद मिल गया। और उसके बाद जैसे कहते हैं—'रेस्ट इज हिस्ट्री'।

जी. पी. डी. केवल मेरे गाइड और सुपरवाइज़र नहीं हैं। वे एक फ़ादर फ़िंगर भी हैं। आज जब मैं यह लेख लिख रही हूँ तो पता चला कि मातृ-समान कालिन्दी देशपांडे नहीं रहीं—कितनी बातें याद आ रही हैं। उनका उत्साह-उछाह हम सबको उत्साहित करनेवाला होता था। सही अर्थों में सहधर्मिणी किसे कहते हैं, इसे मैंने उनको देखकर जाना था। तो जे.एन.यू. सचमुच में गुरुकुल की परम्परा में है जहाँ छात्र कक्षा में नहीं, कक्षा के बाहर भी देखता-सीखता है।

नामवर जी ऐसी शख्सियत थे कि उन दिनों हम उनको दूर से देखते ही कैरिडोर के किनारे हो जाते थे। भारतीय भाषा केन्द्र पहली मंज़िल में था जहाँ हमारी मदन भाई की कैन्टीन थी। दिन में दस बार आना-जाना था, हरेक काम के लिए, हरेक चीज़ के लिए चाय का साथ जो ज़रूरी था। और फिर किदवई साहब, असलम साहब, केदारनाथ सिंह जी, अशफ़ाक़ साहब, सबके साथ एक औपचारिक नमस्कार विनिमय होता था। एक सिर्फ नामवर जी थे जिनके साथ नमस्कार तो दूर, देखते ही गला सूख जाता था। यह बात मैंने बाद में चलके उनको बताया भी था कि मैं उनसे कितना डरती थी। अपनी स्वाभाविक मृदुहास्य के साथ नामवर जी ने जवाब दिया था : "भाई, मैं तो तुमसे डरता था।"

पिछले सात-आठ सालों में मैं नामवर जी से बहुत बार मिली। उनके घर पर, जे.एन.यू. में, और फिर तरह-तरह की सभा-गोष्ठियों में। हर मुलाकात में किसी-न-किसी बात, कोई-न-कोई वार्तालाप ने एक निर्दिष्ट छाप छोड़ा है, हर मुलाकात में कुछ नया सीखा है, जाना है। इतने कम समय की निजी पहचान, और फिर मैं तो उनकी छात्रा भी नहीं रही। पर हमेशा वे एक परम सस्नेह प्रसन्नता से मिले, जिसके चलते हक भी जताया कई बार मैंने। तुलनात्मक साहित्य और संस्कृति की सभाओं में उनके मुख्य भाषण के लिए ज़िद किया। और नामवर जी सिर्फ माने वही, मेरे हर ऐसे प्रयास को उत्साह देते रहे। मैं मानती हूँ कि जे.एन.यू. की अनेक देनों में यह भी एक देन है मेरे लिए, बौद्धिक भी और आन्तरिक भी। मेरी पहली किताब 'बीसवीं सदी के चीन में राजनीति और साहित्य : कुछ मुद्दे' जब छपने जा रही थी उन दिनों नामवर जी के साथ संस्कृति सम्बन्धी अनेक मुद्दों पर बातचीत होती रही। उन्होंने पूरी पांडुलिपि पढ़ी और वे उसका मुखबंध भी लिखनेवाले थे, पर एकदम से अस्वस्थ हो जाने के कारण इस सौभाग्य से हम वंचित हो गए और किताब को बिना मुखबंध के ही प्रेस में भेजना पड़ा।

फिर वही सवाल उठता है मन में। जे.एन.यू. में ऐसा क्या था—अब भी जिसको हम सँजोए रखने की कोशिश में हैं, जिसने उस दौर के विद्यार्थियों को एक जीवन दर्शन दिया? सिर्फ पढ़ाई नहीं, ऐसे ही अनगिनत बौद्धिक व आन्तरिक अनुभवों से बना है वह जीवन दर्शन। उसमें पॉलिटिकल एक्टीविज्म भी था, इंटेलेक्चुअल डिस्कोर्स भी था और थी नामवर जी—जी. पी. डी. जैसी आइकोनिक फिगर्स की अनमोल छाया।

यही कारण है कि हममें से बहुतों के लिए जे.एन.यू. हमारे होने का, वजूद का हिस्सा है और यह बना रहेगा—जीवन भर...शायद इसके बाद भी...।

यादों के झरोखे से : नामवर सिंह

प्रो. चमन लाल

नामवर सिंह—यह नाम कब मेरे ज़ेहन में पहली बार दर्ज हुआ? याद करने की कोशिश करता हूँ तो साल 1966 या 1967 ही सामने आएँगे। 8 जून, 1964 को, जिस दिन पंडित नेहरू के राख विसर्जन के मौके पर पूरे देश के कस्बों/शहरों में हड़ताल रही थी, मैं अपने कस्बे रामपुरा फूल की पब्लिक लाइब्रेरी से पढ़ने के लिए 'गोदान' लाया था और पूरे दिन में पढ़कर ख़तम किया था। 1965 से 1967 के दौरान अपने कस्बे के स्कूल से जूनियर बेसिक टीचर (जे.बी.टी.) का प्रशिक्षण प्राप्त करने के दौरान ही 1966-67 के दौरान 'प्रभाकर' (ऑनर्स इन हिन्दी) की परीक्षा पंजाब विश्वविद्यालय, चंडीगढ़ से पूरे पंजाब में प्रथम रहकर पास की थी। 'प्रभाकर' का स्तर लगभग एम.ए. (प्रथम वर्ष) के बराबर माना जाता था। आलोचनात्मक साहित्य से परिचय इसी काल में पहली बार हुआ। इस समय यह याद नहीं कि 'प्रभाकर' की तैयारी के दौरान नामवर सिंह की कोई किताब पढ़ने को मिली या नहीं, लेकिन 1970-71 के दौरान एम.ए. (प्रथम वर्ष) की परीक्षा की तैयारी प्राइवेट छात्र के रूप में करने के दौरान कम-से-कम 'छायावाद' तो अवश्य ही पढ़ी थी। क्योंकि इस परीक्षा की तैयारी के लिए पुस्तक सूची तैयार करने के लिए मैं उन दिनों जालंधर के पंजाब विश्वविद्यालय के क्षेत्रीय केन्द्र में कार्यरत रमेश कुन्तल मेघ के पास विशेष रूप से गया था और छायावादी कवियों को समझने के लिए उन्होंने नामवर सिंह की पुस्तक की सिफारिश की थी। बाद में 1971-72 में एम.ए. (द्वितीय वर्ष) पंजाब विश्वविद्यालय, चंडीगढ़ में बाकायदा होस्टल में रहकर करने के दौरान, डॉ. इन्द्रनाथ मदान और कुमार विकल की संगति में रहते हुए यह मुमकिन ही नहीं था कि मैं नामवर सिंह की किताबें न पढ़ता या उनके बारे में इन दोनों से काफी चर्चाएँ न सुनता। लेकिन उस समय भी यह याद नहीं कि उस साल के छात्र जीवन के दौरान नामवर सिंह को चंडीगढ़ में देखा या नहीं।

सातवें दशक में नक्सलवादी क्रान्तिकारी उभार के दौरान मैं हिन्दी और पंजाबी

के प्रगतिशील साहित्यिक/सांस्कृतिक आन्दोलनों से जुड़ गया था और हिन्दी की विशिष्ट रचनाओं का पंजाबी में अनुवाद भी करने लगा था। इस बीच मुक्तिबोध के साहित्य पर शोध के लिए रमेश कुन्तल मेघ के निर्देशन में चंडीगढ़ में पंजीकरण भी करवाया, लेकिन गाँव के स्कूल की हिन्दी अध्यापक की नौकरी में रहते ज्यादा काम नहीं कर पाया। शोध न कर पाने की स्थिति में 1972-74 के दौरान मैंने प्राइवेट रूप में पंजाबी की भी एम.ए. कर डाली और तब जे.एन.यू. की चर्चाएँ भी पंजाब के बौद्धिक हल्कों में पहुँचने लगीं। पंजाब विश्वविद्यालय, चंडीगढ़ में साथी रहे प्रीतम गिल और भगवान जोश जे.एन.यू. पहुँच गए और मैं भी जे.एन.यू. में दाखिले के लिए बेचैन होने लगा। 1975 में जे.एन.यू. में पी-एच.डी. (हिन्दी) के लिए पहली बार दाखिला खुला और मैंने भी फार्म भरकर भेज दिया। इंटरव्यू के लिए जब तार पहुँचा तो मैं इमरजेंसी लगने के दिन (26 जून) की सुबह ही हरभजन सोही के घर से उसके साथ गिरफ्तार होकर जेल पहुँच गया था। (हरभजन सोही की पाश पर कविता 'दरवेश आँखों वाला दबंग शायर' नामवर जी ने 1988 में 'आलोचना' के पाश विशेष खंड में छापी थी और इस भूमिगत नक्सलवादी सिद्धान्तकार का हाल में 15 जून को भटिंडा में निधन हुआ है)। इंटरव्यू तार के आधार पर दी गई ज़मानत की अर्ज़ी अदालत ने रद्द कर दी तो 1976 में मैंने फिर आवेदन किया। इस बार मैं जेल में नहीं था (27 जनवरी, 1976 को रिहाई हो गई थी) और नामवर जी के पास कुमार विकल और रविन्द्र कुमार श्रीवास्तव (भाषा वैज्ञानिक—हरजीत सिंह गिल के सन्दर्भ से) की मेरे लिए सिफारिशें भी पहुँच चुकी थीं। इस बार टेस्ट के दौरान उदय प्रकाश ने मेरा पेपर देखा था और उसे अच्छा लगा था और हमारे बीच सद्भावपूर्ण सम्बन्ध बन गए थे। चयन भी हो गया, लेकिन इस साल विजयशंकर चौधरी और मेरा चयन खुफिया पुलिस की रिपोर्ट के कारण रद्द कर दिया गया था। लेकिन यह साल था, जिसमें नामवर सिंह से निश्चित रूप से पहली भेंट हुई थी। 1976 का रद्द चयन मार्च 1977 में बहाल कर दिया गया। मेरे सामने दो विकल्प थे—या सीधे पी-एच.डी. में उसी समय दाखिला ले लेता या जुलाई 1977 में एम.फिल. में पुनः कोशिश करने का। विजयशंकर चौधरी ने तो दाखिला ले लिया, मैंने दूसरा विकल्प चुना और 1977 में जे.एन.यू. में एम.फिल./पी-एच.डी. में दाखिले के साथ ही नामवर सिंह से एक छात्र के रूप में जो सम्बन्ध बना, वह अपने उतार-चढ़ावों के साथ आज तक जारी है।

पंजाब के पिछड़े ज़िला भटिंडा के छोटे से कस्बे रामपुरा फूल के निम्नमध्यवर्गीय परिवार से आनेवाले मेरे जैसे छात्र के लिए जे.एन.यू. जैसे एक स्वप्नलोक था। हालाँकि अपने कस्बे में ही वामपंथी आन्दोलन से जुड़कर व दो बार एक-एक साल के लिए पंजाब विश्वविद्यालय, चंडीगढ़ के होस्टलों में रहकर मैं बहुत हद तक जे.एन.यू. के उन्मुक्त वातावरण के लिए मानसिक रूप से काफी तैयार था, लेकिन

फिर भी वामपंथियों के एक छोटे से दायरे की उन्मुक्तता से यह विशाल सामाजिक उन्मुक्तता बहुत आकर्षक थी। सबसे बड़ी बात यहाँ छात्र-छात्राओं व अध्यापक-विद्यार्थियों के बीच सम्बन्धों में जनतान्त्रिकता का होना था। यहाँ मैं दस साल स्कूल अध्यापक की नौकरी व ट्रेड यूनियन तथा सांस्कृतिक कार्यकर्ता के रूप में सक्रियता निभाकर आया था तथा दूसरे छात्रों से उम्र भी कुछ बड़ी थी (तीस वर्ष), इसलिए सेन्टर या अन्य सेन्टरों के छात्र-अध्यापक भी कई बार मेरे नाम के साथ 'जी' लगाकर ही सम्बोधन करते थे। मैंने भी न पहले कभी पंजाब में और न जे.एन.यू. में ही कभी किसी अध्यापक के चरण छुए, यहाँ तक कि 'सर' की बजाय भी चंडीगढ़ और दिल्ली दोनों जगह मैं अपने अध्यापकों को डॉ. साहब कहकर ही सम्बोधित करता था। खुद भी मैंने आज तक न घर के बच्चों या किसी छात्र से ही पाँव छुआए हैं। मुझे इस बात का न तो उस समय एहसास हुआ और न ही शुरुआती नौकरियाँ समय पर मिलते रहने के कारण, लेकिन बाद में अपने कैरियर के मध्य में ज़रूर यह पता चल गया कि 'सर' सम्बोधन न करने से कितने नुकसान हो सकते हैं। वाइस चांसलरों को भी मुझे 'सर' कहना गवारा नहीं हुआ, हाँ, औपनिवेशिक 'साहिब' का सम्बोधन उच्च पदासीनों के लिए ज़रूर सीख लिया था।

खैर! 1977-78 का प्रथम वर्ष जे.एन.यू. के भारतीय भाषा केन्द्र में बहुत दोस्ताना माहौल का साल था। इसी साल केदारनाथ सिंह और मैनेजर पांडेय ने अध्यापक रूप में यहाँ ज्वाइन किया। 1974 में बाकायदा शुरू हुए केन्द्र के छात्रों में उदय प्रकाश, रामबक्ष, चौ. रामवीर, घनश्याम मिश्र, मनमोहन, शुभा, पुरुषोत्तम अग्रवाल, सुरेश शर्मा, अली जावेद, कैसर शमीम, मौलाना अनीस, विजयशंकर चौधरी, हरप्रकाश गौड़, सुमन केशरी आदि की मौजूदगी में केन्द्र के माहौल में अकादमिक गतिविधियाँ और मेल-मिलाप दोनों ही थे। गोरख पांडेय थे तो फिलॉस्फी के छात्र, लेकिन उन्हें खूब सम्मान मिलता था, भारतीय भाषा केन्द्र में। केन्द्र उन दिनों 'ओल्ड कैम्पस' में था और 'क्लब बिल्डिंग' की कैन्टीन व लाइब्रेरी वहाँ के जीवन्त अड्डे थे। स्टूडेंट यूनियन के चुनाव के दौरान 'क्लब बिल्डिंग' की बहसें, एस.आई.एस. के सामने रात भर मतगणना और सुबह उठकर जुलूस की शक्ल में नए कैम्पस जाना। 'एल-3' में वक्ताओं के भाषण और उन पर गर्मागर्म बहसें, यह सब उन दिनों की सबसे सुहावनी यादों में हैं। केन्द्र में एस.एफ.आई. का वर्चस्व था। मनमोहन ने अपने स्वभाव, श्रम और बौद्धिकता से उसकी अच्छी साख और पैठ छात्रों के बीच बना ली थी, अली जावेद और पुरुषोत्तम ए.आई.एस.एफ. में सक्रिय थे। मैं इन दोनों संगठनों से कुछ आगे माना जाता था, लेकिन किसी संगठन में नहीं था, बाद में पी.एस.ओ. से कुछ समय सम्बन्ध रहा।

मेरे छात्र जीवन में नामवर सिंह से हमलोगों ने 'साहित्य का इतिहास दर्शन' पढ़ा,

तो मैनेजर पांडेय से 'साहित्य का समाजशास्त्र' और केदारनाथ सिंह से 'तुलनात्मक अध्ययन'। 'शोध प्रविधि' शायद सावित्री चन्द्र शोभा से। नामवर सिंह की क्लास में सोशल साइंसेज से भी छात्र आते थे व भाषा संकाय के अन्य केन्द्रों से भी। इस दौर की कुछ खास बातें मुझे याद पड़ती हैं, उनमें विजयदेवनारायण साही द्वारा एल-3 में दिए भाषण के बाद मेरे द्वारा पूछे गए कुछ तीखे सवालों के बाद मैनेजर पांडेय को उनका दिया उलाहना भी है। मैं पांडेय जी के साथ शोध कर रहा था। लेकिन इस वजह से उन्होंने मेरा ग्रेड खराब किया हो या कोई और नुकसान किया हो, ऐसा नहीं था। नामवर सिंह जब शाम को सैर करने निकलते थे तो उनके साथ घनश्याम मिश्र व दो-तीन और छात्र हो लेते थे। चूँकि नामवर सिंह और घनश्याम मिश्र दोनों सफेद कुर्ता-धोती पहनते थे तो जे.एन.यू. के ज्यादातर पैन्ट पहननेवाले छात्र-छात्राओं के लिए यह एक दिलचस्प दृश्य भी हो जाता था, खासकर तब जब घनश्याम मिश्र अट्ठहास के रूप में हँसते थे। केन्द्र में उन दिनों एक दुःखद घटना यह हुई कि एस.एफ.आई. के छात्रों ने किसी बात को लेकर केन्द्र अध्यक्ष नामवर सिंह का उनके कमरे में घेराव कर लिया। बाकी अध्यापक—केदारनाथ सिंह, मैनेजर पांडेय आदि भी वहीं थे। जब तक सामान्य नारेबाजी चली, तब तक तो खास बात नहीं थी, लेकिन एक एस.एफ.आई. कार्यकर्ता उमाशंकर उपाध्याय ने नामवर सिंह को जब भद्दी गालियाँ देनी शुरू कीं तो माहौल बिगड़ गया। इसके बाद केन्द्र के छात्रों की हंगामी जी.बी.एम. हुई, जिसमें पुरुषोत्तम अग्रवाल ने इस घटना की सख्त मज़म्मत का प्रस्ताव किया, जिसका मैंने समर्थन किया। हालाँकि उपाध्याय के खिलाफ कुछ खास कार्रवाई नहीं की गई।

एम.फिल. पूरा करने के बाद, जैसा कि अब मैं समझ सकता हूँ, मैंने चाहा कि मैं पी-एच.डी. नामवर सिंह के साथ करूँ। दो-तीन बार उनसे बात की। उन्होंने साफ मना तो नहीं किया, लेकिन हामी भी नहीं भरी, बाद में मैंने अपना शोध पांडेय जी के साथ ही पूरा किया और जे.एन.यू. में उनका पहला पी-एच.डी. प्राप्त छात्र बना। लेकिन आज जब मेरे पास भी किसी दूसरे अध्यापक के साथ एम.फिल. किए छात्र आते हैं तो मैं भी उन्हें स्वीकार नहीं करता। छात्रों के बीच असुरक्षा बोध व नौकरी पाने की ख्वाहिश से वे केन्द्र के 'प्रोफेसर' के साथ शोध छात्र रूप में जुड़ना चाहते हैं, क्योंकि विश्वविद्यालयों में विशेषज्ञ रूप में केवल 'प्रोफेसर' ही जाते हैं और वे न भी जाएँ तो प्रभाव उन्हीं का अधिक होता है। इसलिए वे भी ऐसे ही केन्द्र के प्रोफेसर से जुड़ना चाहते हैं जैसे मैं अपने छात्र जीवन में चाहता था। अकादमिक प्रेरणाएँ भी ज़रूर होती हैं, इससे इनकार नहीं है।

छात्र जीवन के कुछ बाद की भी एक घटना नामवर सिंह से सम्बन्धित मुझे याद है। वीर भारत तलवार को मैं 1977 में जे.एन.यू. आने से पहले फिलहाल सम्पादक

व राजनीतिक कार्यकर्ता के रूप में जानता था, मिल भी चुका था। इसलिए 1980 में जब तलवार जे.एन.यू. में दाखिल हुए तो होस्टल अलॉट होने तक मेरे पास 305, पेरियार में ही रुके रहे थे। (जे.एन.यू. छोड़ने के बाद मैं भी पूर्वांचल 09 में उनके कमरे में रुकता रहा था।)

तलवार जी रामविलास शर्मा, नामवर सिंह, रणधीर सिंह, विपन चन्द्रा आदि से 'फिलहाल' सम्पादक रूप में अपनी घनिष्ठता बनाए हुए थे। लेकिन जे.एन.यू. आने के बाद पहले तो रामविलास शर्मा से उनके सम्बन्ध खराब हुए, बाद में नामवर सिंह के साथ भी, जिनके साथ उन्होंने पी-एच.डी. की थी। उन्हें नामवर सिंह के साथ ही पी-एच.डी. करने के लिए प्रेरित करने में भी मेरी कुछ भूमिका थी। जब नामवर सिंह से भी उन्होंने बोलना बन्द कर दिया और बेकारी के मारे दिल्ली में हालत भी खराब होने लगी तो मैंने उन्हें कुछ हद तक कठोरता से भी कहा था कि यदि आप ऐसे ही सबसे सम्बन्ध खराब करते रहेंगे (पांडेय जी से उनके सम्बन्ध पहले से ही खराब थे, शायद बी.एच.यू. में ही ये खराब हो चुके थे।) तो नौकरी की उम्मीद छोड़ दीजिए और बिहार जाकर राजनीतिक काम कीजिए। नामवर सिंह से तब उन्होंने सम्बन्ध सुधारे और नामवर सिंह ने तब पहले दिल्ली विश्वविद्यालय में उनकी मदद की और बाद में जे.एन.यू. में भी वे उनके कारण ही पहुँचे। हाल के वर्षों में तलवार जी के सम्बन्ध मेरे साथ भी जब खराब हुए और नामवर सिंह ने केन्द्र की सेन्टर मीटिंगों में तलवार जी का अध्यक्ष रूप में अतार्किक रूप में समर्थन किया तो मैंने मीटिंगों में ही उनसे कहा था कि 'आप हमारे अध्यापक हैं और तर्क करना हमने आपसे ही सीखा है, इसलिए आपकी बातों का विरोध इस तार्किकता के बल पर ही कर रहा हूँ।' नामवर सिंह ने उस समय तो यही कहा था कि 'तर्क करें, कुतर्क नहीं' लेकिन मैं समझता हूँ कि उन्हें 'तर्क' और 'कुतर्क' का फर्क मालूम था, बाद में उन्होंने सेन्टर मीटिंगों में आना लगभग बन्द कर दिया। वैसे भी रिटायर होने के 17-18 वर्ष बाद ही वे दोबारा कुछ मीटिंगों में आए थे।

नामवर सिंह जब हरियाणा साहित्य अकादमी के परामर्शदाता हुए तो उन्होंने इतनी अच्छी किताबें वहाँ से लिखवाईं, जिनमें मैनेजर पांडेय की 'साहित्य के समाजशास्त्र की भूमिका' शायद सबसे ज्यादा लोकप्रिय हुई। मुझसे भी उन्होंने उस समय 'प्रतिनिधि हिन्दी उपन्यास' (भाग दो) लिखवाई। 1988 में पाश के कत्ल के बाद मेरे द्वारा अनूदित पाश के काव्य संग्रह 'बीच का रास्ता नहीं होता' की भूमिका उन्होंने लिखी। बाद में पाश पर 1989 में ही 'आलोचना' में विशेष खंड उन्होंने दिया, जिसमें मेरे द्वारा अनूदित कविताएँ, पाश पर नक्सली नेता हरभजन सोही की अनूदित कविता व पाश पर मेरे संस्मरण छापते हुए मुझे 'हमारे प्रिय मित्र' के रूप में याद किया। यह भी एक संयोग है कि साहित्य अकादमी का अनुवाद पुरस्कार मुझे पाश

की कविता के अनुवाद 'समय ओ भाई समय' (राजकमल 1993) पर उसी दौर में मिला जब नामवर सिंह हिन्दी के संयोजक थे। पाश का मेरे द्वारा हिन्दी में अनूदित संग्रह 'बीच का रास्ता नहीं होता' जब 25 मार्च, 1989 को त्रिवेणी में रिलीज़ किया गया तो इसे रिलीज़ करने पंजाब के कम्यूनिस्ट नेता सत्यपाल डांग को बुलाया गया था। मंच पर सत्यपाल डांग के साथ नामवर सिंह, केदारनाथ सिंह, पाश के भाई ओंकार सिंह, शीला सन्धू व मैं उपस्थित था। यह एक यादगारी कार्यक्रम था, जिसमें दिल्ली के तमाम बड़े हिन्दी लेखक शामिल हुए थे।

जे.एन.यू. आने से पहले नामवर सिंह की पुस्तक 'इतिहास और आलोचना' में से एक लेख 'कलात्मक सुन्दरता का आधार' का मैंने पंजाबी अनुवाद किया, जो दिल्ली की उस समय की चर्चित पत्रिका 'सेध' में मार्च 1977 में छपा था। बाद में संरचनावाद पर मैनेजर पांडेय के दो लेखों का मैंने पंजाबी में अनुवाद किया था। नामवर सिंह के गुरदयाल सिंह पर लेखन से स्वयं गुरदयाल सिंह इतना अभिभूत हैं कि अपने ज्ञानपीठ पुरस्कार का श्रेय नामवर सिंह को ही देते हैं। यह भी संयोग ही है कि नामवर सिंह ने जिन पंजाबी लेखकों—गुरदयाल सिंह और पाश पर लिखा, दोनों ही पंजाबी के बड़े लेखकों में शुमार किए गए। इसी वजह से पंजाबी के एक अन्य वरिष्ठ लेखक सन्तोष सिंह धीर अपने उपन्यासों पर नामवर सिंह से भूमिका लिखवाने के लिए इतने अधीर रहे हैं कि कई बार मैंने उनसे कहा, लेकिन सी.पी.आई. से जुड़े वरिष्ठ लेखक होने पर भी नामवर सिंह ने उन पर नहीं लिखा, जिससे वे आज तक नाराज हैं। ऐसी ही नाराज़गी पंजाबी के वरिष्ठ प्रगतिशील आलोचक टी. आर. विनोद को भी है, जो मेरे छात्र जीवन के दौरान बड़े उत्साह से मेरे साथ नामवर सिंह से मिलने 109, उत्तराखंड पहुँचे थे। नामवर सिंह ने भीतर तक नहीं बुलवाया और खड़े-खड़े दो मिनट बात करके टरका दिया। नामवर सिंह का यह अन्दाज मेरे या जे.एन.यू. से जुड़े किसी दूसरे व्यक्ति के लिए झटका नहीं है, लेकिन टी.आर. विनोद के लिए यह स्तब्धकारी था और शायद बाद में उन्होंने पंजाबी में इस पर लिखा भी।

नामवर सिंह से जुड़ी एक और घटना याद आती है। 1995 में जब जे.एन.यू. में हिन्दी अनुवाद में एसोसिएट प्रोफेसर (रीडर) पद पर, पहले से गुरु नानकदेव विश्वविद्यालय, अमृतसर में होने के बावजूद चयन एक नम्बर पर न करके दो नम्बर पर किया तो मैं काफी समय इस चयन से जुड़े कई लोगों से खफ़ा रहा। लेकिन 1998 में पंजाब विश्वविद्यालय, चंडीगढ़ में प्रोफेसर पद पर नामवर सिंह, नित्यानन्द तिवारी व बच्चन सिंह ने परेश और मेरा चयन कर दिया और लक्ष्मीनारायण शर्मा को तीसरे नम्बर पर रख दिया। निर्मला जैन ने पहले ही इन लोगों को आगाह कर दिया था कि लक्ष्मीनारायण को हल्के में न लें, वह बहुत 'पंगे' करेगा। मैं वहाँ रीडर पद पर भी उम्मीदवार था, लेकिन चूँकि प्रोफेसर पद का इंटरव्यू पहले हो गया था, रीडर पद

पर मेरा इंटरव्यू लिया नहीं गया। हुआ वही, जो निर्मला जैन ने आगाह किया था, लक्ष्मीनारायण ने इसे आर.एस.एस. बनाम मार्क्सवाद का विकृत मुद्दा बनाकर पंजाब विश्वविद्यालय की सीनेट और सिंडीकेट में भारी वितंडा खड़ा कर इस चयन को रद्द करवा दिया। पंजाब विश्वविद्यालय की सीनेट में आर.एस.एस. से जुड़े सदस्यों ने नामवर सिंह पर भद्दे-भद्दे आरोप लगाए, जो अब तक कार्रवाई से निकाले नहीं गए। मैं इन टिप्पणियों को निकलवाने के लिए सीनेट के प्रगतिशील सदस्यों के माध्यम से लड़ता रहा। इस चयन को रद्द करने के खिलाफ मैं 1999 में पंजाब और हरियाणा हाई कोर्ट में गया, वहाँ पर यह मुकदमा तब से लम्बित अवस्था में है। मैं चंडीगढ़ रीडर पद पर भी जाकर खुश था, लेकिन मुझे प्रोफेसर बनाने के चक्कर में वहाँ मेरा रीडर होना भी गया और 1998 के चयन से सात वर्ष बाद 2005 में ही मैं जे.एन.यू. में प्रोफेसर हो पाया। बाद में कुरुक्षेत्र में प्रोफेसर पद पर एक इंटरव्यू के समय दिल्ली से गए चंडीगढ़ के उम्मीदवार के हमनाम एक आर.एस.एस. उम्मीदवार ने फिर भद्दी गालियाँ नामवर जी को देते हुए मेरी तरफ इशारा कर कहा कि 'वह इनको करेगा' हालाँकि उनकी 'भविष्यवाणी' सच्ची सिद्ध नहीं हुई।

नामवर सिंह से जुड़ी कुछ और यादें भी हैं। पंजाबी विश्वविद्यालय, पटियाला में 1980 में लेक्चरर पद पर नियुक्ति के कुछ महीने बाद ही मैंने वहाँ के एम.ए. कोर्स में लगे गुरुदत्त के उपन्यास के खिलाफ मुहिम शुरू कर दी। 'हंस' के जुलाई 1986 के पहले ही अंक में इस सम्बन्ध में मेरा पत्र छपा। लेकिन इससे पहले आर.एस.एस. से जुड़े वर्चस्वकारी अध्यापकों से विश्वविद्यालय में मेरी झड़पें व वाईस चांसलर तक मेरी शिकायतें हो चुकी थीं। तीसरी मंजिल से नीचे फेंक देने की धमकियाँ भी दी जा चुकी थीं। इस स्थिति में जून 1986 की छुट्टियों में मैंने दिल्ली रहकर इस उपन्यास को कोर्स से हटाने का प्रेस के माध्यम से जो हस्ताक्षर अभियान चलाया, उसमें पी.एन. हक्सर, नामवर सिंह, भीष्म साहनी आदि तमाम महत्त्वपूर्ण लोगों के दस्तख़त हुए और पंजाबी विश्वविद्यालय के वी.सी. ने अपने कार्यकारी अधिकारों से इस उपन्यास को कोर्स से हटाया और इसे लगानेवाले प्रोफेसर को विभागाध्यक्ष पद से वंचित किया। जे.एन.यू. के छात्र दिनों में किसी भी सामाजिक मुद्दे पर हम लोग जो हस्ताक्षर अभियान चलाते थे चाहे पिरथीपाल सिंह रंधावा की हत्या की घटना हो या अन्य गैर जनतान्त्रिक घटनाएँ, नामवर सिंह ने किसी पर दस्तख़त करने से मना नहीं किया।

मेरे छात्र जीवन के दौरान नामवर सिंह के बेटे विजय बहादुर मेरे गृह ज़िले भटिंडा में नौकरी कर रहे थे व पंजाबी विश्वविद्यालय, पटियाला से कोई कोर्स भी कर रहे थे। कई बार विजय से मिलने भी 109, उत्तराखंड जाना होता था। अब तो बरसों से विजय से भेंट नहीं हुई, ऐसे ही समीक्षा से भी 109, उत्तराखंड में एकाध

बार जब भेंट हुई तो वह छोटी और भोली-सी बालिका लगती थी। एकाध बार श्रीमती नामवर सिंह से भी घर के दरवाज़े पर हल्की-सी बात हुई, वे इतनी शान्त व स्नेहपूर्ण (सुन्दर तो वे थी हीं) जान पड़ीं।

नामवर सिंह से मेरा अधिक पत्राचार नहीं हुआ, लेकिन उनका एकाध स्नेहपूर्ण पत्र मेरे पास सुरक्षित है। दो-तीन बार साहित्यिक मंचों पर एकसाथ हमने सम्बोधन किया है, लेकिन विचार वैभिन्न्य से कोई कटुता नहीं हुई। नामवर सिंह से सम्बन्धित एक दिलचस्प किस्सा हरियाणा साहित्य अकादमी के ही एक साहित्यिक कार्यक्रम का है, जिसकी अध्यक्षता हरियाणा के उस वक्त के शिक्षा मंत्री डॉ. रामविलास शर्मा कर रहे थे। रामविलास शर्मा भारतीय जनता पार्टी से सम्बन्धित थे और वाग्वैदिग्ध्य में नामवर सिंह के बराबर ही छूटते थे। नामवर सिंह ने उनकी प्रशंसा के वह पुल बाँधे कि उन्हें हिन्दी के वरिष्ठ आलोचक रामविलास शर्मा से भी बड़ा बनाकर पेश कर दिया। ऐसा ही खेल उन्होंने एक आई.पी.एस. अधिकारी कवि की कविताई को मुक्तिबोध से आगे की कविताई कहकर किया था। लेकिन ऐसे भी अनेक मौके आए हैं जब उन्होंने मंच पर ही विद्यमान दूसरे वक्ता की धज्जियाँ भी उड़ाई हैं, प्रायः जिनकी धज्जियाँ उड़ी हैं वह प्रशासनिक या कार्यकारी स्तर पर बहुत बड़ा अधिकारी, जैसे वाईस चांसलर नहीं होता रहा।

नामवर सिंह ने बहुत यादगारी भाषण दिए हैं। एक मुझे याद है, जो उन्होंने कमानी सभागार में उस समय की प्रधानमन्त्री श्रीमती इन्दिरा गांधी की मौजूदगी में हरिवंशराय बच्चन ग्रन्थावली के रिलीज़ कार्यक्रम पर दिया था, तब तेजी बच्चन व उनके बेटे भी मौजूद रहे होंगे। इन्दिरा गांधी मन्त्रमुग्ध होकर एक घंटे से ज्यादा उन्हें सुनती रही थीं। नामवर सिंह की वक्तृता शक्ति हाल के वर्षों में क्षीण हुई है, क्योंकि उन्हें बहुत जगह बुलाया जाता है और वे लगभग एकाध किताब देखकर चले जाते हैं। पंजाबी विश्वविद्यालय, पटियाला में 2003 या 2004 में गुरदयाल सिंह पर उनका भाषण बहुत प्रभावी नहीं रहा। देशभक्त यादगार हॉल, जालन्धर ने उन्हें बुलाने की बरसों कोशिशें कीं, वे नहीं गए, लेकिन हाल में केन्द्रीय पंजाबी लेखक सभा के निमन्त्रण पर कई जगह पंजाब में हो आए।

नामवर सिंह के व्यक्तित्व में भी हर व्यक्ति की तरह अन्तर्विरोध है। बेटी की शादी प्रसन्नता से गैरजातीय वर से करने में उनका बड़प्पन है और सामन्ती प्रवृत्ति से मुक्ति की तलाश भी, लेकिन कई और चीजों में उनकी सामन्ती प्रकृति ऐसे ही झलक आती है, जैसे हिन्दी के तमाम प्रगतिशील, यहाँ तक कि क्रान्तिकारी कहलाने वाले विद्वानों/लेखकों में झलक आती है। लेकिन कुल मिलाकर उनके व्यक्तित्व का सबल पक्ष है जे.एन.यू. के भारतीय भाषा केन्द्र में हिन्दी अकादमिकता में आधुनिक तर्कसंगत प्रगतिशील विचारों को सशक्त रूप में प्रस्थापित करने का, जिन पर

जे.एन.यू. का भारतीय भाषा केन्द्र तो चल ही रहा है, अब अन्य अनेक विश्वविद्यालयों में भी हिन्दी अकादमिकता को पिछड़े जड़ सामन्ती पाठ्यक्रमों व संस्कारों से कुछ मुक्ति हासिल होना शुरू हो गई है। हिन्दी अकादमिकता में विचार पक्ष में प्रगतिशीलता स्थापित करने के लिए नामवर सिंह को हमेशा याद रखा जाएगा, जो उनके व्यक्तित्व के अन्तर्विरोधों के विवादों से अलग एक निर्विवाद और अकाट्य तथ्य है। जीवन के अस्सी वर्ष पूरे करने पर उन्हें अपने और भारतीय भाषा केन्द्र की ओर से शतायु होने की हार्दिक शुभकामनाएँ।

नामवर जी के बारे में कुछ बेतरतीब बातें

प्रो. रामबक्ष

11 सितम्बर, 1975 को जब मैं जवाहरलाल नेहरू विश्वविद्यालय में हिन्दी में पी-एच.डी. करने आया था, तब दो लोगों को पहले से जानता था। एक गुरुदेव प्रो. नामवर सिंह और दूसरे उनके निजी सहायक श्री के.एम. शर्मा। दोनों मेरे अपने विश्वविद्यालय–जोधपुर विश्वविद्यालय से आए थे। मैं उनके पीछे-पीछे पहुँच गया था। नामवर जी मुझे जानते थे। मेरी ग्रामीण पृष्ठभूमि और दिल्ली से अपरिचय से परिचित थे। सो, उन्होंने मुझे शर्मा जी के हवाले कर दिया। दिल्ली के भूगोल से मैं अपरिचित था। शर्मा जी ने मुझे बताया कि पुरानी दिल्ली रेलवे स्टेशन से 17 नं. की बस चलती है (जो अब बन्द हो गई है), उसमें बैठ जाना। लगभग डेढ़ घंटा चलने के बाद कंडक्टर से पूछना कि आर.के. पुरम, सेक्टर 3 कब आएगा। बस से उतरकर डरा-डरा विश्वविद्यालय पहुँचा। रात को उन्हीं शर्मा जी के घर रुका और फिर प्रवेश मिलते ही कमरा नं. 307, पेरियार छात्रावास। यह अगले तीन वर्षों का मेरा ठिकाना था। 28 जुलाई, 1978 को महर्षि दयानन्द विश्वविद्यालय, रोहतक में लेक्चरर बना और यह कमरा छूटा।

कमरा तो छूटा परन्तु कमरे की याद नहीं छूटी। जे.एन.यू. के पुराने छात्रों से यदि जे.एन.यू. की बात करें तो शायद ही कोई पुराना छात्र मिले जिसे 'गदलश्रु भावुकता' न दबोच लेती हो। मार तारीफों के पुल बाँधकर वह आपको बोर कर देगा। सुननेवाले को बुरा-सा लगे, तब भी तारीफ-ही-तारीफ। यहाँ एक बात कहनी जरूरी लगती है। अब भी मुझे जवाहरलाल नेहरू विश्वविद्यालय भारत का सर्वश्रेष्ठ विश्वविद्यालय नहीं लगता। वह अच्छा है, बहुत अच्छा भी कह सकता हूँ, परन्तु सर्वश्रेष्ठ मैं नहीं कह सकता। सर्वश्रेष्ठ तो अभी भी वी.वी. जॉन का जोधपुर विश्वविद्यालय ही है। यहाँ थोड़े से अवान्तर प्रसंग की चर्चा करनी जरूरी है।

जब जवाहरलाल नेहरू विश्वविद्यालय का जन्म नहीं हुआ था, तब पता नहीं क्यों, पता नहीं कैसे वी.वी. जॉन जोधपुर विश्वविद्यालय के कुलपति बनाए गए।

उन्होंने विश्वविद्यालय को नया रूप देने का प्रयास किया। कई विभागों में प्रोफेसर नियुक्त करने थे। जॉन साहब ने सारे भारत में प्रतिभाशाली पुरुषों की खोज करनी प्रारम्भ की। इस खोज में उन्हें राजकमल प्रकाशन में बैठे हुए प्रो. नामवर सिंह दिखे। यहाँ-वहाँ यायावरी करते हुए अज्ञेय दिखे। योगेन्द्र अलघ, विकास चित्रे, अवध किशोर शरण आदि-आदि इत्यादि ख्यातनाम पुरुष दिखे और उन सबको जोधपुर में प्रोफेसर का पद प्रस्तावित किया गया। हिन्दी में एक अफवाह यह चल रही है कि शिवमंगल सिंह सुमन की सिफारिश से वी.वी. जॉन ने डॉ. नामवर सिंह को प्रोफेसर बनाया। यह सही नहीं है। सम्भव है, शिवमंगल सिंह सुमन ने चयन समिति के सदस्य के रूप में उनका नाम प्रस्तावित किया हो! सम्भव है, उन्होंने वी.वी. जॉन से चर्चा की हो! सम्भव है, नामवर जी ने शिवमंगल सिंह सुमन से कहा हो, न कहा हो। परन्तु नामवर जी का जोधपुर में चयन इसलिए हुआ क्योंकि प्रो. वी.वी. जॉन मानते थे कि ये हिन्दी के सर्वश्रेष्ठ अध्यापक हैं। वैसे तो उनका चयन विधिवत् गठित चयन समिति द्वारा हुआ। उस समिति ने यह भी निर्णय लिया कि यदि नामवर सिंह यह पद स्वीकार न करें तब दो-तीन अन्य लोगों को साक्षात्कार के लिए बुलाया जाए।

चयन करने का प्रो. जॉन का तरीका निराला था। वे पहले चयन कर लेते थे, फिर उस विद्वान को विश्वविद्यालय विस्तार व्याख्यान माला में भाषण देने के लिए आमन्त्रित करते थे। और जब उस भाषण से वे स्वयं आश्वस्त हो जाते थे, तब चयन समिति की बैठक होती थी और उनका चयन हो जाता था। यदि किसी प्रतिभाशाली विद्वान का भाषण फीका रहता तो वे उसका चयन नहीं करते थे। और प्रो. जॉन किसी भी सिफारिश, हस्तक्षेप या दखल को अस्वीकार कर देते थे। आप यदि अपने विषय में नं. एक हो तो आपका जोधपुर विश्वविद्यालय में स्वागत है। इसी सूत्र से नामवर जी जोधपुर में प्रोफेसर बने और शायद यही जे.एन.यू. में भी आरम्भ में तो हुआ ही था। बाद की कथा बाद में।

यहाँ एक बात और कहनी है। शायद वी.वी. जॉन से ही इस परम्परा की शुरुआत हुई कि पहले चयन होता है और फिर चयन समिति की बैठक होती है। इस मॉडल का आंशिक प्रयोग अशोक वाजपेयी महात्मा गांधी अन्तर्राष्ट्रीय हिन्दी विश्वविद्यालय में करना चाह रहे थे, परन्तु भाई लोगों ने उनके प्रयोगों को सफल नहीं होने दिया और वे चयन नहीं कर पाए। वी.वी. जॉन कर पाए और इसीलिए बाद में जब जवाहरलाल नेहरू विश्वविद्यालय बना तो जोधपुर से कई लोग यहाँ पहुँचे। प्रो. अलघ तो कुलपति भी बने। जहाँ तक हिन्दी का प्रश्न है, जे.एन.यू. के पाठ्यक्रम का पूर्वरूप जोधपुर विश्वविद्यालय में बन गया था। इस तफसील में जाने की आवश्यकता यहाँ नहीं है! सो जे.एन.यू. में नामवर जी मेरे लिए नए नहीं थे और नएपन का कोई जोश भी नहीं था। उनके लिए आदर था, श्रद्धा थी, जो अब भी

वैसी ही बनी हुई है। यहाँ प्रवेश के लिए उस समय साक्षात्कार हुआ था, जिसमें हिन्दी-उर्दू के सभी अध्यापक शामिल हुए थे। साक्षात्कार हुआ और जैसी उम्मीद थी सूची में मेरा नाम था और पहला नाम था। मन में एक भरोसा भी था कि जब मेरे शिक्षक बैठे हुए हैं तो चयन तो होगा ही। पक्षपात का पूरा विश्वास था। शायद पक्षपात हुआ हो। शायद न हुआ हो। परन्तु मैं चयन सूची में था। आभारी था। आश्वस्त था। किसी तरह की आशंका तो थी ही नहीं। मेरा नहीं होगा, तो किसका होगा? सब तो है मेरे पास। शैक्षणिक योग्यता में दो-दो स्वर्णपदक, अच्छा-खासा साक्षात्कार और गुरुजी का आशीर्वाद। सब तो था।

अजीब-सा लगता है। प्रश्न उठता है मन में—क्या नामवर जी पक्षपात करते हैं? न्याय नहीं करते? क्या पी-एच.डी. में मेरा प्रवेश पक्षपातपूर्ण था? कभी-कभी अपने अध्यापकीय जीवन पर विचार करता हूँ तो इस विडम्बनापूर्ण निष्कर्ष पर पहुँचता हूँ कि शिक्षक तो पक्षपात करता ही है। वह अपने छात्रों के प्रेम में पड़ ही जाता है। न्याय जिस निर्लिप्तता की माँग करता है, शिक्षक उतना तटस्थ, उदासीन और निर्लिप्त नहीं हो पाता। जो भी है, नामवर जी अपने छात्रों से प्रेम करते हैं और इसी कारण 'परोसने का पक्षपात' भी करते हैं। यहाँ यह दर्ज करना जरूरी है कि नामवर जी छात्र का मूल्यांकन करते समय, उसे अंक प्रदान करते समय कोई पक्षपात नहीं करते। उनके द्वारा दिए गए अंक सर्वाधिक विश्वसनीय होते हैं। दूसरे, अपने प्रिय-से-प्रिय छात्र की भी नौकरी में प्रवेश के स्तर तक सिफारिश करते हैं। वे हर बार आपके लिए 'पक्षपात' नहीं करेंगे। नौकरी मिली और आप नामवर जी की सूची से कट गए। आगे अपने षड्यन्त्र आप स्वयं करो। जो छात्र इस बात को नहीं समझ पाते, वे उनसे दुखी होते रहते हैं और नामवर जी को भी दुखी करते रहते हैं।

जे.एन.यू. में प्रवेश लेने के बाद इस विश्वविद्यालय में प्रवेश कहाँ से किया जाए? दो रास्ते उस समय मुझे दिखे। एक रास्ता कैन्टीन का था, जो सारे समय छात्र-छात्राओं की चहचहाहट से भरा रहता था। उनके पास हमेशा बातें होती थीं, उत्तेजना होती थी, गम्भीरता होती थी, मस्ती होती थी। वहाँ गुपचुप-गुटगुट नहीं होता था। जो भी होता, सार्वजनिक रूप से होता था। वहाँ आप कभी अकेले नहीं होते। दूसरा रास्ता पुस्तकालय से निकलता था। सुबह उठो। नाश्ता करो और दोपहर का खाना बाँधकर पुस्तकालय में आ जाओ। मन करे तब तक पढ़ो। थक जाओ तो अम्मा के ढाबे में चाय पी लो। यहाँ अलग तरह से छात्र मिलते। उस समय लोग चोरी-चोरी, चुपके- चुपके यू.पी.एस.सी. की तैयारी करते थे। बताते हुए शरमाते थे। बाद में जब विश्वविद्यालय अपने परिसर में आ गया और ऐसे छात्र निधड़क होने लगे तो पुस्तकालय के बाहर एक कमरा ही आरक्षित कर दिया गया था, जिसे लोग मजाक में धौलपुर हाउस कहा करते थे। धीरे-धीरे पूरे भारत के प्रशासनिक ढाँचे में

जे.एन.यू. के पूर्व वामपन्थी, प्रगतिशील, विद्रोही, धुनी छात्र समाहित होते चले गए। उन्होंने भारत के प्रशासनिक ढाँचे को थोड़ा हिलाया-डुलाया। मैंने पुस्तकालय का रास्ता चुना।

जवाहरलाल नेहरू विश्वविद्यालय की छात्र राजनीति भी मेरे लिए आकर्षण का केन्द्र थी। प्रकाश करात और आनन्द कुमार के बारे में कथाएँ चलती थीं कि वे ऐसे नेता थे या वैसे थे। वे ये करते थे और ये नहीं करते थे। हमारे हिस्से में जो नेता आए, उनमें अभी भी स्मृति में सबसे पहले आते हैं देवी प्रसाद त्रिपाठी। मैं यहाँ आपातकाल में आया था। लोग चुपके-चुपके चर्चा किया करते थे। नेता भी सहमे हुए थे। ऐसे में सर्दियों की एक रात में ढाबे में देवी प्रसाद त्रिपाठी से मुलाकात हुई। निहायत सामान्य शरीर। दुबले-पतले-साँवले। उनको देखकर ऐसा लगता है मानो इन्हें कम दिखाई देता है। उनके लिबास की सहजता और बातचीत की आत्मीयता छू गई थी। मैंने एक जिज्ञासु नजर डाली और प्रश्नवाचक मुद्रा में उन्हें देखता रहा। बाद में चुनाव सभाएँ होने लगीं और डी.पी.टी. उसमें गरजने लगे, तब हमारा काम ताली बजाने का ही बचा था। किसी भी सभा को एक दिशा में मोड़ देना, विरोधी वातावरण को ध्वस्त करके सभा को अपने पक्ष में कर लेना उनके बाएँ हाथ का खेल था। उनके बाद सीताराम येचुरी का उदय हुआ। एस.एफ.आई. ने जब देवी प्रसाद त्रिपाठी की जगह सीताराम को मैदान में उतारा तो अपने आपको साबित करने के लिए सीताराम को बहुत मेहनत करनी पड़ी। उस समय कानाफूसी शुरू की गई ताकि लोग डी.पी.टी. को भूलें। छात्र नेताओं के रूप में बस यही दो लोग मेरी स्मृति में है। नामवर जी देवी प्रसाद त्रिपाठी से बहुत स्नेह से बात करते थे और फुर्सत के क्षणों में वे भी गप्प मारने पहुँच जाते थे। जे.एन.यू. का छात्रसंघ चुनाव छात्रों के सामान्य ज्ञान को गुणात्मक रूप में बढ़ा देता है। कोई भी ऐसा राष्ट्रीय और अन्तर्राष्ट्रीय मुद्दा नहीं बचता था, जिनकी विस्तार से चर्चा इन सभाओं में न होती हो। जो छात्र प्रशासनिक सेवाओं में गए हैं, उनके लिए ये सभाएँ कितनी बड़ी कुंजी साबित हुई होगी, इसका समाजशास्त्रीय अध्ययन होना चाहिए। वामपन्थी तेवर और राजसत्ता में भागीदारी का विस्तृत अध्ययन भी कोई करना चाहे तो कर सकता है।

अब यह कहने का कोई मतलब नहीं है कि नामवर जी बहुत अच्छे अध्यापक हैं। उनसे पढ़ने का एक नशा होता है। अब भी यह बचकानी इतराहट कुछ लोगों में देखी जा सकती है कि वे नामवर जी के छात्र रहे हैं। जो नामवर जी के छात्र नहीं बन पाए, उनमें भी कभी-कभी हलका-सा दर्द महसूस किया जा सकता है। एक बात का जिक्र उपयोगी होगा। नामवर जी परीक्षा की गोपनीयता के बहुत ज्यादा समर्थक नहीं रहे। वे कहा करते थे कि हम छात्रों के अज्ञान की नहीं, वरन् ज्ञान की परीक्षा लेते हैं। इसलिए यह तो नहीं कि छात्र जो जानते हैं, वही प्रश्न पूछ लिए जाएँ, वरन्

यह कि प्रश्नों को जान लेने के बाद भी विद्यार्थी वही उत्तर लिखेंगे, जिसे लिखने का उनमें सामर्थ्य है। और उसे उतने ही अंक मिलेंगे। जोधपुर में वे कई बार पूरी कक्षा में सारा प्रश्न-पत्र पढ़ा देते थे। पहले वर्ष जब उन्होंने पढ़ाया तो हमने विश्वास नहीं किया। अगले वर्षों में हम उस कालांश का इन्तजार करते थे, जब नामवर जी पूरा प्रश्न-पत्र पढ़ानेवाले होते। जे.एन.यू. में तो यह और भी हुआ। वहाँ पर तो जो नामवर जी पढ़ा दें, वही पाठ्यक्रम है। और जो प्रश्न बन सकते हैं, वही पूछे जाने हैं। यहाँ तो सारा कुछ शिक्षक केन्द्रित ही है। वह चाहे जो करे।

यहाँ एक टिप्पणी करनी जरूरी है। नामवर जी किसी भी छात्र विशेष को, अलग से कुछ नहीं बताते थे। सारे छात्र समान हैं। इसका कड़ाई से पालन करते थे। जब वे किसी छात्र को अंक प्रदान करते, तो उस छात्र का मूल्यांकन करते। उसके किसी एक कार्य की कमोबेशी पर ध्यान नहीं देते। इस कारण ए+ पानेवाला छात्र उनसे कभी बी+ नहीं पाता था। उस समय केन्द्र का चेयरमैन उतना बेचारा नहीं हुआ करता था। नामवर जी का अपने सहयोगियों पर अच्छा-खासा नैतिक और प्रशासनिक दबाव रहता था। वे दबाव बनाए रखते थे। छात्रों को अंक प्रदान करने में कोई शिक्षक गड़बड़ न करे, इसके लिए वे छात्रों के प्रवेश लेने के बाद होनेवाली प्रथम कक्षा परीक्षा पुस्तिका को जाँच के अंक सबसे पहले दे देते थे, ताकि शेष शिक्षक उसी के अनुरूप अंक प्रदान करते चले। थोड़ा-बहुत ऊपर-नीचे कर दें। बस। एक बार अंक प्रदान करने के बाद छात्र के अंकों में बहुत कम फेरबदल होता था। चूँकि जे.एन.यू. की परीक्षा प्रणाली शत-प्रतिशत आन्तरिक मूल्यांकन पर आधारित है, अतः शिक्षक को छात्रों के सामने जवाबदेह भी रहना पड़ता है। थोड़ी-बहुत गड़बड़ियाँ तो होती ही होंगी, परन्तु मेरी जानकारी में ऐसा कोई मामला नहीं आया जब नामवर जी द्वारा दिए गए अंकों पर किसी प्रकार का कोई विवाद हुआ हो।

उस समय नामवर जी के पास कोई कार नहीं थी। अब भी नहीं है। वे डी.टी.सी. की बस में बैठकर नीचेवाले कैम्पस से नए कैम्पस में जाते थे। उस समय 30 पैसे का टिकट मिलता था। नामवर जी हमेशा अपने पास 30 पैसे रखते थे। किसी छात्र को वे इसकी इजाजत नहीं देते थे कि कोई उनका टिकट खरीद ले। वे स्वयं अपना टिकट खरीदते थे। छात्र भी अपना टिकट स्वयं खरीदे। नामवर जी उसका टिकट भी नहीं खरीदते थे। उनके हाथ में कोई किताब हो तो वे भरसक अपने आप ही रखते थे। यदि कभी देने की जरूरत पड़ जाए, तो बहुत जरूरत पड़ने पर ही, उस छात्र का चेहरा देखकर तब किताब पकड़ाते। नामवर जी पान खाते हैं। उनके घर 109, उत्तराखंड के पास ही पान की दुकान थी। पूरन जानता था कि नामवर जी को तम्बाकूवाला बनारसी पान खाना होता है। कभी-कभी वे अपने किसी छात्र को कह देते थे कि पान ले आओ। परन्तु वे यह कहना नहीं भूलते थे कि पैसे मत देना।

मुझे याद नहीं आता कि अपने छात्र जीवन में कभी उन्हें पान खिलाने का अवसर मिला हो। बाद में प्राध्यापक की नौकरी लग गई, तब उन्होंने एक दिन मुझसे कहा कि अब तुम पान खिला सकते हो। इसी तरह कभी किसी पत्रिका, किताब या फोटोकॉपी के पैसे मैंने दिए हों, यह संयोग कभी घटित नहीं हुआ। इसी तरह वे अपना कोई निजी काम किसी छात्र को नहीं बताते। उनके लिए आरक्षण की व्यवस्था कराना, टैक्सी या ऑटो लाना, उनका सामान इधर-का-उधर पहुँचा देना, किताब-पेन-पेंसिल-कागज खरीदना कभी किसी विद्यार्थी से नहीं करवाया। ज्यादा-से-ज्यादा वे किसी को पुस्तकालय भेज सकते थे। बस। वे धार्मिक रूप से इसमें विश्वास करते रहे हैं कि छात्रों का एक पैसा खर्च नहीं करवाना है।

कक्षा में नामवर जी जो पढ़ाते, वह तो पढ़ाते ही, उससे अधिक शाम को घूमते हुए पढ़ा देते। यहाँ दो-एक बातें कहना जरूरी है। जब तक मैं जे.एन.यू. में था, तब तक मैंने देखा कि नामवर जी प्रतिदिन रात्रि का भोजन करने के उपरान्त 9.30 बजे घूमने निकलते। यह एक नियम जैसा था। जो अधिक नजदीक थे, वे इसके आसपास उनके घर पहुँच जाते, जो थोड़ा संकोच करते वे इस टोह में रहते कि कब नामवर जी निकलें और वे भी उस टोली में शामिल हो जाएँ। हरप्रकाश गौड़, घनश्याम मिश्र आदि चार-पाँच छात्र इस टोली में नियमित होते। कुछ अनियमित भी होते। नामवर जी कभी अकेले घूम रहे हों, यह कभी नहीं देखा। उनके घर से गोदावरी के आगे तक का रास्ता इन ज्ञान-चर्चाओं, ठहाकों, जानकारियों से भर जाता। कक्षा में नामवर जी अनुशासन रखते थे। चाहते थे कि छात्र कम-से-कम प्रश्न पूछें। उन्होंने जो बताना तय किया है, वह बताने के बाद ही यदि कोई जिज्ञासा बची हो तो एकाध बात पूछ लो। बाकी चुपचाप सुनो। यही अलिखित आदेश था। यहाँ यह प्रतिबन्ध नहीं था। यहाँ आप उनसे अपनी असहमतियाँ भी व्यक्त कर सकते हो। कोई जानकारी देना चाहो तो दे सकते हो। यदि आप बोल रहे हो, तो नामवर जी आपको पूरी तरह सुनते थे। वे आपकी बात के माध्यम से आपको सुनते थे। लिहाजा कपट की कोई सम्भावना नहीं थी। अब कह सकता हूँ कि वे अपने छात्रों को अच्छी तरह से जानते थे। मेरे विश्वविद्यालय छोड़ने के बाद कुछ अप्रिय घटनाएँ घटीं, उसके बाद उन्होंने छात्रों के साथ घूमना बन्द कर दिया। यह जे.एन.यू. के छात्रों की अपूरणीय क्षति का कारण बना। तब मैं जे.एन.यू. में नहीं था अतः उन घटनाओं के बारे में मैं प्रामाणिक रूप से कुछ नहीं कह सकता।

उसके बाद नामवर जी सिर्फ गिने-चुने विश्वसनीय छात्रों से ही मिलते। यह सौभाग्य तो शायद मुझे ही प्राप्त था कि गोपनीय-से-गोपनीय बातें मेरे सामने होने देते थे। मैंने भरसक उनके इस विश्वास को बनाए रखा है। जब तक उन प्रकरणों की प्रासंगिकता बनी रहती, तब तक वे मेरे मानस में वैसे ही रहते, जैसे वे कभी हुए

ही न हो। जब उन प्रकरणों की गोपनीयता प्रकट हो जाती, तब मैं भी उन पर टिप्पणी कर सकता था। पहले? कभी नहीं। इस तथाकथित गोपनीय संसार के उद्घाटन से मेरा जीवन ज्ञान बढ़ा और नैतिक संस्कार पुष्ट हुआ, यह कहने की आवश्यकता नहीं है।

यहाँ एक बात कहना जरूरी है। जोधपुर में मैं डॉ. मैनेजर पांडेय का विद्यार्थी था—एम.ए. तक। नामवर जी से नमस्ते का रिश्ता था। जे.एन.यू. में आया तो पांडेय जी ने मुझे नामवर जी को सौंप दिया। जब सौंप दिया गया तो मैं पूरी तरह से चला आया। और फिर? फिर मैं भी भूल गया और पांडेय जी भी भूल गए। परन्तु नामवर जी नहीं भूले। वे हमेशा याद दिलाते हैं कि मैं मैनेजर पांडेय द्वारा दिया गया हूँ। अतः जब भी वे मिलते हैं तो मैनेजर पांडेय के बारे में जरूर पूछते हैं। आज भी पूछते हैं, क्योंकि वे जानते हैं कि मैं अपना अतीत कभी नहीं भूलता।

भारतीय भाषा केन्द्र के 'सेन्टर' नामवर सिंह

डॉ. रामचन्द्र

वामपंथ के प्रशिक्षण का मुख्यालय कहा जानेवाला जे.एन.यू., जहाँ की भाषा-बोली आमजन से कोसों दूर सत्ता की भाषा अंग्रेजी हुआ करती थी, के मध्य नामवर जी के हिन्दुस्तानी ठाठ-बाट ने अध्ययन-अध्यापन के क्षेत्र में हिन्दी को प्रगतिशीलता का पर्याय बनाया। अंग्रेजीदां माहौल में हिन्दी को जगह दिलाना और उसे सामाजिक-राजनीतिक सरोकारों से जोड़ना साधारण बात नहीं है। इस उपलब्धि का अन्दाजा जे.एन.यू. छात्र-संघ चुनाव-प्रक्रिया के दौरान 'डिबेट' में हिन्दी के अधिकतम प्रयोग से लगाया जा सकता है। भारतीय भाषा केन्द्र के अन्तर्गत हिन्दी के शैक्षिक कर्म को शैक्षणिक और वैचारिक सन्तुलन का रूप-आकार देकर उसे ऊँचाई देना तथा साम्प्रदायिकता विरोधी केन्द्र के रूप में सेन्टर की पहचान बनना नामवर युग में ही शुरू हुआ था। राजनैतिक एवं वैचारिक विज़न को शैक्षणिक क्षेत्र में जगह दिलाना नामवर जी का प्रमुख सरोकार रहा है। भारतीय भाषा केन्द्र भारत का एकमात्र ऐसा 'सेन्टर' है जिसे हिन्दी विभागों में मार्क्सवादी विभाग के रूप में जाना जाता है, जिसका अधिकतम श्रेय नामवर जी को ही जाएगा।

सच कहूँ तो 1983-87 के बीच जी.आई.सी, बलिया में पढ़ते हुए जे.एन.यू. के नाम पर नामवर जी के बजाय मैंने केदार जी का नाम ज्यादा सुना-जाना था। 1987 में इलाहाबाद विश्वविद्यालय में प्रवेश लेने के 6-7 महीने बाद मेरे जिले के एक सीनियर ने 'कविता के नए प्रतिमान' पुस्तक से 'अँधेरे में' पर लिखे गए आलेख की फोटोकॉपी मुझे पढ़ने के लिए दी थी जिसे अनधिकृत रूप से इलाहाबाद के 'ज्ञान भारती', प्रकाशक एवं पुस्तक विक्रेता ने प्रतियोगी छात्रों हेतु सुलभ कराया था। मेडिकल की तैयारी के उद्‌देश्य से मैंने अपने क्षेत्र की परम्परा के अनुसार बी.ए. में बस यूँ ही प्रवेश ले लिया था—तब हिन्दी से बहुत कुछ लेना-देना नहीं था। अपने सीनियर साथी से जब मैंने पूछा कि नामवर सिंह कौन हैं? तो उन्होंने बताया कि बलिया के मूर्धन्य साहित्यकार और आलोचक आचार्य हजारीप्रसाद द्विवेदी के 'खुर्राट

शिष्य' हैं जो आजकल जे.एन.यू. के भारतीय भाषा केन्द्र के 'सेन्टर' हैं। यह परिचय नामवर जी के भारी-भरकम व्यक्तित्व से पहला परिचय था।

मुझे 1992 के मानसून सत्र में भारतीय भाषा केन्द्र में एम.ए. का विद्यार्थी बनने का अवसर मिला। टेफलॉज के ऊपर 'फ्रेशर्स वेल्कम' पार्टी में नामवर जी को पहली बार मैंने देखा और सुना। उस वक्त सेवानिवृत्ति के बाद भी 'सेन्टर थे' नहीं, 'सेन्टर हैं' ही लग रहे थे नामवर जी। उस दिन के बाद नामवर जी को जे.एन.यू. और जे.एन.यू. से बाहर सार्वजनिक रूप में कइयों बार मैंने देखा और उनका भाषण भी सुना, लेकिन उनकी 'क्लास टीचिंग' और सार्वजनिक 'भाषण' में फर्क करने का अनुभव मुझे नहीं मिल सका। बी.ए. के. दौरान सीनियर द्वारा कही गई केन्द्र के 'सेन्टर' वाली बात की अनुगूँज दूर तलक पीछा करती रही।

पुरुषोत्तम जी के निर्देशन में एम.फिल. लघु शोध-प्रबन्ध जमा करने के उपरान्त 7 दिसम्बर, 1996 ई. को बी.एच.यू. में प्रवक्ता पद हेतु बैकलॉग की एक सीट पर नियुक्ति पाने की प्रत्याशा में मुझे भी साक्षात्कार में शामिल होने का मौका मिला। तत्कालीन वाइस-चांसलर प्रो. हरि गौतम, विभागाध्यक्ष प्रो. शंभुनाथ पांडेय और एक्सपर्ट प्रो. मीरा श्रीवास्तव (विभागाध्यक्ष, इ.वि.वि.) के अलावा बोर्ड के चौथे-पाँचवें सदस्यों को नहीं जान-पहचान सका क्योंकि उन्हें कुछ बोलने-कहने का मौका भी नहीं मिला। उस दिन के वाकये को मैं अभी तक नहीं भूल सका हूँ। अपना नम्बर आने पर साक्षात्कार के लिए मैं बोर्ड के समक्ष प्रस्तुत हुआ। बोर्ड की ओर से पहला ही बाण–"अच्छा, तो आप नामवर सिंह के 'सेन्टर' से आए हैं।" 'जी।' 'एम.ए. में स्पेशल पेपर क्या था?' 'जी, तुलसीदास!' मिस्टर वाइस-चांसलर ने 'ब्रह्मास्त्र' छोड़ा–'तुलसीदास ने अपने हाथों से हनुमान जी की एक मूर्ति बनाई थी, वह कहाँ लगी है? वह मन्दिर कहीं जे.एन.यू. में तो नहीं स्थापित है?'...'जोर का ठहाका...हो...हो...।' इसके बाद तो फिर सारी खीझ नामवर जी पर उतारी गई–'हिन्दी में मार्क्सवाद के अलावा क्या पढ़ाया जाता है जे.एन.यू. में? सेन्टर को बर्बाद करके रख दिया नामवर सिंह और उनके चेलों ने,...।' 'अच्छा, तो अब आप जाइए, अपना पी-एच.डी. कम्पलीट कीजिए तथा दलित-वलित पर अभी और सोचिए...।'

उस इंटरव्यू की तैयारी के सम्बन्ध में गुरुवर पुरुषोत्तम अग्रवाल और मैनेजर पांडेय जी से मिला था। पुरुषोत्तम जी का गुरु मंत्र था कि 'तुम्हारे शोध एवं दृष्टि के लिहाज से वैसे विभागों में अभी स्पेस नहीं है इसलिए सावधानी से उत्तर देना।' पांडेय जी ने सलाह दी थी कि 'वहाँ दलित साहित्य के नाम पर सब भड़क सकते हैं इसलिए तुम मेरे भाषणों और साक्षात्कारों के सन्दर्भ में जवाब देना और दलित साहित्यकारों के सन्दर्भ से बचना।' लेकिन बोर्ड ने तो सिर्फ खिल्ली उड़ाई थी पूछा कहाँ। नामवर जी का विद्यार्थी न होते हुए भी मुझे उनके प्रति बोर्ड के आक्रोश को

झेलना-सुनना पड़ा था क्योंकि मैं नामवर जी के सेन्टर से था।

2 मार्च, 2000 ई. को उच्चतर शिक्षा सेवा आयोग, इलाहाबाद के बोर्ड में भी नामवर जी के मार्क्सवादी सेन्टर की पहचान ने मेरा पीछा नहीं छोड़ा, लेकिन उस बोर्ड ने मुझे चयनित कर लिया। रोचक बात यह रही कि ईश्वर शरण डिग्री कॉलेज (इलाहाबाद वि. वि.), इलाहाबाद में ज्वाइनिंग के दिन स्टॉफ रूम में कइयों की ज़बान पर यही बात थी कि अच्छा तो आप नामवर सिंह के 'सेन्टर' से निकले हैं।

अजीब इत्तेफाक रहा कि इन सब घटनाक्रमों से गुजरते हुए जुलाई 2006 में नामवर जी के 'सेन्टर' में ही मेरी नियुक्ति हो गई। जे.एन.यू. में ज्वाइनिंग के दो महीने बाद ही प्रो. मैनेजर पांडेय की सेवानिवृत्ति, एक वर्ष बाद प्रो. पुरुषोत्तम अग्रवाल की स्वेच्छिक सेवानिवृत्ति, सेन्टर के चेयरपर्सन सम्बन्धी विवाद तथा साहित्य एवं अनुवाद के विवादों ने नामवर सिंह के 'सेन्टर' में नियुक्त होने के एहसास को कमतर कर दिया।

ज्वाइनिंग के एक वर्ष तक नामवर जी से मुलाक़ात नहीं हो सकी, बल्कि इस बीच केदार जी से दो-तीन बार मिलना हो गया था। चेयरपर्सन और अनुवाद सम्बन्धी विवादों के बीच सेन्टर्स कमेटी की एक औपचारिक मीटिंग में ज्वाइनिंग के बाद पहली मुलाक़ात हुई। मीटिंग में मेरा परिचय कराया गया। मीटिंग खत्म होने के बाद नामवर जी ने घर पर आने के लिए कहा। उनके घर पर जाकर मिलने के लिए सोच ही रहा था कि 15-20 दिन बाद पुनः सेन्टर्स कमेटी की मीटिंग में हमलोग मिले लेकिन उस मीटिंग की गरमागरम बहसों और नामवर जी के गुस्से ने उनके घर जाकर मिलने के उत्साह को ठंडा कर दिया।

6 दिसम्बर, 1992 को विवादित बाबरी मस्जिद विध्वंस के दूसरे दिन सतलज मेस में नामवर सिंह और पुरुषोत्तम अग्रवाल के वक्तव्यों ने 'सेन्टर' के सरोकार को पुख्ता एवं प्रमाणित कर यह सिद्ध कर दिया था कि जे.एन.यू. में हिन्दी का क्या मतलब है। एन.सी.ई.आर.टी. की पाठ्य पुस्तक निर्माण समिति के अध्यक्ष और मुख्य सलाहकार की भूमिकाओं के बीच नामवर जी एवं पुरुषोत्तम जी के साथ बतौर सदस्य के रूप में मुझे काफी कुछ सीखने को मिला। जड़ीभूत सिस्टम में कैसे रणनैतिक ढंग से काम किया जाता है वहाँ देखने-समझने का मौका मिला। आचार्य हजारीप्रसाद द्विवेदी की शिष्य परम्परा की लम्बी सूची का एक अंग मैं भी हूँ, ऐसा मानते हुए गुरुतर दायित्व के बोध का एहसास होता है। इस तरह नामवर जी का विद्यार्थी न होते हुए भी अप्रत्यक्षतः उनका विद्यार्थी बने रहने का मौका मिलता रहा है। गुरुवर पुरुषोत्तम जी का लम्बा सान्निध्य और उनके वैविध्यपूर्ण रूप ने नामवर जी की कमी को कभी खलने नहीं दिया। तुलसीदास के सम्बन्ध में पुरुषोत्तम जी की राय मुझे अभी भी ज्यादा प्रोग्रेसिव लगती है। पुरुषोत्तम जी का पढ़ाने और बहस करने का

लोकतान्त्रिक एप्रोच हमारे कई सहपाठियों के दिलोदिमाग को बदलने में सहायक सिद्ध हुआ। परम्परावादी दृष्टि और मान्यताओं को तर्कवादी दृष्टि से खंडन कर विद्यार्थियों को कन्वीन्स करने का तरीका तथा उन तर्कों के बहाने देश-दुनिया के दर्शन एवं विचारों को खुलकर रखना पुरुषोत्तम अग्रवाल की इस अध्यापकीय विशिष्टता ने नामवर जी की कमी का एहसास नहीं होने दिया। प्रो. केदारनाथ सिंह, प्रो. मैनेजर पांडेय और डॉ. वीरभारत तलवार ने नामवर युग की बौद्धिकता को जीवन्त बनाए रखा।

सेन्टर में ज्वाइनिंग के बाद अपने दायित्वों को समझते हुए कुछ सवाल मेरे जेहन में आते-जाते रहे हैं, जैसे—सेन्टर में भारतीय भाषाओं को जगह और सम्मान मिलने में इतनी देरी क्यों हुई? इस प्रगतिशील सेन्टर से निकलनेवाली पीढ़ियों के सामाजिक और साहित्यिक सरोकार क्या रहे? इन सब बातों के मूल्यांकन का पैमाना क्या हो? ये सवाल मुझे लगातार मथते रहते हैं। अध्यापक पीढ़ियों के सामाजिक और साहित्यिक सरोकार क्या रहे? सेन्टर किस हद तक ब्राह्मणवादी वर्चस्व के विरोध का काम कर पाया?

दलित साहित्य के सन्दर्भ में नामवर जी की राय से हम सभी परिचित हैं। जो कुछ भी उन्होंने कहा है वह विवादास्पद भले ही रहा हो लेकिन उन्होंने फैशन के तहत अपनी विचारधारा में कोई बदलाव नहीं किया। अन्तर्विरोध तो कमोबेश सभी में होते हैं। किसी को अच्छा लगे या बुरा—जैसा वे सोचते हैं वैसा ही उन्होंने कहा और बोला। किसी भी व्यक्ति या आलोचक की सीमा होती है, पीढ़ियों के अन्तर को हम पाट नहीं सकते हैं। जो कुछ रह गया है, छूट गया है या अनकहा रह गया है वह नामवर जी की तैयार की गई नई पीढ़ी पूरा करेगी—ऐसा मेरा विश्वास है। लेकिन हाँ, देश में और हिन्दी में वर्चस्ववादी संस्कृति के बारे में सोचते हुए एक कसक जरूर मेरे अन्दर हमेशा बनी रहेगी कि नामवर सिंह सेन्टर तथा हिन्दी के बुद्ध और पुरुषोत्तम अग्रवाल 'सम्राट अशोक' क्यों नहीं बन सके। ऐसा हो पाता शायद, अगर पुरुषोत्तम जी तीन ही महीने चेयरमैन रहने के बाद सेन्टर छोड़ यू. पी. एस. सी. न चल देते।

और अन्त में एक ई-मेल

प्रो. मुज़फ़्फ़र आलम

प्रिय सुमन जी,

आपके सन्देश के लिए बहुत-बहुत धन्यवाद। मैं नामवर जी के साथ अपने सम्बन्धों के बारे में एवं उनकी असाधारण विद्वता से जो मुझे लाभ मिला उसके विषय में इतने कम समय में कुछ भी लिखने में असमर्थ हूँ। मुझे यह जानकर खुशी हुई कि आप उनके सम्मान में एक पुस्तक सम्पादित कर रही हैं। वे वास्तव में जे.एन.यू. में ज्ञान एवं शिक्षा के कई प्रतिमान स्थापित करने वाले हैं। मुझे उनके लेखन एवं कैम्पस में उनके होने से भारतीय साहित्य-संस्कृति एवं परम्परा से सम्बन्धित विषयों पर बहुत कुछ सीखने को मिला। उनका योगदान न केवल उनके शोध-क्षेत्र बल्कि जे.एन.यू. में शिक्षण की नई परम्परा के निर्माण में भी रही है। नामवर जी हमारे समय के सबसे बड़े साहित्यिक आलोचकों में से एक हैं और भारतीय इतिहास के एक विनम्र विद्यार्थी के रूप में नामवर जी के साथ जे.एन.यू. में काम करने का मुझे सौभाग्य हासिल हुआ। मुझे विश्वास है कि पुस्तक सफल होगी। मेरी शुभकामनाएँ आपके साथ है।

आपका
मुज़फ़्फ़र

बाहर निकल कर...

जे.एन.यू. : आमार नूतन जन्म

समीर वरण नन्दी

जब मैं जे.एन.यू. में प्रवेश के लिए इंटरव्यू दे रहा था, तब पता भी नहीं था कि इन चार-पाँच प्रोफेसरों में वे कौन-से हैं। उन्होंने चन्द्रगुप्त नाटक से सवाल किए थे, मैंने उसमें प्रेम विवाह को ही प्रमुखता मिली है, का उत्तर दिया था। मेरे उत्तर पर परिहास भी किया गया था। शायद ऐसा सोचकर कि यहाँ तो उसके लिए अनन्त मैदान पड़ा था। क्रान्तिकारी जन इसी में समय पोहते हैं।

कुछ दिनों बाद बोर्ड पर नाम था। फिर लटकते हुए छपरा गया, पैसा जुटाया, वापस आकर जे.एन.यू. का हो गया। नई मिट्टी, नए पौधे, नए बबूल, नई चट्टानें, नई घास, नए पक्षी, नए कीड़े, नए लोग और वह डबल सेवन का साल। सात लड़कियों और आठ लड़कों का बैच। बिहार, उड़ीसा, एम.पी., दिल्ली, कश्मीर सी.आई.एल./एस.एल. में पहुँचे। सबका पता नहीं, मैं निरुद्‌देश्य था! अनुभव के नाम पर 67 के हिन्दी आन्दोलन में बलिया में पुलिस पर गुलेल चलाने का अनुभव एवं 74 में जे.पी. आन्दोलन के मौन जलूसों में गुजरने का अनुभव, जिसमें दुनिया की तलाश भरी थी। फुटबॉल पीछे छूट गया था। विज्ञान का छात्र था–पर स्थानीय अखबार में कविता छपने पर जगदम कॉलेज के हिन्दी विभागाध्यक्ष डॉ. चन्द्रिका सिंह ने जबरदस्ती हिन्दी ऑनर्स का परीक्षा फार्म भरवा दिया। बीतन नाम के सहपाठी के साथ रात को खाना खाकर लुंगी-बनियान में घूमने निकल जाते और रास्ते में पढ़ाई हो जाती थी। वह बोलता जाता और मैं भाँग भरी बुद्धि में उसे बैठाता जाता। अन्ततः पास होकर तथा इमरजेंसी की पुलिस से भय खाकर मैंने जे.एन.यू. में सुयोग पाया। और सबसे बड़ी दिक्कत थी बंगाली शरणार्थी होने की। सब कुछ कहीं का रोड़ा कहीं का सिमेंट।

बौद्धिक, स्मार्ट, आत्मीय और क्रान्तिमय वातावरण में स्वाभाविक है कि नामवर जी का छात्र होने से मेरी सुप्त और लोफर बुद्धि में हलचल जगी। आमार नूतन जन्म। यों तो नामवर जी को स्थापित मुखर छात्र ज्यादा प्रिय थे, बनिस्बत मेरे

जैसे कायर बुद्धि छात्रों के। मेरे सहपाठी पुरुषोत्तम एवं उमाशंकर क्लास में बहस की अगुवाई करते और नामवर जी कभी सीधे कभी मुस्कराकर विषय को लाइन पर ले आते।

एक दिन एकान्त पाकर मैंने उनसे पूछा—जब प्रलय हो गई तो श्रद्धा-मनु के बच्चों ने आपस में विवाह करके मानव बेल को फैलाया है।

इस सवाल को उन्होंने धैर्य के साथ सुना एवं उत्तर में मेरे भीतर झाँकते हुए कहा—कहाँ उलटी-सीधी बातों में फँसे हैं, कुछ नई बातें भी पढ़ लिया कीजिए। मैं अज्ञानता के अन्धकार से तिलमिला गया था, और वहीं जगी जानने की चाह।

एक दिन तीसरे पहर, हलकी पड़ती रोशनी के मुमुर्ष गलियारे में पीली दीवारों पर छाया-प्रतिच्छाया में बिम्ब और प्रतीक की आड़ी-तिरछी भीड़ में साम्राज्य फैलाए राजार दुलाल की तरह मिल गए और हिन्दी के मुहावरे में कहें तो दिखे जैसे गन्धर्व नरेश—

कहिए समीर वरण जी! मैं अवाक् नमस्कार के सिवा कुछ न बोल सका। दूर तक देखता रहा। आगे रोशनी थी।

एक दिन ओस्त्रोनैनी का सिद्धान्त पढ़ाते हुए भीषण शब्द बीच में आ गया और मेरी तरफ देखते हुए बँगला पर जुमला कसे कि बंगाली हर कठिन परिस्थिति के लिए केवल भीषण शब्द का प्रयोग करते हैं—मसलन भीषण भालोबासी या भीषण खिदे पेयेछे। मेरी बुद्धि ने और कई शब्द खोज लिए थे पर मेरे भीतर कमी थी—लगता था जैसे क्लास डिस्टर्ब हो जाएगी। फिर कई दिनों तक अपने को कोसता रहा था। बात मेरी नहीं बँगला भाषा की जो थी। उस दिन मेरे भीतर जो द्वार खुला और बन्द हुआ उसी में आज भी जी रहा हूँ।

संवेदनात्मक धुन, विचारों की पोटली और रचनात्मक स्वभाव ने पुरुषोत्तम से हमें मिलाया। फिर सुमन, मदन, उर्मिल का साथ। दाढ़ी में पुरुषोत्तम बड़ी उम्र का लगता था। इसलिए मेरा चचा बन गया था और जो दौर दिल्ली का शुरू हुआ, उसे व्यक्त करना कहाँ सम्भव है। क्लास में पन्द्रह में से हम पाँच ए.आई.एस.एफ. वाले बाकी एस.एफ.आई.। प्रतिस्पर्धा खुलकर चलती। इस विस्तृत परिवेश में छोटे-बड़े, दीन-अदीन सब थे। वहीं, आजादी से एकरूपता का प्रयास जे.एन.यू. में सीख रहा था। दूसरी ओर खाली रहते ही मैं निकल जाता कुतुब मीनार की तरफ पैदल। पत्थरों पर पत्थर फँसे हुए। उसके तलहटी में अँधेरा, थोड़ा जल, जल में छोटी-छोटी मछलियों की क्रीड़ा, उन्हीं में जा बैठता। इस संसार में सब कुछ छूट जाता है पर शरणार्थी बनकर छूटनेवाली चीजें कभी छूटती नहीं हैं। और उसमें केवल भूख और रुदन हो तो वह और भी बाँधे रखता है। मेरी कटी हुई आत्मा को वहीं सहारा मिलता था। वहाँ जल और अँधेरा मेरे सहारे के लिए दोनों मिलते थे। साथ ही नामवर जी और

उत्तम पुरुष का साथ मुझे मथ भी रहा था। कभी-कभी नामवर जी, चिन्तामणि जी के लम्ब्रेटा स्कूटर के पीछे बैठकर सामने उचककर स्कूटर सँभलवाते दिखाई देते। कभी बस में हमारे साथ धोती-कुर्ते में लकदक। पर नाटक-सिनेमा जाते कभी नहीं दिखे। पढ़ाने का उनके पास जादू था। पान सम्पन्न मुख से कोमल अँगुलियोंवाले हाथ को मलते हुए शुरू करते और सम्मोहित कर देते थे। उनके पढ़ाने में पाखंड नहीं होता था। हिन्दी, अंग्रेजी, उर्दू, संस्कृत में गीत, गजल, कविता के उदाहरणों के साथ साहित्य और निष्कर्ष हमारे सामने रखते और चाहते थे हमारा भी प्रयास हो। मूर्खता आतंकित रहती थी और प्रयास का स्वागत होता था। जितना बताते थे उससे कई गुणा स्पेस छोड़ देते थे हमारे लिए।

निर्भीक, उन्मत्त, वेगवान किशोर हस्थिसदृश वे कभी लाइब्रेरी आते-जाते दिख जाते थे तो 99 प्रतिशत छात्र दुबक जाते। छुपकर देखते। उनका कहीं दिख जाना भी खबर होता था। उधर मैं, पुरू, सुमी सब प्रेम में पड़े थे। उन्मुक्त चुनाव जन्य प्यार कहीं बिखर न जाए, उसमें नामवर जी के डर ने हमें संयमित रहना सिखाया। क्लास में सुमी-पुरू नोट बुक में लिखकर आपस में पूछते रहते दोस्ती किसलिए? सुमन हर वक्त आँख का चित्र बनाती रहती। क्लास को दिखाते बहुत नोट्स लिया जा रहा है। उन दोनों का प्रेम ठीक नामवर जी की नाक के नीचे हुआ और इसकी थाह उन्हें न लगे उसी में विजय थी। कभी-कभी खिड़की से बाहर आती-जाती तितलियों पर भी परिहास करते और हमारे भीतर पल रही रूमानियत को कसते भी थे। प्रेम सुनते ही उनका कठोर चेहरा अफ्रीका के मसाईमारा के जंगल में सबसे सफल शिकारी की तरह हो उठता था। कभी न झपकनेवाली रुद्ध और भेदक आँखों में तब कोर पर खिंचाव उग आता, और पुतलियाँ बोल उठती थीं। अदृश्य रहकर सेन्टर की राजनीति भी चलाते थे और स्कॉलरशिप वगैरह उनके बिना सहमति के नहीं मिला करती थी, इसलिए नम्बरों के साथ-साथ उनकी नजर में भी ठीक रहना पड़ता था। यहीं, संयमित रहना सीखना पड़ता था प्रेम आदि को।

पन्तजी की मृत्यु उपरान्त बच्चन जी श्रद्धांजलि देने आए थे। लाल रोड़ी पर नामवर जी के साथ उनका मौन चलना आज भी याद है। एक बार अज्ञेय जी आए थे दोनों पास-पास अलग-अलग बैठे थे। गजब का मौन साहित्य के वाद-विवाद का चेहरा था। फ़ैज़ आए थे और गजब की रूमानियत और बगावत का पाठ पढ़ा गए थे। नेमिचन्द्र जी जे.एन.यू. संस्कृति विभाग सँभालते थे। मैं, पुरुषोत्तम हर ड्रामे और वर्कशॉप में सक्रिय रहते। हबीब तनवीर तो जे.एन.यू. के गेट पर रहते थे। उनके नाटक क्या, रिहर्सल भी देखा करता था। उन्हीं दिनों एक बार सतलज होस्टल में बसन्त पंचमी मनाई गई। मैंने एक रवीन्द्र संगीत गानेवाली लड़की को बुलवा लिया था। निराला-रवीन्द्र दोनों के गीत गाए गए थे। उसी में अध्यक्ष नामवर जी ने कहा—

निराला कभी प्रगतिशील आन्दोलन में नहीं गए और अन्ततः प्रगतिशील आन्दोलन स्वयं निराला के पास चला गया। कविता की शक्ति की पहचान मुझे पहली बार हुई थी।

उन्हीं दिनों नामवर जी के गुरुपद पर बैठे हजारीप्रसाद द्विवेदी बीमार होकर एम्स में भर्ती थे। हम लोग पहरा देने वहाँ रहते थे। नामवर जी मौन दरवाजे के आर-पार आते-जाते दिखते। उनकी क्षत्रिय भुजाएँ निश्चय ही मचलती थीं। पर आयुदान कौन कर पाया है! पहरे में कौन-सी मृत्यु रह पाई है!

एक ओर हिन्दी के श्रेष्ठजनों की छाया हम सबको प्राप्त थी तो दूसरी ओर ईरान की क्रान्ति में एवं साम्यवाद की रक्षा में लगता था जे.एन.यू. का भी हाथ है।

हम लोग जब जे.एन.यू. आए थे वह इमरजेंसी की यातना और संघर्ष की पृष्ठभूमि वाला समय था। ज्यादातर छात्रों में कुछ-न-कुछ दंश भी था। फलस्वरूप जे.एन.यू. के वातावरण में एक-दूसरे के लिए हेलो और सि.यू. भरा सम्मान भाव रहता था। जीन्स और कुर्त्ता पहनते। कन्धे पर थैला, पाँव में चप्पल। सम्भ्रान्त होना लोग छुपाते थे और जे.एन.यू. के आह्वान पर किसी भी एम्बेसी या भवन या मोड़ पर आवाज उठाने पहुँच जाते थे। इस तरह हम विश्व नागरिकता में प्रवेश कर गए थे। जीवन का कोई-न-कोई रंग-रूप या कला-ज्ञान दिल्ली के विभिन्न जगहों से सीखकर रात को हम होस्टल लौटते। पढ़ते हुए थककर कभी नहीं सोते।

उन्हीं दिनों जे.एन.यू. में ऑक्सफोर्ड में पढ़कर लखनऊ के नवाब परिवार का शन्ने मियाँ कैम्पस में आया था। पहली रात उसे बारिश में भीगते हुए पुरानी फिल्मों का गाना गाते सुना था। वह सबका चहेता बन गया था। बुलन्द आवाज में गाता था। पहले अमीरों के हाथ आया और उसकी मौज रही। धीरे-धीरे नशे की खोज में वह गरीब तबके में शामिल हो गया। होस्टल नहीं था उसके पास। धीरे-धीरे पेड़-झाड़ी में उसका बसेरा बना। तिल-तिल जीवन को बिखेरता रहता था। वैसे ही छात्रों की एक टोली बन गई थी जो केवल नशा जुटाती थी और रात ओपन एयर थिएटर की घाटी में बिताती थी। जे.एन.यू. में शन्ने मियाँ बरबादी का चरम था। उसकी माँ के कई खत मेरे पास आए, लेकिन किसी से वह सँभाला नहीं गया। और भी कई थे जिन्हें जीवन में शिक्षा का अवसर तो मिला था, पर लाभ उठाया नहीं जा रहा था। एक बीड़ी को चार जन मिलकर पीते थे, रोज रात मेस से खाना चुराकर जुगाड़ करना पड़ता था। कोई गाता था, कोई बजाता था, कोई कविता लिखता था, निचली सीढ़ी पर खड़े छात्रों में कोई अहंकार न था, और सभी बेबस जनवादी थे। एक घटना याद रहती है। पूर्वांचल होस्टल की छत पर मैंने और गोरख पांडे ने बहुत रातें गुजारी हैं। रामकृष्ण पांडेय या बलदेव के कमरे में अपनी-अपनी लुगड़ी रख देते थे और दिन तो कट जाता था। एक दिन वार्डन अड़ गया और हमको दूर तक भगा आया था।

मुझे लज्जा आई और मैं हरिद्वार भाग आया। उसी होस्टल में एक बंगाली लड़के ने जीवनानन्ददास की कविताएँ भेंट दी थीं, उस नई थाथी को साथ लेकर। वहीं देखा था पेड़ तले लाल कमीज पहने गरदन पर गमछा डाले पाषाण की तरह खड़े रहते एक छात्र को, जिसके बारे में कोई जानता न था। वह शायद पेट और प्रेम दोनों का मारा था। मुझे ऐसे जीवन से घृणा थी। दूसरी तरफ पुरुषोत्तम था जो किसी बाधा को मानने के लिए तैयार न था। बस में संग बैठा होता तो किताब के साथ। इस तरह उसने अपने को मथकर नया पैदा कर लिया था।

मैं हरिद्वार आ गया। साथ में एम.फिल. करनेवाली ज्योति व्यास, जो यू.एस.ए. चली गई थी को मैंने 'आ जाओ' कविता लिखकर भेजी थी। शादी के चौबीस साल हो गए हैं अब भी सरस भाव से जी रहा हूँ। इसका श्रेय इस प्रसंग में है—नामवर जी की छवि प्रेम सम्बन्धों के विपरीत थी। वहीं हममें प्रेम का रचनात्मक स्वरूप विकसित हुआ। कोई न माने पर मैं मानता हूँ कि उन्होंने हमारे ज्ञान और प्रेम दोनों को तराशा। गुरु, गम्भीर-निष्ठुर भाव से जो हथौड़ा मारता है—भीतर, वहीं से मजबूती आती है।

बहुत दिनों बाद साहित्य अकादमी से 'जीवनानन्द दास श्रेष्ठ कविताएँ' छपीं तो विमोचन के लिए उन्हें हरिद्वार बुलाया। भेल में व्यवस्था अच्छी थी, सो पाँच दिन ठहरे। विमोचन पर उन्होंने कहा मैं भी शब्दों का इंजीनियर हूँ। यह बात बड़े पते की रही। एक दिन हमें घूमने जाना था। उनकी पुत्री और दामाद-नातिन जल्दी मचा रहे थे। मैंने देखा बासी कागज के टुकड़े पर कुछ लिखने में लगे हैं। बार-बार आ रहा हूँ की भी रट लगाते जाते। बहुत आवश्यक कुछ नोट करने में वे निमग्न रहे और जब तक लिख नहीं लिए रुके नहीं। मैं पास ही खड़ा था—यह न रुकना ही तो उनका पुरुषार्थ था। ऋषिकेश गए। उस दिन बेटी समीक्षा का जन्मदिन था। बोले उसे कुछ दिलवाना है। दुकान से निकलते हुए बोले—देखा, पति ने सात सौ का दिलाया और पिता ने हजार का। मैंने मजाक किया तो नाराजगी उभर आई थी, जिसका मुझे जन्म भर अफसोस रहेगा।

घर पर भोजन के समय बोले, पहले मछली बहुत पसन्द करता था, अब नहीं। मैंने छककर मछली खिलाई और आनन्द पाया। जया से बोले—तुम लोग कभी नौकरी आदि के लिए बोले नहीं? उन्हें आश्चर्य हुआ हमारे यहाँ अध्यात्म की किताबें देखकर। खाने के वक्त भी तमाशा हुआ। एक चौड़ी टेबुल पर छोटा टेबुल रखकर खाने का जो आसन जमाया था वह था ऊँचा। एक टेबल हटाओ तो बहुत नीचा हो जाता था। गुरुदेव ठहरे दीर्घकाय। जैसे-तैसे उन्होंने भोजन किया और कृतार्थ किए।

जया से कई आसनों पर चर्चा किए। कई आसनों की जानकारी और प्रदर्शन भी करके बताए बहुत सहज भाव से। मैं चौंका। सोनापाखी और जया की प्रशंसा

की। आशीर्वाद पाया। सोना ने नामवर को दादा स्वीकारा।

छात्र जीवन से बाहर निकलकर भी संयोग-सुयोग मिलता रहा। ऑक्सफेम के मीटिंग में मैंने हिंसा का एक रूप यह बताया कि एक विश्व हिन्दू परिषद के कार्यक्रम में राजा विरेन्द्र आए थे। उस सिलसिले में शहर के हर घर से भोजन का पैकेट जुटाया गया था, उसका विरोध करनेवालों को डराया-धमकाया गया था। इस प्रसंग के उत्तर में उन्होंने कहा था—वैदिकी हिंसा हिंसा न भवति।

कोई और होता तो शायद जाने क्या सोचता। पर, मैंने ज्ञान के आलोक में रोज-रोज की बातों पर भड़कना छोड़ दिया। निर्लिप्त रहना सीख लिया।

उनका शिष्यों पर विश्वास कैसा था उसका एक उदाहरण यह है कि बनारस में त्रिलोचन ने उन्हें बताया था कि वे हरिद्वार रहने जा रहे हैं। नामवर जी ने कहा था वहाँ समीर रहता है, आपको कोई परेशानी नहीं होगी। बाद में त्रिलोचन के मुख से यह बात सुनकर मेरी जिम्मेदारी बहुत बढ़ गई थी।

एक प्रसंग और है जब मेरी कविता संकलन 'तलहटी में बसन्त' के विमोचन में मेरे गुरु केदारनाथ सिंह, अशोक वाजपेयी, कुँवर नारायण, पंकज सिंह आदि कवियों के बीच जब डॉ. नामवर सिंह ने कहा—अटपटी भाषा में भी समीर की कविताओं में कवित्व है, और दिल्ली में कभी किसी नए कवि के संकलन का ऐसा विमोचन नहीं हुआ। उस दिन लगा जैसेकि पुरुषोत्तम अग्रवाल से ज्यादा ग्रेड मिल गया है।

नामवर सिंह के क्लास में

डॉ. राजकुमार

पहली बार नामवर जी को इलाहाबाद विश्वविद्यालय के हिन्दी विभाग में सुना था। दूसरी बार उन्हें सुनने का मौका हिन्दुस्तानी एकेडमी में मिला। प्रेमचन्द पर कोई कार्यक्रम था। अज्ञेय बोल चुके थे। नामवर जी उसके बाद बोले थे और अज्ञेय के लगभग हर तर्क का जवाब देते हुए उन्होंने प्रेमचन्द को 'स्थापित' किया था। सुनते हैं कि अज्ञेय नामवर जी के व्याख्यान से बहुत ही उदास-हताश हो गए थे।

उस समय मैं बी.ए. कर चुका था और सशस्त्र क्रान्ति करने के फिराक में था। उस दौर में इलाहाबाद विश्वविद्यालय के छात्रों में पढ़ने-लिखने का जबर्दस्त रुझान था और लोग खोजकर किताबें पढ़ते थे। 'परिवेश' नाम से प्रत्येक रविवार को 'साहित्यिक' गोष्ठी होती थी। इस गोष्ठी के कर्ता-धर्ता तो छात्र ही थे किन्तु इसमें रचनाकार और शिक्षक भी शामिल होते थे। मैं भी 'परिवेश' में था और किताबों के लिए लालायित रहता था। नामवर जी की किताबें तो मैं पढ़ चुका था लेकिन उन्हें साक्षात् बोलते हुए पहली (और फिर दूसरी) बार सुन रहा था।

हिन्दी के अधिकांश वक्ता जोरदार आवाज में बोलते हैं। जिनकी आवाज जोरदार नहीं होती वे जोर लगाकार बोलते हैं। नामवर जी मेरे लिए हिन्दी के पहले व्यक्ति थे जिनकी आवाज तो जोरदार थी लेकिन जो जोर लगाकर नहीं बोलते थे। उन्हें सुनना पड़ता था, उनकी बात पर ध्यान देना पड़ता था। महफिल लूट लेनेवाले वक्ता के रूप में ख्यात थे, इसलिए सभी उन्हें गौर से सुनना चाहते थे। इतनी बढ़िया और मजबूत आवाज और सधा हुआ सुर (अन्दाजेबयाँ) शायद मैं पहली बार सुन रहा था। आवाज के साथ-साथ उनकी आँखें भी बोलतीं, हाथ और उँगलियों का संयत इस्तेमाल संगत करता।...लगा कि मैं एक ऐसे 'कम्प्लीट परफार्मर' को देख और सुन रहा हूँ जिसे न केवल मंच की सम्भावनाओं का दोहन करने में महारत हासिल है बल्कि जिसकी श्रोताओं की नब्ज पर पकड़ भी बहुत मजबूत है। बात कहने का सलीका नफीस और अर्थगौरव से सम्पन्न, फिर भी इतना सहज और अनायास कि लगे जैसे

मछली पानी में तैर रही है, जलक्रीड़ा कर रही है, अपने 'करतब' दिखा रही है। कभी प्रतीत होता कि वे एक ऐसे सिद्धहस्त कलाकार हैं जो किसी भी बात को मर्जी के मुताबिक बिलकुल ही अप्रत्याशित दिशा में मोड़ सकते हैं। सिद्धान्त और तर्क तो उनकी उँगली के इशारे पर नाचते से लगते। उनकी बात जल-प्रपात की तरह बहती चली जाती। जल-संगीत के प्रायः सभी उतार-चढ़ाव उनके व्याख्यान में सुनाई पड़ते। किसी ने लिखा है कि वे शास्त्र को भी संगीत में तब्दील कर देते हैं। मेरा खयाल है कि सही लिखा है। टॉमस मान की कहानियाँ—'इंफेंट प्रोडिजी' और 'मैरियो द मैजीशियन'—जब मैंने पढ़ीं तो उनका रसास्वादन शायद इसलिए डूबकर कर सका क्योंकि नामवर सिंह को सुन चुका था।

तब तक जिन्दगी की ठोकरों ने इतना सिखा दिया था कि 'नैतिक शिक्षा' की बातें बहुत ही उबाऊ और बासी लगने लगी थीं। असल में, हिन्दी विभागों में साहित्य का जिस ढंग से अध्यापन सामान्यतया किया जाता है उसे मैं 'नैतिक शिक्षा' कहता था। आज भी कहता हूँ। भारतीय (अर्थात् हिन्दू) संस्कृति के शाश्वत मूल्यों में विश्वास रखनेवाले आचार्य हिन्दी साहित्य पढ़ाने के नाम पर भारतीय संस्कृति के महात्म्य का बखान करते हैं और वामपन्थी रुझान के शिक्षक प्रगतिशील मानवीय मूल्यों, लेखक के जनता से जुड़ाव या अलगाव जैसे मुद्दों का जिक्र करते हुए अपनी तान इस बात पर तोड़ते हैं कि रचनाकार के रचनारूपी खाँचे में कितना यथार्थ भरा है। उनके लिए रचना यथार्थ को भरनेवाले कंटेनर की तरह है। इधर सौभाग्य से कुछ लुप्तप्राय चीजों को बचा ले जाने का जिम्मा (या ठेका) भी हिन्दी साहित्यकारों को मिल गया है। इसलिए इस नए प्रतिमान के निकष पर हिन्दी शिक्षक यह भी देखता है कि रचनाकार कुछ चीजों को बचाने की जुगत में लगा है या यूँ ही...। हिन्दी साहित्य पढ़ाने के बहाने दी जा रही इन 'नैतिक शिक्षा' से शिक्षक-विद्यार्थी सभी को फायदा-ही-फायदा है। विन-विन की सिचुएशन है।

सोचा भी नहीं था कि कभी नामवर सिंह से पढ़ने का सौभाग्य मिलेगा। लेकिन जब 1982 में इलाहाबाद से भागकर जे.एन.यू. में एम.ए. करने के लिए दाखिला लिया तो यह मुराद पूरी हो गई और 'नैतिक शिक्षा' से मुक्ति मिल गई।

पहले क्लास में उन्होंने हमारे नाम-धाम पूछे और फिर यह पूछा कि रामचन्द्र शुक्ल का 'हिन्दी साहित्य का इतिहास' कितने लोगों ने पढ़ रखा है। पढ़ा तो था लेकिन हिम्मत नहीं हुई कि कहें कि पढ़ा है। शायद डर था कि पता नहीं क्या पूछ लें...जवाब नहीं सूझा तो...। अब नहीं याद कि किस प्रसंग में गॉथिक आर्किटेक्चर की बात चल निकली। पूछा कि 'गॉथिक आर्किटेक्चर तो आप लोग जानते होंगे।' किसी को नहीं मालूम था, कोई नहीं बोला। और फिर नामवर जी ने 'हाय हाय हिन्दी के विद्यार्थी' का उद्घोष कर हम लोगों का उत्साहवर्द्धन किया।

यद्यपि संस्कृत-काव्यशास्त्र एक दूसरे शिक्षक पढ़ाते थे, किन्तु रूपवादी आलोचना पढ़ाने के दौरान नामवर जी ने संस्कृत काव्यशास्त्र का भी संक्षेप में उल्लेख किया और शब्द एवं अर्थ के सम्बन्ध के बारे में कुन्तक का उद्धरण दिया :

साहित्यमनयोः शोभाशालितां प्रति काप्यसौ। अन्यूनातिरिक्तत्वमनोहारिण्यवस्थितिः॥
फिर इसकी कुन्तककृत व्याख्या बताई :

'अन्यूनातिरिक्तत्वमनोहारिणी, परस्परस्पर्धित्वरमणीया। यस्यां द्वयोरेकतरस्यापि न्यूनत्वं निकर्षो न विद्यते नाप्यतिरिक्तमुत्कर्षो वास्तीत्यर्थः।'

और अन्त में इसका अर्थ समझाया : जहाँ शब्द और अर्थ में कोई किसी से कम न हो—अन्यून, जहाँ शब्द और अर्थ में कोई किसी से ज्यादा न हो—अनतरिक्त, जहाँ शब्द और अर्थ में एक-दूसरे से आगे निकल जाने की होड़ मची हो—परस्पर स्पर्धी।

यदि शास्त्रीय संगीत में शब्द को ध्वनि में निःशेष करने की प्रवृत्ति है तो विज्ञान में शब्द को अर्थ में घटाने पर जोर। किन्तु साहित्य में शब्द और अर्थ दोनों महत्त्वपूर्ण हैं और रचनाकार वही बन सकता है जो इस मर्म को समझता है। जो व्यक्ति यह मानता है कि शब्द या साहित्य अपने विचारों को आमजन तक पहुँचाने का सिर्फ साधन है वह कभी भी अच्छा रचनाकार नहीं बन सकता। कहने की आवश्यकता नहीं कि नामवर जी के व्याख्यान 'स्थापित सत्यों' की औसत समझ को चुनौती देते से प्रतीत होते थे। इस बात का एहसास तो बहुत बाद में हुआ कि साहित्य-सिद्धान्त की चर्चा तो फिर भी आसान है, ज्यादा मुश्किल काम है सिद्धान्त को समझाने के लिए रचनाओं में से सटीक उदाहरण खोजना। किन्तु उससे भी कठिन है सिद्धान्त, रचना और जीवन के बीच अन्तर्सम्बन्ध की पहचान। नामवर जी के व्याख्यान सिद्धान्त को रचना के साक्ष्य पर और रचना को जीवन की कसौटी पर व्याख्यायित करते थे। इसीलिए उनके व्याख्यानों में सिद्धान्त, रचना और जीवन के बीच निरन्तर आवाजाही बनी रहती थी।

अपने व्याख्यान के प्रारम्भ में ही वे विषय से सम्बन्धित हिन्दी-अंग्रेजी में उपलब्ध पुस्तकों और लेखों की सूची नोट कराते और फिर कहते कि "चाहें तो आप भी देख सकते हैं।" उन्होंने एम.ए. में 'रूपवादी आलोचना' तथा 'मार्क्सवादी आलोचना' और एम.फिल. में 'साहित्य का समाजशास्त्र'—कुल मिलाकर तीन कोर्स पढ़ाए। यद्यपि मैं अपनी याददाश्त को बहुत अच्छी नहीं मानता लेकिन पता नहीं क्यों उनके व्याख्यान आज भी बहुत कुछ याद हैं। शायद उनके पढ़ाने के ढंग में कुछ ऐसा है जिसकी वजह से पढ़ाया हुआ याद रह जाता है।

अक्सर यह देखा गया है कि प्रसिद्ध होने के बाद लोग कक्षा के प्रति उदासीन हो जाते हैं, क्लास लेना उन्हें बोझ लगने लगता है। लेकिन नामवर जी 'क्लास रूम टीचिंग' में रस लेते थे। ऊबते हुए उन्होंने कभी नहीं पढ़ाया। पढ़ाने को वे हमेशा

इंज्वॉय करते थे। पूरी तैयारी के साथ क्लास पढ़ाने आते थे–रिसर्च कार्ड पर नोट्स लिखे होते थे और यदि किसी किताब से उद्धरण देना होता था तो जिस पन्ने से उद्धरण देना होता था वहाँ फ्लैग लगा होता था। याद नहीं कि कभी क्लास में देर से पहुँच हों या कभी क्लास समय से पहले छोड़ दिया हो। बाहर आना-जाना तो उस समय भी लगा रहता था लेकिन अपने कार्यक्रम वे इस तरह बनाते थे कि पढ़ाई का हर्ज न हो। जिस दिन क्लास होता उस दिन वे जे.एन.यू. में होते। विद्यार्थियों से भी उनकी यही अपेक्षा रहती कि वे समय से क्लास में आएँ। उनके क्लास में शत-प्रतिशत उपस्थिति रहती। हिन्दी के अतिरिक्त दूसरी भाषाओं के विद्यार्थी भी उनको सुनने आते। और जो एक बार आ जाता मुरीद हो जाता। हारी-बीमारी की वजह से यदि हमसे कभी उनका क्लास छूट जाता तो सहपाठी से पूछते कि क्या पढ़ाया, फिर उसके नोट्स देखते। फिर भी सन्तोष नहीं होता। लगता कुछ ऐसा छूट गया है जिसकी क्षतिपूर्ति पूछकर या दूसरे के नोट्स देखकर नहीं हो सकती। सुन रखा था कि बनारस में जगह न मिलने पर खड़े होकर विद्यार्थी उनका व्याख्यान सुनते थे। जे.एन.यू. में उनके क्लास को लेकर दीवानगी मैं स्वयं देख रहा था। यह दीवानगी सिर्फ हिन्दी के विद्यार्थियों तक सीमित नहीं थी, स्कूल ऑफ लैंग्वेजेज के दूसरी भाषाओं के विद्यार्थी भी उनके दीवाने थे। याद नहीं आता कि कभी हमने उनका क्लास 'बंक' किया हो। लेकिन एक बार हुआ यह कि हैदराबाद से विद्यार्थियों का दल आया हुआ था। उनके स्वागत में एक कार्यक्रम था। हम लोग भी यह सोचकर कार्यक्रम में शामिल हो गए कि नामवर जी के क्लास के समय निकल लेंगे। लेकिन कार्यक्रम लम्बा खिंच गया और जब क्लास में पहुँचे तो देर हो चुकी थी। नामवर जी अपने चैम्बर में हमारे आने का इन्तजार कर रहे थे। पहुँचते ही हमने सफाई देनी शुरू की तो बोले, "कोई बात नहीं, यह सब भी जरूरी है।" पढ़ाने का अनुरोध किया तो टाल दिया, बोले कि "आज आप लोग अपनी 'प्रतिभा का जौहर' दिखाएँ।" उनका आशय यह था कि हम लोग गीत-लोकगीत-गजल सुनाएँ। हमारे क्लास में एक 'सुमुखी' छात्रा थीं और जैसा कि इस प्रकार की लड़कियों के साथ प्रायः होता है, मुँहलगी भी थी। छूटते ही बोल पड़ीं, "हम लोग सुनाएँगे लेकिन आपको भी सुनाना पड़ेगा।" नामवर जी बोले, "ठीक है, पहले आप सुनाइए।" हम लोगों ने अपनी 'प्रतिभा का जौहर' दिखा लिया तो नामवर जी उठने लगे। सुमुखी बोलीं, "ऐसे नहीं छोड़ूँगी, आपको भी सुनाना होगा।" सभी जानते हैं कि एक सीमा से आगे बढ़ने की छूट नामवर जी किसी को नहीं देते। अपने किसी विद्यार्थी से तो उन्हें ऐसी ढिठाई की उम्मीद नहीं ही होगी। 'छोड़ना' क्रिया में अन्तर्निहित छेड़छाड़ की सम्भावना ने भी उन्हें वह जवाब देने को उन्मुख किया होगा जो उन्होंने दिया, "छोड़ता तो मैं भी नहीं, लेकिन अब मेरी उम्र थोड़ी ज्यादा हो गई है।"

ऐसे बिन्दास जवाब की उम्मीद शायद ही किसी को रही होगी। इतना कहते-कहते नामवर जी तो चैम्बर से निकल लिए लेकिन हम लोग कई दिनों तक उनके इस 'धाँसू' जवाब का मजा लेते रहे।

साहित्य-सिद्धान्त की जटिल-से-जटिल और गम्भीर-से-गम्भीर बातें बहुत ही दिलचस्प अन्दाज में सुलझाकर बताने की उनकी जैसी सामर्थ्य मैंने किसी दूसरे में नहीं देखी। उदाहरण भी पाश्चात्य साहित्य से ही नहीं, भारतीय साहित्य या जीवन से देते। एक नहीं कई-कई। और एकदम सटीक। यह सब लिखते हुए उनके क्लास से सम्बन्धित स्मृतियों से घिर गया हूँ और यह तय कर पाना मुश्किल हो रहा है कि क्या लिखूँ और क्या छोड़ूँ। कुछ बातें तो भूल गया हूँगा लेकिन बहुत सारी बातें बिलकुल साफ-साफ याद आ रही हैं। लगता है कि अभी कल की ही तो बात है जब मैं क्लास में बैठा उन्हें सुन रहा था। पता नहीं सही है या गलत है लेकिन आज भी मैं उनके सामने (और पीछे भी) स्वयं को विद्यार्थी ही मानता हूँ। और शायद इस विद्यार्थीपने से 'मुक्त' होना भी नहीं चाहता। जो भी हो, उनके पढ़ाने के ढंग को समझाने की दृष्टि से कुछ बानगी देता हूँ। इससे पहले यह बताना जरूरी है कि नामवर जी प्रायः उन बातों को छोड़ देते थे जो सभी को मालूम है। सर्वजनसुलभ अन्तिम सत्य का बखान उन्होंने कभी नहीं किया। शुरू में ही जता दिया था कि "एक राजा था, एक रानी थी, यह कहानी मैं नहीं बताऊँगा। उसे आप स्वयं भर लीजिएगा।" किसी विषय की मूलभूत अन्तर्वस्तु को उसकी समूची विलक्षणता के साथ बोधगम्य बना देना उनके व्याख्यानों की खूबी थी। मूल्य-निर्णय वे प्रायः नहीं देते थे। विद्यार्थियों पर छोड़ देते थे कि उन्हें जो सही लगे, वह माने। कई बार लगता जैसे क्लास-रूम उनके लिए एक प्रयोगशाला है। वहाँ वे अपने विचारों का प्रयोग करते। विद्यार्थियों के चेहरे देखकर यह अन्दाज़ लगाते कि उनकी बात का क्या असर हुआ।

फिलहाल, उनके क्लासरूम लेक्चर्स से मैंने चार ऐसे प्रसंग चुने हैं जिनका जिक्र मैं आगे करूँगा। लेकिन सबसे पहले टी.एस. इलियट का 'आब्जेक्टिव कोरिलेटिव'।

'आब्जेक्टिव कोरेलेटिव' के बारे में पढ़ाने के दौरान, उन्होंने शेक्सपियर के नाटक 'किंग लियर' का उदाहरण दिया और बताया कि बाहर का तूफ़ान वस्तुतः 'किंग लियर' के अन्तर्मन में चल रहे तूफान का 'कोरिलेटिव' है। इस बाहरी तूफ़ान के मार्फ़त हम अन्तर्मन के तूफ़ान को समझते हैं। शेक्सपियर सीधे-सीधे 'किंग लियर' की व्यथा का बखान नहीं करते बल्कि इस बाहरी तूफान के जरिए उसे बोधगम्य बनाते हैं। फिर उन्होंने 'रामचरितमानस' के 'रामवनगमन' प्रसंग का उदाहरण दिया :

कोटि मनोज लजावन हारे। सुमुखि कहहु को आहि तुम्हारे॥
बहुरि बदन बिधु अंचल ढाँकी। पिय तन चितय भौंह करि बाँकी॥
खंजन मंजु तिरीछे नयननि। निज पति कहेउ तिन्हहि सिय सैननि॥

बोले, पति का नाम बताने में उस जमाने की स्त्री को लज्जा की अनुभूति होती थी। तुलसीदास ने यह नहीं कहा कि सीता पति का नाम लेने में शरमाईं, बल्कि सीता के अनुभावों से हमें स्वयं यह समझ में आ गया कि पति का परिचय देते समय वे शरमा रही थीं। इसे ही अपने यहाँ 'विभावन व्यापार' कहा गया है। चाहे लज्जा हो, क्रोध हो, भय हो या कोई भी अनुभूति हो, यदि रचनाकार को अलग से यह बताना पड़े कि उसे अमुक प्रकार की अनुभूति हुई तो यह कला की पराजय है। यदि आप किसी कहानी में यह दिखाना चाहते हैं कि अमुक व्यक्ति भूख से छटपटा रहा है तो यह बात उसके अनुभावों से प्रकट होनी चाहिए। भूख-भूख चिल्लाने से भूख की अनुभूति पाठक या दर्शक को नहीं होगी। यह 'स्वशब्दवाच्यत्व' दोष है और यह दोष हमारे वामपन्थी रचनाकारों में खूब पाया जाता है। इससे बचने की जरूरत है।

रूसी रूपवाद पढ़ाते हुए उन्होंने तॉलस्तॉय की डायरी से एक उद्धरण दिया। तॉलस्तॉय ने लिखा है कि एक बार अपने ड्राइंगरूम की सफाई करने के दौरान उन्हें लगा कि गुलदस्ता जिस जगह पर रखा है वह सही नहीं है और उन्होंने उसकी जगह बदल दी। अगली बार जब वे ड्राइंगरूम में दाखिल हुए तो उनका ध्यान गुलदस्ते की ओर गया। उन्होंने लिखा है कि गुलदस्ता तो पहले भी वहाँ था किन्तु वे उसके इतने आदी हो गए थे कि उसका दिखाई पड़ना ही बन्द हो गया था। जगह बदल जाने से वह दोबारा दिखाई पड़ने लगा। इसी प्रकार हम जिन्दगी में बहुत सारी चीजों के इतने आदी हो जाते हैं कि उनको देखना-अनुभूत करना ही बन्द कर देते हैं। साहित्य जब उन्हीं चीजों को कोण बदलकर अजनबी बनाकर दिखाता है तो वे फिर से हमारी अनुभूति का विषय बन जाती है। नामवर जी तॉलस्तॉय की कहानी 'इनसान और हैवान' लेकर आए थे और उन्होंने इस कहानी का एक हिस्सा पढ़कर सुनाया, जिसका लब्बोलुआब यह है कि अस्तबल में बँधे हुए घोड़े आपस में बात करते हुए इनसान पर तरस खा रहे हैं : "हम तेरे-मेरे के झगड़े में कभी नहीं पड़ते जबकि इनसान हमेशा 'मैं-मैं' करता हुआ झगड़ता रहता है।"

नामवर जी ने बताया कि तॉलस्तॉय यहाँ व्यक्तिगत सम्पत्ति की अवधारणा की आलोचना कर रहे हैं। लेकिन यह आलोचना एक नए कोण—घोड़ों के माध्यम से आई है। समस्या परिचित है लेकिन इस परिचित समस्या को अपरिचित बनाकर पेश किया गया है—पूरी कहानी घोड़ों की दृष्टि से लिखी गई है। व्यक्तिगत सम्पत्ति की अवधारणा के हम इतने आदी हो चुके हैं कि इसकी बुराइयाँ ही नहीं दिखाई देतीं। कोण बदल जाने से ये बुराइयाँ दोबारा दिखाई पड़ने लगती हैं और धक्का-सा लगता है कि क्या हम घोड़ों से भी गए-गुज़रे हैं।

नामवर जी ने आगे बताया कि यह बात व्यक्तिगत सम्बन्धों पर भी लागू होती है। साथ-साथ रहते हम एक-दूसरे की उपस्थिति के इस कदर अभ्यस्त हो जाते हैं

कि दूसरे को महसूस करना ही बन्द कर देते हैं। अजनबीपन (डिफ़ैमिलराइज़ेशन) हमारी संवेदना क्षमता को पुनर्जीवित कर देता है, और फिर उन्होंने साहिर के गीत की यह पंक्ति सुनाई :

"चलो इक बार फिर से अजनबी बन जाएँ हम दोनों...।"

तीसरा व्याख्यान, जिसका मैं उल्लेख कर रहा हूँ, का सम्बन्ध यथार्थ और विचारधारा से है। कहने की जरूरत नहीं कि यहाँ नामवर जी के व्याख्यानों के कुछ अत्यन्त महत्त्वपूर्ण बिन्दुओं की ही चर्चा सम्भव है। इसलिए इन्हें पूरा व्याख्यान मानने की भूल नहीं करनी चाहिए। पहले तो उन्होंने यह बताया कि यथार्थ का बोध विचारधारा से पूर्णतः मुक्त नहीं होता। किन्तु साहित्य की प्रकृति ही ऐसी है कि वह यथार्थ का चित्रण करने के दौरान विचारधारा के छद्म को भी खोलता चलता है। कोई जरूरी नहीं कि रचनाकार साहित्य की इस भूमिका के बारे में सचेत हो। अक्सर रचनाकार के अनजाने ही साहित्य यह कार्य करता रहता है। यदि हम रचना को ध्यान से पढ़ें और उसमें मौजूद अन्तरालों और चुप्पियों (गैप्स एंड साइलेंसेस) पर गौर करें, यथार्थ की परस्पर विरोध छवियों में हमेशा संगति बैठाने की कोशिश न करें तो साहित्य की इस भूमिका को चिह्नित कर सकते हैं। असल में वे फ्रांसीसी साहित्य-चिन्तक पियरी माशरी के विचारों के बारे में बता रहे थे। माशरी की पुस्तक 'थ्योरी ऑफ़ लिटररी प्रॉडक्शन' उन दिनों चर्चा में थी और उसी के प्ररिप्रेक्ष्य में वे साहित्य, विचारधारा और यथार्थ के अन्तर्सम्बन्ध का विश्लेषण कर रहे थे। उन्होंने 'गांधीवादी दौर' में लिखी गई प्रेमचन्द की कहानियों 'नमक का दरोगा' और 'मन्त्र' का जिक्र किया और यह बताया कि कैसे इन कहानियों में गांधीवादी विचारधारा रचनाकार को पहले यथार्थ की ओर उन्मुख करती है और फिर यही विचारधारा यथार्थ का मिथ्याकरण करती है। इस बात को और भी स्पष्ट करने के लिए उन्होंने कालिदास के 'अभिज्ञानशाकुन्तलम्' का उदाहरण दिया। और यहीं वे सबसे ज्यादा रमे भी। बताया कि 'शाकुन्तलम्' में यदि 'शाप प्रसंग' विचारधारा पर छद्मावरण डालता है तो राजा की 'भ्रमर-वृत्ति' का उद्घाटन करनेवाले श्लोक इस छद्मावरण को अनावृत्त करते हैं। साहित्य ये दोनों काम एक साथ करता है। समझाने के लिए उन्होंने 'भ्रमर-वृत्ति' से सम्बन्धित कई श्लोक सुनाए जो उन्हें मुँहजुबानी याद थे।

और अन्तिम व्याख्यान, जिसका जिक्र अब मैं करूँगा, उन्होंने शैलीविज्ञान पर दिया था। उन्होंने शैलीविज्ञान पर सिर्फ एक व्याख्यान दिया और बैकग्राउंडिंग, फोरग्राडिंग तथा डिवीएशन के बारे में बताया। यहाँ मैं सिर्फ इस बात की चर्चा करूँगा कि उन्होंने डिवीएशन को किस प्रकार समझाया। डिवीएशन की शास्त्रीय अवधारणा समझाने के बाद बोले कि वास्तव में सौन्दर्य विचलन में ही है। परिपाटी से विचलन में। विचलन से भी ज्यादा सही शब्द है वक्रता। लेकिन बाँकपन में जो बात है वह

तत्सम 'वक्रता' में कहाँ। हमारे यहाँ कृष्ण का नाम बाँके बिहारी भी है। वृन्दावन में तो बाक़ायदा बाँके बिहारी का मन्दिर है। जिन्दगी में बाँकपन न हो तो सपाट और नीरस हो जाती है। सभी कलाओं की जान है बाँकपन। खड़े-खड़े फ़ौजियों की तरह लेफ्ट-राइट करें और कहें कि नृत्य कर रहे हैं तो कौन मानेगा? नृत्य के लिए शरीर को मोड़ना-झुकाना पड़ता है। इसीलिए कृष्ण का एक नाम त्रिभंगी है। जोर-जोर से चिल्लाना गायन नहीं है। आवाज में सुरीलेपन/लचीलेपन के बिना गाना असम्भव है। बोलने और गाने में फर्क है। गाना बोलने के तौर-तरीके से विचलन के बिना नामुमकिन है। इस विचलन से ही गाने में वह बाँकपन आता है जो हमें आकृष्ट करता है। सीधे-सीधे सड़क नापने में सौन्दर्य नहीं है। आपने देखा होगा कि जे.एन.यू. में लोग सड़क पर चलते-चलते अचानक झाड़ियों की ओर मुड़ जाते हैं। तो सौन्दर्य इस मुड़ने में है। आखिरी वाक्य भी उन्होंने पूरी गम्भीरता से, चेहरे पर मुस्कान लाए बिना कहा। और फिर हम लोगों के चेहरों की ओर देखा। शायद वह यह मानकर व्यंग्य करते थे कि "समझनेवाला समझ गया, जो न समझे वह अनाड़ी है।" ऐसे ही एक बार माओत्सेतुंग के साहित्य-कला सम्बन्धी विचारों के बारे में पढ़ाने से पहले बोले, "आज हम लोग माओत्सेतुंग के साहित्य-कला सम्बन्धी विचारों के बारे में चर्चा करेंगे। माओ ने एक गोष्ठी में ये विचार व्यक्त किए थे।" इतने में हमारे बीच से एक विद्यार्थी ने कहा, "येनान की गोष्ठी में।" तपाक से नामवर जी बोले "जी हाँ, आप तो थे ही।" और फिर हम लोगों का समवेत् ठहाका।

प्रायः हम वही बातें याद रखते हैं जो हमें बहुत गहरे तक प्रभावित करती हैं। नामवर जी की किस बात ने किसे, कितनी दूर तक प्रभावित किया, इसका अनुमान तो उनसे प्रभावित लोगों से ही लग सकता है। वे बातें जो हमें दूर तक प्रभावित कर गईं, बहुत सम्भव है, उनको आज याद ही न हों। याद भी होंगी तो यह अनुमान तो शायद ही होगा कि उक्त बात का अमुक व्यक्ति पर क्या असर हुआ। कदाचित् नामवर जी के प्रत्येक विद्यार्थी ने उनकी एक निजी छवि निर्मित की होगी, और यह छवि सिर्फ उसकी है। सम्भव है इस छवि से दूसरे और स्वयं नामवर जी भी वाकिफ न हों। हो भी नहीं सकते। मेरे मन में भी उनकी एक छवि है जो सिर्फ मेरी है। कभी मन होता है कि इस छवि-गृह से कुछ चित्र निकालूँ और उन्हें सार्वजनिक कर दूँ। फिर सोचता हूँ कि यह काम उनके समर्थ और योग्य शिष्य मुझसे ज्यादा अच्छे ढंग से कर सकते हैं, इसलिए चुप लगा जाता हूँ। यह भी खयाल आता है कि मेरे चित्र में कलात्मक परिपक्वता भले न हो किन्तु यह चित्र दूसरे चित्रों से थोड़ा 'हटकर' है, तो क्यों न...देखिए एक चित्र, जो यह लिखने के दौरान लगातार मेरा पीछा करता रहा है, सामने आने के लिए बेताब है। इसी चित्र के साथ मैं इस संस्मरण का अन्त करना चाहूँगा।

एम.ए. में नामवर जी का आखिरी क्लास। पढ़ाने के बाद अन्त में बोले, "वैसे

तो हिन्दी से एम.ए. करनेवाला प्रत्येक विद्यार्थी कवि, कथाकार, आलोचक होता है, और आप भी होंगे, यह उसका जन्मसिद्ध अधिकार है। लेकिन हिन्दी में कूड़े का ढेर पहले से ही बड़ा है। इसलिए कूड़े में और कूड़ा मत बढ़ाइए। थोड़ा लिखिए लेकिन अच्छा लिखिए।...बुद्ध जब बहुत बीमार हुए और लगा कि अब नहीं बचेंगे तो उनके प्रिय शिष्य आनन्द पास आए और पूछा कि आपके न रहने पर हमारा मार्गदर्शन कौन करेगा? बुद्ध बोले कि " 'आत्मदीप बनो' स्वयं तय करो कि क्या सही मार्ग है। मेरे बताए रास्ते पर मत चलो। अपना रास्ता खुद बनाओ।" वैसे ही मेरे पढ़ाए को आँख मूँदकर स्वीकार करने की ज़रूरत नहीं, यदि ठीक लगे तो स्वीकारें, जितना जँचे उतना माने, कुछ भी ठीक न लगे तो सब कुछ छोड़ दें।...एक आकाशधर्मा गुरु की तरह वे हमें मुक्त कर रहे थे लेकिन हम एक अजीब किस्म की भावनात्मक आर्द्रता में डूब रहे थे। बाद में मैंने नामवर जी से पूछा, "कोई अच्छा अध्यापक कैसे बनता है? बोले कि यदि आप अध्यापन को दोयम दर्जे का काम समझते हैं तो अच्छे तो क्या सफल अध्यापक भी नहीं हो सकते। अध्यापन में रुचि लें, रस लें और उसे महत्त्वपूर्ण मानें। बिना तैयारी के क्लास में न जाएँ। विद्यार्थी को बहकाने की कोशिश न करें क्योंकि वह बखूबी जानता है कि आप कितने पानी में हैं। वह आपको तार-तार, आर-पार जानता है। यदि कहीं कोई दिक्कत है तो उसे स्वीकार करने में संकोच न करें क्योंकि शिक्षण एक सहकारी प्रयास है, जिसमें शिक्षक और विद्यार्थी दोनों शामिल हैं। और फिर उन्होंने काशी हिन्दू विश्वविद्यालय के केशव प्रसाद मिश्र का उदाहरण दिया। बताया कि "केशव जी कई वर्षों से 'कामयानी' पढ़ाते चले आ रहे थे, हमें भी 'कामायनी' पढ़ाते थे। एक दिन क्लास में आए, पुस्तक खोली, कुछ पंक्तियाँ पढ़ीं और फिर रुक गए। थोड़ी देर बाद कहा 'अर्थ उठ नहीं रहा।' और चले गए। यह करके उन्होंने विद्यार्थियों का दिल जीत लिया। हमारी नजर में उनका सम्मान और भी बढ़ गया। इसलिए कहा कि विद्यार्थियों को बहकाने की कोशिश मत करें। नहीं आता तो ईमानदारी से स्वीकार करें कि नहीं आता, छात्रों की नजर में आपका कद घटेगा नहीं, बल्कि बढ़ जाएगा।"

अपने क्लास में नामवर जी ने शायद ही कभी पिटी-पिटाई बातें दुहराई हों। नए विचारों, व्याख्या, नई पुस्तकों के प्रति उत्सुकता जगानेवाले होते थे उनके व्याख्यान। उनके व्याख्यानों के बारे में जो कुछ लिखा है, बहुत सम्भव है उसमें मेरे अज्ञान के कारण कमियाँ आ गई हों। इन कमियों के लिए वे नहीं, मैं जिम्मेदार हूँ। तुलसीदास ने लिखा है कि :

बूँद परत भा ढाबर पानी। जनु जीवहिं माया लपटानी॥

हिन्दी के स्वाभिमान की पहचान

डॉ. ज्योतिष जोशी

हिन्दी में कुछ लिखने-पढ़ने की धुन सवार होने से पहले नामवर जी के नाम और काम से कुछ-कुछ परिचय हो गया था। 1981 में जब हम गोपेश्वर कॉलेज, हथुआ (जिला–गोपालगंज, बिहार) आए तो वहाँ के एक सहृदय अध्यापक श्री रामनरेश त्रिपाठी ने कक्षा में नामवर जी की साहित्यिक मान्यताओं से परिचित कराया था। इसके पहले हमारे गाँव के निकट के एक गाँव सुलतानपुर के अध्यापक और भोजपुरी कवि (अब दिवंगत) श्री शेख वाज़िद अली 'शबनम' अक्सर इस बात की चर्चा करते थे कि छपरा के एक मंच पर नामवर जी के साथ वे भी थे। उन दिनों हमारे इलाके में कोई अखबार तक नहीं आता था, साहित्यिक माहौल न के बराबर था। पर हम और हमारे जैसे दूसरे साहित्य के छात्रों के लिए यह बात बहुत गौरव की थी कि जवाहरलाल नेहरू विश्वविद्यालय के हिन्दी विभाग में प्रो. नामवर सिंह के साथ हमारे स्थानीय डॉ. मैनेजर पांडेय भी अध्यापक हैं। हम पांडेय जी और नामवर जी के सम्बन्धों की चर्चा करते, इनके कामों की तुलना करने की बेवकूफियाँ करते रहते। 1987 के जून की बात होगी, पांडेय जी गर्मियों की छुट्टी में गाँव आए थे। उनसे भेंट के बाद मन में यह उत्साह हुआ कि जे.एन.यू. में दाखिले के लिए कोशिश करनी चाहिए। तब मैं बी.ए. ऑनर्स (हिन्दी) की परीक्षा दे चुका था और अभी परिणाम नहीं आया था। इन्हीं दिनों दिल्ली में नामवर जी की षष्टिपूर्ति मनाई गई थी। हम कुछ छात्रों ने स्थानीय पत्रिकाओं और अखबारों में इस अवसर पर लेख भी लिखे थे। हमने तब भोपाल से निकलनेवाले एक साप्ताहिक अखबार में नामवर जी के साहित्यिक अवदान का समग्र मूल्यांकन कर डाला था, जिस पर बाद में लगातार हँसी आती रही और आज भी उस 'बाल उत्साह' पर संकोच होता है। बाईस-तेईस वर्ष पूर्व की वह अखबारी कतरनें अब भी हमारे पास हैं। इन दिनों आकाशवाणी के अखिल भारतीय कार्यक्रमों में नामवर जी को अक्सर सुनने का मौका मिलता। वे कभी साक्षात्कार देते या गम्भीर साहित्यिक महत्त्व का व्याख्यान। उनके ये प्रसारण

वार्ताओं के अखिल भारतीय कार्यक्रम में प्रसारित होते। खैर, वह दौर बीत गया और हम स्वयं दिल्ली ठिकाना ढूँढने निकल पड़े।

बात सत्तासी की ही है; नवम्बर की, जब हम दिल्ली आए। ठिकाना बना दिल्ली का उत्तर-पश्चिम। बीच-बीच में जे.एन.यू. आने का सिलसिला शुरू हुआ। तब जे.एन.यू. का हिन्दी विभाग डाउन कैम्पस यानी बेरसराय के सामने था। ऊपर कावेरी हॉस्टल जाने के क्रम में एक दिन अचानक जब 666 नं. की बस पर सवार हुआ तो एक वरिष्ठ छात्र ने बस में बिलकुल आगे की सीट पर बैठे नामवर जी को दिखाया। सफेद धोती-कुर्ता, पैरों में काले रंग की अँगूठेवाली चप्पल और मुँह में पान। सचमुच बड़ी प्रसन्नता हुई थी और उनके भव्य व्यक्तित्व से बहुत प्रभावित हुआ था। वह समय बहुत ज्यादा नहीं बीता है, पर लगता है कि जैसे एक युग बीत गया हो। कितनी साधारणता थी जीवन में, कितनी मधुरता और कितनी सज्जनता; सोचकर हैरानी होती है। नामवर जी जैसे व्यक्ति का बसों में यात्रा करना तब निश्चय ही एक आदर्श था। नामवर जी से तब बात करने का सिलसिला नहीं बना था। उन्हें देखकर उनकी सहजता के बावजूद भय लगता था। 1988 में एम.ए. (हिन्दी) की प्रवेश-परीक्षा दी, पर उत्तीर्ण न हो सका। जे.एन.यू. से एम.ए. करने की मुराद पूरी न हो पाई। थक-हारकर हमने जामिया मिल्लिया इस्लामिया और दिल्ली विश्वविद्यालय में फार्म भरे और संयोग से दोनों ही विश्वविद्यालयों की नामांकन-सूची में नाम आ गया। हमने दिल्ली विश्वविद्यालय के दक्षिण परिसर में प्रवेश लिया ताकि जे.एन.यू. आने-जाने का सिलसिला बना रहे।

दिल्ली विश्वविद्यालय में दाखिला मैंने भरे मन से लिया था, पर आनेवाले दिन अच्छे गुजरे। नामवर जी की सुपुत्री समीक्षा ठाकुर मेरी सहपाठी थीं। उनसे नामवर जी के बारे में यदा-कदा चर्चा होती। इस बीच मैंने यायावरी लेखन शुरू किया। कुछ पत्रिकाओं के बन्द होने की घटना पर नामवर जी की प्रतिक्रिया लेनी थी; मैं समय लेकर उनके घर पहुँचा भी, पर बात नहीं बनी। यह उनसे मेरी पहली सीधी मुलाकात थी, यह भी 1988 की ही बात होगी। इसके बाद गोष्ठियों आदि में उनसे भेंट हो जाया करती, पर मन में उनसे हमेशा डर बना रहा—कभी सहजता नहीं रही।

दिल्ली विश्वविद्यालय से 1990 में उत्तीर्णता के बाद एम.फिल. की प्रवेश-परीक्षा में पास होने के बावजूद अस्वस्थता के कारण जे.एन.यू. में साक्षात्कार देने न आ सका (उन दिनों मैं अपने गाँव गया था), फलतः मेरा एक वर्ष बर्बाद हो गया। 1991 में

एम.फिल. में प्रवेश मिला। साक्षात्कार मैंने सुदामा पांडेय 'धूमिल' की काव्य चेतना विषय पर दिया था। पहली बार यही अवसर था जब नामवर जी ने 'धूमिल' पर मुझसे कई प्रश्न किए थे और हमने उनसे सीधे मुखातिब होकर उत्तर दिए थे। मन में पहले से असन्तोष था कि जे.एन.यू. से हम एम.ए. नहीं कर पाए। नामवर जी, केदार जी और पांडेय जी की विख्यात तिकड़ी की धूम देश-भर में थी। पर यह सन्तोष था कि अब कम-से-कम एक साल तक सबसे पढ़ने का सुख मिलेगा।

एम.फिल. के पहले वर्ष चार पत्र होने थे जिसमें एक पत्र नामवर जी को पढ़ाना था—'साहित्य और विचारधारा'। पहली बार इसी विषय पर नामवर जी के अध्यापन की कुशलता को जानने का अवसर मिला। सुन रखा था कि नामवर जी बहुत अच्छे अध्यापक हैं, पर यहाँ उनसे पढ़कर लगा कि अब तक जिन लोगों से पढ़ने का अवसर मिला है, नामवर जी से उनकी कोई तुलना ही नहीं है। तार्किक ढंग से अपनी बातें रखना, तुलनात्मक पद्धति से उनका विवेचन करना तथा वस्तु के बहुआयामी अर्थ-स्तरों का उद्घाटन करना—उनके अध्यापन की वे खास बातें हैं जो किसी दूसरे अध्यापक से मैंने नहीं पाईं। वे जितने बड़े आलोचक हैं, उससे तिलभर भी कम बड़े अध्यापक नहीं रहे, कुछ मामलों में तो बढ़कर ही रहे। अध्यापन में वे कभी वैचारिक प्रतिबद्धता या अपनी आलोचकीय मान्यता लाते हों, सो नहीं। साहित्य और विचारधारा विषय पर पढ़ाते हुए उन्होंने महादेवी वर्मा के गद्य साहित्य की यथार्थवादिता और उनकी समाज के प्रति प्रतिबद्धता को रेखांकित किया था। इसी पत्र में हिन्दी के पाँच उपन्यासों पर विचारधारा की भूमिका का अध्ययन करना भी शामिल था। उपन्यास थे—त्यागपत्र, झूठा सच, चित्रलेखा, गोदान और मैला आँचल। इन उपन्यासों के सर्जकों, क्रमशः जैनेन्द्र कुमार, यशपाल, भगवतीचरण वर्मा, प्रेमचन्द और फणीश्वरनाथ 'रेणु' पर नामवर जी के व्याख्यान आज भी स्मृति में सुरक्षित हैं। उनकी कही एक-एक बात कभी स्मृति से ओझल ही नहीं हो सकती।

जैनेन्द्र कुमार की रचनाओं के प्रति मेरे मन में शुरू से ही आकर्षण रहा था। नवीं कक्षा में उनकी कहानी 'खेल' पढ़ने के बाद से ही उनकी रचना कौशल और भाषा से मैं सम्मोहित था। बी.ए. में उनकी एक और कहानी पढ़ी तथा एम.ए. में 'त्यागपत्र' उपन्यास पढ़ा। इससे जैनेन्द्र को जानने-समझने का अवसर मिला। धीरे-धीरे कुछ अन्य रचनाएँ पढ़ीं, वे कुछ और समझ में आईं। पर जैनेन्द्र को समग्रता में तब जान पाया जब नामवर जी ने 'त्यागपत्र' पर व्याख्यान दिया। उन्होंने पहली दफा बताया कि अपनी पूरी संरचना में 'त्यागपत्र' व्यवस्था विरोध का उपन्यास है। उपन्यास की नायिका मृणाल समाज की मंगलाकांक्षा में टूटती रहकर भी समाज की रूढ़ मर्यादा और नैतिकता को ध्वस्त करती है। शुद्ध वैचारिकता का आश्रय लेकर भी हिन्दी में ऐसे उपन्यास नहीं लिखे जा सके जो 'त्यागपत्र' जैसे प्रखर आवेग से

भरपूर हों। उन्होंने यह भी कहा था कि जैनेन्द्र के उपन्यासों और कहानियों में नैतिक मूल्यों के प्रति सारे चरित्रों में रोष है और विस्फोटक द्वन्द्व भी। गांधीजी की सविनय अवज्ञा और आत्मपीड़न की मर्मान्तक जीवन-पद्धति लेकर जैनेन्द्र ने समाज की रूढ़ मान्यताओं पर आक्षेप किया। निस्सन्देह नामवर जी के जैनेन्द्र सम्बन्धी विचारों ने मेरी राय अधिक पुख्ता की और एम.फिल. के बाद मैंने जैनेन्द्र कुमार के उपन्यासों पर पी-एच.डी. करने का मन बना लिया। मेरे शोध निर्देशक प्रो. मैनेजर पांडेय थे जिनके मार्गदर्शन में मैंने एम.फिल. भी किया था। यह बात मैंने अपने शोध प्रबन्ध तथा तदन्तर छपी किताब 'जैनेन्द्र और नैतिकता' की भूमिका में भी दर्ज की है कि नामवर जी के निष्कर्षों से मुझे जैनेन्द्र कुमार पर शोध करने की प्रेरणा मिली। यह भी एक संयोग ही है कि इस पुस्तक का विमोचन प्रगति मैदान में लगे विश्व पुस्तक मेले में (फरवरी, 1998 में) नामवर जी ने ही किया था।

यह भी ग़ौरतलब है कि जैनेन्द्र सम्बन्धी उनके विचारों पर जब हमने कक्षा में यह कहा कि यह बातें आपको लिखकर व्यक्त करनी चाहिए ताकि जैनेन्द्र के साथ-साथ हिन्दी साहित्य का भी भला हो सके। इस पर वे नाराज हो गए थे। उन्होंने स्पष्ट कहा था कि वे किन पर लिखें या न लिखें यह तय करना उनका काम है और लेखक तथा अध्यापक दोनों की दुनियाएँ अलग-अलग हैं।

नामवर जी जब जे.एन.यू. में अध्यापक थे तब आलोचना में शीर्ष पर थे (और आज भी हैं), रामविलास जी से वाद-विवाद के प्रसंगों के अलावा उन्हें कभी कोई चुनौती मिली हो, सो नहीं। यहाँ उनके आलोचना-कर्म के मूल्यांकन का अवसर नहीं है, इसलिए इस पर बात करना उचित भी नहीं है। 1992 के उत्तरार्द्ध में नामवर जी की विदाई थी। सेवानिवृत्त तो वे 1987 में हो चुके थे, पर उन्हें पाँच वर्षों का सेवा-विस्तार मिला था। समाज विज्ञान संस्थान का पूरा सभागार खचाखच भरा था। सभागार में दूसरे अनेक विभागों के छात्र भी मौजूद थे। यहाँ यह जानना दिलचस्प है कि नामवर जी की कक्षाओं में हिन्दीतर भाषी छात्रों और विज्ञान तथा कला के दूसरे संकायों के छात्र भी उपस्थित रहते थे ताकि उन्हें नई-से-नई बातों की जानकारी मिल सके। यहाँ एक तरह से पूरा जे.एन.यू. उपस्थित था। मंच पर तत्कालीन कुलपति प्रो. एम.एस. अगवानी, प्रो. केदारनाथ सिंह, प्रो. मैनेजर पांडेय, पटना से आए डॉ. नन्दकिशोर नवल के साथ हिन्दी-उर्दू के अन्य अध्यापक भी थे। सभागार में जी.पी. देशपांडे, आनन्द कुमार, पुष्पेश पन्त, सी.पी. भामरी, बिपिन चन्द्रा, मीनाक्षी मुखर्जी, कपिल कुमार आदि उन सबकी उपस्थिति थी जिनकी वजह से जे.एन.यू. की अन्तर्राष्ट्रीय प्रतिष्ठा है। बड़ा गमगीन माहौल था। सबने नामवर जी के अध्यापन, उनकी विद्वता, वक्तृता आदि की प्रशंसा की। भारतीय भाषा केन्द्र के सभी अध्यापकों ने विस्तार से बताया कि कैसे नामवर जी ने विभाग को बनाया, कैसे तसदीक कर

अच्छे-अच्छे लोगों की नियुक्ति कर विभाग को अखिल भारतीय स्वरूप दिया। इस अवसर पर कुलपति प्रो. एम.एस. अगवानी के वाक्य हमेशा स्मृति में कौंधते रहते हैं। उन्होंने कहा था–"पहले मुझे लगता था कि जवाहरलाल नेहरू विश्वविद्यालय से नामवर सिंह की ख्याति है। बाद में जब नामवर जी को जाना और देश के विभिन्न हिस्सों में जाने का अवसर मिला तो इस निष्कर्ष पर पहुँचा कि नामवर सिंह जे.एन.यू. में हैं, इससे इस विश्वविद्यालय की प्रतिष्ठा बढ़ी है।" सचमुच नामवर जी और जे.एन.यू. एक-दूसरे के पर्याय हैं। मेरा अपना खयाल है, एक कुलपति की यह स्वीकारोक्ति एक प्राध्यापक की असाधारण महत्ता को सूचित करती है। नामवर जी के बाद विश्वविद्यालय में कोई भी अध्यापक इस प्रतिष्ठा को अर्जित नहीं कर पाया, यह सच है।

तब का जे.एन.यू. आज के जे.एन.यू. से बहुत अलग था। हालाँकि उसके स्तर में गिरावट आनी शुरू हो गई थी, पर छात्रों और अध्यापकों के बीच सम्बन्ध मधुर थे। पढ़ने-पढ़ाने दोनों में दिलचस्पी थी। छात्रों के बीच सद्भाव था और प्रत्येक छात्र में नया कर पाने तथा नई-से-नई चीज सीखने की आकुलता रहती थी। तब तीन मूर्ति पुस्तकालय, शास्त्री भवन पुस्तकालय, सप्रू हाउस पुस्तकालय आदि जे.एन.यू. के छात्रों से भरे रहते थे। सुबह, दोपहर और शाम को जे.एन.यू. की बस छात्रों को लेकर मंडी हाउस आती थी और शाम को वापस ले जाती थी। दिल्ली में हो रहे साहित्यिक आयोजनों, नाट्य प्रस्तुतियों, कला प्रदर्शनियों आदि में जे.एन.यू. के छात्रों की खासी उपस्थिति रहती थी। इतना ही नहीं, ये छात्र आयोजनों के प्राण होते थे। उपस्थिति के साथ बहस-मुबाहिसे में भागीदारी जे.एन.यू. के छात्रों की पहचान थी। हम सब इन्हीं प्रक्रियाओं से बने हैं। कोई भी अखबार, पत्रिका ऐसी न होती जिसमें जे.एन.यू. के छात्रों की उपस्थिति न होती। हिन्दी विभाग को अपनी जीवन्त उपस्थिति से नामवर जी ने गरिमा ही नहीं दी थी, उसे उत्कर्ष पर भी पहुँचाया था।

इसके बाद जे.एन.यू. में रहते हुए और बाद के दिनों में भी नामवर जी के साथ संवाद रहा। कई आयोजनों में उनके सान्निध्य में बोलने का अवसर भी मिला। नवम्बर, 1995 में भारत भवन, भोपाल में एक आलोचना संगोष्ठी में उन्हीं के सत्र में पहली बार बोलने का अवसर मिला। डरते-डरते भी अपनी बात कह पाया। इसके बाद भी कई मौके आए। आकाशवाणी के विदेश प्रसारण सेवा के लिए एक लम्बी बातचीत भी की, इसे भी दस वर्ष हो गए। ललित कला अकादेमी के आयोजनों में भी नामवर जी मेरे बुलावे पर आए। साहित्य अकादेमी के बनारस आदि नगरों में आयोजित संगोष्ठियों में हम उनके साथ रहे। हिन्दी अकादमी, दिल्ली में आने के बाद अपने पहले कार्यक्रम 'कथाक्रम' में उदय प्रकाश का कहानी-पाठ रखा तो अध्यक्षता के लिए नामवर जी को याद किया। उन्होंने मेरा मान रखा और वे पहली बार उदय

प्रकाश के साथ एक मंच पर आए। 9 जनवरी, 09 के इस आयोजन के बाद 25 अप्रैल, 09 को त्रिवेणी सभागार में मेरे सम्पादन में निकली 'इन्द्रप्रस्थ भारती' के पहले अंक का लोकार्पण भी उन्होंने किया और मेरे कामकाज पर सन्तोष व्यक्त किया। यह सचमुच मेरे लिए सौभाग्य और सन्तोष की बात है कि देर से ही सही नामवर जी जैसे गुरु की दृष्टि में मैंने अपने लिए वत्सल स्नेह की झलक देखी।

नामवर जी का बहुत अंतरंग मैं कभी नहीं रहा, आज भी नहीं हूँ, इसका संकेत पीछे कर आया हूँ। पर इसका सदा गर्व रहता है कि उन्होंने हमें पढ़ाया है और उनकी पुस्तकें पढ़कर हम भी लिखने की राह पकड़ पाए हैं। हम पूरब के लोग हैं—खरी-खरी कहनेवाले, बेबाक, निष्कपट और कृतज्ञ। मन में कुंठा नहीं रखते और बुराई और प्रशंसा के बीच कोई पर्दा नहीं डालते। हमें इस बात का गर्व है कि धोती-कुर्ता पहनकर, मुँह में पान की गिलौरी लेकर, केवल हिन्दी बोलकर नामवर ज़ी ने पूरे देश में जो केन्द्रीयता अर्जित की, वह किसी दूसरे साहित्यकार को तो नहीं ही मिल पाई। काम उनसे अधिक कई आलोचकों ने किए हैं—रामचन्द्र शुक्ल, स्वयं उनके गुरु हजारीप्रसाद द्विवेदी और रामविलास शर्मा ने; पर अपने लेखन, वक्तृता और नीर-क्षीर दृष्टि के साथ जो सार्वजनिक उपस्थिति नामवर जी की बनी, वह निश्चय ही किसी और की नहीं बनी। एक साथ पाँच-पाँच पीढ़ियों के प्रेरक बन सके तो नामवर सिंह ही बन सके—और दूसरी भारतीय भाषाओं में हिन्दी के स्वाभिमान की पहचान भी; यह सच है।

हमें इस बात का गर्व है कि हम नामवर सिंह के युग में हो पाए, हमने उनसे शिक्षा ली, उनकी वक्तृता के कायल हुए और उनकी दृष्टि की कौंध को समझने की चेष्टा की। ऐसे नामवर जी शतायु हों, अभी उनसे हिन्दी को, हिन्दीवालों को बहुत-सी उम्मीदें हैं, हमें भी हैं—ईश्वर उन्हें स्वस्थ और शतायु बनाएँ ताकि वे हमारी उम्मीदें पूरी कर सकें—पूरी चाहे न भी करें, पर प्रेरक बने रहें। ईश्वर से यही कामना है, याचना भी यही है।

जे.एन.यू. की पहाड़ियाँ, जिन्दगी के कुछ पड़ाव

डॉ. सुरेश शर्मा

जे.एन.यू. की पहाड़ियों में जिन्दगी के सात साल गुजरे—1977 से 84। इन वर्षों में मैंने वहाँ एम.फिल. की पढ़ाई की। पी-एच.डी. की डिग्री ली। यह सब डॉ. नामवर सिंह के निर्देशन में हुआ। वहाँ वे मेरे शिक्षक, निर्देशक और प्रेरणा स्तम्भ थे। आज भी हैं। उन्होंने तब संकट की कुछ स्थितियों से मुझे उबारा और जीवन रक्षा में सहायक हुए। उनसे जुड़े जीवन के प्रसंगों की यादें राहत देती हैं। एक शिक्षक के रूप में उन्होंने मुझे अपने वास्तववादी ज्ञान से समृद्ध किया। एम.फिल. और पी-एच.डी. के शोध प्रबन्धों का निर्देशन करते हुए ऐतिहासिक पद्धति से लिखना सिखाया। साहित्यिक समय को समझने की रचनात्मक दृष्टि दी। लेकिन उनसे जुड़े जीवन के कुछ पड़ाव संयोगवश ऐसे भी हैं जो उदास कर जाते हैं। लेकिन यह उदासी नकारात्मक नहीं होती, उसमें ऊर्जा भरी होती है। जिन कुछ पड़ावों पर मेरी मृत्यु हुई वहाँ अगर नामवर जी न होते तब भी शायद इस व्यवस्था में मेरी यही परिणति होती। काल की गदा से बार-बार मृत्यु को प्राप्त करना हम जैसों की नियति है। अन्ततः अपनी ऊर्जा से फिर जीवित हो उठना हमारी शक्ति है।

एम.फिल. का विषय कैसे तय हुआ

एम.फिल. में लघु शोध प्रबन्ध का मेरा विषय था : 'रघुवीर सहाय का कवि कर्म।' लेकिन शुरू में मेरा यह विषय नहीं था। नामवर जी चाहते थे कि तेलंगाना संघर्ष से जुड़े गीतों का मैं संकलन करूँ। वहाँ जाऊँ। उन गीतों का विश्लेषण मेरे एम.फिल. का विषय हो। नामवर जी ने अपने लेक्चर कक्ष में मुझे बुलाकर यह विषय सौंपते हुए कहा कि यह 'धर्म' का कार्य है, इसे कीजिए। मैंने तेलंगाना संघर्ष पर काफी सामग्री इकट्ठी की। लेकिन तेलंगाना जाने का मेरे पास समय नहीं था। जे.एन.यू. में एम.फिल. के लिए सीमित समय मिलता है। इसमें तीन कोर्स के साथ एक लघु शोध

प्रबन्ध लिखना होता है। तीन कोर्स पूरा करते हुए लम्बा समय निकल गया था। लघु शोध प्रबन्ध के लिए ज्यादा समय नहीं था। जाहिर है तेलंगाना पर काम इतने कम समय में नहीं होता। एक शाम नामवर जी जे.एन.यू. की पहाड़ी के रास्ते अपने घर लौट रहे थे। उनके साथ मैं भी था। वे कालिदास के 'मेघदूत' के किसी प्रसंग की चर्चा कर रहे थे। मैंने उनसे कहा : 'अपने डिसर्टेशन का विषय बदलना चाहता हूँ।'

'किस विषय पर काम करना चाहते हैं?'

'रघुवीर सहाय की कविता पर...'

'ठीक है, तेलंगाना पर इतनी जल्दी कर नहीं पाएँगे। उसे पी-एच.डी. में हम लोग देखेंगे।'

नामवर जी ने नए विषय को स्वीकृति दे दी। उनकी खासियत है कि आपको किसी मुद्दे पर उन्हें विश्वास में लेने के लिए कोई तर्क नहीं देना पड़ता। वे पहले से ही आपकी स्थितियों को समझे बैठे होते हैं। इसलिए फैसला देने में एक पल भी नहीं लगाते।

पी-एच.डी. की कहानी

नामवर जी के पास मैं पी-एच.डी. का विषय सोचकर गया—'निराला काव्य का सौन्दर्यशास्त्रीय अध्ययन।' उन्होंने तुरन्त इसे खारिज कर दिया।

'सौन्दर्यशास्त्रीय अध्ययन में क्या करेंगे?'

'निराला की भाषा और शिल्प पर काम करूँगा।'

'भाषा और शिल्प पर काम करना वैसा ही है जैसे एक भवन का मूल्यांकन करना हो तो आप यह उसके रंगरोगन और उसके कंगूरे के आधार पर करें। इससे भवन का वास्तविक परिचय नहीं मिल पाएगा।'

'उसमें मैं निराला के कथ्य को भी समेटूँगा।'

'रामविलास जी निराला के कथ्य पर इतना काम कर चुके हैं कि उस पर कुछ करने को बचा नहीं है।'

'फिर मैं क्या करूँ?'

'साठोत्तरी हिन्दी कविता पर काम कीजिए, वह आप ही कर सकते हैं।'

मेरे पी-एच.डी. का विषय 8 मिनट में तय हो गया।

एम.फिल. डिसर्टेशन, इस पर पी-एच.डी. दें

जे.एन.यू. में यह व्यवस्था है कि शोध प्रबन्ध के बारे में उसके परीक्षक ने जो रिपोर्ट भेजी है उसे विश्वविद्यालय के परीक्षा विभाग से कोई हासिल कर सकता है। मेरे

एम.फिल. के लघु शोध प्रबन्ध के परीक्षक डॉ. रामस्वरूप चतुर्वेदी थे। कहीं पोस्ट निकली तो मैंने सोचा कि अपने आवेदन पत्र के साथ एम.फिल. के परीक्षक की संस्तुति भी संलग्न कर दूँ। मैंने परीक्षा विभाग से रामस्वरूप चतुर्वेदी द्वारा लिखी गई रिपोर्ट निकलवाई। उसे पढ़कर मैं भौचक रह गया। उसमें रामस्वरूप जी ने यह संस्तुति की थी कि 'रघुवीर सहाय का काव्य' शीर्षक लघु शोध प्रबन्ध पर सुरेश शर्मा को पी-एच.डी. की डिग्री दे दी जाए। लेकिन जब यह रिपोर्ट मुझे मिली तब तक मैं पी-एच.डी. की थीसिस जमा कर चुका था। फिर भी मैं भागा हुआ नामवर जी के पास गया। उनसे कहा कि इस संस्तुति के आधार पर अगर आप मुझे पी-एच.डी. की डिग्री दिला देते तो मेरा आगे का 4 साल बर्बाद नहीं होता। नामवर जी थोड़ी देर चुप रहे, फिर बोले : 'मैं चाहता था कि आप अभी और कुछ समय तक पढ़ाई और रिसर्च करें।'

आदर्श गाइड

एम.फिल. और पी-एच.डी. का शोध प्रबन्ध लिखते हुए नामवर जी से बहुत कुछ सीखने को मिला। कैसे लिखें, इसकी ट्रेनिंग मिली। शोध प्रबन्ध का चैप्टर जाँचने में वे बेहद तत्परता बरतते थे। शाम को 60 पेज तक लिखकर देता था और वे सुबह आठ बजे उसमें सुधार करके मुझे लौटा देते थे। किसी भी स्थापना को ऐतिहासिक क्रम और तत्कालीन स्थितियों के आधार पर पुष्ट किया जाए यह उनका आग्रह रहता था। निश्चय ही शोध प्रविधि की यही वैज्ञानिक प्रक्रिया है। मैं नामवर जी को अपना चैप्टर देने के बाद हॉस्टल में खाना खाने आ जाता। थोड़ी देर बाद सड़क पर टहलने के लिए निकलता तो देखता कि 11 बज रहे हैं और नामवर जी के कमरे की बत्ती जल रही है। मैं सोचता वे मेरा ही चैप्टर पढ़ रहे हैं। मैं उनके क्वार्टर के सामने की पुलिया पर बैठ जाता। वे तो मेरा चैप्टर जाँच रहे हैं और मैं जाकर सो जाऊँ, यह नैतिक नहीं लगता। इसलिए रात के 12 बजे के करीब जब उनके कमरे की लाइट बुझती तो मैं पुलिया से उठकर अपने कमरे लौटता। जिस गम्भीरता से उन्होंने मेरी थीसिस पर ध्यान दिया, हिन्दी के कम गाइड वैसा कर पाते हैं। इसीलिए जब एम.फिल. की मेरी थीसिस 'रघुवीर सहाय का कवि कर्म' छपी तो उसे मैंने नामवर जी को समर्पित किया : 'गुरुवर डॉ. नामवर सिंह के लिए।'

पहले काम, फिर कुछ और

अनुशासन के मामले में नामवर जी बहुत सख्त थे। उनके छात्र समय पर टर्म पेपर और शोध प्रबन्ध जमा करें यह उनका आग्रह रहता था। मैं अपने लघु शोध प्रबन्ध

का अन्तिम अध्याय लिख रहा था। एक सुबह खबर आई कि सर्वेश्वर दयाल सक्सेना नहीं रहे। सर्वेश्वर जी से 'दिनमान' में लगातार मिलना होता था। मैं तुरन्त सर्वेश्वर जी की अन्त्येष्टि में जाने के लिए तैयार होने लगा। सोचा, नामवर जी से मिलता चलूँ। नामवर जी के पास पहुँचा। उन्हें सर्वेश्वर जी के निधन की सूचना मिल चुकी थी। मैंने उनसे पूछा कि वे सर्वेश्वर जी की तरफ कब जाएँगे? उन्होंने बताया कि उन्हें बाद में जाना है। यह कहने के बाद उन्होंने मुझे हिदायत दी कि मैं अन्त्येष्टि आदि में न जाऊँ। शाम तक अपना चैप्टर पूरा करके उन्हें दूँ ताकि समय पर मेरा शोध प्रबन्ध जमा हो सके। मैंने गुरुदेव की आज्ञा का पालन किया। अन्त्येष्टि में नहीं गया। हॉस्टल लौट आया। शाम तक चैप्टर पूरा करके नामवर जी को सौंप दिया।

अनमोल घड़ी

नामवर जी को घड़ियों का बहुत शौक है। उन दिनों 'सेल' वाली घड़ी नई आई थी। नामवर जी के पास सफेद डायल की सेलवाली वैसी ही घड़ी थी। उसका सेल खत्म हो गया था। उन्होंने मुझे वह घड़ी दी कि इसका सेल नहीं मिल रहा। कहीं मिल जाए तो लगवा दूँ। मैं उस घड़ी को लेकर कनॉट प्लेस में हफ़्तों भटका लेकिन सेल नहीं मिला। असल में उस घड़ी के सेल का आकार सामान्य नाप से छोटा था। अन्ततः कनॉट प्लेस में न्यूमैन वाच कम्पनी के मालिक ने कहा कि वह कहीं से सेल की व्यवस्था कर देगा। उसने घड़ी रख ली और कल आने को कहा। अगले दिन शाम को उसने नया सेल लगाकर घड़ी दे दी। मैं बेहद खुश हुआ। घड़ी लेकर मैं कनॉट प्लेस से पैदल ही सप्रू हाउस की ओर चला कि शाम को जे.एन.यू. की बस ले लूँगा। जब मॉडर्न स्कूल के पास पहुँचा तो देखा बस खुल चुकी है और मंडी हाउस के गोल चक्कर की ओर बढ़ रही है। मैं दौड़ा। मुझे दौड़ते देख किसी इवनिंग वाक करनेवाले आदमी के दो जर्मन शेफर्ड कुत्ते मेरे पीछे भूँकते हुए दौड़ पड़े। मैं बेतहाशा भागने लगा। अन्ततः वे रुक गए। उधर बस ड्राइवर तिवारी जी ने शायद मुझे दौड़ते देखकर बस रोक दी थी। मैं गिरते-पड़ते बस के अन्दर घुसा। कवि गोरख पांडेय की बगल में जगह खाली थी। उन्होंने पास बिठाया। बोले, आपको खदेड़ते कुत्तों का दृश्य खिड़की से देखा तो तिवारी जी से मैंने ही बस रुकवाई। गोरख जी ने रास्ते में मुझे समझाया : साथी, बूर्ज्वाजी के कुत्ते भी हमारे साथ फ़्यूडल व्यवहार करते हैं। क्रान्ति के बाद रईसों के इन खतरनाक कुत्तों को भी डिक्लास करने की मुहिम चलानी होगी! जे.एन.यू. पहुँचकर मैंने नामवर जी को वह 'अनमोल' घड़ी सौंप दी। उन्होंने तुरन्त कलाई पर बाँध ली जैसे उसका उन्हें बेसब्री से इन्तजार था। नामवर जी को प्रसन्न देखकर मैं कुत्तों के आक्रमण की दहशत को भूल गया।

कमरे पर खाने आए, जान बचाई

जे.एन.यू. की भागदौड़ में अचानक मुझे हार्निया हो गया। ऑपरेशन कराना जरूरी था। किसी ने कहा कि एम्स के डॉ. आत्मप्रकाश राजकमल की शीला सन्धू के परिचित हैं। मैंने नामवर जी से कहा कि शीला जी से इस प्रसंग में मेरी सहायता करने के लिए कहें। नामवर जी ने शीला जी को फोन किया। शीला जी ने डॉ. आत्मप्रकाश से मेरे बारे में कहा। यद्यपि वे हृदय रोग विशेषज्ञ थे लेकिन उन्होंने ही मेरे हार्निया का ऑपरेशन किया। ऑपरेशन के बाद मैं जे.एन.यू. के एक और हॉस्टल गोमती गेस्ट हाउस के ग्राउंड फ़्लोर पर कमरा लेकर स्वास्थ्य लाभ कर रहा था। नामवर जी को एक दिन दोपहर में त्रिवेणी सभागार की किसी गोष्ठी में शामिल होना था। मैंने गोष्ठी से पहले उनसे आग्रह किया कि वे गोष्ठी के बाद मेरे कमरे पर आकर खाना खाएँ। हमने और राधिका ने उनके लिए खाना बनाया। बंगाली मार्केट से उनके लिए दही लेकर आया। उन्होंने मेरे कमरे में बहुत रुचि लेकर खाना खाया। गोष्ठी जारी थी। उन्हें छोड़ने के लिए त्रिवेणी तक गया। सड़क पार करते हुए मैं उनके आगे था। अचानक पीछे से एक कार तेजी से आ रही थी। मैं उससे अनजान था। नामवर जी ने उस कार के झटके से बचाने के लिए तेजी से मुझे दूसरी ओर खींच लिया था। जान बच गई थी।

नामवर जी से नौकरी क्यों नहीं माँगते

पी-एच.डी. खत्म होने के साथ मैंने प्राध्यापक बनने के लिए भाग-दौड़ शुरू की। दिल्ली विश्वविद्यालय के अरविंद कॉलेज (सांध्य) में पद निकला। मैं उत्साह से इंटरव्यू देने गया। विजयेन्द्र स्नातक उन दिनों डी.यू. हिन्दी विभाग के हेड थे। वे इंटरव्यू समिति की अध्यक्षता कर रहे थे। उन्होंने मेरा आवेदन पत्र पलटते हुए पूछा : 'जे.एन.यू. से हो?'

'जी।'

'विषय क्या है?'

'रघुवीर सहाय का काव्य।'

'किसके अंडर में काम किया है?'

'डॉ. नामवर सिंह के साथ।'

मेरे यह कहते ही विजयेन्द्र स्नातक जोर से हँसे और बोले : 'फिर नामवर सिंह से ही नौकरी क्यों नहीं माँग लेते? जे.एन.यू. के आदमी को लेकर मैं पूरे विभाग को गन्दा नहीं करना चाहता!'

अब मेरे वहाँ रुकने की जरूरत नहीं थी। मैंने अपने कागजात समेटे और इंटरव्यू कक्ष से बाहर निकल गया।

हिन्दी विभाग मुझे चलाना है, किशोरीदास वाजपेयी को नहीं

थोड़े दिनों बाद भगत सिंह कॉलेज में हिन्दी प्राध्यापक का पद निकला। मैं इंटरव्यू देने गया। डॉ. निर्मला जैन दिल्ली विश्वविद्यालय के हिन्दी विभाग की अध्यक्ष थीं। उन्होंने रघुवीर सहाय पर मेरा डिसर्टेशन देखा। पन्ने पलटते हुए पूछा : 'आप जे.एन.यू. वाले सिर्फ आधुनिक कवियों को ही पढ़ते हैं या कुछ पहले के कवियों के बारे में भी जानते हैं? पिछले दौर के बारे में कुछ पूछूँ?'

'जी, पूछिए।'

'छायावादी कवियों को पढ़ा है?'

'जी, एम.ए. में मेरा छायावाद स्पेशल था और ऑनर्स में निराला स्पेशल।'

'अच्छा, पंत की किसी कविता की चार पंक्तियाँ सुनाकर उसकी व्याख्या कीजिए।'

'जी, मैं उनकी 'ताज' कविता की पंक्तियाँ सुनाने के बाद उसकी व्याख्या करता हूँ।'

' 'ताज' या 'ताज़'। आप तो कविता के शीर्षक का ही गलत उच्चारण कर रहे हैं। ताज नहीं ताज़ होता है। ज में नुक्ता लगाते हैं। नामवर जी जे.एन.यू. में सिर्फ मार्क्सवाद पढ़ाते हैं। आप लोगों को शुद्ध उच्चारण करना नहीं सिखाते?'

'जी, नुक्ते के बारे में मुझे पता है, लेकिन आचार्य किशोरीदास वाजपेयी ने 'हिन्दी शब्दानुशासन' में लिखा है कि नुक्ता लगाना हिन्दी की प्रकृति के अनुकूल नहीं है। हमारी बोलियों में वह ध्वनि नहीं है। इसलिए प्रयास करके उसे बोलने के बजाय बिना नुक्ते के हम उन शब्दों का हिन्दीकरण कर ले सकते हैं।'

निर्मला जी को मेरा तर्क पसन्द नहीं आया। उन्होंने नाराज होते हुए कहा : 'हिन्दी विभाग मुझे चलाना है, किशोरीदास वाजपेयी को नहीं। आप फिजूल का तर्क दे रहे हैं। असली बात तो यह है कि आप बिहार के हैं इसलिए सही उच्चारण नहीं कर सकते।'

इन्हीं दिनों राजकमल प्रकाशन के प्रमुख अशोक महेश्वरी और इतिहास विभाग के तत्कालीन अध्यक्ष आर. एल. शुक्ला ने निर्मला जी से कहा था : हम लोगों के मित्र सुरेश शर्मा का खयाल रखिएगा। संकट में हैं। मेरे मित्रों की इस शुभेच्छा के जवाब में निर्मला जी ने कहीं टिप्पणी की थी : मैं दूसरों के कहने से किसी का खयाल नहीं रखती!

यह लालटेन कैसे बुझेगी

एक बार राधिका और मैं बिहार विश्वविद्यालय, मुजफ़्फ़रपुर में इंटरव्यू देने गए। वहाँ

के विभागाध्यक्ष श्यामनन्दन किशोर थे। इंटरव्यू बोर्ड में राज्यपाल के प्रतिनिधि नामवर जी थे। राधिका अलग ट्रेन से गई और मेरे मित्र डॉ. नन्दकिशोर नन्दन के यहाँ ठहरीं। मैं अलग ट्रेन से पटना गया। वहाँ हवाई अड्डे से नामवर जी को लेकर मैं मुजफ़्फ़रपुर पहुँचा। नामवर जी यूनिवर्सिटी गेस्ट हाउस में ठहरे। उन दिनों वहाँ पूरी रात बिजली गायब रहती थी। मैं उनके लिए लालटेन लेकर आया। जब मैं चलने लगा तो नामवर जी ने पूछा : 'लेकिन यह लालटेन बुझेगी कैसे?...' मैंने उन्हें तरीका बताया। नामवर जी ने जब लालटेन का इस्तेमाल किया होगा तो शायद दूसरी तरह क़ी लालटेन होती होगी। अगले दिन बिहार विश्वविद्यालय में इंटरव्यू से पहले ही किसी मुद्दे पर विवाद खड़ा हो गया। इंटरव्यू स्थगित हो गया। नामवर जी को मैं अपनी माँ से मिलाने ले गया। डॉ. सत्यार्थी उन दिनों इतिहास विभाग में वहाँ प्रोफेसर थे। वे मेरे ममेरे भाई हैं। उन्हीं के फ़्लैट में नामवर जी को नाश्ते पर ले गया। उन्होंने वहाँ चूड़ा और दही शौक से खाया। मेरी माँ उनसे मिलकर बहुत खुश हुईं। मेरी माँ ने उनसे कुछ पूछा नहीं था, लेकिन नामवर जी ने अपने आप उनसे कहा : 'आप सुरेश के विवाह की चिन्ता न करें। वे वहीं जे.एन.यू. में शादी करेंगे!' असल में नामवर जी की एक बड़ी विशेषता यह है कि उन्हें सामनेवाले के मन में चलनेवाले प्रश्न का एहसास हो जाता है। मेरे छोटे भाई सुरेन्द्र कुमार की शादी हो गई थी इसलिए मेरी माँ के मन में मेरी शादी से जुड़ा सवाल जरूर रहा होगा, जिसका नामवर जी ने उत्तर दिया। अन्ततः इंटरव्यू नहीं हुआ। अगले दिन मैं नामवर जी को छोड़ने के लिए पटना गया, जहाँ से उन्हें विमान द्वारा दिल्ली जाना था। कवि राजेन्द्र प्रसाद सिंह की जीप से हम नामवर जी को लेकर पटना चले। रास्ते में उन्हें वैशाली ले गए। वहाँ के अशोक स्तम्भ को वे देर तक देखते रहे। जेब से चश्मा निकालकर लगाया और स्तम्भ को काफी करीब जाकर भी देखा। रास्ते में नामवर जी ने कहा कि मैं इतनी परेशानी उठाकर आप लोगों के लिए ही इंटरव्यू लेने आया था। आप लोगों यानी मेरे और राधिका के लिए!

पाँच रुपए

एक इंटरव्यू का लेटर जामिया मिल्लिया इस्लामिया से आया। मैं बेहद खुश हुआ। खुशी का सबसे बड़ा कारण यह था कि नामवर जी वहाँ एक्सपर्ट होकर जा रहे थे। मुझे पूरा भरोसा था कि वहाँ अध्यापक के रूप में मेरा चयन हो जाएगा। अब मेरी परेशानी के दिन खत्म होने ही वाले हैं। फेलोशिप खत्म हुए लम्बा समय गुजर चुका था। गाँव में माँ और पिता अपने-अपने स्कूलों से रिटायर हो चुके थे। वे खर्च के लिए पैसे भेजने की स्थिति में नहीं थे। रघुवीर सहाय 'दिनमान' छोड़ चुके थे। उनके

हटने के विरोध में मैंने 'दिनमान' में लिखना बन्द कर दिया था। इसलिए वहाँ से भी पारिश्रमिक का चेक आना बन्द हो गया था। जे.एन.यू. में गंगा हॉस्टल के सामने काशीराम का ढाबा था। वहाँ उधार खाते हुए मुझे एक महीना हो गया था। काशीराम तो नहीं लेकिन उसका मूँछवाला छोटा भाई मुझे एहसास दिलाने लगा था कि जल्दी ही उसका पेमेंट नहीं किया तो वह उधार में खाना खिलाना बन्द कर देगा।

जामिया में इंटरव्यू देने जाने के लिए मैं तैयार होकर गंगा बस स्टॉप पर आया। सोचा, काशीराम के ढाबे पर चाय पी लूँ। वहीं अपने विभाग के साथी घनश्याम मिश्रा और मौलाना अनीस मिल गए। दोनों ने शुभकामनाएँ दीं। उन्हें पता था कि मैं इंटरव्यू देने जामिया जा रहा हूँ। मौलाना ने कहा कि शाम को 'लेक्चरार' बन के लौटोगे इस खुशी में हमें चाय तो पिलाते जाओ। तुम्हारे गुरुदेव एक्सपर्ट होकर जा रहे हैं। वहाँ तुम्हारा नहीं होगा तो किसका होगा? घनश्याम मिश्रा ने भी हाँ-में-हाँ मिलाई। मैंने काशीराम के मूँछवाले भाई की ओर देखा। वह हमारी बातचीत सुन चुका था। बिना कहे वह तीन चाय लेकर आ गया। शुभकामना भी दी। उसे लगा कि इसकी नौकरी लगने जा रही है। जल्दी ही पैसे वसूल हो जाएँगे। बस आ गई। मैं मौलाना से वादा करके उठा कि इंटरव्यू देकर लौटता हूँ तो शाम को इसी ढाबे पर मिलेंगे। उनकी 58 शेरों की वह गजल सुनी जाएगी जो हाल में ही उन्होंने लिखी थी। इसे सुनने से हमलोग कतरा रहे थे। पंकज सिंह जी ने उसे सुनने से हमें मना कर रखा था। उनका कहना था साधारण स्तर की इतनी लम्बी गजल कहना 'क्राइम' है! इसे बढ़ावा नहीं दिया जाना चाहिए।

जामिया पहुँचा तो 20 से ज्यादा उम्मीदवार थे। मेरा बुलावा आया। मैं बहुत आत्मविश्वास के साथ गया। जब गुरुदेव ही हैं प्रमुख तो फिर मुझे कौन रोक सकता है! अन्दर गया तो इंटरव्यू बोर्ड को मैंने रघुवीर सहाय पर अपनी पुस्तक, दूसरे छपे हुए लेख और थीसिस दिखाई। नामवर जी ने रघुवीर सहाय की कुछ पंक्तियाँ सुना कर उसका अर्थ करने के लिए कहा। मैंने रघुवीर सहाय की 'निर्धन जनता का शोषण है' कविता सुनाई और यथा ज्ञान-यथा शक्ति व्याख्या कर दी। अपनी ओर से मैंने अच्छा इंटरव्यू दिया। बेहद खुश था। इंटरव्यू देकर मैं दोस्तों से मिलने मंडी हाउस आ गया। शाम को वहाँ से चलनेवाली जे.एन.यू. की बस से मैं गंगा हॉस्टल पहुँचा। संयोग से मौलाना बस स्टॉप पर ही थे। ओल्ड कैम्पस जा रहे थे। वे मेरे साथ बस स्टॉप से चलकर काशीराम के ढाबे तक आए। मैंने पूछा, चाय पिएँगे? उन्होंने मना कर दिया। वहीं काशीराम का मूँछवाला भाई भी आ गया। मौलाना ने उदासी के स्वर में : 'यार, जामिया में तुम्हारा नहीं हुआ। नामवर जी ने डी.यू. के अजय तिवारी का सेलेक्शन किया है।' मेरे पैर तले से जमीन खिसक गई...। काशीराम का मूँछवाला भाई दुकान के अन्दर चला गया। मौलाना ने ओल्ड कैम्पस के लिए बस ले ली। मैं

वहीं अरावली की चट्टान पर थोड़ी देर बैठा रहा। अचानक सामने के अमलतास की डाल से उतरकर वह बिल्ली मेरे पैरों के पास आकर बैठ गई जिसे यहाँ खाते समय रोज मैं कुछ टुकड़े दिया करता था। ढाबे के सामने खड़े पेड़ पर बैठी रहनेवाली जे.एन.यू. की इस बिल्ली के गुस्से से वहाँ सभी वाकिफ थे। वह बेहद क्रोधी थी। जे.एन.यू. के कुत्ते उसे फूटी आँखों नहीं सुहाते थे। वह कैम्पस के हर कुत्ते की पिटाई कर चुकी थी। इस वजह से उसका आतंक इतना था कि अगर वह अमलतास की डाल पर बैठी हो तो कोई भी कुत्ता उसके सामने की सड़क से सीधा नहीं गुजरता था। बिल्ली से दूरी बनाने के लिए पेड़ से कुछ फर्लांग हटकर टेढ़े रास्ते से गुजरता था। एक बार एक फ्री थिंकर ने यह कह दिया था कि इस बिल्ली ने स्टालिन का स्वभाव पाया है। इस पर एस.एफ.आई. के हार्ड लाइनर दादा अबरोल उस फ्री थिंकर को पीटने पर उतारू हो गए थे और जी.बी.एम. बुलाने की धमकी दे दी थी। बहरहाल वह बिल्ली मेरे पास इसलिए आई थी कि मैं कुछ खाऊँगा तो उसे भी दूँगा। लेकिन यहाँ तो अपने ही खाने का कोई जुगाड़ नहीं दिख रहा था। काशीराम का भाई उपेक्षायुक्त नजरों से देखकर मुझे गया था। ऐसे में मुझे उधार खाने का ऑर्डर देने का साहस नहीं हुआ। जेब में बिलकुल पैसे नहीं थे। सोचा, खाना-पीना अब कल देखेंगे। मैंने बिल्ली की पीठ सहलाई और गंगा में अपने कमरा नं. 139 के सामने पहुँच गया। दरवाजा खोला तो एक लिफाफा पड़ा था। उस पर एक कोने में लिखा था 'राधिका'। लिफाफा खोला तो उसमें पाँच रुपए का एक नोट रखा था। राधिका जे.एन.यू. में मेरी मित्र थीं। बाद में हमने शादी की। मेरी खस्ता हालत का उन्हें पता था। वे मेरे साथ रिसर्च करने के साथ पॉकेटमनी के लिए लाइब्रेरी में पार्टटाइम नौकरी भी करती थीं। सोचा होगा कि मेरे पैसे खत्म हो गए होंगे। शाम को कैम्पस आई होंगी। मेरे दरवाजे के नीचे के खुले हिस्से से ये पाँच रुपए डाल गई होंगी। अचानक मिले इन पाँच रुपयों ने पूरी स्थिति बदल दी। ठहरे हुए मेरे जीवन के इतिहास की दिशा बदल गई! मैं सोने की तैयारी करने के बजाय खाना खाने के लिए बाहर निकला। मेरे पास पाँच रुपए थे। मैं पैसेवाला आदमी था और भरपेट खाना खा सकता था। निर्णय किया कि काशीराम के ढाबे पर नहीं जाऊँगा क्योंकि उसने शाम को मेरी उपेक्षा की है। शॉपिंग सेन्टर पर अरुण के होटल में जाऊँगा। मैं काशीराम के ढाबे के पास से गुजरा कि उस फ्रेंड बिल्ली को अपने साथ ले लूँ ताकि उसे आज भी कुछ खिला सकूँ। पुकारने पर भी वह अमलतास के पेड़ से नहीं उतरी। परिचित कुत्ते साथ चल देते हैं। लेकिन बिल्लियाँ उनकी तरह पीछे-पीछे नहीं चलतीं। उनमें एक स्वाभिमान होता है। वे आदमी से दोस्ती के साथ दूरी भी रखती हैं। मैं शॉपिंग सेन्टर में अरुण के होटल पहुँचा। वहीं गीता बुक सेन्टर में नामवर जी दिख गए। उन्हें जाकर नमस्कार किया। उन्होंने इंटरव्यू के बारे में सिर्फ इतना कहा : आपने

रघुवीर सहाय की अच्छी व्याख्या की। फिर मैगजीन देखने लगे। उन्हें इसका एहसास शायद नहीं था कि जामिया में मेरे सलेक्शन न होने का पता मुझे चल चुका है। मैं उनके पास से अरुण के होटल आ गया। वहाँ अंडे के तीन पराठे खाए। उनमें थोड़ा बचाकर बिल्ली के लिए लेता आया। ढाबे के पास से गुजरा तो उसके पेड़ के नीचे पराठे के टुकड़े डालकर उसे पुकारा। वह नीचे आकर खाने लगी। मैं उसे खाता हुआ छोड़ अपने कमरे में जाकर सो गया। कल के लिए कोई चिन्ता नहीं थी। जेब में राधिका द्वारा दिए कुछ पैसे पड़े थे।

आप इंटरव्यू देने मत जाएँ

जामिया से एक बार और इंटरव्यू लेटर आया। इस बार भी एक्सपर्ट नामवर जी ही थे। मैं नामवर जी के पास पहुँचा। उनसे निवेदन किया कि आज जामिया में इंटरव्यू देने जा रहा हूँ। इस बार मेरी नियुक्ति कर दें। बहुत परेशानी में हूँ। नामवर जी थोड़ी देर चुप रहे। फिर कहा, 'आप इंटरव्यू देने मत जाइए। इस बार मैं महेन्द्र पाल शर्मा का करनेवाला हूँ। आप तो दिल्ली में अनेक तरह के काम करके जी लेंगे। उसको इस नौकरी की ज्यादा जरूरत है!' मैं इंटरव्यू देने नहीं गया।

कमलेश्वर कीमत वसूलेंगे

मैंने देखा कि वर्तमान परिस्थितियों के बीच मुझे हिन्दी विभागों में नौकरी नहीं मिल सकती। विश्वविद्यालयों को शायद हम जैसे लोगों की जरूरत नहीं। मैं इतर क्षेत्रों में नौकरी ढूँढ़ने लगा। टी. वी. में प्रोड्यूसर का पद निकला। कमलेश्वर उन दिनों दूरदर्शन के प्रमुख थे। मैंने नामवर जी से कहा कि कमलेश्वर से मेरे लिए कह दें। नामवर जी सोच में पड़ गए। उन्होंने कहा : 'कहने को तो मैं कह सकता हूँ। लेकिन मेरा एक काम करने के एवज में वह ज्यादा बड़ी कीमत वसूल लेगा, इसलिए छोड़िए...।'

एक कदम आगे, दो कदम पीछे

जे.एन.यू. के भारतीय भाषा केन्द्र की प्रोफेसर डॉ. सावित्री चन्द्र 'शोभा' एक साल की छुट्‌टी पर गईं। नामवर जी से परोक्ष रूप से यह आश्वासन मिला कि वे शोभा जी की लीव वैकेंसी पर एक साल के लिए जे.एन.यू. में मेरी नियुक्ति कर देंगे। डॉ. मैनेजर पांडेय जी ने भी मुझे संकेत किया कि इस पद पर इस बार आपके लिए नामवर जी का झुकाव दिखाई दे रहा है। मैं राहत में था कि एक साल के लिए भी

अगर जे.एन.यू. में पढ़ाने का अनुभव मिल गया तो दूसरी जगह नौकरी मिलने में आसानी होगी। लेकिन अन्ततः जे.एन.यू. में मेरी अस्थायी नियुक्ति भी नहीं हो पाई। अब मुझे याद नहीं कि शोभा जी ने छुट्टी कैंसिल करा ली थीं या वह पद यों ही साल भर तक खाली ही रह गया था। वैसे बाद में मैंने सोचा कि इस पद के लिए बेकार ही मैं आशान्वित था। जब मुझे शोध के सात वर्षों में विभाग के अन्दर कोई क्लास नहीं दी गई तो नियुक्ति भला क्या होती। हालाँकि मेरे बाद के बैच के अनेक विद्वान शोध छात्रों को हर सेमेस्टर में लगातार क्लासें दी जाती रहीं। वे अनुभव समृद्ध होते रहे।

कॉल लेटर नहीं आया

इंटरव्यू का ही एक आखिरी प्रसंग है। जे.एन.यू. के हिन्दी विभाग में पद निकला। दो पद थे। मुझे लगा कि इस बार तो हो ही जाएगा। नामवर जी प्रमुख हैं। डॉ. केदारनाथ सिंह और मैनेजर पांडेय विभाग में हैं। मैंने एप्लाई किया। लेकिन मेरा कॉल लेटर ही नहीं आया। केदार जी से मैं पूछने गया कि इंटरव्यू के लिए मुझे आपने क्यों नहीं बुलाया। केदार जी पहले थोड़े झिझके फिर कहा कि नामवर जी नहीं चाहते थे।...

पी-एच.डी. से क्या होता है?

जे.एन.यू. के दिनों में एक इंटरव्यू और हुआ। इंडियन इंस्टीट्यूट ऑफ मास कम्युनिकेशन में प्राध्यापक का पद निकला। डॉ. रामजी लाल जांगिड़ हेड थे। वहाँ मैं दो वर्षों से क्लास भी ले रहा था। इंटरव्यू बोर्ड के अध्यक्ष नामवर जी ही थे। विभागाध्यक्ष रामजी लाल जांगिड़ भी बोर्ड में थे। उन दिनों मैं 'जनसत्ता' में काम करने लगा था। इंटरव्यू में नामवर जी ने समकालीन पत्रकारिता पर कुछ सवाल पूछे। मैंने अच्छा उत्तर दिया था। बहुत आशान्वित था कि हिन्दी विभागों को मेरी जरूरत नहीं लेकिन पत्रकारिता विभाग को तो हो सकती है। लेकिन शाम को डॉ. जांगिड़ का फोन आया : 'आपका नहीं हुआ। मैंने चयन समिति में यह बात रखी कि उम्मीदवारों में आप एकमात्र पी-एच.डी. हैं। लेकिन नामवर जी ने आपका विरोध किया और कहा कि पी-एच.डी. से क्या होता है। बाद में उन्होंने और राजेन्द्र माथुर ने मिलकर हेमंत जोशी को सेलेक्ट कर लिया।'

सिर्फ 'महामुनि' से डरता हूँ!

बाबा नागार्जुन मुझे गंगा बस स्टॉप पर मिले। उन्होंने कहा कि मेरा झोला अपने कमरे

पर रख आओ। मैं महामुनि की गुफा की ओर बढ़ता हूँ।

मैं चौंका : महामुनि की गुफा?

'नहीं समझे, अरे, मैं नामवर जी के क्वार्टर की ओर बढ़ रहा हूँ! तुम तुरन्त आओ।'

मैंने यही किया। बाबा का झोला अपने कमरे पर रखकर मैं नामवर जी के यहाँ पहुँचा। हलकी बूँदाबाँदी होने लगी थी इसलिए मैंने छतरी ले ली। नामवर जी के यहाँ पहुँचा तो बाबा उनके ड्राइंगरूम में अकेले जमे थे। सेन्ट्रल टेबल पर अपनी टोपी उतारकर रख दी थी। यह पीली ऊनी टोपी राधिका ने उन्हें बुनकर दी थी, जिसे वे उन दिनों पहने रहते थे। मैं भी अपनी छतरी उनकी टोपी की बगल में रखकर सोफे पर बैठ गया। बाबा ने कहा कि नामवर जी आ रहे हैं। इसी बीच नामवर जी के बेडरूम की तरफ से आहट हुई तो बाबा सावधान हो गए। टेबल से अपनी टोपी उठाकर पहन ली। मुझे डाँटा : 'छतरी जमीन पर रखो।'

मुझे थोड़ी देर हुई तो बोले : 'नामवर जी आ रहे हैं। ठीक से बैठो। क्या तुम्हें उनसे डर नहीं लगता? मैं तो महामुनि से शुरू से डरता हूँ। अब हिन्दी में उनके अलावा कहाँ कोई रह गया है जिनसे आदमी डरे।'

हमने भी नामवर को देखा था

डॉ. राजेन्द्र शर्मा

उन्नीस सौ पचहत्तर का साल था। इमरजेंसी लग चुकी थी। छात्र राजनीति में ही नहीं, पॉलिटिक्स प्रॉपर में इतना जरूर उतर चुका था कि मोटे तौर पर इमरजेंसी का अर्थ जानता था। वही अर्थ, जो वामपन्थ के बड़े हिस्से को इमरजेंसी के खिलाफ खड़ा करता था। जवाहरलाल नेहरू विश्वविद्यालय के स्कूल ऑफ लैंग्वेजेज़ के भारतीय भाषा केन्द्र में, सीधे पी-एच.डी. कार्यक्रम में प्रवेश के लिए जब पहुँचा, परिचित की जगह पर सिर्फ दो ही नाम थे। हाँ; एस.एफ.आई. के नाते से परिचित एकाध नाम और भी थे। इन दो परिचितों में पहला नाम तो मनमोहन का था, जिससे परिचय से बढ़कर निकटता का सम्बन्ध था। यह सम्बन्ध जे.एन.यू. आने से पहले से था और वास्तव में मनमोहन की प्रेरणा तथा प्रोत्साहन से ही जे.एन.यू. एक विकल्प के रूप में दिमाग के राडार पर उभरा था। एस.एफ.आई. से सम्बन्ध के नाते जे.एन.यू. का आकर्षण निस्सन्देह मन में रहा होगा। लेकिन, मनमोहन से परिचय के ही रास्ते से, मन ने इस सम्भावना को स्वीकार किया था कि आगरा जैसे शहर से, हिन्दी जैसे विषय में एम.ए. करने के बाद, जे.एन.यू. जैसे विश्वविद्यालय में दाखिला सम्भव भी है और उपयोगी भी।

और दूसरा नाम, जिससे परिचय का अर्थ पहलेवाले नाम से लगभग उलटा था, प्रोफेसर नामवर सिंह का था। यह परिचय सबसे बढ़कर नामवर जी के नाम से ही था। साहित्य का छात्र होने से बढ़कर साहित्यिक रुचि और वामपन्थी राजनीति के मिश्रण में अपनी पहचान देखता था। नामवर जी के काम (लेखन) से ज्यादा उनके नाम से परिचित था। जोधपुर विश्वविद्यालय से नामवर जी का दिल्ली आना, 'आधा गाँव' विवाद आदि, आदि। इन परिचयों में एक परिचय और था। आगरा विश्वविद्यालय के के.एम. मुंशी भाषा विज्ञान संस्थान के निदेशक पद के लिए, डॉ. रामविलास शर्मा की सेवानिवृत्ति के बाद, नामवर जी को ही चुना गया था। ऐसा समझा जाता था कि उनके इस चयन में डॉ. शर्मा की विशेष भूमिका रही थी।

हालाँकि आगरा जाकर डॉ. शर्मा के उत्तराधिकारी का आसन सँभालने के बजाय नामवर जी ने जे.एन.यू. को चुना था। फिर भी यह प्रसंग उस दौर के हमारे जैसे अनेक अतिरिक्त रूप से जोशीले वामपन्थियों को इसकी जरूरी याद दिलाता था कि शिवदान सिंह चौहान, रामविलास शर्मा और नामवर सिंह की उस समय की चर्चित मार्क्सवादी त्रयी के बीच, तीखे तथा सार्वजनिक मतभेदों के बावजूद, काफी दूर तक एक साझा भी था।

इस तरह मेरा दूसरा परिचित मुख्यतः एक ऐसा कैरेक्टर था, जिसके बारे में मैंने बहुत ज्यादा नहीं भी हो तो काफी सुन रखा था। वैसे दाखिले से पहले भी नामवर जी से मेरी दो बार मुलाकात हो चुकी थी। दूसरी मुलाकात, मौखिक परीक्षा के दौरान। और पहली, शायद एडमीशन के लिए एप्लाई करने के समय या मौखिक परीक्षा से पहले। मनमोहन का कोई टर्म पेपर जमा होना बाकी था, जिसे अपनी कीर्ति के अनुरूप वह आखिरी तारीख से भी आगे पहुँचा चुका था। शायद काशीनाथ सिंह के 'अपना मोर्चा' और शिवप्रसाद सिंह के 'बन्द गली का आखिरी मकान' की तुलनात्मक आलोचना जैसा कुछ था। नामवर सिंह तब तक जे.एन.यू. कैम्पस में नहीं आए थे और कैम्पस के कुछ ही किलोमीटर की दूरी पर सर्वोदय एन्क्लेव में किराए के घर में रहते थे। मनमोहन भारतीय भाषा केन्द्र के एम.ए. के पहले बैच में था, जिसमें मुश्किल से दर्जन भर लोग रहे होंगे। नामवर जी भारतीय भाषा केन्द्र के चेयरमैन भी थे। वे सम्भवतः यह शिकायत पहले ही कर चुके थे कि मनमोहन के पर्चा जमा करने में देरी की वजह से एम.ए. के उसके पूरे बैच के परीक्षाफल में देरी हो रही थी।

मनमोहन के असाधारण रूप से सुन्दर लेखन के बावजूद, काट-पीट और हाशिए पर लिखाई से भरपूर, लाइनदार कागज का पच्चीस-तीस पेज का पोथा, परीक्षक के नाते नामवर जी के सुपुर्द करने के लिए हम लोग उनके घर गए थे। मुलाकात इतनी संक्षिप्त थी कि उसके सम्बन्ध में मुझे कुछ भी याद नहीं है, ठीक-ठीक नामवर जी की तस्वीर भी। शायद उनके घर के बरामदे से ही हम लोग वापस लौट आए थे। यह भी याद नहीं है कि औपचारिक रूप से मेरा परिचय भी कराया जा सका था या नहीं। रामबक्ष से, जो जोधपुर से नामवर जी के छात्र रहे थे और आगे चलकर मेरे सहपाठी होने जा रहे थे, पहली बार मेरी मुलाकात सम्भवतः वहीं हुई थी। नामवर जी से इस पहली मुलाकात की जो बात मेरी स्मृति में अंकित रह गई, वह थी मनमोहन का टर्म पेपर मिल जाने पर उनकी गहरी राहत की साँस। फिर भी वे दिल की गहराई से यह जान रहे थे कि एक परफैक्शनिस्ट होने के नाते मनमोहन का समय को सिरे तक खींचना उपयोगी ही था। इसीलिए असामान्य देरी के बावजूद इस संक्षिप्त मुलाकात में उनकी तरफ से इसका कोई जिक्र तक नहीं आया।

यह उन नामवर जी से मेरे परिचय की शुरुआत थी, जिन्होंने अकादमिक प्रशासन के तकाजों को कभी भी अपने ऊपर इस तरह हावी नहीं होने दिया कि नियम-कायदों की माँगें, अपने छात्रों के साथ उनके सम्बन्धों के और छात्रों से उनके व्यवहार के आड़े आने लगें। ऐसा नहीं है कि भारतीय भाषा केन्द्र के पहले बैच को जैसी अनौपचारिकता मिली थी, उस हद तक अनौपचारिकता हमेशा बनी रह सकती थी। यह भारतीय भाषा केन्द्र के निर्माण की भी प्रक्रिया थी। धीरे-धीरे इस संस्था का दायरा बढ़ रहा था और उसी अनुपात में नियम-कायदों का दखल भी बढ़ रहा था, जिनके बिना किसी संस्था का चलना शायद सम्भव ही नहीं होता है। इसके अलावा, फैकल्टी का भी विस्तार हो रहा था और चेयरमैन का पद प्रोफेसरों के बीच रोटेशन का पद होने के नाते, नामवर जी की प्रशासनिक हैसियत भी बराबर एक-सी ही नहीं बनी रह सकती थी। इसके बावजूद नामवर जी ने आँख मूँदकर नियम-कायदों को लागू करना शायद ही कभी मंजूर किया होगा। मिसाल के तौर पर विशेष रूप से रिसर्च फैलोशिप पानेवाले छात्रों के लिए, जिनके शोध गाइड नामवर सिंह थे, अपनी जरूरत के कागजात पर गाइड के दस्तखत कराना हमेशा सबसे आसान होता था, तो इसलिए नहीं कि नामवर जी दस्तखत करने से जुड़ी अपेक्षाओं या नियमों से परिचित नहीं थे। लेकिन, वह इन नियमों की उपयोगिता की सीमाओं को और भी अच्छी तरह पहचानते थे। इसीलिए उनका व्यवहार नियमों से कम-से-कम ही बँधता था।

यह ऐसी चीज थी जो भारतीय भाषा केन्द्र को, जे.एन.यू. के आम जनतान्त्रिक वातावरण के साथ जोड़ती थी। इस तरह के वातावरण का महत्त्व वे लोग आसानी से समझ सकते हैं, जो हिन्दीभाषी क्षेत्र के विश्वविद्यालयों के हिन्दी विभागों के आम वातावरण से परिचित होंगे। बेशक, जे.एन.यू. के आम वातावरण में, हिन्दी विभागों के इस दमघोंटू वातावरण को कोई चाहकर भी नहीं रोप कर सकता था। फिर भी विभाग में खुलेपन का वातावरण बनाने में नामवर जी की वाकई बहुत महत्त्वपूर्ण भूमिका थी। जे.एन.यू. की वामपन्थी छात्र राजनीति के अलावा ठीक यही चीज थी जिसने हिन्दी-उर्दू भाषी भारतीय भाषा केन्द्र को, आमतौर पर अंग्रेजी भाषी जे.एन.यू. में 'घैटो' की मानसिकता में नहीं घिरने दिया। बेशक, इसका एक और महत्त्वपूर्ण कारण नामवर जी के बौद्धिक कद और उनकी वामपन्थी वैचारिक उन्मुखताओं में निहित था। अगर वामपन्थी छात्र राजनीति भारतीय भाषा केन्द्र के छात्रों को विश्वविद्यालय की मुख्यधारा में खींच रही थी, तो नामवर जी की बौद्धिक सक्रियता तथा इसके चलते विश्वविद्यालय के शैक्षणिक बौद्धिक जीवन के साथ उनका एकीकरण इन प्रक्रियाओं को और बल देता था।

बेशक, यह मानना पड़ेगा कि बौद्धिक जे.एन.यू. ने भी नामवर सिंह को खुले

दिल से अपनाया था। यह इसके बावजूद था कि नामवर जी की शिक्षणेतर व्यस्तताओं के चलते, इस अपनाव व उससे सम्भव सहकार को, इंटरडिसीप्लेनरी अध्ययनों के धरातल पर खास आगे नहीं बढ़ाया जा सका। बहरहाल, इस प्रक्रिया में जे.एन.यू. में खास तौर पर भारतीय भाषाओं में रचनाशीलता का एक महत्त्वपूर्ण दायरा जरूर चिह्नित हुआ, जिसने 'हिन्दी-उर्दूवालों' के अलगाव की किसी झूठी मुद्रा की भी गुंजाइश नहीं रहने दी। यह रचनाशील समुदाय चूँकि छात्रों तथा शिक्षकों में बँटा हुआ नहीं था, विभाग में जनतान्त्रिक खुलेपन का वातावरण बनाने में इसने भी काफी मदद की। ऐसा लगता है कि यह भी एक वजह थी जिसके चलते बौद्धिक-प्रशासनिक पदों के लिए अपने सारे मोह के बावजूद, नामवर जी जे.एन.यू. में जमने के बाद वहीं के होकर रह गए।

बेशक, भारतीय भाषा केन्द्र में जनतान्त्रिक वातावरण बनने की यह प्रक्रिया कोई सीधी-सपाट तथा ऋजु रेखीय नहीं थी। वास्तव में इसके अपने अन्तर्विरोध भी कोई नगण्य नहीं थे। कई बार अन्तर्विरोधी चीजों के बीच से ही आगे बढ़ा जा रहा था। एक अविस्मरणीय दृश्य के उदाहरण से शायद इस पहलू को समझा जा सके। 1975-76 के सत्र के शुरू में ही नामवर जी विश्वविद्यालय कैम्पस में ही रहने आ गए थे। उस जमाने में विश्वविद्यालय दो परिसरों में बँटा हुआ था। ऊपर के परिसर में, जहाँ अब विश्वविद्यालय है, छात्रावास थे तथा शिक्षकों के आवास थे। इसे अप-कैम्पस कहा जाता था। प्रशासनिक विभागों समेत सारे-के-सारे विभाग नीचे की ओर उस परिसर में थे, जहाँ अब कोई प्रशासनिक प्रशिक्षण संस्थान चल रहा है। इसे डाउन कैम्पस कहा जाता था। सामान्यतः विश्वविद्यालय का दिन का पढ़ाई आदि का जीवन डाउन कैम्पस में चलता था और शाम से देर रात तक रिहाइशी जीवन अप-कैम्पस में। शुरू के वर्षों में जब चार-पाँच होस्टल ही थे, सारे होस्टल इस परिसर की मुख्य सड़क के एक ओर अपेक्षाकृत थोड़ी-सी दूरी में ही फैले हुए थे। सड़क के दूसरे बाजू में छोटा-सा शॉपिंग कॉम्प्लैक्स था, जो कमल नाम के अपने लोकप्रिय रैस्टोरेंट के नाम पर कमल कॉम्प्लैक्स के नाम से जाना जाता था। यह दूसरी बात है कि इसी परिसर में लगभग शुरू से पी.पी.एच. की दुकान भी थी।

देर शाम से देर रात तक परिसर का सामाजिक-सांस्कृतिक-राजनीतिक जीवन इसी के इर्द-गिर्द रूप लेता था। ढाबों के गिर्द चाय की चुस्कियों के बीच अनन्त बहसें इसी परिसर में अरावली के पत्थरों पर बैठकर या यहाँ-वहाँ घास के टुकड़े खोजकर या कमल कॉम्प्लैक्स के सामने की सीढ़ियों पर बैठकर चलाई जाती थीं। लेकिन अचानक इस सबके बीच एक नई और अप्रत्याशित परिघटना सामने आई। देर शाम, सम्भवतः भोजन के बाद नियमित रूप से एक अलग ही ढंग का झुंड-सा होस्टल परिसर की मुख्य सड़क पर और कमल कॉम्प्लैक्स के गिर्द घूमता दिखाई देने लगा।

दूर से ही दिखाई देनेवाली अपनी ऊँची-चौड़ी काठी के साथ, धोती-कुर्ता से लैस और पूर्ण सन्तुष्ट भाव से पान कचरते और जाहिर है कि बीच में एकाध बार पीक भी मारते हुए नामवर सिंह और उनके अगल-बगल में पीछे-पीछे विभाग के छात्रों की उनकी सेना। एम.ए. के पहले वर्ष के छात्रों के नए बैच और पी-एच.डी. के पहले वर्ष के छात्रों तथा उर्दू के छात्रों के भी आने के साथ विभाग में छात्रों की संख्या बढ़ गई थी और शाम के इस जुलूस की जनसंख्या भी। कभी-कभी यह मंडली सीढ़ियों पर या ऐसे ही कोई दायरा बनाकर बैठ भी जाया करती थी और इसमें छुट-पुट बातचीत भी हो जाया करती थी। लेकिन 'स्माल टॉक' से ज्यादा किसी तरह की चर्चा की इसमें न गुंजाइश थी और न कोई प्रयत्न ही था। हाँ; शुरू में इसमें अक्सर किसी नई किताब की तलाश में पी.पी.एच. की दुकान का संक्षिप्त चक्कर भी शामिल हुआ करता था।

शुरू में यह मंडली जे.एन.यू. के आम माहौल में एक कल्चरल शॉक से कम नहीं थी। हाँ, धीरे-धीरे इसके नएपन के खत्म होने के साथ इसका नोटिस लिया जाना भी कम हो गया। फिर भी यह एक ऐसी परिघटना थी जो काफी समय तक कायम रही। यह परिघटना एक स्तर पर तो हिन्दीभाषी क्षेत्र से आए भारतीय भाषा केन्द्र के छात्रों को, जे.एन.यू. के काफी भिन्न वातावरण में टिके रहने के लिए, एक तरह की सामूहिकता का मौका मुहैया करती थी। देर शाम का खाने से पहले और खाने के बाद का अपेक्षाकृत खाली समय इसकी कहीं ज्यादा माँग करता था। दूसरी ओर यह परिघटना हिन्दी विभागों की जानी-पहचानी दरबारी व्यवस्था का ही सचल रूप लगती थी और इस तरह अलोकतान्त्रिक सम्बन्ध व्यवस्था को ही पुख्ता करती नजर आती थी। बेशक इस भूमिका का खुद नामवर जी के व्यवहार से बहुत सीधा सम्बन्ध नहीं था, हालाँकि ऐसे मौकों पर उनका व्यवहार भी गुरु-शिष्य सम्बन्ध व्यवस्था के कुछ उदार रूप की ही रचना करता था। लेकिन अलोकतान्त्रिक सम्बन्ध व्यवस्था नामवर जी और छात्रों के असमान दर्जों से बनती थी। दर्जों की असमानता को व्यवहार के खुलेपन से भी बहुत ज्यादा नहीं बदला जा सकता था। फिर भी यह परिघटना, जिस तरह के वातावरण से इनमें से ज्यादातर छात्र निकलकर आए थे, उसमें और जे.एन.यू. के आम माहौल में संक्रमण की प्रक्रिया को सुगम बनाने का उपयोगी काम जरूर कर रही थी। हो सकता है कि खुद नामवर जी को भी किसी स्तर पर ऐसे संक्रमण की जरूरत रही हो। इसीलिए कुछ अर्से के बाद यह नामवर जी की फौज, पहले नामवर जी के कहीं अनियमित दरबार में बदली और फिर धीरे-धीरे बिखर गई। मूनिस रज़ा का दरबार भी कमोबेश शायद संक्रमण की ऐसी ही मिश्रित भूमिका अदा करता था।

सीधे नामवर जी का छात्र रहने का मुझे मौका नहीं मिला। प्री-पी-एच.डी. के

दौर में मुश्किल से एकाध कक्षाएँ और किसी कक्षा में एकाध व्याख्यान और। अब सोचकर थोड़ा अजीब-सा भी लगता है कि उस जमाने में भारतीय भाषा केन्द्र में भी नामवर जी का लेक्चर अटेंड करने का बहुत भारी क्रेज नहीं था। यह इसके बावजूद था कि कक्षा में नामवर सिंह, आयोजनों के अपने भाषणों के विपरीत, काफी सहजता से चीजों को देखते तथा रखते थे। जनतान्त्रिक बौद्धिक वातावरण के निर्माण के लिए, शिक्षक और छात्र के बीच जिस तरह आलोचनात्मक सम्बन्ध आवश्यक होता है, मेरे जैसे कुछ लोगों के रुख में एक तत्त्व उसके अतिचार का भी रहा हो सकता है। मैंने खुद को नामवर जी का शिष्य जैसा कुछ कभी नहीं कहा, माना। शिष्यत्व मेरी नजरों में हमेशा आलोचनात्मक सम्बन्ध का निषेध बना रहा और इसलिए हमेशा सन्दिग्ध रहा। मुझे लगता है कि अगर कभी कोई भूल-चूक हुई होगी, तो आलोचना के अतिरिक्त रूप से कठोर होने की ही हुई होगी, न कि आलोचना के तिरोहित किए जाने की। मुझे यह भी लगता है कि यह अतिरिक्त कठोरता शायद दोनों ओर से थी।

इसने चाहे सही हो या गलत, दो काम किए। नामवर जी से बौद्धिक रूप से आक्रान्त होने से बचाया। वास्तव में नामवर जी के सामाजिक-राजनीतिक व्यवहार से लेकर उनके साहित्य-सैद्धान्तिक व्यवहार तक की सीमाओं को अपने लेखे तो हम देख ही रहे थे। मेरे जैसे लोगों को लगता था कि सामाजिक-राजनीतिक व्यवहार में वह भरसक सुविधा का रास्ता तलाशनेवालों में हैं, तो साहित्य-सैद्धान्तिक व्यवहार में काफी दूर तक तत्कालीन साहित्यिक-सैद्धान्तिक फैशनों के पीछे बहनेवालों में। हालाँकि दोनों ही मामलों में वह जनतान्त्रिक खूँटे से बहुत दूर भी नहीं भटकते थे। मिसाल के तौर पर नामवर जी इमरजेंसी के समर्थन में कतई नहीं थे, लेकिन उन्होंने सार्वजनिक रूप से उसका विरोध भी नहीं किया। यहाँ तक कि पी-एच.डी. के पहले बैच के लिए चुने गए उम्मीदवारों में से दो-तीन के नाम, इमरजेंसी की विशेष माँगों के अन्तर्गत, 'ऊपर' के आदेश से कटवाए जाने का भी नहीं। इसी तरह, रामविलास शर्मा से अपनी भारी असहमतियों के बावजूद नामवर सिंह ने कभी उनकी व्यवस्थित आलोचना प्रस्तुत नहीं की। यहाँ तक कि 'आलोचना' के रामविलास जी के 'स्मरण' विशेषांक में भी नहीं। लेकिन यह तो शायद जे.एन.यू.–उत्तर नामवर प्रसंग में आएगा। वास्तव में हम यह रहस्य भी जान चुके थे कि विदेश से आई किसी महत्त्वपूर्ण पुस्तक के आकर्षक विचार का नामवर जी जब तक अपने व्याख्यानों में उपयोग करते थे, तब तक लाइब्रेरी से सम्बन्धित पुस्तक का अनुपलब्ध रहना भी सुनिश्चित करते थे, ताकि मौलिकता की चमक कम न पड़े। लाइब्रेरी में पुस्तक तभी लौटती थी, जब नामवर जी किसी और पुस्तक को कंठहार बना चुके होते थे।

इसी तरह हम यह भी देख-समझ रहे थे कि आगे चलकर काफी कुख्यात हुआ

नामवर जी का लेखन विराग और भाषण प्रेम वास्तव में बौद्धिक आलस्य का परिणाम कम था, सभा-चतुराई की माँग पूरी करने की उत्सुकता का नतीजा ज्यादा था। इसी जमाने का नामवर जी का ही दिया एक सूत्र अब तक याद है—लिखना हाथ कटाना है, जबकि बोलनेवाली जुबान कोई नहीं काट लेता! इस सिलसिले में एक दिलचस्प प्रसंग के जिक्र का लोभ सँवरण कर पाना मुश्किल है। एक दिन अचानक हमारे प्रिय सहपाठी घनश्याम मिश्र (उनकी आत्मा जहाँ भी हो, शान्ति पाए) होस्टल के मेरे कमरे पर आ धमके। वास्तव में अचानकपना उनके आने में नहीं, उनके आने के प्रयोजन में था। आते ही उन्होंने अपनी खास शैली में बताया कि नामवर जी को दिनकर की 'संस्कृति के चार अध्याय' चाहिए। मैंने टालने की कोशिश की तो मिश्रजी ने स्पष्ट किया कि उन्हें चाहिए ही नहीं, तुरन्त चाहिए। धीरे-धीरे उन्होंने पूरा रहस्य खोला। नामवर जी को कल शाम ही दिनकर पर व्याख्यान देना है और उसके लिए तुरन्त किताब चाहिए। और आखिर में यह कि नामवर जी होस्टल में नीचे खड़े हैं, तुरन्त किताब चाहिए। अब क्या हीला-हवाला चल सकता था? मेरा कमरा दूसरी मंजिल पर था। घनश्याम मिश्र के साथ मुझे भी नीचे उतरना ही था किताब के साथ। नामवर जी ने दूर से ही आश्वस्त किया—बस, जरा-सी देर का काम है। कल ही आपको किताब मिल जाएगी।

बाद में सुना गया कि अपनी ख्याति के अनुरूप नामवर जी ने जो व्याख्यान दिया, उसमें दिनकर को हिन्दी में सबसे ऊँचे आसन पर ही बैठा दिया गया, जिसमें उस आलोचनात्मक दृष्टि का कहीं दखल नहीं था, जो नामवर जी समेत विभिन्न स्रोतों से हम लोग अर्जित कर रहे थे। उत्तर-व्याख्यान प्रसंग और भी दिलचस्प है। पुस्तक लौटाने का अगला दिन नहीं आना था, नहीं आया। धीरे-धीरे मेरे भीतर अपनी पुस्तक के लिए मोह बढ़ने लगा। वैसे भी पुस्तक मेरे बड़े भाई की धरोहर थी। नामवर जी को याद दिलाया तो वही—आज, कल। अधीरता बढ़ी तो एकाध मित्र के साथ नामवर जी के आवास पर जा धमका। वैसे भी कभी-कभार जाना हो ही जाता था। हर बार एक ही जवाब—कहीं रख दी है, देखनी पड़ेगी, बस कल ही। ऐसे ही एक धावे में पुस्तक, नामवर जी की बैठक में एकदम सामने ही लगे लम्बे से बुक रैक में जरा टेढ़ी-सी रखी दिखाई भी दे गई। मगर उठकर हाथ बढ़ाकर अपनी किताब खींच लेने की हिम्मत नहीं हुई। आखिरकार, घनश्याम मिश्र के जरिए, जिनका नामवर जी के घर काफी आना-जाना रहता था और जो नामवर जी के खादिम से घनिष्ठता के सहारे नामवर जी की अनुपस्थिति में भी उनके घर में चले जाते थे, मुझे नामवर जी के घर से अपनी किताब बाकायदा चुरवानी पड़ी। मिश्रजी इस पाप के लिए इसलिए तैयार हुए क्योंकि पुस्तक के जाने के मूल पाप में भी उनका हिस्सा था। जाहिर है कि मेरे पास 'संस्कृति के चार अध्याय' होने की जानकारी नामवर सिंह को घनश्याम मिश्र

ने ही उपलब्ध कराई थी! सुना है कि नामवर जी के पर-पुस्तक प्रेम में बाद के वर्षों में भी कोई कमी नहीं आई है।

बेशक, ऐसा नहीं है कि उस दौर में भी सब कुछ एकदम घर्षणहीन रहा हो। नामवर जी से कुछ लोगों को शिकायतें भी थीं और सारी शिकायतें बौद्धिक-वैचारिक ही नहीं थीं। जाहिर है कि छात्रों में भी मेरे जैसों की शिकायतें कहीं ज्यादा व मुखर थीं, जो वैसे भी नामवर जी के प्रति भक्तिभाव से काफी दूर थे। अपनी प्रशासनिक जिम्मेदारियों के नाते भी और हिन्दी विभाग में सबसे वरिष्ठ व कद्दावर होने के नाते भी, विभाग के फैसलों में नामवर जी की केन्द्रीय भूमिका रहती थी या कम-से-कम मानी तो जाती ही थी। घर्षण के लिए इतनी जमीन काफी थी। इसमें अतियों से बचना हमेशा सम्भव नहीं था। ऐसी ही एक अति के प्रसंग का जिक्र किए बिना मैं नहीं रह सकता क्योंकि उसका मुझे हमेशा पछतावा रहेगा। शायद यह उस साल की बात है जब जे.एन.यू. से हिन्दी एम.ए. का तीसरा बैच, अपनी डिग्री पूरी करके निकला था। बेशक, प्रायः ये सभी छात्र पी-एच.डी. में प्रवेश के लिए उम्मीदवार थे। लेकिन जब सूची निकली तो अपने ही डिपार्टमेंट के उन छात्रों के नाम एम.ए. में अच्छे रिकॉर्ड के बाद भी उसमें से गायब थे, जो एस.एफ.आई. से जुड़े हुए थे। एकाध नाम अगर था भी तो सूची में इतना नीचे कि फैलोशिप का रास्ता बन्द था और इसलिए नाम न होने के बराबर था। नामवर जी से अपारदर्शी तरीके से राजनीति करने की पहले से जो शिकायतें चली आ रही थीं, उनके सन्दर्भ में इस नतीजे ने विस्फोट के लिए पलीते का काम किया।

नतीजा यह कि छात्रों के एक ग्रुप ने विभाग में नामवर जी के कक्ष में घुसकर उनका घेराव जैसा कर दिया। उन्हें बहुत भली-बुरी सुनाई। एक तरह के जुनून में न जाने किस-किस चीज का गुस्सा था, नामवर जी पर उलीच दिया गया। अब सोचने पर लगता है कि गुस्से की इस अभिव्यक्ति में कितना बड़ा अन्तर्विरोध था। परिवार के भीतर की कहा-सुनी जैसा दृश्य था, जहाँ फौरन प्रासंगिक और अप्रासंगिक, सब कहा जा रहा था, जिससे सुनाए जाने का पात्र जान ले कि उसके क्या-क्या करने या न करने से, परिवार के भीतर के दूसरे लोगों को चोट पहुँची है। किसी वस्तुगत विरोध प्रदर्शन में न इतना निजी होने की गुंजाइश होती है और न मुख्य बात से भटकने की। लेकिन यहाँ परिवार के अन्दर की लड़ाई का तर्क इस लड़ाई की भाषा से खंडित हो रहा था। परिवार के बड़े से शिकायत तो की जाती है, लेकिन ऐसी भाषा में नहीं। इस पूरे प्रकरण के दौरान नामवर जी एकदम निःशब्द बैठे रहे थे। जाहिर है कि अन्ततः उनकी चुप्पी ही जीती। बाद में इन पंक्तियों के लेखक समेत कई छात्र इसी सिलसिले में निलम्बित हुए और बाकायदा लिखित रूप से माफी माँगने के बाद छूटे। क्या सचमुच नामवर जी ने उस घटना से जुड़े लोगों को माफ कर दिया था?

जे.एन.यू. से नाता टूटने के बहुत वर्ष बाद, जब सहमत के विवाद पर मेरे एक लेख की नामवर जी की प्रशंसा किसी और के जरिए मुझ तक पहुँची, तब मुझे लगा कि शायद नामवर जी ने माफ कर दिया।

जाहिर है कि यह अपनी तरह का इकलौता विचलन था। कम-से-कम यह सचेत आलोचनात्मक दृष्टि का अनिवार्य परिणाम नहीं था। मुझे तो लगता है कि सचेत आलोचनात्मक दृष्टि तथा सम्बन्ध ने हमें, जे.एन.यू. में नामवर जी की मौजूदगी के सामाजिक-बौद्धिक अर्थ को, कहीं वस्तुगत रूप से समझने का मौका दिया। यह समझनेवाले का अपना हिस्सा था, किसी और पर अहसान नहीं। इसीलिए यह समझना कहीं पुख्ता जमीन पर टिका हुआ था। यह आलोचनात्मक दृष्टि चूँकि मूलतः बौद्धिक-वैचारिक सम्बन्ध बनाती थी, शायद उसी ने यह भी सुनिश्चित किया कि नामवर जी के 'अ-शिष्यों' में से कोई, कभी भी, उनकी बौद्धिक भूमिका को नकारने या बहुत कम करके आँकने की हद तक नहीं गया। यह काम उन्हीं के लिए सुरक्षित रहा, जो नामवर जी के पट्ठे बने या बनाए गए। सुना है कि बाद के वर्षों में जे.एन.यू. ने नामवर जी को यह भी खूब सिखाया। लेकिन वह किस्सा वही सुनाएँ जिन्होंने देखा हो। अपने लिए तो बाद की सब सुनी-सुनाई ठहरी।

हिन्दी आलोचना के गौरव : नामवर सिंह

डॉ. राजेन्द्र प्रसाद पांडेय

समकालीन हिन्दी आलोचना के सर्वाधिक विश्वसनीय और चर्चित आलोचक डॉ. नामवर सिंह के नाम से मेरा परिचय दो दशक पहले तब हुआ जब मैं इलाहाबाद विश्वविद्यालय में बी.ए. का छात्र था। हिन्दी आलोचना के पाठ्यक्रम में नामवर सिंह को भी शामिल किया गया था। इसी दौरान मैंने नामवर जी की 'छायावाद' तथा 'कविता के नए प्रतिमान' पुस्तकें पढ़ी थीं। उनके सम्पादन में प्रकाशित 'चिन्तामणि भाग-तीन' भी पढ़ी। 1989 में हिन्दी विभाग, इलाहाबाद विश्वविद्यालय द्वारा आयोजित 'निराला व्याख्यानमाला' के अन्तर्गत 'कविता के नए प्रतिमान : एक पुनर्विचार' पर स्वयं नामवर जी का विद्वतापूर्ण और विचारोत्तेजक व्याख्यान सुनकर मैं उनके आलोचकीय व्यक्तित्व और वाग्मिता से अभिभूत हो गया। तब से रामचन्द्र शुक्ल के अतिरिक्त जिस आलोचक का सर्वाधिक अध्ययन किया, वे हैं नामवर सिंह। बीस वर्षों से निरन्तर रामचन्द्र शुक्ल और नामवर सिंह मेरे अध्ययन-चिन्तन-मनन के केन्द्र में हैं। उन्हीं को समझने-जानने की कोशिश में लगा हुआ हूँ। कभी एक दूसरे के पूरक प्रतीत होते हैं तो कभी विरोधी! मुझे लगता है कि जितनी सावधानी से रामचन्द्र शुक्ल का अध्ययन नामवर सिंह ने किया है उतनी उनके समर्थक माने जानेवाले आलोचकों ने भी शायद नहीं किया। इस प्रकार नामवर सिंह मेरे लिए एक जीवन्त पाठ हैं जिन्हें उनकी रचनात्मकता के माध्यम से पिछले दो दशकों से मैं गुन-धुन रहा हूँ। इस आलोचकीय पक्ष पर थोड़ा आगे चलकर आऊँगा।

तो बात कर रहा था 1989 की। 1990 में मुझे जे.एन.यू. से हिन्दी में एम.ए. करने का सुअवसर प्राप्त हो गया। इन्हीं दिनों मेरे दो मित्रों बोधिसत्व और अनिल कुमार सिंह के कवि-व्यक्तित्व का रेखांकन प्रो. नामवर सिंह ने किया। कवियों को नाम देने का उल्लेख किया जाता है तो मेरी जानकारी में बोधिसत्व को अखिलेश कुमार मिश्र से बोधिसत्व के रूप में पहचान दिलाने का महत कार्य नामवर जी ने ही किया। बोधिसत्व की कई कविताएँ नामवर जी ने 'आलोचना' में छापीं और

अनिल कुमार सिंह को 'अयोध्या 1990' कविता के लिए भारतभूषण अग्रवाल पुरस्कार मिला। इसी बीच मेरे गुरु रहे दूधनाथ सिंह जी के नाटक 'यमगाथा' का मंचन भानु भारती के निर्देशन में मंडी हाउस में होना था। निमन्त्रण-पत्र लेकर अनिल कुमार सिंह आए तो नामवर जी के पास मैं अनिल के साथ गया—109 उत्तराखंड। वहीं अनिल ने पहली बार मेरा परिचय नामवर जी से कराया। कितना परिचित हूँ अभी तक नहीं जानता! इस बीच जे.एन.यू. में रहते हुए साहित्यिक विमर्श का जो वातावरण मिला वह एक आश्चर्यजनक अनुभव था। मेरे जैसे साधारण मध्यवर्गीय परिवार के व्यक्ति का जे.एन.यू. में पहुँचना और नामवर सिंह, केदारनाथ सिंह, मैनेजर पांडेय, पुरुषोत्तम अग्रवाल के विद्यार्थी होने का गौरव पाना किसी सपने के साकार होने से कम न था।

जे.एन.यू. पहुँचकर मैंने जाना कि परिसर की संस्कृति का महत्त्व क्या है और इस संस्कृति के निर्माण का श्रेय हिन्दी में प्रो. नामवर सिंह को निस्सन्देह जाता है। अधिकांश अध्यापक विश्वविद्यालय परिसरों की विशिष्टता के कारण विशिष्ट बन जाते हैं किन्तु नामवर सिंह उन विरले अध्यापकों में रहे हैं, जिन्होंने जवाहरलाल नेहरू विश्वविद्यालय के अकादमिक उत्कर्ष, लोकतान्त्रीकरण, सामासिक संस्कृति की समृद्धि तथा उसकी राष्ट्रीय और अन्तर्राष्ट्रीय स्तर पर पहचान बनाने में महती भूमिका निभाई। भारतीय भाषा केन्द्र के संस्थापक अध्यक्ष के रूप में उनकी दृष्टि की व्यापकता का पता चलता है। हिन्दी और उर्दू का समन्वित केन्द्र सम्भवतः देश में अन्यत्र नहीं है। ऐसा नहीं है कि केवल हिन्दी विषय को ही उन्होंने जे.एन.यू. में प्रतिष्ठित किया। तथ्य यह है कि जे.एन.यू. की प्रतिष्ठा जिन गिने-चुने लोगों के नाम से जुड़ी थी, अपने अध्यापन काल में प्रो. बिपिन चन्द्रा, प्रो. योगेन्द्र सिंह, प्रो. नामवर सिंह जैसी अकादमिक जगत की महान विभूतियों के कारण थी। कहने का अभिप्राय यह है कि जिन चन्द लोगों ने जे.एन.यू. को शिक्षा और अकादमिक गतिविधि का उत्कृष्ट केन्द्र बनाया उनमें नामवर सिंह का नाम प्रमुख है। जे.एन.यू. के अंग्रेजीमय वातावरण में नामवर जी ने हिन्दी के विद्यार्थियों (और कह सकूँ तो अध्यापकों को भी) को हीनता बोध से मुक्ति दिलाई। जिस विश्वविद्यालय में अदने से अदना आदमी भी अंग्रेजी में बात करता हो (1990 के आसपास अब परिवेश बदला है) वहाँ हिन्दी में और पारम्परिक वेश-भूषा में एक व्यक्ति विश्वविद्यालय की वाग्मिता का प्रमुख स्वर बन जाए यह किसी अचरज से कम नहीं था। यह सब नामवर जी के सुविज्ञ और सुपठित व्यक्तित्व का ही कमाल था। जिस मंच पर नामवर जी होते थे वह उन्हीं पर केन्द्रित हो जाता था—वास्तव में वे मंच लूट लेते थे। विषय कुछ भी हो—आरक्षण सम्बन्धी विवाद, भूमंडलीकरण, शिक्षा व्यवस्था, साहित्य से जुड़ा कोई विषय, नामवर जी इतनी अनूठी और प्रायः अज्ञात चीज ढूँढकर ले आते थे जो सबको विस्मय में

डाल देती थी। यह चमत्कार उनमें अब भी है। सिर्फ नामवर सिंह को सुनने के लिए कई बार बाद के दिनों में हिमाचल में अध्यापन करते हुए मैंने दिल्ली प्रवास की तिथि आगे बढ़ाई है।

ऐसा नहीं है कि नामवर सिंह सिर्फ वाग्जाल में उलझाते हैं जो जे.एन.यू. का अभी तक बना हुआ एक दुर्गुण है (अपने अनेक सद्गुणों के बावजूद)। नामवर सिंह की वाग्मिता और वाग्वैदग्ध्य में जादुई प्रभाव तो होता ही है इससे इनकार नहीं किया जा सकता किन्तु उसमें इतने तथ्य, तर्क, प्रमाण और आन्तरिक सुसंगति होती है कि उनके प्रति कायल हुए बिना नहीं रहा जाता।

नामवर सिंह को एक अध्यापक के रूप में सुनना एक विलक्षण अनुभव से गुजरना है। मुझे उनके विद्यार्थियों में शामिल होने का सौभाग्य प्राप्त है। कक्षा के लिए जिस तैयारी और रूपरेखा के साथ नामवर जी आते थे वह अनुकरणीय है। भारतीय वाङ्मय, संस्कृत साहित्य की समृद्धशाली परम्परा का विशद् ज्ञान, समकालीन और आधुनिक भारतीय तथा विश्व साहित्य का गहन अध्ययन करनेवाले नामवर जी इतनी सावधानी से कक्षाएँ पढ़ाते थे कि लगता था जैसे नए दायित्व को निभा रहे हैं—यह उनकी अध्यापन शैली और अध्यापक व्यक्तित्व की विराटता का प्रमाण है। नामवर जी के अध्यापक रूप की चर्चा करते हुए एक और बात की ओर इशारा करना चाहूँगा। जब वे पढ़ाते थे तो प्रायः अपने लेखक व्यक्तित्व से अलग हो जाते थे। उदाहरण के लिए आलोचना या कविता के प्रसंग में यदि वे रामचन्द्र शुक्ल या अज्ञेय की कुछ मान्यताओं का तर्कपूर्ण ढंग से 'दूसरी परम्परा की खोज' तथा 'कविता के नए प्रतिमान' पुस्तकों में विरोध कर चुके हैं, पर पढ़ाते समय इनके सर्वश्रेष्ठ अवदान का जिस तरह से वे बखान करते थे, वह अद्भुत था। पाश्चात्य काव्य सिद्धान्त पढ़ाते हुए इलियट के 'आब्जेक्टिव कोरिलेटिव' के प्रसंग में रामचन्द्र शुक्ल के 'विभावन-व्यापार' तथा अज्ञेय की कविताओं की चर्चा करना उनके चिन्तक-अध्यापक व्यक्तित्व को प्रतिबिम्बित करता था।

अब उनके आलोचकीय रूप की थोड़ी चर्चा करना चाहूँगा। यह सही है कि मेरी आलोचना 'आखर अमित अरथ अति थोरे' ही है पर जैसा पहले कहा, पिछले दो दशकों से मैं हिन्दी आलोचना को ही पढ़ता-गुनता रहा हूँ। 'दूसरी परम्परा की खोज' पर मैंने एम.फिल. का कार्य किया। यहीं से नामवर सिंह मेरी विवेचना, अध्ययन और आलोचना के पाठ बने। अपनी अल्प समझ और बुद्धि से मैंने 'दूसरी परम्परा की खोज' की कुछ स्थापनाओं से असहमति व्यक्त की। वस्तुतः शोध का विषय रामचन्द्र शुक्ल और हजारीप्रसाद द्विवेदी की आलोचना और इतिहास-दृष्टि के तुलनात्मक अध्ययन पर केन्द्रित था। इस क्रम में बैरिंगटनमूर से लेकर इरफान हबीब और अंटानियो ग्राम्शी के अध्ययन की प्रेरणा नामवर जी के लेखन से भी मिली। नए ज्ञान

क्षेत्रों के प्रति ललक तथा अध्ययन नामवर जी का प्रमुख चिन्तन क्षेत्र है। साहित्य का समाजशास्त्र, उत्तर आधुनिकता, स्त्री विमर्श तथा दलित विमर्श नामवर सिंह के आलोचना-क्षेत्र का अपरिहार्य अंग बने। इनमें से अधिकांश को हिन्दी के रचनात्मक परिदृश्य में प्रमुख स्थान दिलाना नामवर सिंह का महत योगदान माना जाएगा। यह अकारण नहीं है कि 'साहित्य के समाजशास्त्र की भूमिका' पुस्तक का समर्पण नामवर सिंह के लिए करते हुए आलोचक मैनेजर पांडेय ने लिखा, 'जिनके प्रयत्नों से साहित्य का समाजशास्त्र हिन्दी में आया।' इस प्रकार ज्ञान के विभिन्न और अधुनातन उपागमों को हिन्दी साहित्य के साथ जोड़ना नामवर सिंह का प्रमुख योगदान रहा है। जे.एन.यू. के पाठ्यक्रमों की बात करें तो उसे एक आधुनिक दृष्टि सम्पन्न प्रगतिशील एवं भविष्यदर्शी बनाने और अन्तरअनुशासनिक दृष्टि सम्पन्न बनाने में नामवर जी की विश्व-दृष्टि का पता चलता है। नामवर सिंह का अध्ययन और दृष्टिकोण इस अर्थ में विशिष्ट है कि वे शुक्लोत्तर हिन्दी आलोचना में संस्कृत की ज्ञान परम्परा तथा समकालीन विश्व साहित्य के गहन अध्येता हैं।

मार्क्सवादी आलोचना में उल्लेखनीय योगदान करनेवाले आलोचक नामवर सिंह मार्क्सवाद की परम्परा के ऐसे उन्नायक हैं, जो विचारधारात्मक स्तर पर उसका विस्तार भी करते हैं—उसकी व्याख्या के दायरे में ऐसे रचनाकारों को भी शामिल करते हैं जो मार्क्सवाद की वर्गगत सीमाओं में असहज होते। इसका प्रमुख उदाहरण आचार्य हजारीप्रसाद द्विवेदी की आलोचना दृष्टि और इतिहास-दृष्टि का मूल्यांकन है। नामवर सिंह के मत में दूसरी परम्परा की खोज का श्रेय हजारीप्रसाद द्विवेदी को दिया जाना चाहिए। ज़ाहिर है नामवर सिंह की विश्लेषण प्रक्रिया और निष्कर्षों को पूरी तरह स्वीकार कर पाने में बहुत से लोगों को कठिनाई होगी। प्रस्तुत पंक्तियों के लेखक को भी है जिसे उसने उनके (नामवर जी) साथ लम्बी बातचीत में व्यक्त भी किया था, जो एक साक्षात्कार के रूप में प्रकाशित भी हुआ था। पर नामवर जी का महत्त्व इस बात में है कि उन्होंने तर्क, प्रमाण और आलोचना-दृष्टि के साथ प्रस्तुत कर साहित्य के वातावरण में एक नई चेतना का संचार किया और उनकी अनेक स्थापनाओं को सहजता से स्वीकार किया जा सकता है। इस पुस्तक के द्वारा यह साबित हो जाता है कि नामवर सिंह बद्धमूल वामपंथी नहीं रहे हैं, उनकी आलोचना विकासमान और अग्रगामी रही है। वे इस अर्थ में अंटानियो ग्राम्शी और क्रिस्टोफर कॉडवेल की कोटि के आलोचक कहे जाएँगे।

'कविता के नए प्रतिमान' नामवर सिंह की मुक्त दृष्टि और स्वतन्त्र विश्लेषण क्षमता का उत्कट साक्ष्य है। इस पुस्तक के माध्यम से जहाँ एक ओर उन्होंने अज्ञेय और नगेन्द्र की रचनादृष्टियों का खंडन किया, वहीं मुक्तिबोध को साहित्यिक परिदृश्य के केन्द्र में लाने का उल्लेखनीय कार्य किया। 'कविता के नए प्रतिमान' नई कविता

का सम्यक् मूल्यांकन करती है तथा 'कविता क्या है?' निबन्ध की याद दिलाते हुए कविता के स्वरूप और मानदंडों का प्रस्ताव करती है। उल्लेखनीय है कि इस पुस्तक पर रूपवादी आग्रह का आरोप नेमिचन्द्र जैन जैसे आलोचकों ने लगाया था। यह अकारण नहीं है कि एफ.आर. लीविस, इलियट आदि का प्रभाव इस पुस्तक में देखा गया है। यह एक और प्रमाण है नामवर सिंह की आलोचना दृष्टि की व्यापकता का। यहाँ याद करना उचित होगा कि नामवर जी ने इस पुस्तक के आरम्भ में अभिनव गुप्त के कथन का उल्लेख किया है जिसमें कहा गया है कि साहित्य में मौलिक सिद्धान्तों का प्रवर्तन करने के समान ही महत्त्वपूर्ण होता है उपलब्ध सिद्धान्तों की समुचित और उपयुक्त प्रसंग में व्याख्या करना। यह भी मौलिक कार्य जैसा ही है। कहना न होगा कि यह बात नामवर जी ने विनम्रतावश ही लिखी है। तथ्य यह है कि चाहे 'छायावाद' हो, नई कहानी हो, नई कविता अथवा आलोचना सबकी नवीन प्रसंगों और उद्भावनाओं के साथ प्रस्तुति का अग्रगामी प्रयास नामवर सिंह की मुक्त, प्रगतिशील और भविष्यदर्शी आलोचना दृष्टि का परिचायक है।

हिन्दी आलोचना में रामचन्द्र शुक्ल और नामवर सिंह ऐसे दो आलोचक हैं जिनसे असहमत तो हुआ जा सकता है पर जिनके बिना आलोचना के परिदृश्य की कल्पना नहीं की जा सकती। टी.एस. इलियट ने डॉ. जॉनसन के विषय में लिखा था 'डॉ. जॉनसन से असहमत होना खतरनाक है', हिन्दी आलोचना के सन्दर्भ में यही बात डॉ. नामवर सिंह के विषय में कही जा सकती है। अंग्रेजी आलोचक टी.एस. इलियट ने जिस प्रकार अंग्रेजी साहित्य का पुनर्मूल्यांकन किया और शेक्सपीयर की प्रतिमा का भंजन करने के बाद उसने मिल्टन पर हाथ उठाया, उसी तरह हिन्दी साहित्य का मूल्यांकन करते हुए नामवर जी ने रामचन्द्र शुक्ल और अज्ञेय की स्थापित प्रतिमाओं के स्थान पर हजारीप्रसाद द्विवेदी तथा गजानन माधव मुक्तिबोध के महत्त्व का प्रतिपादन किया। नामवर सिंह की आलोचना को आप्त प्रमाण माननेवाले लोगों के लिए स्वयं नामवर सिंह की स्थापनाएँ ही पुनर्विचार के लिए विवश करती हैं। नामवर जी का वैशिष्ट्य इस बात में है कि उन्होंने अपनी मान्यताओं और स्थापनाओं पर समय-समय पर पुनर्विचार भी किया है। इस अर्थ में वे अत्यन्त व्यापक फलक पर उदार दृष्टि से विचार करनेवाले आलोचक प्रतीत होते हैं।

नामवर सिंह के लेखक रूप की विशेषता यह है कि तथ्यपूर्ण तथा तर्कपूर्ण ढंग से विचारों की शृंखला निर्मित करते चलते हैं। अपने मत के समर्थन या विरोध में सम्बन्धित रचनाकार के संक्षिप्त उद्धरण के माध्यम से वे तर्क प्रक्रिया को निष्पत्ति तक पहुँचाते हैं। नामवर सिंह की आलोचना का एक अन्य महत्त्वपूर्ण पक्ष है रचनात्मक परिदृश्य से पूरी तरह तादात्म्य स्थापित करना। नए से नए कवियों-कहानीकारों को जिस मनोयोग से वे पढ़ते हैं तथा अपनी प्रतिक्रिया लिखित एवं

मौखिक रूप में व्यक्त करते हैं—वह उनके अत्यन्त समकालीन होने का प्रमाण है। नामवर सिंह के वक्तव्यों और लिखित मत का महत्त्व केवल उन रचनाकारों के सम्बन्ध में ही अर्थपूर्ण नहीं होता जिनके पक्ष में वे अपनी राय देते हैं, उन रचनाकारों के विषय में भी उनके विचार महत्त्वपूर्ण होते हैं, जिनके विरुद्ध उनकी राय सामने आती है। इस सन्दर्भ में 'कविता के नए प्रतिमान' और 'दूसरी परम्परा की खोज' केवल मुक्तिबोध और हजारीप्रसाद द्विवेदी के सन्दर्भ में ही अनिवार्य पुस्तक नहीं है अपितु अज्ञेय, नगेन्द्र और रामचन्द्र शुक्ल तथा रामविलास शर्मा को समझने के लिए भी अनिवार्य ग्रन्थ हैं।

नामवर सिंह वस्तुतः, उन्हीं की शब्दावली का प्रयोग करें तो, अपने आलोचनात्मक मानदंडों के कारण नहीं उसके बावजूद भी महान हैं, आज की हिन्दी आलोचना के सबसे बड़े आलोचक! (स्वयं नामवर सिंह ने रामचन्द्र शुक्ल के विषय में इसी प्रकार की शब्दावली का प्रयोग किया था किंचित् परिवर्तन के साथ मैंने इसे नामवर जी के सन्दर्भ में अपनाया)।

एक विलक्षण आलोचक, उद्‌भट विद्वान् और प्रखर वक्ता के रूप में नामवर सिंह हिन्दी आलोचना की विशिष्ट उपलब्धि हैं जिन पर हिन्दी के छात्र, अध्यापक तथा रचनाकार को स्वाभाविक रूप से गर्व होना चाहिए। उनके विद्यार्थी होने तथा उनको अध्ययन का प्रमुख विषय बनाने पर मैं निश्चय ही गौरवान्वित हूँ। नामवर सिंह हिन्दी ही नहीं, सम्पूर्ण भारतीय आलोचना की महत्त्वपूर्ण उपलब्धि हैं।

मेरे गुरुकुल के आदि गुरु

डॉ. जितेन्द्र श्रीवास्तव

जे.एन.यू. में प्रवेश पाना मेरे लिए स्वप्न का साकार होना था। जुलाई की एक भीगती हुई शाम में जब गंगा ढाबे पर पहुँचा तो लगा किसी 'अन्य लोक' में पहुँच गया हूँ। वहाँ जो देखा, वह भारत के किसी अन्य विश्वविद्यालय में शायद ही कभी देखने को मिले। वह जे.एन.यू. के 'प्रकाश' से मेरा पहला परिचय था। अब मैं सुनी-सुनाई कहानियों से बाहर सच की विस्तृत दुनिया में था। मुझे जे.एन.यू. से हिन्दी में एम.ए. करना था लेकिन भारतीय भाषा केन्द्र के सबसे बड़े आकर्षण प्रो. नामवर सिंह अब वहाँ नहीं थे। उन्हें सक्रिय अध्यापन से विदा हुए लगभग दो वर्ष बीत चुके थे। फिर भी वे कई रूपों में उपस्थित थे। मेरे कई यशस्वी शिक्षक उनके विद्यार्थी थे और सबसे प्रमुख एम.ए. का वह पाठ्यक्रम था, जिसके प्रमुख शिल्पकार नामवर जी ही थे। बाद में उनका अपने विदाई समारोह में दिया गया व्याख्यान भी पढ़ा जिसमें उन्होंने कहा था, "भारतीय परम्परा में गुरु की विदाई का कोई प्रसंग नहीं है।" नामवर जी के बारे में यह सत्य ही है। वे जे.एन.यू. से विदा होकर भी विदा नहीं हुए। कालान्तर में वे प्रोफेसर एमेरिटस भी हुए। लेकिन हम जैसे साहित्य के विद्यार्थियों के लिए नामवर सिंह की उपस्थिति के मायने और थे। जे.एन.यू. का स्वप्नदर्शी और प्रगतिशील पाठ्यक्रम भी अन्य गुरुजनों के साथ एक गुरु की भूमिका में था। वह तमाम तरह की रूढ़ियों में जकड़े हिन्दी के विद्यार्थियों को मुक्त करनेवाला पाठ्यक्रम था। उसमें निहित ज्ञान ऊर्जा अंग्रेजियत से भरे जे.एन.यू. के उस वातावरण में हिन्दी के विद्यार्थियों को एक अन्य प्रकार का स्वाभिमान देती थी। वे जे.एन.यू. की किसी बहस में बौद्धिक रूप से पिछड़े साबित हुए हों, ऐसे उदाहरण न के बराबर थे। और पुनः कहूँ कि इसका श्रेय नामवर जी और उनके साथियों को ही था।

आज मैं सोचता हूँ कि मैंने हिन्दी में एम.ए. करने के लिए गोरखपुर से लगभग हजार किलोमीटर दूर जे.एन.यू. आने का निर्णय लिया होगा तो उसके पीछे मेरे मनुष्यधर्मी पिता की प्रेरणा के साथ ही जे.एन.यू. में अध्यापनरत वे यशस्वी शिक्षक

और चिन्तक ही रहे होंगे, जिनके कृतित्व से मैं परिचित था। नामवर सिंह, केदारनाथ सिंह, मैनेजर पांडेय, पुरुषोत्तम अग्रवाल और वीरभारत तलवार के नाम मेरे लिए विशेष थे। नामवर जी और केदार जी को गोरखपुर में देखा और सुना भी था। नामवर जी की लगभग सभी किताबें मैंने बी.ए. के दिनों में ही खरीद ली थीं। आज भी उन किताबों पर 'जीवनपुष्प' लिखा है क्योंकि उन दिनों मैं 'जितेन्द्र जीवनपुष्प' नाम से कविताएँ लिखता था। उन दिनों वे पुस्तकें कितनी समझ में आईं, कहना मुश्किल है लेकिन उन पुस्तकों को पढ़ते हुए कुछ ऐसा तो हुआ ही कि जीवन और सोच बदलती गई। छायावाद की कविता के अर्थ की परिधि बढ़ गई। एक अच्छा अध्यापक और एक युगद्रष्टा आलोचक दोनों यही तो करते हैं। एक विद्यार्थी को विस्तीर्ण करता है, दूसरा कृति को। और यह अद्भुत संयोग बन जाए कि अपने समय का शीर्ष आलोचक ही अध्यापक की भूमिका में भी आ जाए तो क्या कहना! बनारस, सागर और जोधपुर के बाद जे.एन.यू. में स्थायी रूप से यह अद्भुत संयोग घटित हुआ। सोचता हूँ, कुछ वर्ष पहले पैदा हुआ होता तो नामवर जी से सीधे-सीधे पढ़ने का अवसर मिला होता। लेकिन यह अपने वश में न था। अपने वश में था नामवर सिंह की पुस्तकें पढ़ना, उनको सुनना, उनसे सीखना और अपनी सामर्थ्य भर यह मैंने किया भी। याद आता है कि जे.एन.यू. में अग्रज विद्यार्थी यह बताते थे कि नामवर सिंह ने संगोष्ठियाँ भले ही छोड़ी हों, कक्षाएँ नहीं छोड़ीं। वे कक्षा में नित नए होते थे और विद्यार्थियों के सन्दर्भ में कभी किसी पूर्वग्रह से कोई निर्णय नहीं लेते थे। उनका विद्यार्थी होने का सुख अग्रज मित्रों के चेहरे पर दिखता था। मेरे पास संस्कृत काव्यशास्त्र के कुछ नोट्स हैं जो एक अग्रज मित्र ने नामवर जी से पढ़ते हुए लिये थे। नोट्स लेने वाले की अपनी सीमाएँ होती हैं फिर भी वे नोट्स मेरे लिए बेहद महत्त्वपूर्ण हैं। आज भी पढ़ते-पढ़ाते हुए मैं उनका उपयोग करता हूँ। इस तरह नामवर जी से एक अलग ही जुड़ाव भी महसूस करता हूँ।

मैंने नामवर जी के साथ एकाध लम्बी यात्राएँ भी की हैं। उनके सान्निध्य में बैठकर बहुत कुछ सीखने का अवसर मिला है। कह सकता हूँ, मैंने उनकी पुस्तकों, उनके बनाए पाठ्यक्रमों और उनके थोड़े-बहुत सान्निध्य से बहुत कुछ पाया है। वैसे 'पाने' को परिभाषित करना हमेशा कठिन होता है। इसका कोई निश्चित नपना भी नहीं होता। मैं अपने को प्रो. मैनेजर पांडेय, प्रो. केदारनाथ सिंह, प्रो. पुरुषोत्तम अग्रवाल और प्रो. वीरभारत तलवार का जितना शिष्य मानता हूँ उतना ही उस गुरुकुल के आदि गुरु नामवर सिंह का भी। क्योंकि मैं मानता हूँ कि ज्ञान परम्पराविहीन नहीं होता। वह परम्परा में ही होता है। परम्परा के समानान्तर ही नई परम्परा भी बनती है। नामवर जी ने भी एक नई परम्परा बनाई थी। बाद के गुरुओं ने भी बनाई क्योंकि ज्ञान इसी तरह अग्रगामी होता है।

आज एक शिक्षक के रूप में काम करते हुए जे.एन.यू. के योगदान को देखता हूँ तो कृतज्ञता का बोध होता है। धारचूला, झाँसी और बभनान में अध्यापन करते हुए मैं पाठ्यक्रम को प्रभावित करने की स्थिति में तो नहीं था लेकिन अपने ढंग से अध्यापन करने के लिए स्वतन्त्र था। नामवर जी द्वारा दिए गए विदाई भाषण में ही यह प्रसंग भी था कि विषय खूँटी की तरह होते हैं, उस पर अपनी पसन्द का वस्त्र टाँगा जा सकता है। मैंने इसका अक्षरशः पालन किया हो, यह तो नहीं कह सकता लेकिन विषय की मर्यादा और सीमा को समझते हुए जितना श्रेष्ठ कर सकता था, उतना किया। इसका सुख भी मेरे साथ है। अब इग्नू में शिक्षक हूँ। यहाँ का पाठ्यक्रम देखकर मन प्रसन्न हो जाता है। स्वयं नामवर जी कई पाठ्यक्रम समितियों में रहे हैं। यहाँ पाठ्यक्रम तैयार करते हुए पूरे देश को ध्यान में रखना होता है। याद आता है कि हम जे.एन.यू. में तुलनात्मक भारतीय कविता पढ़ते थे। यहाँ भारतीय उपन्यास का पाठ्यक्रम है और भारतीय कहानी का पाठ्यक्रम बनने की प्रक्रिया में है। यहाँ सभी पाठ्यक्रम इस तरह तैयार किए गए हैं कि पढ़नेवाला न सिर्फ स्वयं अग्रगामी हो बल्कि अपने परिवेश को भी अग्रगामी बनाए। कह सकता हूँ कि जे.एन.यू. में जो पाया था, यहाँ उसी का विस्तार देखता हूँ। जो श्रेष्ठ और सकारात्मक है, उसे बचाना है तथा श्रेष्ठ और सकारात्मक ही सृजित भी करना है। आज लगभग एक दशक से अधिक के अध्यापन के बाद कहने को मन होता है कि आप चाहें या न चाहें, गुरुकुल आपकी सोच में घुल जाता है। आप जान भी नहीं पाते और वह आपकी आदत बन जाता है। नामवर जी ने अपने साथियों के साथ जिस गुरुकुल का सृजन किया था, वह अद्वितीय था। अतुलनीय था। कम-से-कम मेरे विद्यार्थी काल तक तो अवश्य ही।

पाँवों तले एक ठोस ज़मीन देने वाले

सुमन केशरी

बात जुलाई '77 की है। जवाहरलाल नेहरू विश्वविद्यालय के भारतीय भाषा केन्द्र में एम.ए. में प्रवेश लेने जा रही उन्नीस वर्षीया छात्रा से उसकी प्राध्यापिका डॉ. बिन्दु अग्रवाल ने कहा था, "जे.एन.यू. जा रही हो...यू हैव सील्ड युअर फ़ेट... ।" इसके कुछ ही दिनों बाद दिल्ली यूनिवर्सिटी की एक क्लास में प्रो. निर्मला जैन ने कहा था, "...दो लड़कियाँ जे.एन.यू. चली गईं...वाह उनकी तो किस्मत ही खुल गई... ।"

इन्हीं एक्सट्रीम्ज से परिभाषित होता है जे.एन.यू. का संसार!

उन दिनों दिल्ली विश्वविद्यालय के पाठ्यक्रम में साहित्य, रचना एवं भावन के अपने परिवेश से कुछ उसी तरह अलग रहता था जैसे फाड़े गए दूध में पानी और पनीर। कृति की रचना किस काल में हुई है और आज के सन्दर्भ में उसके पठन-पाठन की क्या प्रासंगिकता है, अथवा आज की दृष्टि से देखते हुए हम उस कृति की अपनी संवेदना के साथ न्याय करते हैं या नहीं, यह जानना उस पाठ्यक्रम में जरूरी न था। हाँ, कभी-कभार कुछ ट्रेडमार्क प्रश्न पूछ लिए जाते थे जैसे कि प्रेमचन्द की रंगभूमि पर गांधीवादी प्रभाव है या नहीं...आदि। वहाँ हिन्दी साहित्य का इतिहास पढ़ाया तो जाता था, पर कोर्स में ही पढ़ाए जानेवाली कृतियों से सर्वथा निर्लिप्त रहते हुए... । ऐसे पाठ्यक्रम से छलाँग लगाकर मैं ऐसी जगह आ पहुँची थी जहाँ कॉन्टेक्स्ट की पड़ताल पर बहुत बल था। अनुशंसित पाठ्य सामग्री की सूची पहले ही दे दी गई थी और विद्यार्थियों से उम्मीद की जाती थी कि कक्षा में निर्धारित पुस्तकें व लेख पढ़कर पहुँचें। इस विश्वविद्यालय में 'कुंजी' की कोई गुंजाइश न थी। सेमेस्टर सिस्टम के चलते यूनिवर्सिटी खुलते ही पढ़ाई शुरू और क्लास टेस्ट, टर्म पेपर व सेमिनार पेपर के जरिए पूरे साल मूल्यांकन होता रहता था। कक्षा में सेमिनार पेपर पर बहस होती थी। अपने परचे में व्यक्त विचारों को पूरी कक्षा के सामने रखना पड़ता था। इन विभिन्न पर्चों पर मिले ग्रेड पर अधिकांश अध्यापक बात करते थे और सबके सामने जाहिर हो जाता था कि कौन कितने पानी में है। तो उस एम.ए. के पाठ्यक्रम के

दौरान हमें सेमिनार पेपर और टर्म पेपर मिलाकर सन्दर्भों आदि का विधिवत उल्लेख करते हुए 32 पेपर लिखने होते थे—यह एक ऐसी ट्रेनिंग थी, जो पढ़ने-गुनने-लिखने और अपने निष्कर्षों पर पहुँचने, उसे तर्क और तथ्य से पुष्ट करने तथा डिफेंड करने का अद्‌भुत मौका प्रदान करती थीं। इसी में टाँग खिंचाइयाँ भी होती थीं और ऐसे पर्चे भी लिखे जाते थे जिन्हें नामवर जी व नेमिचन्द्र जैन जैसे विद्वान बिना सम्पादन के 'आलोचना' व 'नटरंग' में ज्यों-का-त्यों छाप देते थे।

पर किसी भी विश्वविद्यालय का संसार केवल कक्षाओं तक सीमित नहीं रहता। फिर जे.एन.यू. तो 1967 की राजनीतिक उथल-पुथल के बाद इन्दिरा गांधी की सरकार के वामपंथी रुझानों की परिणति था। वह जमाना सपने देखने और कुछ बड़ा सिद्ध करने का आदर्शवादी जमाना था। जे.एन.यू. खुली आँखों से देखे जानेवाले सपनों का परिणाम था और यह तो हम सब जानते हैं कि ऐसे सपने अपने भीतर कितनी सम्भावनाएँ लिए होते हैं। तो पाठ्‌यक्रम के क्षेत्र में जे.एन.यू. प्रयोग कर रहा था और कक्षा के बाहर भी अन्य सभी क्षेत्रों में वह दूसरे विश्वविद्यालयों से अनूठा बनने के लिए प्रयासरत था।

बड़े सपने जीवन में गहराई और गम्भीरता लाते हैं। स्कूल ऑफ़ लैंग्वेज़ेज़ में अभी अभी विद्यालयों से निकले अन्डर ग्रेजुएट के छात्र भले ही थोड़े चुलबुले, फैशन परस्त हों लेकिन सीनियर्स पर समाज, राष्ट्र और विश्व के प्रति इतनी जिम्मेदारियाँ थीं कि 'सादा जीवन उच्च विचार' को चरितार्थ किए बिना काम नहीं चलने वाला। तो जींस, खादी का कुर्ता और किताबों से अँटा कन्ध झोला—यह आम फ़हम पोशाक थी, उन न्यारे युवक-युवतियों की जो गम्भीर तो थे, पर मनहूस नहीं। उनकी ऊर्जा प्रकट होती थी—विचारों को और, और भी ज्यादा तराशने और प्रकट करने में—उन्हें देशकाल की समस्याओं से जोड़कर देखने, उनका सक्रिय हल खोजने और प्रेम में। स्त्री-पुरुष का यह सहज प्रेम ही सम्भवतः ऐसा पक्ष था, जो यथास्थितिवादी तत्त्वों को सर्वाधिक नागवार गुजरता था—क्योंकि प्रेम में ही वह ताकत है जो देश, धर्म, जाति, वर्ग सब बन्धनों को तोड़ता चलता है। मेरी इस बात का प्रमाण वे दर्जनों हत्याएँ हैं, जो पिछले तीस वर्षों में 'परिवार' या 'पंचायत' की प्रतिष्ठा बचाए रखने के लिए की गई हैं। अठारह-बीस साल के लड़के-लड़कियों के निर्मम जिबह की दास्तान हैं ये हत्याएँ।

तो जे.एन.यू. एक ऐसी जगह थी, जो जीवन के हर पहलू के लिए प्रदत्त प्रतिमानों से अलग एक नया प्रतिमान खोजने के लिए सक्रिय रूप से प्रयासरत थी। पाठ्‌यक्रम अन्तर-अनुशासनात्मक, निरन्तर मूल्यांकन की प्रक्रिया, विद्यार्थी-अध्यापक व कर्मचारी वर्ग के लिए एक ही कैम्पस में रहने की व्यवस्था। लड़के-लड़कियों के हॉस्टल साथ-साथ, और तो और एक ही हॉस्टल में एक विंग लड़कों का तो एक विंग

लड़कियों का (जिसे जानकर लोगों की आँखें फटी रह जाती थीं और साँस रुक-सी जाती थी) लड़कों के हॉस्टल में लड़कियों का बेरोक-टोक प्रवेश, देर रात तक चलनेवाली भोजनोपरान्त विचार गोष्ठियाँ जिनमें गम्भीर-विषयों पर चर्चा, राजनैतिक भाषण, चुनाव प्रचार आदि के साथ-साथ काव्यपाठ, नाटक आदि भी होते थे। नुक्कड़ नाटकों के लिए तो जे.एन.यू. की जमीन बहुत उपजाऊ है। यानी कि यहाँ जीवन का हर पहलू याद दिलाता था—लीक छोड़ तीनों चलें शायर, सिंह, सपूत...

उन दिनों को याद करते हुए कुछ घटनाएँ तो आँखों के सामने बरबस छाने लगती हैं...

बात '77-'78 की है—दिल्ली सरकार का बस किराया बढ़ाने का आदेश जारी होते ही दिल्लीवासियों में आक्रोश भर गया था। छात्र वर्ग इन आक्रोशों को वाणी देनेवाला सबसे सक्रिय वर्ग होता है। अतः जे.एन.यू. के छात्रों ने भी इसका विरोध किया। पहले दिन आर.के. पुरम सेक्टर एक के चौराहे पर जुलूस व विरोध प्रदर्शन; पंक्तिबद्ध छात्र-छात्राएँ और व्यवस्था एवं सरकार के खिलाफ़ और जनता के पक्ष में नारेबाजी। दिल्ली यूनिवर्सिटी के छात्रों ने भी विरोध प्रदर्शन किया था, जिसमें बसें फूँकी गई थीं और मारपीट में लोग घायल हुए थे...। जे.एन.यू. के इस अनूठे प्रदर्शन ने लोगों का दिल यूँ जीता कि एक सज्जन ने तो सभी प्रदर्शनकारियों को टॉफ़ियाँ खिलाईं। अगले दिन के अखबार वाहवाही से अँटे पड़े थे। खैर बावजूद इसके सरकार ने अपना आदेश वापस नहीं लिया तो अगले दिन जे.एन.यू. की तरफ से निकलनेवाली सभी बसों को 'अगवा' करके जे.एन.यू. कैम्पस (डाउन कैम्पस) क्लब बिल्डिंग के सामने के मैदान में पंक्तिबद्ध खड़ा कर दिया गया। सारे ड्राइवरों-कंडक्टरों को बाहर निकाला गया—उनके चेहरों पर हवाइयाँ उड़ रही थीं—जाने अब क्या हो? विद्यार्थियों द्वारा बसें अगवा कर लेने की खबर सरकारी महकमों को भी लग चुकी थीं, अतः वहाँ से पुलिस बल बसें छुड़ाने के लिए रवाना हो चुका था और यहाँ मेरे/हमारे जे.एन.यू. का छात्र दल ड्राइवरों-कंडक्टरों को सम्मानपूर्वक ब्रेड पकौड़ों के संग चाय पिला रहा था और बाहरी अवांछनीय तत्त्वों से बसों की सुरक्षा के लिए छात्राओं ने बसों के इर्द-गिर्द घेरा बना लिया था। बात राष्ट्रीय सम्पत्ति व व्यक्तियों की सुरक्षा की थी। जे.एन.यू. के विद्यार्थियों को अपनी बात कहनी थी—बस भाड़ा वृद्धि का विरोध करना था—जान-माल की हानि के बिना, मजदूर वर्ग (ड्राइवर व कंडक्टर) की सुरक्षा व सम्मान का पूरा ध्यान रखते हुए। इस बीच पुलिस भी आ गई और अश्रु गैस के गोले दागने लगी। विद्यार्थियों ने भी फौरी कार्रवाई शुरू कर दी—पत्थर बरसने लगे। तो लड़के मुकाबले में लगे और लड़कियों ने पानी में चुन्नियाँ आदि भिंगो कर राहत कार्य आरम्भ कर दिया। इसी बीच सारे ड्राइवर कंडक्टर पुलिसवालों के पास पहुँचे, "हमें कोई नुकसान नहीं हुआ...बड़े अच्छे स्टूडेंट्स हैं यहाँ के...आप

जाओ...।" खैर मामला ठंडा हुआ। बसें छुड़ा ली गईं किन्तु जो आशीर्वाद व एप्रीशिएशन जे.एन.यू. के विद्यार्थियों को मिला—वह आज भी हमें याद दिलाता है—हम जे.एन.यू. वाले हैं...हम सबसे अनूठे हैं।

पर क्या यह सब आज भी सही है?

याद आती है एक और घटना। 1983 में किसी छोटी-सी बात के कारण उत्पन्न विस्फोटक स्थिति को हल करने में तत्कालीन प्रशासन व छात्र संघ के रवैये की परिणति वी.सी. के घर पर घेराव में हुई। जिसके फलस्वरूप पुलिस व छात्रों में टकराव की ऐसी हालत पैदा हो गई कि कई छात्रों को महीनों जेल में बिताने पड़े और जे.एन.यू. को अनियत काल के लिए बन्द कर दिया गया। फिर जे.एन.यू. की विशिष्टताएँ एक-एक कर कमजोर पड़ती चली गईं...

1983 के पहले क्या थीं जे.एन.यू. की विशिष्टताएँ : कहते हैं '90 के दशक के पहले जे.एन.यू. का माहौल अंग्रेजियत से भरा हुआ था। हाँ हिन्दी छोड़ बाकी सारी कक्षाएँ अंग्रेजी माध्यम से ली जाती थीं। सभाओं में आमतौर से बहस मुबाहिसे की भाषा अंग्रेजी थी। पर हिन्दी के प्रयोग की ऐसी कोई मनाही भी न थी। 80-81 वाले छात्रसंघ के तो कई सदस्य अपना भाषण हिन्दी में ही देते थे—जैसे दिग्विजय सिंह, पुरुषोत्तम अग्रवाल और ऋतुराज। यही नहीं आचार्य हजारीप्रसाद द्विवेदी के व्याख्यानों में तिल रखने की जगह न थी। जाहिर है सभी श्रोता हिन्दी के तो नहीं थे। यह भीड़ इतनी ही थी, जितनी कि जॉन रॉबिन्सन के व्याख्यान में थी।

दूसरे, उस दौरान ठेठ गाँवों, कस्बों, छोटे शहरों के विभिन्न वर्गों-जातियों के अनेक भाषा-भाषी छात्र-छात्राएँ जे.एन.यू. के खास 'डेप्रिवेशन प्वाइंट्स' के बूते यहाँ एडमीशन पा जाते थे और जे.एन.यू. के आगोश में वे जल्दी ही कैम्पस के सम्मानित नागरिक बन जाते थे।

तीसरे उस जे.एन.यू. में ग़ज़ब की मेंटॅरिंग की प्रक्रिया थी। यहाँ के पुराने विद्यार्थी बिना मैनेजमेंट का भारी-भरकम जुमला बोले, नए आनेवाले छात्र-छात्राओं तक सहज ही यहाँ की परम्पराएँ, बात व काम करने के ढंग आदि सम्प्रेषित कर देते थे।

चौथे, उस जे.एन.यू. में लड़कियाँ बेहद सुरक्षित थीं, मजाल जो कोई फब्ती कस दे—फब्ती कसने का अर्थ था जी.बी.एम. में बेइज्जत होना और बिरादरी बाहर हो जाना—यह भला कौन सोच सकता था? पुरुषोत्तम जी को यहाँ नौकरी मिलने के बाद 1992 में जब मैं यहाँ दुबारा रहने पहुँची तो पाया कि इस मामले में, यानी कि रात-बिरात लड़कियों के अकेले घूमने के मामले में जे.एन.यू. अब भी पुरानी जगह थी। अब भी देर रात तक मीटिंगें चलती थीं, जिसमें भाग लेने के लिए भारी संख्या में विद्यार्थी, अध्यापक व कर्मचारी पहुँचते थे। उन मीटिंगों में मैंने स्वयं डॉ. ब्रह्मदेव शर्मा, जावेद अख्तर, फारूख शेख आदि को सुना है। सुदीप बनर्जी का काव्य पाठ

भी सुना है। बस्तर में मुँह पर कालिख पोत, जूता पहनाए जाने की घटना के बाद हुई ब्रह्मदेव जी की मीटिंग से लौटना मुझे अब भी याद है। करीब दो बजे रात, चलती मीटिंग को छोड़ अपनी डेढ़ वर्षीया बेटी को साथ लिए मैं अकेली ही घर लौटी थी। बहुत दिन बाद जे.एन.यू. की किसी मीटिंग में जाने का मौका मिला था...फिर कई वर्षों से कैम्पस में आवास नहीं था। इसीलिए डर लग रहा था...पर वह डर कितना बेबुनियाद था...। आज भी लड़कियाँ लाइब्रेरी से देर रात अकेले बेफिक्र भाव से लौटती हैं। क्या देश भर में ऐसा कोई दूसरा कैम्पस होगा?

पाँचवें, वह जे.एन.यू. ऐसा था जहाँ जाति, धर्म, भाषा, लिंग आदि के आधार पर कोई गुटबन्दी न थी—एक विश्वास का माहौल था। ऐसा नहीं कि वहाँ अन्तर्विरोध या पारस्परिक वैमनस्य न थे, पर उस वैमनस्य के मूल में ज्यादातर राजनीतिक गुटबन्दी थी—दूसरे दलों के, गुटों के विद्यार्थियों के एडमीशन व फ़ेलोशिप, टीचरों के अप्वाइंटमेंट को लेकर बड़े गहरे खेल होते थे—वे गोटियाँ ही अलग थीं। इस खेल के दंशों को वे ही जानते थे, जो इसके शिकार होते थे। ऊपर से तो पानी थिर ही दिखता था...

तो ऐसा जे.एन.यू. अपनी एडमीशन नीतियों के चलते सभी वर्गों का उत्तम प्रतिनिधित्व करता था। 1983 के बाद इसमें भी परिवर्तन आया और इसे भी बाकी विश्वविद्यालयों के ढर्रे पर ढालने का काम शुरू हुआ। आज भी मुझे हैरानी होती है कि जे.एन.यू. के नीति निर्धारकों, अध्यापकों ने यहाँ की एडमीशन नीति को देशव्यापी बनाने के लिए कोई प्रयास क्यों नहीं किए। 2006 में ओ.बी.सी. रिजर्वेशन लागू किए जाने पर जे.एन.यू. क्यों नहीं अपनी एडमीशन नीति को डिफेंड कर सका। 2006 में ही पुरुषोत्तम अग्रवाल ने जे.एन.यू. एडमीशन प्रक्रिया पर आधारित अपने 'मल्टीपल इंडेक्स रिलेटेड एफरमेटिव एक्शन' (मीरा) का प्रस्ताव किया तो यहाँ के लोगों तक ने उसकी उपेक्षा की—क्या हम सच में देश की मुख्यधारा (!) से इस कदर जुड़ गए हैं कि अपनी संस्था की विशिष्टताओं को कतई भुला बैठें। या हम विश्वविद्यालय की मूल अवधारणा अर्थात् निडरता व धैर्य की परम्परा से, ज्ञान एवं चिन्तन के विकास से ही कट गए हैं। हम क्यों प्रदत्त प्रतिमानों की गिरफ्त में आ गए। हम क्यों भूल गए कि जे.एन.यू. का तो जन्म ही सपनों को चरितार्थ करने के लिए हुआ था—क्या हम बदलाव के, न्याय व बराबरी के सपनों को जी सके?

यहाँ मैं एक और घटना याद करना चाहूँगी। अभी 2007 की बात है, अपनी किसी माँग को मनवाने के लिए जे.एन.यू. के छात्रों ने (छात्रसंघ के नेताओं सहित) रजिस्ट्रार का उस समय घेराव कर डाला, जब वे कार के भीतर थे। वे बाहर न आ सकें, इसके लिए कार को चारों ओर से बाँध दिया गया—उन्हें गालियाँ सुनाई गईं। जिस जे.एन.यू. में गाली देने से जुबान कटती थीं, वहाँ अब गालियों के मामले में

जुबान कतरनी-सी चलती हैं...। सो यहाँ भी उसके जलवे दिखाए गए।

जवानी का खून गर्म होता है—पर उसे क्या इतना विवेकहीन भी होना चाहिए?

वैसे यह सवाल हमें अपने आप से भी पूछना चाहिए था, जब हम छात्रों के रूप में वाइस-चांसलर और डीन्स कमेटी का घेराव कर रहे थे। उस समय स्कूल ऑफ़ लेंग्वेजेज के डीन नामवर जी थे। और सन् 1983 में भी।

खैर, मैं पीछे ही चल चलूँ अपने जे.एन.यू. में जिसे सेलीब्रेट करने के लिए मैंने आज कलम उठाई है।

तो एक दृश्य देखा आपने बस भाड़े में वृद्धि को लेकर छात्रों के हड़ताल एवं विरोध प्रदर्शन का। अब एक अन्य दृश्य देखिए। इसका सन्दर्भ भी हड़ताल ही है। सन् 1977 में हुए हड़ताल के दिनों में कक्षाएँ स्थगित थीं। पढ़ाई का नुकसान तो हो ही रहा था। इसी के साथ नवागतों में भटकाव न आए, सो पुराने छात्रों ने कक्षाएँ लेनी शुरू कर दीं। इसी के साथ तरह-तरह की सभा-गोष्ठियाँ—विचारों का आदान-प्रदान-बहसें-तर्क-वितर्क—एक ग़ज़ब माहौल एक्टिविटी का! अध्ययन का।

जीवन के दूसरे पक्षों में भी जे.एन.यू. का कोई सानी नहीं। हड़ताल के चलते कोई नियमित पढ़ाई तो हो नहीं पा रही थी, अतः कैम्पस घूमने-देखने का, मित्रता करने का इससे अच्छा समय और क्या हो सकता था। इसी दौरान हम पाँच लोगों का ग्रुप बन गया—मैं, समीर, पुरुषोत्तम, मदन और उर्मिल। हम चार लोगों की दोस्ती अब भी बरकरार है, बस उर्मिल से 1984 के बाद सम्पर्क टूट गया। तो उन दिनों ये 'पंज प्यारे' साथ-साथ दिखते थे—पढ़ते-घूमते—चाय पीते। प्रो. मूनिस रज़ा के प्रयत्नों से जे.एन.यू. की पहाड़ियाँ एक बार फिर जीवन्त हो रही थीं। सुनते हैं प्रोफेसर साहब ने हजारों ट्रक मिट्टी यहाँ गिरवायी थी। और उत्तर भारत में पाए जानेवाले हर पेड़/पौधों को यहाँ रोपवाया था। धीरे-धीरे बड़े होकर ये लता-गुल्म अपनी छटाएँ बिखेरने लगे थे। उन दिनों पुरुषोत्तम को पढ़ाई और सक्रिय राजनीति के अलावा और चीजों में कोई खास दिलचस्पी नहीं थी। और एक मैं थी कि अगर मेरा वश चलता तो गुरुजनों से कहकर कक्षाएँ भी इस वनप्रान्तर में लगवा देती। समीर का मन तो मुझसे भी ज्यादा इनमें रमा था—फिर पुरुष मानुष—वह तो सम्भवतः जे.एन.यू. आते ही इन वादियों में अपना घर बना चुका था। अतः जंगल घूमने में वह मेरा साथी बना। हम घंटों झरबेरियाँ बीनते और इस इलाके को 'बाप की खेती' कहते। समीर के साथ मैंने अनेक तरह के पक्षी देखे, उनका बसेरा देखा। उन दिनों उस स्थल पर खरगोश, लोमड़ी, नीलगाय, मोर काफी थे। हिरण भी दिखते थे। हिरणों का एक झुंड तो मैंने पिछली सदी के अन्त तक देखा है। यह झुंड अकसर शाम को लाइफ साइंसेज के बिल्डिंग के पास चरता—पानी पीता दिखता था। मोर तो अब भी दिखते हैं। गरमी बरसात में साँप दिखना आम बात है। '77 से '82-'83 तक हम लोगों ने नीलगिरि

के पास पाँच-सात ऐसे कुत्तों का झुंड देखा है, जो कुत्ते कम और भेड़िए ज्यादा लगते थे। ये कुत्ते हमारे आगे-पीछे दुम हिलाते नहीं डोलते थे। एक अलग-थलग दुनिया थी उनकी। धीरे-धीरे वे खत्म होते गए। अब तो फैशनेबल एनीमल लवर्स की दया से कैम्पस में कुत्ते-ही-कुत्ते दिखते हैं—भौंकते...काटते...लखेदते...

तो जिस कैम्पस में प्रकृति और सौन्दर्य का ऐसा साम्राज्य हो, वहाँ प्रेम पनपने से कौन रोक सकता है। मित्र और जीवनसाथी के रूप में पुरुषोत्तम को मैंने यहीं पाया—थैंक्स जे.एन.यू.।

अब अगला दृश्य जे.एन.यू. के जगप्रसिद्ध चुनावों का। सभी दल जुटे हुए हैं—सभाएँ हो रही हैं—किसका गेस्ट स्पीकर कितना धाकड़ है—कौन-सा दल विषयों के चयन में बाजी मार रहा है—किस दल ने कैसे पोस्टर बनाए—किन कवियों, लेखकों, चिन्तकों-राजनीतिज्ञों आदि की उक्तियों का प्रयोग किया और कहाँ-कहाँ पोस्टर लगा दिए—यह सब चर्चा-प्रतिस्पर्धा का विषय रहता था—नए-से-नए नारे गढ़े जाते थे। रात-रातभर पोस्टर वर्कशॉप चलता था—स्ट्रेटेजी बनाई जाती थी—लड़के-लड़कियाँ सब इस 'वार्षिक उत्सव' में शामिल होते थे (छात्रों के लिए यह उत्सव नहीं बल्कि विचारधारात्मक लड़ाई हुआ करती थी, जिसे उनका मस्ती भरा उत्साह उत्सव में बदल देता था) पर मजाल कि कोई बेअदबी हो जाए या मारपीट हो जाए। यहाँ तो इलेक्शन कमीशन भी स्टूडेंट्स का होता था और नेता भी अपने—कहीं से किसी लीडर या काडर को आयात करने की जरूरत नहीं—क्योंकि न्यारी जगह को समझने और उसका न्यारापन बचाए रखना हमारा ही काम था।

लिंगदोह कमेटी ने विश्वविद्यालय चुनाव सम्बन्धी अपनी रिपोर्ट में जे.एन.यू. के चुनावों को ही छात्रसंघ चुनाव का मॉडल बनाया है। और विडम्बना देखिए कि लिंगदोह कमेटी की सिफारिशों के आधार पर ही कोर्ट के निर्देशानुसार जे.एन.यू. में 2008 के चुनाव नहीं कराए जा सके। उससे भी बड़ी विडम्बना यह कि लिंगदोह कमेटी के तीन सदस्यों में से एक जे.एन.यू. की ही प्रोफेसर जोसा हसन थीं। उन्होंने जे.एन.यू. की विशिष्टताओं—रिसर्च यूनिवर्सिटी में उम्र आदि सम्बन्धी विशिष्टताओं को नोट नहीं करवाया?

क्यों जे.एन.यू. के लोग ही यहाँ की खासियतों को भूल गए? क्या जे.एन.यू. जैसी संस्था इतना भी डिज़र्व नहीं करती? उसका क्या इतना भी हक नहीं है?

कभी-कभी तो लगता है कि हम भूल ही चले हैं कि हम कौन थे। इसीलिए समझ नहीं पा रहे कि हम क्या हो गए और राम जाने आगे क्या होंगे। होंगे भी या नहीं...

तो ऐसा था हमारा जे.एन.यू. सबसे प्यारा...सारे जहाँ में न्यारा...

खैर, मैं शायद भावुकता में बह रही हूँ। अतः फिर वापस चलूँ—इस बार अपनी क्लास की तरफ...

प्रो. नामवर सिंह की क्लास शुरू हो चुकी है। अचानक दरवाजा खुलता है और एक विद्यार्थी मैली-कुचैली लूँगी—वह भी फटी हुई पहने कक्षा में घुसता है। सभी चकित। छात्राएँ कुछ झिझकती...कुछ शरमाती...'अरे उपाध्याय जी! आप ऐसे...' नामवर जी चौंके। जबाव था—"अरे ऊ साला पैंट प्रेस करके नहीं दिया तो हम क्या आपकी क्लास छोड़ देते?" नामवर जी 'कृतज्ञता' से मुस्काए, बोले, "आपकी कृपा है...भविष्य में और भी होगी यदि ऐसी कृपा आप दुबारा न करें!" तो नामवर जी की क्लास के ये जलवे कि विद्यार्थी किसी भी हालत में उसे छोड़ना नहीं चाहता था।

क्या था आखिर उस पढ़ाने में?

जे.एन.यू. के मार्क्सवादी झुकाव को भला कौन न जानता था। सभी की कक्षाओं में समाज, सर्वहारा, साहित्य के उद्देश्य, सोद्देश्य जीवन आदि बातें गूँजती रहतीं। एम.ए. के पहले सेमेस्टर में नामवर जी हमारी क्लास में 'फॉर्मलिस्ट एप्रोच टू लिट्रेचर' पढ़ा रहे थे। टी.एस. इलियट, रिचर्ड्स, क्रोचे और जाने क्या क्या। यथास्थान संस्कृत काव्यशास्त्र के आचार्यों का भी जिक्र। किसी कविता यथा 'सिरहाने मीर के कोई न बोले अभी टुक रोते रोते सो गया है...में 'टुक' के मायने आदि। इस क्लास में समाज का जिक्र ही न होता था—सर्वहारा, क्रान्ति, साहित्य एवं कला की उपयोगिता आदि की चर्चा तो दूर की बात है। संस्थान के बाकी माहौल और इस क्लास में बड़ा विरोधाभास था—कन्फ्यूजन में पड़ी एक दिन मैं डरते-डरते नामवर जी के पास पहुँची। उन्होंने आँखें उठाईं—"हाँ कहो!"..."सर जे.एन.यू. में तो मार्क्सवादी विचारधारा..." "तो?" "क्लास में..." "हम क्लास में फॉर्मलिस्ट एप्रोच पढ़ रहे हैं, जाओ पढ़ो।" ऐसा स्वर कि मुँह से बोल ही न फूटा। चुपचाप कन्फ्यूज़न लिए चली आई। गुरु का आदेश था सो फॉर्मलिस्ट एप्रोच पढ़ने में चित्त रमाया...

कहाँ तो एक अन्य अध्यापक की कक्षा में हम "महामुनि" अज्ञेय, "अतुकान्त" लक्ष्मीकान्त वर्मा, आदि व्यंग्योक्तियाँ सुन 'अपने' और 'पराए' का अनुमान सरलता से लगा लेते थे और कहाँ एक टीचर रूप-कलावादियों को इतनी गहराई व लगाव से रेशा-रेशा पढ़ा रहा था कि यह तय करना मुश्किल था कि रूपवादी अपने हैं या पराए!

पर बात कुछ दिनों बाद ही समझ में आने लगी थी कि विद्यार्थी की अपनी एजेंसी पर विश्वास करते हुए तथ्यों व तर्कों पूरी निष्ठा व ईमानदारी के साथ उजागर करना ही टीचर का, गुरु का काम है। कुम्हार क्या कभी घड़ा यूँ गढ़ता है कि पानी बिना प्रयत्न के स्वतः पीनेवाले की तरफ ढलकने लगे...और अगर ऐसा कोई घड़ा होगा तो वह घड़ा होगा या बे-पेंदे का लोटा, यह सोचने की बात है।

नामवर जी का महत्त्व इसमें नहीं है कि उन्होंने फॉर्मलिस्ट एप्रोच पढ़ाते हुए महामुनियों का मजाक नहीं उड़ाया या फिर मार्क्सवादी पद्धति पढ़ाते हुए रिडक्शननिस्ट एप्रोच की खामियों की ओर हमारा ध्यान आकृष्ट किया, बल्कि महत्त्व इस बात का है कि उन्होंने साहित्य पढ़ने-पढ़ाने का तरीका ही बदल दिया—उन्होंने बड़े गहरे में साहित्य-संस्कृति के विचारधारात्मक पक्षों से हमें अवगत कराया—एक गहरी सामाजिक-राजनीतिक दृष्टि हमें प्रदान की।

इस पूरे पाठ्यक्रम के चलते, जिसमें उन्नीसवीं सदी में मध्यवर्ग का विकास व साहित्य का तुलनात्मक अध्ययन भी शामिल था—हम इस योग्य हुए कि साहित्य को उसकी समग्रता के साथ उसकी ऐतिहासिक स्थिति में अवस्थित कर सकें। उसे साहित्य की तरह पढ़ सकें और उसमें निहित मूल्यों की भी पड़ताल अपनी स्व-अर्जित दृष्टि से कर सकें। इसी ट्रेनिंग का नतीजा था कि सन् 2001 में जब मैं भारत सरकार द्वारा एम.बी.ए. करने के लिए 'यूनिवर्सिटी ऑफ वेस्टर्न ऑस्ट्रेलिया', पर्थ, आस्ट्रेलिया भेजी गई तो मूलतः हिन्दी व साहित्य की विद्यार्थी होने के बावजूद एम.बी.ए. जैसे कठिन कोर्स को न केवल पढ़ पाई, बल्कि बारह में से दो पर्चों में हाई डिस्टिंक्शन और आठ पर्चों में डिस्टिंक्शन के साथ सर उठाकर भारत लौट सकी। यह पूरा कोर्स केवल एक वर्ष में हमें पूरा करना था। इस पढ़ाई में जे.एन.यू. की अन्तर अनुशासनात्मक अध्ययन पद्धति और कड़ी मेहनत खूब काम आई।

जे.एन.यू. मैरी एलमॅमॉटर (मातृ संस्था) है। माँ ने इतना सिखाया तभी तो दूसरी माँ (सास)—यू.डब्ल्यू.ए. पर्थ की कसौटियों पर खरी उतर सकी!

अगला दृश्य पिछले दृश्य यानी कि नामवर जी से रूपवाद-मार्क्सवाद सम्बन्धी बिगूचन (कन्फ्यूजन) दूर करने सम्बन्धी बात करनेवाले दृश्य से पहले का है। एडमीशन की प्रक्रिया के दौरान का दृश्य। इंटरव्यू के दौरान नामवर जी ने पूछा कि मैंने बी.ए. में कौन-सा नाटक पढ़ा है। 'जयशंकर प्रसाद कृत स्कन्दगुप्त' मेरा जवाब था। "उसमें कौन-सा पात्र तुम्हें अच्छा लगता है?" "जी..देवसेना" की जगह मुँह से निकला "देवसेना जी"—"देवसेना...जी!" नामवर जी ने आश्चर्य दिखाया। तुरन्त जवाब दिया—"अभी तो आपने पूछा था कि मेरा प्रिय पात्र कौन है? देवसेना जी का मैं इतना सम्मान..."

मुस्काए "ठीक है! जाओ!"

इसके दो-चार दिन बाद ही मैं जे.एन.यू. रिजल्ट देखने पहुँची। रिजल्ट निकला न था। बाहर ही नामवर जी मिल गए—"कहो क्या बात है?" "जी रिजल्ट देखने"... "जाओ हो गया है तुम्हारा"..."सच्ची क्या? आपको ठीक से याद है न।" "हूँ!" वह वात्सल्यपूर्ण मुस्कान—क्या कभी भूल सकूँगी!

और प्रवेश लेने के बाद सीनियर्स के बताए प्रसंगों से उत्पन्न रोब का ही कमाल

था कि मार्क्सवाद और फॉर्मलिस्ट एप्रोच के बीच पैदा हुए 'कन्फ्यूजन' पर बहस न कर सकी...जो कहा गया उसे चुपचाप सुना। शायद यही शुभकारी था...अन्यथा तर्क-कुतर्क में उलझकर ही रह जाती। चीजों के प्रति इतनी साफ दृष्टि प्राप्त न कर पाती। तो गुरुदेव का स्नेह अपनी जगह और अध्ययन की गम्भीरता और गहराई अपनी जगह।

तो ऐसे हैं हमारे गुरुदेव नामवर जी और ऐसा है हमारा जे.एन.यू.—पाँवों के नीचे एक ठोस जमीन देने वाले।

मेरे प्रणाम!

कमी खली

कहना न होगा

आनन्द पांडेय

अपने देश में यों तो दार्शनिकों, विद्वानों, साहित्यकारों एवं कलाकारों की समृद्ध परम्परा रही है और उनके प्रति सम्मान भी काफी है लेकिन आधुनिक शिक्षा व्यवस्था में साहित्य और कला विषयों के छात्रों की सामाजिक स्थिति बहुत सम्मानित नहीं है। प्रौद्योगिकी, विज्ञान व वाणिज्य तथा अन्य व्यावसायिक विषयों के छात्रों की सामाजिक स्थिति बहुत सम्मानित है। इसकी वजह से प्रतिभाशाली व अच्छे परिवारों-स्कूलों में बढ़े-पढ़े अधिकांश छात्र साहित्य और कला (काफी हद तक मानविकी के अन्य विषय भी) विषयों में प्रवेश नहीं लेते हैं, इसे वे अपना पतन अथवा असफलता मानते हैं; वे नहीं तो समाज-परिवार तो मानते ही हैं। वे प्रौद्योगिकी, विज्ञान व वाणिज्य तथा अन्य व्यावसायिक विषयों में प्रवेश इसलिए भी लेते हैं कि उन्हें मोटी तनख्वाह मिलेगी और समाज में सम्मान भी मिलेगा। समाज की यह दृढ़ मान्यता रुचि के बावजूद उन्हें साहित्य व कला के विषयों के प्रति झुकने नहीं देती है। मानविकी, साहित्य व कलाओं के विषयों में अधिकांशतः वे ही छात्र प्रवेश लेते हैं जो साधारण-गरीब परिवारों में बढ़े होते हैं और जिनकी स्कूली शिक्षा खराब स्कूलों में हुई होती है। सामाजिक व्यवहार की वजह से ऐसे छात्रों के मन में हीनताबोध भरा रहता है। बेहतर करने के बावजूद उनमें स्वाभिमान व आत्मविश्वास नहीं आ पाता।

मैं ऐसे छात्रों में से एक हूँ, जो इसी हीनभावना से ओतप्रोत होकर कला वर्ग में पढ़ा और इलाहाबाद विश्वविद्यालय से स्नातक करके हिन्दी में उच्च शिक्षा व शोध के लक्ष्य से जे.एन.यू. आया। जे.एन.यू. में आते ही यह हीनताबोध बढ़कर एक मनोग्रन्थि बन गया। चारों ओर अंग्रेजी के शब्दों, वाक्यों और इससे अधिक अंग्रेजी के औपचारिक सम्पर्क भाषा होने के कारण। लेकिन कुछ ही महीनों में धीरे-धीरे यह बोध समाप्त होने लगा। इस बात का बोध बढ़ने लगा कि हिन्दी पढ़ना और उसमें कैरियर बनाना भी सम्मानजनक हो सकता है!

यह इज्जत हमें विरासत में हिन्दी के अध्यापकों व छात्रों की बदौलत मिली।

साहित्य व कलाओं के विषय के अधिकांश छात्र अपने परिवार, गाँव व समाज की वह पहली पीढ़ी होते हैं जो शिक्षा व उच्च शिक्षा ग्रहण करती है। वे सीधे विज्ञान व वाणिज्य के सफल विद्यार्थी आसानी से नहीं बन सकते। ये विषय उनके सशक्तीकरण का माध्यम बन जाते हैं। यह पहली पीढ़ी इन विषयों में सफल होती है, अगली पीढ़ी विज्ञान व वाणिज्य में पढ़ने लायक बन जाती है। इस पहली पीढ़ी का जो सम्मान जे.एन.यू. में होता है, उसका आधार तैयार करने का काम सबसे अधिक नामवर सिंह ने किया है। 'तद्भव-2' में प्रकाशित अपने आत्मकथात्मक लेख में उन्होंने ठीक ही लिखा है, "मैं जब जे.एन.यू. पहली बार पहुँचा तो कोई हिन्दी बोलने वाला नहीं मिलता था। अंग्रेजी का वर्चस्व था। मैंने पाया कि एक हिन्दी विमुख समाज में हिन्दी को स्थान दिलाना है। विचित्र स्थिति थी, इतिहास, अर्थशास्त्र, समाजशास्त्र, अन्तर्राष्ट्रीय अध्ययन में तो बड़े ऊँचे-ऊँचे लोग थे लेकिन हिन्दी में वैसी समृद्धि नहीं थी। मैंने निश्चय किया कि यहाँ हिन्दी को ऐसे स्तर पर पहुँचा देना है कि देखकर लगे कि हाँ, यह जे.एन.यू. का विद्यार्थी है। इसके लिए सबसे पहले उसमें स्वाभिमान भरना था। उसके भीतर से हीनता ग्रन्थि निकाल बाहर करनी थी कि वह इतिहास, अर्थशास्त्र या समाजशास्त्र के विद्यार्थियों की तुलना में किसी भी तरह से कम है।"

नामवर जी ने अन्य सामाजिक विज्ञानों के छात्र-अध्यापकों की प्रतिष्ठा के बराबर हिन्दी के छात्र-अध्यापकों की बौद्धिकता और वैचारिकता को प्रतिष्ठित किया। सन्तोष प्रकट करते हुए उन्होंने वहीं पर बिलकुल सही लिखा है, "मुझे सन्तोष है कि हमारे सेन्टर ने बहुत जल्द दिखा दिया कि किसी से हम नीचे नहीं हैं। जिस सेन्टर में केदारनाथ सिंह जैसा कवि, मैनेजर पांडेय जैसा आलोचक और विचारक हो, पुरुषोत्तम अग्रवाल जैसा तेजस्वी बौद्धिक हो, वीरभारत तलवार जैसा गम्भीर खोजी हो, वह उपेक्षणीय नहीं हो सकता।" नामवर जी और उनके द्वारा स्थापित केन्द्र के अध्यापकों की प्रतिभा और लगन से हिन्दी के छात्र इस काबिल बन सके कि जे.एन.यू. की बौद्धिक और राजनीतिक गतिविधियों में भाग ले सकें और उसे दिशा व नेतृत्व भी दे सकें। छात्र राजनीति में हिन्दी के कई छात्र छात्रसंघ के अध्यक्ष और पदाधिकारी बने। राजनीति, सामाजिक और वैचारिक आन्दोलनों के प्रति जैसी संवेदनशीलता और समझदारी हिन्दी के छात्र-छात्राओं में दिखाई देती है वैसी समाज विज्ञानों के छात्र-छात्राओं में भी विरल है। अंग्रेजी के अपनी तरह के खास वर्चस्व के बावजूद हिन्दी आज जे.एन.यू. की सर्वस्वीकृत लोकप्रिय सम्पर्क भाषा है। नामवर जी जैसे बौद्धिक आचार्यों की वजह से ही आज भी हिन्दी के छात्र विश्वविद्यालय के सामाजिक जीवन में बराबरी और आत्म-सम्मान का भाव महसूस करते हैं। इसीलिए आज भी जे.एन.यू. नामवरमय है।

नामवर जी हमारी गुरु परम्परा के 'जीवित पूर्वज' हैं। हम लोग उनसे सीधे तो नहीं पढ़ सके लेकिन केन्द्र के अपने गुरुओं के माध्यम से उनके व्यक्तित्व से प्रभावित होते रहते हैं। इन गुरुओं-अध्यापकों के मार्फत नामवर जी की जीवन्त परम्परा में हम अपने को महसूस करते हैं, जुड़ा हुआ समझते हैं। इनमें खासतौर पर प्रो. पुरुषोत्तम अग्रवाल के माध्यम से मैं अपने को उनसे जुड़ा हुआ पाता हूँ। अग्रवाल जी को नामवर जी ने एम.ए. में पढ़ाया। उन्होंने पी-एच.डी. भी उन्हीं के निर्देशन में की। अग्रवाल जी नामवर जी के उन विरल प्रिय छात्रों में, इस अर्थ में हैं कि, कहा जाता है कि नामवर जी उन्हें अपनी निजी किताबें पढ़ने को देते थे। नामवर जी को जाननेवाले कहते हैं कि उनसे किताब ले पाना, उधार ही सही, लगभग असम्भव है। नामवर जी के व्यक्तित्व और विद्वता के कई पहलुओं से हमें अग्रवाल जी के सम्पर्क में रहने के दौरान परिचय मिला। हम लोग जे.एन.यू. की उस पीढ़ी के हैं जो नामवर जी से न पढ़ पाने की टीस अनुभव करते हैं।

कई पुस्तकें व लेख लिखने के बावजूद नामवर जी को वाचिक परम्परा का आलोचक माना जाता है। इसका कारण शायद यह हो सकता है कि वे भारतीय साहित्य जगत के सबसे लोकप्रिय व क्लैसिक वक्ता हैं। निरन्तर बोलते वक्ता लेकिन उससे ज्यादा पढ़नेवाले। हम लोगों ने भी नामवर जी को पढ़ने से ज्यादा सुना है। आलोचना में वाचिक परम्परा की क्या स्थिति है और इसका उद्भव और विकास किस रूप में होता है, इसकी जानकारी तो मुझे नहीं है लेकिन जिस जे.एन.यू. में नामवर जी ने अपने जीवन का लम्बा भाग बिताया, उसकी अपनी एक वाचिक परम्परा है; बहुत सशक्त व जीवन्त, इस बात को मैं अच्छी तरह जानता हूँ। इसकी स्थापना से लेकर उसकी महत्त्वपूर्ण उपलब्धियों और उतार-चढ़ावों की असंख्य कहानियाँ जे.एन.यू. में आए नए-से-नए छात्र को भी जल्दी ही सुनने को मिल जाती हैं। इस वाचिक परम्परा की समीक्षा तथा दशा और दिशा का निर्धारण जे.एन.यू. में सर्वत्र मौजूद 'बहस' और 'बतकही' की संस्कृति करती है। यह संस्कृति अतीत का फल है तो भविष्य की वाचिक परम्परा का आधार भी है। जे.एन.यू. जिन चीजों के लिए जाना जाता है, उनमें से एक 'बहस' और 'बतकही' की यह संस्कृति भी है। यहाँ बतकही कब बहस में और बहस कब शास्त्रीय डिस्कोर्स में रूपान्तरित हो जाती है, यह जान पाना जरा मुश्किल काम है। पूरा ब्रह्मांड और मानव-जीवन की विभिन्न गुत्थियाँ—सभी इस बतकही का विषय होती हैं। कभी-कभी 'बतरसिक' बातों का पूरा मर्म जाने बिना भी अपने 'पूर्वग्रह' और 'परसेप्सन' के आधार पर बहसते हैं लेकिन अधिकतर वे विषयों के जानकार होते हैं और शास्त्रार्थ के नियमों के तहत 'बहसते' हुए दिखते हैं। अध्ययन की अन्तर-अनुशासन पद्धति का यहाँ पूरा विकास दिखाई देता है। जे.एन.यू. में साहित्य-कलाओं के विद्यार्थी समाज विज्ञानों के 'मर्मी' बन जाते

हैं तो समाज विज्ञानों के छात्र साहित्य-कलाओं और भाषाओं के प्रेमी हो जाते हैं। नामवर सिंह ऐसे लोगों के लिए संयुक्त रूप से आदर्श विद्वान हैं। लोगों के बीच उनकी प्रतिष्ठा हिन्दी साहित्य के आलोचक की ही नहीं, सम्पूर्ण भारतीय साहित्य और समाज के आलोचक और विद्वान के रूप में है। अपनी बौद्धिकता, ऊर्जा और विराट अध्ययन के कारण हिन्दी के अध्यापकों में ऐसी प्रतिष्ठा के निकट पहुँचनेवाले प्रो. पुरुषोत्तम अग्रवाल ही हैं। उनकी भी छवि एक ऐसे विद्वान की है जो अन्तर-अनुशासनों के अध्ययन-पद्धति का मार्ग तैयार करते हैं। जे.एन.यू. में होनेवाली उनकी सभाओं में साहित्य से अधिक समाज विज्ञानों के छात्र रुचि लेते थे।

ऐसे कुछ और अध्यापकों की वजह से जे.एन.यू. की छवि एक पब्लिक इंटेलैक्चुअल संस्थान की बनी है। इसमें छात्र समुदाय की बराबर की हिस्सेदारी है। अनुशासनबद्ध गम्भीर और गूढ़ अकादमिक विषयों में उस संस्थान के छात्र-छात्राएँ उलझी रहें, यह स्वाभाविक है, जिसके अधिकांश छात्र शोधरत हैं। समाज के लिए यह जरूरी है कि ऐसे संस्थान रोजमर्रा के राजनीतिक-सामाजिक-आर्थिक और सांस्कृतिक सवालों से टकराएँ और उनका जवाब ढूँढ़ें। सार्वजनिक विषयों को लेकर बहस और खोजबीन करें। जे.एन.यू. इस मामले में देश का अद्वितीय विश्वविद्यालय है, जहाँ 'पब्लिक इंटेलैक्चुअल' की छवि और प्रवृत्ति किसी भी छात्र-छात्रा में पाई जा सकती है। इस तरह की सक्रियता एक सामाजिक जिम्मेदारी है, जिसे यह संस्थान बखूबी निभाता है।

वैचारिक बहस, जिसे कुछ लोग, ज्यादातर विरोधी, 'बौद्धिक अय्याशी' कहकर ख़ारिज करते हैं, और दार्शनिक उपलब्धियाँ तब तक बेमानी होती हैं जब तक उनके निष्कर्षों के अनुरूप समाज और व्यवस्था को पुनर्गठित करने के प्रयास शुरू नहीं होते। राजनीति और आन्दोलन तथा जन-जागरण के माध्यम से ही परिवर्तन सम्भव होते हैं। जे.एन.यू. इस मामले में विशिष्ट है कि यहाँ विचार के साथ-साथ उसे लागू करने के प्रयास भी होते हैं। यहाँ भाँति-भाँति की वैचारिक-दार्शनिक धाराएँ मौजूद हैं तो अपनी-अपनी तरह से उसी के अनुरूप व्यवस्था परिवर्तन के लिए आन्दोलन और संघर्ष की विभिन्न शैलियाँ भी मौजूद हैं। यही वह विश्वविद्यालय है जो जनसेवा और कल्याणकारी-परिवर्तनकामी राजनीति के लिए मर-मिटनेवाले दीवाने आजादी के बाद सबसे अधिक तैयार किए हैं। विचार के ऐसे रूपों और शैलियों तथा उनके कार्यकर्ताओं-नेताओं को दिशा देने व प्रभावित करने का काम नामवर सिंह जैसे शिक्षकों ने जाने-अनजाने निरन्तर किया है।

विश्वविद्यालयों के सन्दर्भ में छात्र राजनीति ऐसी गतिविधियों और आन्दोलनों की सबसे स्पष्ट, सशक्त और मुख्य माध्यम रही है। 'छात्र राजनीति' से 'आहत' और दुखी मनों को शान्ति, उसके विसर्जन में नहीं मिल सकती, जे.एन.यू. की छात्र

राजनीति से परिचय प्राप्त करके ही मिल सकती है। संसदीय राजनीति का यह वह रूप है जिसमें अपने को इसका विरोधी कहनेवाले लोग भी अनुगामी के रूप में पेश करते हैं। संसदीय राजनीति अपनी तमाम बुराइयों से मुक्त रूप जे.एन.यू. में ही देख सकती है। यहाँ राजनीति 'राजसत्ता' नहीं 'विचारसत्ता' है। परिवर्तन का औजार है।

वैचारिकता ने जे.एन.यू. में छात्र-अध्यापकों-कर्मचारियों के आपसी सम्बन्धों को भी प्रभावित किया है। यहाँ शिक्षक-छात्र का सम्बन्ध वैसा दमघोंटू, अलोकतान्त्रिक और गरिमाहीन नहीं दिखता जैसा देश के अन्य अधिकांश शैक्षिक संस्थाओं में स्थापित है। ऐसा सम्बन्ध सम्बन्ध नहीं, शैक्षिक-सामाजिक बुराई है। इसके विपरीत जे.एन.यू. में समान वैचारिक-मानसिक बुनावट के छात्र-अध्यापक आपस में 'वैचारिक बन्धुता' का सम्बन्ध समझते हैं। कई बार ऐसा कि शिक्षण यहाँ एक साझी प्रक्रिया है, एकतरफा नहीं—जिसमें शिक्षक ही सक्रिय रहता है। यहाँ शिक्षक केवल गुरु नहीं, जिज्ञासु भी है। छात्र-शिक्षक द्वारा मिलकर ज्ञान प्राप्त करने की प्रवृत्ति जे.एन.यू. में मजबूत रूप में दिखती है। यह अलग बात है कि इस प्रक्रिया से सर्वाधिक लाभान्वित छात्र-छात्राएँ ही होती हैं।

जे.एन.यू. की बहुत सारी विशेषताएँ हैं जो उसे एक विशिष्ट विश्वविद्यालय बनाती हैं। किन्तु, जो चीज मुझे बड़ी कीमती और अनोखी लगती है, वह है छात्राओं या लड़कियों की आजादी। स्त्री के व्यक्तित्व और उसकी मुक्ति की प्रतिष्ठा की संस्कृति मुझे यहीं दिखाई देती है। देश का दूसरा ऐसा कोई परिसर मैं नहीं जानता जहाँ लड़कियाँ चौबीसों घंटे और बारहों महीने 'आजाद' रहती और महसूस करती हैं। प्रगतिशील और जनवादी लोगों के लिए जे.एन.यू. का महत्त्व इसीलिए और बढ़ जाता है किन्तु, इसका असली महत्त्व सिर्फ लड़कियाँ जानती हैं। पानी में जैसे मछलियाँ जीवन्त, ताजी व आजाद होती हैं वैसे ही जे.एन.यू. में लड़कियाँ। मैंने व्यक्तिगत बातचीत में कई लड़कियों के मुँह से मछली और जल के रूपक को सुना है। वे यह कहती हैं कि कैम्पस जैसी आजादी और सुरक्षा धरती पर कहीं और नहीं! वे मानती हैं कि कैम्पस से बाहर जाने पर उन्हें अपने 'स्त्रीपन' और उससे अधिक उसकी 'विवशता' का अहसास होता है। समाज की तो छोड़िए, ऐसी आजादी उन्हें अपने घर में भी नहीं मिलती। जे.एन.यू. से वापस पुनः 'समाज' में जाने के बाद वे वैसे ही समाज रूपी तवे पर जलती हैं, जैसे मछलियाँ जलती हैं। वहाँ वे वैसा ही महसूस करती हैं जैसा पानी से निकाल दिए जाने के बाद मछलियाँ घुटन महसूस करती हैं। ऐसी आजादी में रहने के कारण जे.एन.यू. की लड़कियों को बदनाम भी किया जाता है लेकिन इस बात को सबसे अच्छी तरह जे.एन.यू. का प्रत्येक अध्यापक, छात्र और कर्मचारी जानता है कि यह बदनामी एक आरोप है, जो स्त्री-जीवन की नियति बन गई है। मैं नहीं मानता कि वे पूर्णतः यहाँ आजाद हैं लेकिन शेष समाज की तुलना

में ऐसा अवश्य है।

ज्ञान जहाँ ग्लैमर है। जी हाँ। जे.एन.यू. ऐसा संस्थान है जहाँ 'ज्ञान' भी एक ग्लैमर है और 'ज्ञानी' भी स्टार है। यहाँ ज्ञानी लोग भी ग्लैमरस हो सकते हैं जिनसे लोग ऑटोग्राफ लेना पसन्द करें, जिनके साथ तसवीरें खिंचवाना चाहें। नामवर सिंह को 'स्टार' आलोचक या विद्वान कहा जाता है। 1999 में बी.एच.यू. की कबीर गोष्ठी में पुरुषोत्तम जी ने उन्हें हिन्दी का अमिताभ बच्चन कहा था। कहना न होगा कि जब उन्हें ऐसे नामों से अभिहित किया जाता है तब उनकी प्रसिद्धि का ग्लैमर सामने होता है, यह प्रसिद्धि है उनके 'नायक', 'महानायक' और 'सितारे' जैसे आकर्षण की वजह से ही। आज छात्रों-युवाओं के बीच अमिताभ बच्चन, सचिन तेन्दुलकर, ऐश्वर्या राय, सानिया मिर्जा जैसी सिनेमा-खेल जगत की हस्तियाँ लोकप्रिय हैं। लोग उन्हें अपना 'रोल मॉडल' मानते हैं। इसमें कुछ भी बुरा नहीं है। जे.एन.यू. में भी ऐसे लोगों के कायल कम नहीं हैं। लेकिन ऐसे सितारों की प्रतिभा और कला के प्रशंसक होने के बावजूद इस संस्थान में ऐसे लोग बहुत हैं जो मार्क्स, गांधी, नेहरू, माओ, अम्बेडकर और आंग-सांग सूकी तथा प्रेमचंद्र और निराला को अपना रोल मॉडल मानते हैं। इनके जैसा बनना चाहते हैं। यह बहुत बड़ी बात है। यों तो ऐसे छात्र-युवा हर जगह मिल जाते हैं, लेकिन जे.एन.यू. में ऐसे लोगों की सघनता है। नीरस-से-नीरस ग्रन्थों को रसात्मक-रुचिकर पाठ के रूप में लेनेवाले छात्र बहुत हैं। पाठ्यक्रमेतर अध्ययन को प्रोत्साहित करनेवाला वातावरण जे.एन.यू. में बहुत स्वस्थ है। मैं स्वयं को ऐसे छात्रों में से पाता हूँ जो इधर-उधर की सामग्री पढ़ने में और उन पर चर्चाएँ करने में अपने समय का बहुत बड़ा हिस्सा बिता देते हैं। लोग ऐसा कैरियर बनाने के प्रेरणा से नहीं, अपनी जिज्ञासा पूरी करने के लिए; ज्ञान के ग्लैमर से प्रभावित होकर ऐसा करते हैं। यह भी एक शौक है। फैशन है। अपने व्यक्तित्व से नामवर सिंह ने जे.एन.यू. में इस वातावरण को तैयार करने में अविस्मरणीय योगदान दिया है।

अपने इसी वातावरण की वजह से जे.एन.यू. दिल्ली के बहुत सारे 'आवारा जिज्ञासुओं-बौद्धिकों' की शरणस्थली है। विभिन्न ढाबों पर जे.एन.यू. के कई भूतपूर्व और अभूतपूर्व छात्र (छात्राएँ बहुत कम) शाम को इकट्ठा होते हैं। इनमें से कुछ मेधा पाटकर जैसे लोगों के विभिन्न आन्दोलनों से, कुछ नक्सल-माओवादी आन्दोलनों से जुड़े हुए, कुछ संसदीय राजनीतिक दलों के कार्यकर्ता, विचारक और कुछ स्वतन्त्र लेखक व पत्रकार होते हैं। इसी में कुछ ऐसे लोग शामिल होते हैं जो इनमें से किसी श्रेणी में नहीं आते हैं, लेकिन 'बतरस' के शौकीन होते हैं। गप्पें लड़ाने की बजाय चुपचाप गप्पें सुनने के आदी होते हैं। ऐसे अड्डेबाजों को ऐसी 'गप्प बैठकों' में भाग लेने का नशा होता है। जब साहित्य के विद्यार्थियों की संख्या 'कोरम' में अधिक हो

जाती है, अथवा पर्याप्त हो जाती है तो बात कुछ साहित्य के इर्द-गिर्द केन्द्रित हो जाती है। धीरे-से नामवर सिंह विषय बनकर कहीं से आ न जाएँ यह असम्भव होता है। कभी उनके व्यक्तित्व की 'शव-परीक्षा' होती है, जमकर खिंचाई होती है तो कभी लोग उन पर मुग्ध होते हैं। उनकी प्रतिभा की दाद देते हैं। कभी यह शिकायत भी करने लगते हैं कि नामवर जी लिखना बन्द कर चुके हैं। जितना लिखना चाहिए वे लिखते नहीं हैं। फिर आदेश के रूप में सलाह देते हैं कि उन्हें रामविलास जी की तरह चुपचाप लिखना चाहिए। समय बहुत कम है। जो कुछ उन्होंने पढ़-लिख-गुन कर अर्जित किया है, वह समाज के बहुत काम का है। इसे उन्हें जनहित में लिखकर 'शेयर' करना चाहिए। इतनी अपेक्षा, इतनी उम्मीद जे.एन.यू. के लोग करते हैं नामवर जी से। इतनी चर्चा, इतनी प्रशंसा जे.एन.यू. में कम लोगों पर होती है। इतना प्यार भी कम लोगों को मिलता है।

जे.एन.यू. हमेशा नामवरमय रहेगा। जे.एन.यू. में नामवर थे, हैं और रहेंगे। हालाँकि जब तक वह कमरा जिसमें नामवर जी का कार्यालय था, पुरुषोत्तम जी के पास रहा तब तक उनकी नामपट्टिका के ठीक ऊपर नामवर जी की नामपट्टिका सुरक्षित थी, अब दोनों पट्टिकाएँ नहीं दिखती हैं।

लेजेंड में बदलता व्यक्तित्व

डॉ. धीरेन्द्र बहादुर सिंह

बात उन दिनों की है जब मैं इलाहाबाद में पढ़ रहा था। वहीं के 'हिन्दुस्तान अकादमी' में निराला-जन्मशती मनाई जा रही थी। एक व्याख्यान-माला का आयोजन किया गया था, जिसके लिए देशभर से हिन्दी के विद्वान बुलाए गए थे। उनमें से एक नामवर जी भी थे। हम, कई छात्र उनको सुनने के लिए गए, लेकिन पता चला कि वे एक दिन पहले ही बोलकर चले गए हैं। उनके बाद भी विद्वानों का व्याख्यान चलता रहा था लेकिन उनकी दशा और दिशा नामवर जी निर्धारित कर गए थे। जो वे बोल गए थे, कोई उसकी निन्दा करता, तो कोई प्रशंसा। सारी बहस, पूरी चर्चा नामवर सिंह के ही इर्द-गिर्द होती रही। अब तक जो भी नामवर सिंह के बारे में सुना था, वह साक्षात् देख रहा था। इस आकर्षण ने ही हम सबको जे.एन.यू. आने के लिए प्रेरित किया। सौभाग्य से जे.एन.यू. आ भी गए लेकिन यह जानकर बहुत निराशा हुई कि वे रिटायर हो चुके हैं। इससे पहले मेरे जैसे कई सहपाठियों को उनके जे.एन.यू. में नहीं होने का तनिक भी अन्देशा नहीं था।

बहरहाल, वे कैम्पस में नहीं थे लेकिन कैम्पस उनकी चर्चाओं से भरा था। हम सभी उनसे मिलने के लिए उत्सुक थे। मौका भी मिल गया, 'फ्रेशर्स-वेकलम' के बहाने। पान खाए हुए, कुर्ता-धोती में, छड़ी-सा तना, सहजता में ढला व्यक्तित्व—नामवर! इस अवसर को हम लोग खोना नहीं चाहते थे। उनसे कुछ कक्षाएँ लेने का अनुरोध किया गया। वे इस शर्त पर तैयार भी हो गए कि हम लोगों को सेन्टर से अनुमति लेनी होगी। सेन्टर से अनुमति लेना बिल्ली के गले में घंटी बाँधने से कम नहीं था। कोशिश की गई, पर सफल नहीं हुए। शायद ऐसे ही समय के लिए महाभारत में कहा गया है कि—

बलवांश्च यथा धर्मं लोके पश्यति पुरुषः।
स धर्मो धर्मवेलायाँ भवत्यमिहृतः परः।।

(लोक में बलवान पुरुष जिसे धर्म समझता है, धर्म विचार के समय लोग उसी

को धर्म मान लेते हैं और बलहीन पुरुष जो धर्म बतलाता है वह बलवान पुरुष के बताए धर्म से दब जाता है।)

हम सभी बलहीन ही तो थे। तभी तो नामवर जी को जे.एन.यू. में 'हिन्दी-दिवस के वक्ता' में तब्दील करने की कोशिश की गई। इसका असर आगे चलकर कक्षाओं में भी दिखा। हमारी कक्षा में नामवर सिंह की बात आते ही एक तनाव-सा बुन जाता था। हम अपने संस्कारों को अपने साथ लेकर आए थे। जे.एन.यू. में इनकी छील-छाल तो चलती रही लेकिन हमारे पूर्वग्रह कहीं ज्यादा बड़े थे। किसी व्यक्ति को हम उसकी अकादमिक उपलिब्ध.से नहीं बल्कि अपने हानि-लाभ से देखने लगे थे। नामवर सिंह के सन्दर्भ में भी ऐसा ही हुआ था। उनके प्रति कोई व्यक्ति तटस्थ नहीं रह पाया। अच्छा समझनेवालों की तो कमी ही नहीं थी लेकिन कमियाँ भी गिन-गिनकर खोजी गईं। उनके योगदान को उनकी जाति तक में 'रिड्यूस' करने की कोशिश की गई। लेकिन नामवर तो नामवर ही रहे।

अंग्रेजियत से भरे हुए इस कैम्पस में नामवर सिंह की देशज उपस्थिति सिर्फ हिन्दी के लिए ही नहीं, अन्य भाषाओं के लिए भी राहत की बात थी। अंग्रेजी में ही सोचने और बोलनेवाले जे.एन.यू. को उन्होंने हिन्दी भाषा दी। वे हिन्दी के पर्याय हो गए। उन्होंने हिन्दी को अन्य अनुशासनों की बराबरी में लाने का महत्त्वपूर्ण कार्य किया। हिन्दीपट्टी से आनेवाले किसी भी छात्र के लिए अंग्रेजी कठिन चीज थी। उन्होंने अन्य अनुशासनों में चल रहे विमर्श को हिन्दी के लिए उपलब्ध करवाया। जर्मन, फ्रेंच, इटैलियन, स्पैनिश आदि विदेशी भाषाओं के महत्त्वपूर्ण रचनाकारों और रचनाओं का हिन्दी में अनुवाद करवाकर 'आलोचना' पत्रिका में प्रकाशित किया। इससे बहुत लाभ हुआ। अब हिन्दी के विद्यार्थी के लिए कोई भी चीज अबूझ नहीं थी। इस कैम्पस में वह सबसे बराबरी से बात कर सकता था। वह आत्मविश्वास से भर गया। उन्होंने हिन्दी को ही नहीं, हिन्दीवालों को भी उठा दिया। आज भी यह बात चलती है कि इतिहास विषय में तो फलाँ विद्वान है, समाजशास्त्र में फलाँ है, तो हिन्दीवाला भी कहता है, 'मेरे पास नामवर हैं।'

वे कई भाषाओं के जानकार माने जाते हैं। संस्कृत के प्रकांड विद्वान हैं। यह भी कहा जाता है, वे शब्दों को उसकी मूल उत्पत्ति में बोलते हैं, जैसे 'रेस्ट्राँ' के लिए वे 'रेस्तराँ' और 'ज्यॉग्राफी' के लिए 'ज्याग्राफिया' बोलेंगे। कठिन-से-कठिन चीजों को अपने मुहावरे में ढालकर सरल बना देने की कला में वे माहिर हैं। देश के विभिन्न कैम्पस में हिन्दी से इतर विषयों पर बोलने की शुरुआत उन्होंने ही की। चाहे 'भामह' पर बोल रहे हों या 'कार्ल पॉपर' पर, सभी आपको बहुत ही सरल लगेंगे। इसलिए

जब वे जे.एन.यू. में बोल रहे हैं तो उनके सुननेवाले किसी खास भाषा या विषय के लोग नहीं बल्कि सारा जे.एन.यू. होता है। यह मुहावरे की तरह प्रचलित है कि 'नामवर जी बोल रहे हैं तो सुनना ही पड़ेगा।' बेहतरीन हिन्दी के लिए भी उनको सुना जाता है। रामचन्द्र शुक्ल ने देवकीनन्दन खत्री के लिए लिखा है कि उन्होंने हिन्दी के पाठक तैयार किए तो नामवर सिंह के लिए भी कहा जा सकता है कि उन्होंने हिन्दी के पाठक और श्रोता दोनों तैयार किए।

कहा जाता है कि 'काव्यशास्त्र' और 'साहित्य का समाजशास्त्र' पढ़ानेवाला उनके जैसा अध्यापक मिलना मुश्किल है। अध्यापकीय-प्रतिभा को वह बहुत महत्त्व देते थे। एक बार 'नाटक' को पढ़ाते हुए डॉ. डी.पी. वर्मा ने बहुत ही मौजू अन्दाज में कहा था कि "आप लोगों का दुर्भाग्य है कि आप नाटक मुझसे पढ़ रहे हैं, नामवर जी थे तो इसे पढ़ाने के लिए नेमिचन्द्र जी को बुलाते थे।" छात्रों से उनका बहुत ही आत्मीय सम्बन्ध था। वे मानते हैं कि हम अध्यापक ही जो अपने छात्रों को नहीं बनाते, बल्कि ये छात्र भी हैं जो हमारा विकास करते हैं। एक बार एक प्रोफेसर अपने विदेशी मित्र के साथ कैम्पस में टहल रहे थे। मित्र महोदय नामवर सिंह को देखकर चिल्ला उठे, "अरे, ये तो नामवर हैं!" प्रोफेसर ने पलटकर देखा तो नामवर सिंह कई विद्यार्थियों के साथ बातचीत करते हुए चले आ रहे थे। प्रोफेसर ने उन्हें टोका, "क्या ये आपके शिष्य हैं?" नामवर जी ने कहा, "नहीं, ये मेरे युवा-मित्र हैं!" शायद तभी से हिन्दी के गुरु-शिष्य 'मित्र' में बदल गए।

नामवर जी एक बहुत ही सजग व्यक्तित्व हैं। कैम्पस को किसी भी गम्भीर मुद्दे पर उनके राय की अपेक्षा होती है। वे इसके लिए हमेशा तैयार भी रहते हैं। जब तस्लीमा नसरीन को बंगाल की कम्यूनिस्ट सरकार ने शरण देने में असमर्थता जाहिर की तो वे अपने खराब स्वास्थ्य के बावजूद रात में जे.एन.यू. में बोलने चले आए। लोगों को आशा थी कि कम्यूनिस्ट होने के नाते वे सरकार का पक्ष लेंगे, लेकिन वे लेखक की अभिव्यक्ति की स्वतन्त्रता के साथ थे। यह कई रूढ़ मार्क्सवादियों को बहुत खलनेवाली बात थी। उन्होंने उनका विरोध भी किया। लेकिन नामवर सिंह के लिए यह कोई नई बात नहीं थी। इन्हीं वैचारिक विरोधों के बीच तो वे विकसित हुए हैं। उनके बीच खड़े रहना उन्हें आता है। तत्कालीन मुद्दे तो हैं ही, इतिहास की उन घटनाओं के बारे में भी उनका पक्ष जानने की कोशिश की जाती है जिनसे यह कैम्पस दो-चार हुआ था। इन घटनाओं में 'इमरजेंसी' जैसी घटनाएँ भी हैं।

कैम्पस के लिए नामवर जी एक जिज्ञासा का विषय रहे हैं। उनकी एक-एक गतिविधियाँ नोट की जाती थीं जिसकी साहित्यिक-सांस्कृतिक व्याख्या भी की जाती थी। रास्ते में चलते हुए वे अक्सर लोगों से 'समय' पूछ लेते थे। अगर कोई घर में जाकर मिलना चाहता था तो वे सेन्टर में मिलने के लिए कहते थे। आज भी किसी

विषय पर बोलने से पहले वे पान क्यों खा लेते हैं? वे कब सोते हैं? कब उठते हैं? कितने घंटे पढ़ते हैं? उनकी दिनचर्या क्या है? इस तरह कैम्पस के अवचेतन का हिस्सा हो पाना, उनके जैसे ही व्यक्तित्व के लिए सम्भव था।

हिन्दी के हर एक छोटे-बड़े रचनाकार की यह इच्छा होती है कि नामवर जी उस पर कुछ लिखें या बोलें। यह इच्छा कभी-कभी हास्यास्पद, तो कभी धृष्टता की हद तक जा पहुँचती है। ऐसे में नामवर जी अक्सर शरारती हो जाने के लिए मशहूर हैं। एक बार सेन्टर के ही एक स्वघोषित—नए-नवेले कवि ने मौका पाकर एक कविता सुनानी शुरू कर दी। कविता की एक पंक्ति कुछ यूँ थी कि—'गुरु ज्ञान का सागर है, जितना चाहे भर लो', इतने में उसकी कक्षा के अन्य छात्र शोर मचाने लगे कि क्या सुना रहा है? कवि ने सबको डाँट दिया और कहा कि यहाँ पर बड़े-बड़े आलोचक बैठे हुए हैं, वे इस कविता की आलोचना करेंगे, तुम लोग चुप रहो। तभी नामवर जी मुस्कराकर धीरे से बोले—ज्ञान की बात कर रहा है, अमल करो। ऐसे ही, एक बार किसी मनबढ़ कहानीकार ने उनके पास अपनी कहानियाँ भेजीं और उन पर कुछ लिखने अर्थात् आलोचक की दृष्टि से लिखने का अनुरोध किया। नामवर जी ने जवाब में उसे पत्र लिखा कि भोपाल जाते हुए रास्ते में आपकी कहानियाँ पढ़ीं। वे अच्छी लगीं। विषय नया है, भाषा में प्रवाह है...फलाँ-फलाँ बातें हैं, विशेषताएँ हैं और अन्तिम वाक्य यह लिखा कि—खत को खत ही समझिएगा, आलोचना नहीं।

जे.एन.यू. की धरती विद्वानों के लिए मशहूर रही है। लेकिन नामवर सिंह उनमें अद्वितीय हैं। हिन्दी को उन्होंने हिन्दी विभागों और परिसरों से बाहर निकालकर जनमानस के बीच लोकप्रिय बनाया। यह एक साहित्यकार की साधना का ही प्रतिफल है। हिन्दी साहित्य में कबीर, तुलसी, मैथिलीशरण गुप्त जैसे कवि और प्रेमचन्द जैसे कथाकार के बाद आलोचक नामवर ही हैं, जिनकी पहुँच गाँव की चौपालों तक भी हो सकी। और उन्हीं के साथ-साथ जे.एन.यू. भी गली-कूचे तक पहुँच गया। किसी कैम्पस के लिए भला इससे बड़ा प्रतिदान क्या होगा? कैम्पस आज भी नामवर सिंह की छवियाँ गढ़ रहा है। एक व्यक्तित्व लेज़ेंड में बदलता जा रहा है।

विश्वविद्यालय की पहचान : जे.एन.यू. में नामवर जी

सूरज

'जे.एन.यू. में नामवर जी' शीर्षक कौतूहल पैदा करता है। दिमाग में कई छवियाँ बनती हैं। 'जे.एन.यू. में नामवर जी का कार्यकाल' या 'जे.एन.यू. के निर्माण में नामवर जी की भूमिका' या 'जे.एन.यू. का नामवर जी की निर्मिति (मेकिंग) में योगदान' या 'जे.एन.यू. में नामवर जी की उपस्थिति का महत्त्व'—इनमें कौन-सी अर्थवत्ता उपरोक्त शीर्षक देता है? सन् 1974 में जे.एन.यू. से जुड़नेवाले नामवर जी 1992 में पदमुक्त हुए। हालाँकि बाद में वे भारतीय भाषा केन्द्र में प्रोफेसर एमरेटस हुए, जो आज तक हैं। अठारह वर्ष तक अपनी सक्रिय सेवा देने और उसके बाद लगातार अपनी गरिमामयी उपस्थिति बनाए रखनेवाले 'जे.एन.यू. के नामवर जी' की भूमिका को 'जे.एन.यू. में नामवर जी' के रूप में विश्लेषित करना खासा दिलचस्प है।

नामवर जी का जन्म सन् 1927 में वाराणसी जिला के जीयनपुर में एक किसान परिवार में हुआ। सन् 1953 में बनारस हिन्दू विश्वविद्यालय से हिन्दी साहित्य में पी-एच.डी. की उपाधि प्राप्त की। उसके बाद उन्होंने बनारस, सागर, जोधपुर, आगरा और जे.एन.यू. जैसे विश्वविद्यालयों में पढ़ाने का कार्य किया। सन् 2006 में वे वर्धा के अन्तर्राष्ट्रीय विश्वविद्यालय के चांसलर बने। सच तो यह है कि हिन्दी जगत में नामवर जी का नाम ही काफी है। शीर्ष आलोचक, अकादमिशियन और बुद्धिजीवी के रूप में उनकी भूमिका निर्विवाद रूप से महत्त्वपूर्ण है।

नामवर जी के समग्र जीवन एवं उनके कृतित्व पर काफी कुछ लिखा जा चुका है, काफी चर्चा की जा चुकी है। प्रस्तुत लेख में जे.एन.यू. एवं नामवर जी के परस्पर सम्बन्धों की चर्चा की गई है। प्रारम्भ में हम जे.एन.यू. की विशेषता और उसके महत्त्व की चर्चा करेंगे। तत्पश्चात् उसके अन्तर्गत भारतीय भाषा केन्द्र की स्थापना और उसके निर्माण में नामवर जी की भूमिका की चर्चा करेंगे।

जवाहरलाल नेहरू विश्वविद्यालय की स्थापना सन् 1969 में जवाहरलाल नेहरू विश्वविद्यालय एक्ट, 1966 के तहत हुई जिसका विधिवत् उद्घाटन 14 नवम्बर,

1969 को हुआ। जे.एन.यू. वास्तव में पं. जवाहरलाल नेहरू की जीवनदृष्टि का साकार रूप है। विश्वविद्यालय कैसा होना चाहिए, इसे लेकर उनकी सोच स्पष्ट थी : "विश्वविद्यालय पहचाना जाता है मानवतावाद से, सहिष्णुता, तर्क, वैचारिक साहस से और सत्य की खोज से। विश्वविद्यालय का काम है मानव जाति को सतत् रूप से उच्चतर उद्देश्यों की दिशा में ले जाना। राष्ट्र और जनता का हित तभी हो सकता है, जबकि विश्वविद्यालय अपना दायित्व ठीक से निभाए।"

जवाहरलाल नेहरू विश्वविद्यालय की स्थापना के मुख्य उद्देश्य थे—एक ऐसी शैक्षणिक संस्था का निर्माण करना जिससे राष्ट्रीय एकीकरण की भावना को बढ़ावा मिले, जहाँ धर्मनिरपेक्षता, जनतान्त्रिक मूल्य, सामाजिक न्याय, अन्तर्राष्ट्रीय समझ और समाज की जटिल समस्याओं को सुलझाने के लिए वैज्ञानिक सोच विकसित करने में मदद मिले। वाकई इस उद्देश्य को सच में रूपान्तरित किया जा चुका है। वर्तमान में यह विश्वविद्यालय राष्ट्रीय और अन्तर्राष्ट्रीय स्तर पर ख्यातिप्राप्त है। जे.एन.यू. उन कुछ चुने हुए प्रारम्भिक विश्वविद्यालयों में से एक है जिसे यू.जी.सी. की ओर से 'यूनिवर्सिटी विद पोटेंशियल ऑफ एक्सलेंस' के रूप में मान्यता मिली है। विश्व के प्रथम दो सौ विश्वविद्यालयों में जे.एन.यू. का महत्त्वपूर्ण स्थान है। यह मूल रूप से शोध को समर्पित विश्वविद्यालय है जहाँ 61 विधाओं में पी-एच.डी., एम.फिल., एम.टेक. और एम.पी.एच. (मास्टर ऑफ पब्लिक हेल्थ); 23 विधाओं में एम.ए.; 5 विधाओं में एम.एस.सी./एम.सी.ए. और 9 विदेशी भाषाओं में ग्रेजुएशन की पढ़ाई होती है। इसके अतिरिक्त कई अन्य भाषाओं में सर्टिफिकेट, डिप्लोमा और एडवांस डिप्लोमा के कोर्स भी चलाए जाते हैं। यहाँ पर शैक्षणिक सत्र सेमेस्टर आधारित हैं और मूल्यांकन पद्धति अंक आधारित न होकर ग्रेड आधारित है। मूल्यांकन प्रक्रिया आन्तरिक निर्धारण (इंटरनेशनल असेसमेंट) पर आधारित है। जे.एन.यू. में नामांकन प्रवेश परीक्षा के आधार पर होता है। इसकी प्रवेश प्रक्रिया बड़ी अनूठी है। एक तो यह कि प्रवेश परीक्षा के लिए देश भर में इसके 70 केन्द्र हैं और दो केन्द्र सार्क देशों में भी हैं। 35 राज्यों एवं केन्द्रशासित प्रदेशों में फैले हुए ये सारे प्रवेश-केन्द्र देश के हर वर्ग और क्षेत्र तक अपनी पहुँच बनाते हैं। इसी का परिणाम है कि देश के लगभग हर भाग के विद्यार्थी जे.एन.यू. में मौजूद हैं। यही नहीं, लगभग 40 दूसरे देशों के विद्यार्थी भी यहाँ अध्ययन कर रहे हैं। यही विविधता जे.एन.यू. की सांस्कृतिक एवं सामाजिक विविधता में परिलक्षित होती है। विविधता में एकता का ऐसा उदाहरण भी जे.एन.यू. को विशिष्ट बनाता है। प्रवेश प्रक्रिया से ही सम्बन्धित एक और खास बात यह है कि यहाँ देश के दुर्गम इलाकों में रहनेवालों, वंचित वर्गों और लड़कियों को विशेष डेप्रीवेशन प्वाइंट मिलता है। सामाजिक विषमता को समता पर लाने का जे.एन.यू. का प्रयास वास्तव में सराहनीय है।

जे.एन.यू. की शुरुआत सप्रू हाउस से हुई। उसके बाद ओल्ड कैम्पस, फिर न्यू कैम्पस। जे.एन.यू. का न्यू कैम्पस 1200 एकड़ में विस्तृत है। दिल्ली में होते हुए भी यह कैम्पस एक अलग पहचान अख्तियार कर चुका है। इसकी प्राकृतिक सुषमा इसे एक सुरम्य मनोरम स्थल बनाती है। अरावली रिज का हिस्सा पार्थसारथि रॉक हो या गुफाएँ हों या झील; सभी इसे दर्शनीय स्थल बनाते हैं। जैविक विविधता भी इसे विशिष्ट बनाती है। यहाँ चिड़ियों और तितलियों की बहुत सारी किस्में मिलती हैं। साथ ही नीलगाय, लोमड़ी, जंगली खरगोश, नेवला, मोर जैसे जानवर भी बहुतायत में मिलते हैं। पी.एस.आर. (पार्थसारथि रॉक) का सूर्यास्त और सूर्योदय अभिभूत करनेवाला होता है। प्राकृतिक भूदृश्य के साथ यहाँ का सांस्कृतिक भूदृश्य भी विशिष्ट है। पूरा जे.एन.यू. नियोजित है, जिसके केन्द्र में केन्द्रीय पुस्तकालय है, उसे अर्द्धचन्द्राकार रूप में घेरते हुए नौ स्कूल्स (संस्थान) हैं और उसकी परिधि में 16 हॉस्टल और शिक्षकों एवं कर्मचारियों के आवास हैं। सभी को मिलाकर एक विशिष्ट सांस्कृतिक भूदृश्य उपस्थित होता है।

जे.एन.यू. में बहस की संस्कृति हमें आइसलैंड की याद दिलाती है, जिसने डेनमार्क के साथ बहस कर-कर के अपनी आजादी हासिल की थी। यहाँ ढाबा हो या कैन्टीन, क्लास रूम हो या हॉस्टल, किसी भी जगह अगर किसी विषय पर चर्चा छिड़ जाए—चाहे वह विषय स्थानीय हो या राष्ट्रीय या अन्तर्राष्ट्रीय, तब उसके सारे नकारात्मक और सकारात्मक पहलू उभरकर सामने आ जाते हैं। इस तरह की बहस में छात्रों के साथ शिक्षक भी शामिल हो जाते हैं। महत्त्वपूर्ण मुद्दों पर आए दिन रात्रिभोजन के बाद हॉस्टल मेस में परिचर्चा होती है जिसमें लोगों की सक्रिय भागेदारी होती है। मेरी जानकारी में यह विशिष्टता जे.एन.यू. में ही पाई जाती है। इसके अलावा 'ग्रैफिटी' और पर्चे के जरिये विभिन्न वर्ग एवं छात्र-राजनीतिक पार्टियों के मन्तव्य व्यक्त किए जाते हैं, जिस पर व्यापक चर्चा होती है।

सांस्कृतिक गतिविधियों में नाटक, फिल्म प्रदर्शन, नुककड़ नाटक, चित्र प्रदर्शनी, फूड फेस्टिवल, हॉस्टल नाइट्स और विभिन्न धार्मिक त्योहारों का आयोजन प्रमुख हैं। चूँकि यहाँ लगभग हर धर्म और देश-विदेश के विभिन्न भागों से लोग आते हैं। ऐसे में साल भर कोई-न-कोई सांस्कृतिक आयोजन चलता रहता है, जिसमें सभी आयोजन अपने आप में विशिष्ट होते हैं। जे.एन.यू. का छात्र चुनाव भी राजनीतिक गतिविधि होने के साथ एक सामाजिक और सांस्कृतिक गतिविधि का रूप ले लेता है। पूरा छात्र चुनाव मूलतः छात्र समुदाय द्वारा ही सम्पन्न होता है जिसमें जे.एन.यू. प्रशासन अपना सहयोग देता है। छात्र राजनीतिक दल अपना मेनिफेस्टो (चुनावी घोषणा पत्र) जारी करते हैं, वे अपनी बातों को छात्रों के सामने रखते हैं और चुनावपूर्व छात्र संघ के उम्मीदवारों के बीच वाद-संवाद का आयोजन किया जाता है जिसमें उम्मीदवार को

स्थानीय, राष्ट्रीय और अन्तर्राष्ट्रीय मुद्दों पर जवाब देना होता है। जाहिर है सभी प्रक्रिया में पारदर्शिता होती है, कोई लाग-लपेट नहीं होता। सच यह है कि जे.एन.यू. में लोकतन्त्र अपनी आदर्श स्थिति में विद्यमान है।

जे.एन.यू. की एक खास विशिष्टता इस बात में है कि यहाँ छात्र-शिक्षक अनुपात बहुत ही स्वस्थ है। एक कक्षा में इतने ही छात्रों को लिया जाता है कि शिक्षक उन पर पूरा ध्यान दे सके। यही कारण है कि यहाँ शिक्षक और छात्रों के सम्बन्ध बड़े ही आत्मीय हैं। यही कारण है कि पिछड़े क्षेत्र से आनेवाले छात्र भी जल्दी ही अपने आपको मुख्यधारा में समाहित कर लेते हैं। दूसरी रेखांकित करनेवाली बात यह है कि यहाँ पर शिक्षण पद्धति अन्तर्अनुशासनात्मक (इंटरडिसिप्लीनरी) है। यहाँ की प्रवेश परीक्षा में भी (कुछ विषयों को छोड़कर) सम्मिलित होने के लिए सभी विषयों के लोगों को अवसर दिया जाता है। इसका मुख्य उद्देश्य यह है कि यहाँ होनेवाले शोध की दृष्टि एकांगी न होकर व्यापक हो।

जे.एन.यू. के नौ संस्थानों में से एक संस्थान भाषा, साहित्य एवं सांस्कृतिक अध्ययन संस्थान (एस.एल.एस. एंड सी.एस.) के अन्तर्गत भारतीय भाषा केन्द्र (सी. आई. एल.) की स्थापना 28 अक्टूबर, 1974 को हुई। प्रोफेसर सावित्री चन्द्र शोभा और प्रो. एस.आर. किदवई के बाद प्रो. नामवर सिंह की नियुक्ति हुई। लेकिन केन्द्र के पहले चेयरपर्सन नामवर जी ही नियुक्त हुए। यहाँ आते ही उन्हें अनेक चुनौतियों का सामना करना पड़ा। यूनिवर्सिटी की तरफ से उन्हें सेमेस्टर प्रणाली एवं यूनिवर्सिटी द्वारा प्रवेश परीक्षा में पास किए गए सात छात्र मिले। इसके अलावा सारा ढाँचा नामवर जी ने ही तैयार किया। केन्द्र को स्थापित करने के लिए उन्होंने अन्य लोगों के साथ ब्लू प्रिंट बनाया। मसलन, क्या कोर्स स्ट्रक्चर हो, क्या और कैसे पढ़ाया जाए? पढ़ानेवाले लोग कैसे और कौन हों? इन चीजों में उन्हें काफी हद तक यूनिवर्सिटी से स्वायत्तता मिली थी। नामवर जी का जोधपुर का अनुभव काम आया। उसके आधार पर उन्होंने सेमेस्टर प्रणाली पर आधारित पाठ्यक्रम बनाए। उन्होंने कई ऐसे काम किए जिससे जे.एन.यू. का हिन्दी केन्द्र देश के दूसरे हिन्दी केन्द्र से अलग होकर उभरा। पहली बात तो यह थी कि यह हिन्दी और उर्दू का सम्मिलित केन्द्र था। ऐसे में एक पत्र ऐसा रखा गया जिसमें हिन्दीवालों का उर्दू सीखना और उर्दूवालों का हिन्दी सीखना अनिवार्य था। एक सम्मिलित पत्र था जो हिन्दी और उर्दू दोनों विषय के छात्रों के लिए अनिवार्य था, जिसका नाम था—हिन्दी-उर्दू प्रदेश की संस्कृति का इतिहास। भारत की गंगा-जमुनी तहजीब को संरक्षित रखने और उसे आगे बढ़ाने के लिए इससे बेहतर और क्या हो सकता था। दूसरे यह कि जितने योग्य शिक्षकों की नियुक्ति हो सकती थी उन्होंने करवाई। उसके अलावा दूसरे विशेषज्ञों को भी समय-समय पर बुलाया जाता था। नेमिचन्द्र जैन नाटक पढ़ाते थे। देवेन्द्र शर्मा

विजिटिंग प्रोफेसर के रूप में साल भर रहे। भीष्म साहनी, हजारीप्रसाद द्विवेदी, रामस्वरूप चतुर्वेदी आदि का सेमिनार, लेक्चर होता रहता था ताकि छात्रों को लगातार इनपुट मिलता रहे।

जिस तरह 'सरस्वती' पत्रिका महावीरप्रसाद द्विवेदी की पर्याय थी, वैसे ही 'आलोचना' पत्रिका नामवर जी की पर्याय हो गई। उन्होंने 'आलोचना' पत्रिका के सम्पादन के जरिए कई आलोचकों को स्थापित किया। खासकर जे.एन.यू. की अकादमिक गतिविधियों का लेखा-जोखा एक दस्तावेज के रूप में पत्रिका के 1974-1992 के बीच के अंकों की फाइल में देखी जा सकती है। नामवर जी ने एस.एल. के विदेशी भाषा विभाग में कार्यरत शिक्षकों से फ्रेंच, स्पैनिश, रशियन, जर्मन आदि विदेशी भाषाओं के साहित्य अनुवाद हिन्दी में करवाए जिससे छात्रों को दूसरी विदेशी भाषाओं के साहित्य को जानने-समझने का मौका मिला। सही अर्थों में यह साहित्य का अन्तर्अनुशासनात्मक अध्ययन ही था।

ऐसा नहीं था कि केवल यही एक पक्ष था। यह सही है कि नामवर जी ने अपनी बुद्धिमत्ता और ज्ञान की सहायता से भारतीय भाषा केन्द्र को एक मुकाम तक पहुँचाया। लेकिन इसके बनने में इसके छात्रों की भूमिका को भी कम करके नहीं आँका जा सकता है। नामवर जी ने कई बार स्वीकार किया है जितना उन्होंने जे.एन.यू. को बनाया है उतना ही जे.एन.यू. ने भी उन्हें बनाया है। वे याद करते हैं कि उनके छात्र बड़े ही जागरूक थे। वे परिपक्व स्कॉलर थे, जिनकी जानकारी का स्तर प्रशंसनीय था। उन्हें पढ़ाने के लिए खुद अध्यापकों को भी तैयार होकर जाना पड़ता था, अन्यथा वे उन पर भारी पड़ सकते थे। यही कारण है कि यहाँ के छात्र और शिक्षक भारतीय समाज के हर क्षेत्र में—शिक्षा, संस्कृति, प्रशासन आदि क्षेत्र में अपनी उपस्थिति दर्ज करवा रहे हैं।

सन् 1992 में नामवर जी रिटायर हुए। यही दौर या जब भूमंडलीकरण की शुरुआत हुई। दुनिया की हर चीज को उपयोगिता की कसौटी पर कसा जाने लगा। साहित्य और इतिहास जैसे विषयों के अस्तित्व पर संकट के बादल छाने लगे और दिनों-दिन यह गहराता गया। वास्तव में यह एक संक्रमण का दौर है जिसमें स्थिति को नकारने की बजाय उससे निपटने और आगे बढ़ने की चुनौती को स्वीकार करने की आवश्यकता है। आज भी भारतीय भाषा केन्द्र नामवर जी के बनाए मार्ग पर ही चल रहा है। लेकिन बदलते हालात के अनुसार इसमें परिवर्तन की आवश्यकता है।

इस विषय पर व्यापक परिचर्या की आवश्यकता है जिसमें शिक्षक, छात्र, पूर्व के छात्र और शिक्षकों की उपस्थिति और भागीदारी अनिवार्य है ताकि भारतीय भाषा केन्द्र का पुनरुद्धार हो और यहाँ के छात्र भी दूसरे विषयों के छात्रों के साथ

कदम-से-कदम मिलाकर चल सकें।

जाहिर-सी बात है उम्र के चाहे जितने भी पड़ाव नामवर जी ने पार कर लिए हों लेकिन उनकी बौद्धिक तीक्ष्णता अभी भी वैसी ही बनी हुई है, बल्कि उसमें परिष्कार ही हुआ है। यह नई पीढ़ी के छात्रों के लिए सौभाग्य की बात है कि वे आज भी उन्हें सुन सकते हैं। लेकिन आवश्यकता है उनकी बातों पर मनन करने की कि कैसे हिन्दी की दशा और दिशा में परिवर्तन किया जा सके ताकि विषय की उपयोगिता बरकरार रखी जा सके। मैं हिन्दी के सभी छात्रों की तरफ से नामवर जी के उत्तम स्वास्थ्य की कामना करता हूँ ताकि हमारे सिर पर उनका हाथ बना रहे।

'मानव मानव से नहीं भिन्न' : निराला जे.एन.यू.

सुधा निकेतन रंजनी

विश्वविद्यालय की जब हम बात करते हैं तो हमें इस बात पर गर्व होता है कि दुनिया का पहला विश्वविख्यात 'नालन्दा विश्वविद्यालय' भारत में ही था, जहाँ दुनिया भर से लोग शिक्षा ग्रहण करने आते थे। धीरे-धीरे लोग शिक्षा के महत्त्व को समझने लगे और विश्व भर में कई विश्वविद्यालयों की स्थापना की गई। भारत की बात करें तो यहाँ कई ऐसे विश्वविद्यालयों की स्थापना की गई जिनका शिक्षा के विकास में महत्त्वपूर्ण योगदान है। इस सन्दर्भ में जवाहरलाल नेहरू विश्वविद्यालय का विशिष्ट स्थान है, जिसकी स्थापना 1969 में की गई। आजादी के बाद तकनीकी, मेडिकल आदि उच्च शिक्षण संस्थानों के रूप में आई.आई.टी. और एम्स जैसे विश्वस्तरीय संस्थानों की स्थापना हो चुकी थी, लेकिन मानविकी के क्षेत्र में एक अच्छे संस्थान की आवश्यकता थी। इसे ध्यान में रखते हुए जे.एन.यू. की स्थापना हुई। यह शिक्षा जगत में अपूर्व और विशिष्ट घटना कही जा सकती है। इसके विशिष्ट होने के कई कारण हैं जिसकी चर्चा आगे की जाएगी।

यह विश्वविद्यालय अपनी आन्तरिक और बाह्य बनावट में अन्य विश्वविद्यालयों से भिन्न है। कहा जाता है कि यह इन्दिरा गांधी की परिकल्पना है और इसकी बनावट पश्चिमी विश्वविद्यालयों पर आधारित है, जैसे—कॉम्पैक्ट कैम्पस अर्थात् एक ही कैम्पस में स्कूल के साथ हॉस्टल की व्यवस्था, सेमेस्टर पद्धति, आन्तरिक परीक्षा आदि। इसका बुनियादी ढाँचा चाहे जहाँ से भी लिया गया हो लेकिन यह भारतीय सभ्यता, संस्कृति, सामाजिक, आर्थिक, राजनीतिक परिस्थितियों आदि के अनुकूल है। यह संस्था उन्नति की एक ऐसी रूप-रेखा प्रस्तुत करती है, जिसमें देश के सभी वर्ग और भाग के लोगों की भागीदारी सुनिश्चित करने का भी सचेतन प्रयास किया गया गया। क्योंकि अगर ऐसा न होता तो यहाँ ग्रामीण पृष्ठभूमि के विद्यार्थियों का नामांकन कदापि न होता। यहाँ अंग्रेजी माध्यम के अच्छे स्कूल-कॉलेज से पढ़कर आनेवाले छात्रों को ही प्राथमिकता नहीं मिलती बल्कि पिछड़े क्षेत्र, पिछड़े वर्ग और

लड़कियों को विशेष 'डेप्रीवेशन प्वाइंट्स' मिलते हैं। यह सोच चाहे जिन विद्वानों, राजनीतिज्ञों आदि का भी रहा हो, पर यह विचार आज के समय में सर्वाधिक प्रासंगिक और ग्रहण करने योग्य है।

नामवर जी इस विश्वविद्यालय के भारतीय भाषा केन्द्र के संस्थापक ही नहीं हैं बल्कि इस कैम्पस में बौद्धिक वातावरण बनाने में उनकी महत्त्वपूर्ण भूमिका है। नामवर जी के सन्दर्भ में एक घटना मुझे हमेशा याद आती है—जब मैं पटना (बिहार) से जे.एन.यू. आई थी। पटना में ही ग्रेजुएशन के दौरान उनकी पुस्तक 'कविता के नए प्रतिमान' मैंने पढ़ ली थी। उन्हें साहित्य अकादमी जैसा विशिष्ट पुरस्कार मिल चुका है यह भी मालूम था। 2002 के सितम्बर की बात है जब पता चला कि सेन्टर में नामवर जी आए हैं। मैंने जब उन्हें देखा तो मुझे विश्वास ही नहीं हो पा रहा था कि इतने महान् व्यक्ति के दर्शन कर रही हूँ। क्योंकि इससे पहले मैं ऐसे किसी व्यक्ति से नहीं मिली थी जिनकी किताब पढ़ चुकी थी और जिनकी इतनी ख्याति हो। आगे उनके कुछ व्याख्यान भी सुनने के मौके मिले। उसमें मैंने पाया कि न केवल विषय पर उनकी अच्छी पकड़ है, बल्कि वे अपनी बातों को अत्यन्त सादे तरीके से व्यक्त करते हैं जिससे समझने में कहीं कोई कठिनाई नहीं होती। यह विशेषता केवल ज्ञान-सम्बन्धी दृष्टिकोण में ही नहीं है बल्कि यह उनके व्यक्तित्व का स्वाभाविक गुण भी है। उनके व्याख्यान सुनकर मन में कई बार आया कि काश मैं उस समय यहाँ की विद्यार्थी होती जब वे यहाँ पढ़ाते थे—पर सन्तोष है कि उनके विद्यार्थियों—पुरुषोत्तम जी और तलवार जी ने हमें पढ़ाया है और अब भी सेन्टर के पाठ्यक्रमों पर नामवर जी की छाप बाकी है।

जवाहरलाल नेहरू विश्वविद्यालय के शिक्षण प्रणाली की बात करें तो विशिष्टता यह नहीं है कि यहाँ सेमेस्टर पद्धति है या यहाँ का पाठ्यक्रम या आन्तरिक परीक्षा बाकी जगहों से भिन्न है। यहाँ की एक बड़ी और सबसे भिन्न विशिष्टता है शिक्षक और छात्रों का मित्रवत सम्बन्ध। यहाँ के टीचर अपने स्टूडेंट्स के शिक्षण सम्बन्धी दिक्कतों से लेकर व्यक्तिगत समस्याओं तक से परिचित होते हैं, और उन समस्याओं से निदान पाने सम्बन्धी विचार-विमर्श भी निःसंकोच करते हैं।

यह भारत का शायद अकेला विश्वविद्यालय है जहाँ निराला की इस पंक्ति को लोग व्यावहारिक रूप से अपनाते दिखाई देते हैं कि—

'मानव मानव से नहीं भिन्न'।

यहाँ समरस समाज की स्थापना की गई है जहाँ ऊँचा-नीचा, छोटा-बड़ा कोई नहीं है, सभी में आत्मीयता का सम्बन्ध है। यहाँ के प्रोफेसर किसी क्लर्क या चपरासी को उनके अभिवादन से पहले अभिवादन करने में कोई संकोच नहीं करते। यह बात मैंने अनेक अध्यापकों में देखी, पर प्रो. पुरुषोत्तम अग्रवाल तो सेन्टर में आते ही अनस

भाई या दुलारे जी को पहले नमस्ते करते थे। उनकी इस बात ने हममें भी कर्मचारियों के प्रति सम्मान भाव रखने की प्रेरणा जगाई। यहाँ पर नियम सभी के लिए एक ही है, चाहे वह वी.सी. हों, प्रोफेसर हों, विद्यार्थी हों या कोई कर्मचारी। एक उदाहरण जिससे यहाँ के वातावरण को समझने में सहूलियत होगी। सांस्कृतिक प्रोग्राम चल रहा था। जनता हॉल में ठसाठस भरी थी। अचानक प्रोग्राम के बीच में वी.सी. साहब पधारे। यह देखकर कि भीड़ बहुत ज्यादा है, दरी के पिछले कोने पर चुपचाप बैठ गए और प्रोग्राम देखने लगे। ऐसा दृश्य क्या किसी अन्य शिक्षण संस्थान या कार्यालय में देखने को मिलेगा?

जे.एन.यू. में 'स्टूडेंट्स यूनियन' की भूमिका महत्त्वपूर्ण है। यहाँ पर छात्रों के प्रवेश, हॉस्टल की समस्या या कोई अन्य समस्या हो, 'स्टूडेंट यूनियन' हमेशा छात्रों के साथ होती है। केवल कैम्पस की समस्या ही नहीं बल्कि देश-दुनिया में चल रही समस्याओं, विचारों, मुद्दों आदि पर उनका स्टैंड होता है। इसके लिए तर्कपूर्ण पर्चे निकालना तथा उस विषय से जुड़े विचारकों के व्याख्यान कराना आदि आम बात है, जिससे यहाँ के छात्रों को बौद्धिक उत्प्रेरणा मिलती है और उनमें एक तार्किक समझ भी विकसित होती है। यहाँ हर मुद्दे को स्वस्थ बहस का विषय बनाया जाता है। चाहे वह राष्ट्रीय हो या अन्तर्राष्ट्रीय, जैसे—विनायक सेन की गिरफ्तारी की बात हो या बुश की निरंकुश नीतियाँ या फिर आस्ट्रेलिया में इंडियन स्टूडेंट्स के नस्लभेद के शिकार होने सम्बन्धी बात—यहाँ का छात्र-संघ हमेशा सक्रिय दिखाई देता है। जुलूस निकाले जाते हैं, विरोध प्रदर्शन होता है।

बौद्धिक व्याख्यान के साथ ही यहाँ सांस्कृतिक कार्यक्रम भी प्रस्तुत किए जाते हैं जिसमें प्रसिद्ध लोगों को बुलाया जाता है। जिसे छात्र-छात्राएँ, शिक्षक आदि सभी एक साथ बैठकर देखते-सुनते हैं जिससे सामूहिकता का बोध होता है, जिसमें किसी भी प्रकार का भेदभाव नहीं बरता जाता। मुझे याद आता है कि किस तरह तीजन बाई ने कहा था कि वे पहली बार लड़के-लड़कियों को इस तरह सहज भाव से एक साथ बैठे देख रही हैं और इस बात से बहुत खुशी हो रही है। बाकी जगहों पर तो अलग-अलग पंक्तियाँ होती हैं—वातावरण बड़ा असहज होता है।

यहाँ के वातावरण में सांस्कृतिक विविधता देखने को मिलती है। यहाँ राष्ट्र के हर कोने से विद्यार्थी आते हैं। खास करके विकासशील देशों के छात्रों के लिए यह एक बेहतरीन संस्था है। यहाँ के विद्यार्थी चाहे किसी भी गाँव, राज्य या मुल्क से आए हों, यहाँ के रंग में रँगते उन्हें देर नहीं लगती। जे.एन.यू. की संस्कृति बहुआयामी है। कहा जा सकता है कि यहाँ परम्परागत और आधुनिक दोनों तरह की संस्कृतियों को अपनाया गया है। एक तरफ जहाँ होली, दिवाली, ईद मिलन इफ्तार, सरस्वती पूजा, दुर्गा पूजा आदि मनाया जाता है वहीं दूसरी तरफ फ्रेशर्स वेलकम, हॉस्टल नाइट,

डी.जे. पार्टी आदि को भी उसी उत्साह के साथ यहाँ की संस्कृति में शामिल किया गया है।

होली का त्योहार जहाँ देश के दूसरे भागों में हुल्लड़ता और अभद्रता के लिए प्रसिद्ध है वहीं जे.एन.यू. में होली के सभी रंग मौजूद होते हैं लेकिन क्या मजाल कि कोई भी अभद्र हरकत करे। होली में अधिकांशतः गुलाल (सूखे रंग) का ही इस्तेमाल किया जाता है तथा जोर-जबरदस्ती से किसी को रंग नहीं लगाया जाता। होली, दिवाली, ईद जैसे बड़े त्योहार पर छात्र-छात्राएँ अपने टीचर के यहाँ उन्हें मुबारकबाद देने जाते हैं तथा टीचर भी उन्हें मुबारकबाद देते हैं, मिठाइयाँ खिलाते हैं। सरस्वती पूजा, दुर्गा पूजा में श्रद्धालु छात्र-छात्राएँ मूर्ति-पूजा करते हैं, कैम्पस में धार्मिक माहौल होता है, भोज-प्रसाद की भी व्यवस्था की जाती है। वहीं इफ्तार में हॉस्टल के मेस-टेबल पर हिन्दू-मुस्लिम, सिक्ख-ईसाई आदि सभी धर्मों के लोग एक साथ बैठकर इफ्तार करते हैं। क्रिसमस और ईस्टर आदि भी यहाँ उत्साह से मनाया जाता है तथा पंजाबियों की लोहड़ी भी 13 जनवरी की रात नाच-गानों के साथ हॉस्टलों में मनाई जाती है। इसके अलावा 'स्टेट प्रोग्राम' भी किए जाते हैं, जैसे—राजस्थान, केरल, उड़ीसा आदि का सांस्कृतिक प्रोग्राम, जिसमें वहाँ के नाच-गानों और व्यंजनों का लोग भरपूर आनन्द उठाते हैं।

आज भूमंडलीकरण के दौर में जे.एन.यू. में जो परिवर्तन देखने को मिल रहा है उसका एक कारण यह है कि यहाँ के सभी विद्यार्थियों को किसी-न-किसी रूप में स्कॉलरशिप मिल रही है। इसलिए ब्रांडेड चीजों के प्रति लगाव बढ़ा है। पहले जहाँ बौद्धिकता और तार्किकता हावी थी वहीं आज फैशन का अन्धानुकरण भी बढ़ा है। पहले जहाँ लोग बस, साइकिल या फिर कैम्पस के लिए पैदल यात्रा करना पसन्द करते थे वहीं आज बाइक, स्कूटर, कार आदि लोगों की आवश्यकता बन चुकी है। लेकिन फिर भी जैसे परम्परा का पालन कर खुद को तृप्त करने के लिए 'नेस्ले' की कॉफी शॉप का विरोध करना जे.एन.यू. के क्रान्तिकारी नहीं भूलते। रोज़मर्रा की जिन्दगी में बहुराष्ट्रीय कम्पनियों को रचा-बसा लेने के बाद 'नेस्ले' के 24×7 को कैम्पस में न आने देना कुछ लोगों को जे.एन.यू. कल्चर की विजय लगती है। पर क्या सचमुच यह विजय है—या सिर्फ़ पाखंड? जो हो, अभी तो जे.एन.यू. में ढाबों की जगह 'नेस्ले' नहीं ले पाया है।

यह कहते गर्व हो रहा है कि कुल चालीस साल पुरानी इस संस्था का क्या कहना! आज यहाँ के टीचर और स्टूडेंट्स अपनी गुणवत्ता के कारण देश के विकास के हर क्षेत्र में अपना योगदान दे रहे हैं। सामाजिक, राजनीतिक, सांस्कृतिक, साहित्य, विज्ञान और प्रशासन आदि के क्षेत्र में जे.एन.यू. की महत्त्वपूर्ण उपस्थिति को नकारा नहीं जा सकता।

एक पक्ष यह भी

प्रोफेसर नामवर सिंह और जे.एन.यू. पुस्तकालय

लक्ष्मीनारायण मलिक

यद्यपि मुझसे नामवर जी का विद्यार्थी होने का सौभाग्य तो प्राप्त नहीं हुआ, परन्तु जे.एन.यू. के पुस्तकालय में कार्यरत होने के नाते सप्ताह में कई बार नामवर जी की सेवा करने का मौका मिल जाता था। नामवर जी पुस्तकालय में नियमित रूप से आते थे और पुस्तकालय की अधिकांश पुस्तकों पर उनका अचम्भाजनक नियन्त्रण था। साहित्य तथा अन्य सम्बन्धित विषयों की नई पुस्तकें तो शायद ही उनकी नजर से बच पाती थीं। जे.एन.यू. पुस्तकालय के पत्रिकाओं के विभाग में तो वह नए लेखों के अध्ययन में घंटों बिता देते थे, जैसे ही नामवर जी पुस्तकालय में प्रवेश करते थे, पुस्तकालय में कार्यरत कर्मचारी वर्ग उनका स्वागत करता और उनकी वांछित पाठ्य सामग्री की तलाश में जुट जाता था। अक्सर डॉ. साहब (नामवर जी को हम सब डॉ. साहब कहते थे) अपनी पुस्तकों को खोजने का काम मुझे ही सौंपते थे। डॉ. साहब की पुस्तकों को खोजने में मैं अपने आपको धन्य समझता था और कम-से-कम समय में मैं उनका दिया हुआ काम कर देता था। पुस्तकालय के मेरे कुछ सहकर्मियों को यह गवारा नहीं होता था उनको ईर्ष्या होती थी कि डॉ. साहब मुझे ही क्यों पूछते हैं और उनको क्यों नहीं कोई कार्य सौंपते। जैसे ही डॉ. साहब पुस्तकालय में आते तो वे तुरन्त उनके सामने आ जाते और उनकी सहायता के लिए अपने आपको पेश करते थे, लेकिन डॉ. साहब उनसे कहते कि मलिक कहाँ है, उसको बुलाओ और उनको जिस पुस्तक की आवश्यकता होती मैं उनके लिए ढूँढ लाता। एक बार डॉ. साहब पुस्तकालय में आए और कहा कि कुछ समय पहले पुस्तकालय में एक पुस्तक खरीदी गई थी जिसके लेखक का नाम और टाइटल उनको याद नहीं है लेकिन उस पुस्तक का विषय उन्होंने बताया। मैंने उस विषय को क्लासीफिकेशन नम्बर में तब्दील किया और कैटलॉग के क्लासीफाइड पार्ट में उस पुस्तक को ढूँढ़ लिया। डॉ. साहब उस पुस्तक को पाकर प्रसन्न हो गए, उनकी यह प्रसन्नता मेरे लिए एक महान बुद्धिजीवी द्वारा दिए गए सर्टिफिकेट से कम न थी।

डॉ. साहब का व्यवहार पुस्तकालय के सभी कर्मचारियों के प्रति बहुत ही स्नेहपूर्ण और सौहार्दपूर्ण था। वह अपने आपको उनके स्तर तक ले जाते और बहुत ही सरल भाव से उनसे बात करते थे। उनका यह व्यवहार हम सबके दिलों में उनके प्रति श्रद्धा और सम्मान को और बढ़ा देता था। पुस्तकालय के कुछ कर्मचारी खैनी का इस्तमाल करते थे। जब डॉ. साहब मित्रता के भाव में उनको अपने लिए खैनी तैयार करने को कहते तो वे बहुत प्रसन्नता से डॉ. साहब को खैनी पेश करते। खैनी का प्रयोग बाँटकर करना आपस में प्रेमभाव का सूचक माना जाता है।

जे.एन.यू. से सेवा-निवृत्ति के बाद भी डॉ. साहब जे.एन.यू. पुस्तकालय का निरन्तर प्रयोग करते रहे। प्रोफेसर एमिरेटस होने के नाते वह पुस्तकालय के सदस्य बने रहे और हमको उनकी सेवा करने का अवसर मिलता रहा। जे.एन.यू. पुस्तकालय से उनको विशेष लगाव है। उन्होंने अपने निजी पुस्तकालय से हजारों की तादाद में पुस्तकें जे.एन.यू. पुस्तकालय को भेंट में दीं जो कि विद्यार्थियों के लिए बहुत उपयोगी सिद्ध हुईं। जब भी डॉ. साहब जे.एन.यू. के किसी संगोष्ठी, भाषण या सेमिनार में आते तो पुस्तकालय में जरूर आते और अपनी वांछित अध्ययन सामग्री को ले जाते थे। डॉ. साहब जे.एन.यू. पुस्तकालय में ही नहीं बल्कि साहित्य अकादमी जैसे अन्य पुस्तकालयों में भी जाते थे और उनको याद रहता था कि अमुक पुस्तक किस पुस्तकालय में है। एक बार डॉ. साहब को जे.एन.यू. प्रशासन की किसी मीटिंग में आना था और उनके पास समय का अभाव था। उन्होंने विश्वविद्यालय के हिन्दी सेल में कार्यरत शर्मा जी को टेलीफोन करके एक पुस्तक के लेखक तथा टाइटल बताकर कहा कि वह पुस्तक को पुस्तकालय से लेकर अपने पास रख लें और वह उनसे ले लेंगे। शर्मा जी मेरे पास आए और हम दोनों ने उस पुस्तक को पुस्तकालय के मानविकी विभाग के कैटलॉग में देखा। हमको वह वहाँ नहीं मिली और हमने डॉ. साहब को टेलीफोन पर बताया कि यह पुस्तक तो पुस्तकालय में नहीं है। लेकिन उन्होंने कहा कि यह पुस्तक उन्होंने जे.एन.यू. पुस्तकालय में देखी है और हमको दुबारा अच्छी तरह से तलाश करने को कहा। अक्सर डॉ. साहब की पुस्तकें मानविकी संग्रह में मिल जाती थीं हमने दुबारा वहीं देखने की कोशिश की लेकिन हमको सफलता नहीं मिली। तब अचानक मेरे दिमाग में आया कि कहीं यह पुस्तक सोशल साइंसेस में तो नहीं है? हमने सोशल साइंसेस के कैटलॉग में देखा तो पुस्तक वहाँ मिल गई और पुस्तक न मिलने पर जो ऑकवर्ड सिचुएशन पैदा होती उससे हम दोनों बच गए।

डॉ. साहब आज भी स्वाध्याय और लेखन कार्य में उसी तरह व्यस्त रहते हैं, जैसे वे जे.एन.यू. तथा अन्य विश्वविद्यालयों में अध्यापन काल के दौरान रहते थे। अन्त में हम कामना करते हैं कि वह इसी तरह साहित्य जगत की सेवा करते रहें और हम सबका मार्गदर्शन करते रहें।

स्मृतियों के वातायन से...

के.एम. शर्मा

एक दिन अचानक डॉ. सुमन केशरी का फोन आया। वे 'जे.एन.यू. में नामवर सिंह' पर एक पुस्तक सम्पादित करना चाहती थीं। उसके लिए उन्होंने मुझसे भी कुछ लिखने के लिए कहा तो मैं कुछ समझ नहीं पाया कि क्या लिखूँ। प्रो. नामवर सिंह जी के बारे में लिखना मुझ जैसे व्यक्ति के लिए बहुत मुश्किल काम है लेकिन सुमन केशरी जी के आदेश के अनुसार कुछ तो लिखना ही था।

मैं प्रो. नामवर सिंह जी से 1971 में जोधपुर में पहली बार मिला था। मैं उनको पिता समान मानता हूँ। वे भी मुझसे कुछ इसी तरह का स्नेह करते हैं। मैं आज जो कुछ भी हूँ वह उन्हीं की वजह से हूँ।

नामवर जी जोधपुर से 1974 में क.मा.मुं. हिंदी विद्यापीठ के निदेशक बनकर आगरा गए और कुछ समय के बाद ही 1 नवम्बर, 1974 को जे.एन.यू. आ गए। उन्हें जे.एन.यू. ज्वाइन करने के लिए आमन्त्रित किया गया था। नामवर जी उन प्रतिष्ठित विद्वानों में से एक हैं जिन्हें जे.एन.यू. ज्वाइन करने के लिए विशेष रूप से आमन्त्रित किया गया था। मैं भी जोधपुर से आगरा गया था, लेकिन उन्होंने कहा कि अब तुम जे.एन.यू. आना। शीघ्र ही मैं भी जे.एन.यू. आ गया। नामवर जी ने शुरू में दक्षिणी दिल्ली के सर्वोदय एन्क्लेव में घर लिया था। मैं जब 13 दिसम्बर, 1974 को दिल्ली आया तो सीधे इनके घर पहुँचा। वहाँ से एक मिनी बस चलती थी। इससे वे मुझे जे.एन.यू. लेकर आए और भारतीय भाषा केन्द्र में ज्वाइन कराया। आज भी याद है कि उन्होंने मुझे बस से उतरने-चढ़ने के बारे में बताया कि बस से उतरते समय बस के आगे की तरफ मुँह करके उतरना चाहिए। कुछ समय सर्वोदय एन्कलेव में रहने के बाद वे जे.एन.यू. कैम्पस में मकान नं 109 (उत्तराखंड) में आ गए और रिटायरमेंट तक उसी घर में रहे। जे.एन.यू. कैम्पस में आने के बाद वे न्यू कैम्पस से ओल्ड कैम्पस अक्सर बस से या पैदल जाते थे।

भारतीय भाषा केन्द्र शायद देश में पहला ऐसा विभाग था जहाँ पर हिन्दी-उर्दू

का एक साथ अध्ययन-अध्यापन शुरू हुआ। यहाँ पर हिन्दी के विद्यार्थी उर्दू और उर्दू के विद्यार्थी हिन्दी का एक अनिवार्य कोर्स पढ़ते हैं। नामवर जी ने यहाँ सबसे पहले नई तरह की पाठ्यचर्या विकसित की। यह पाठ्यचर्या अन्य विश्वविद्यालयों से भिन्न थी। यहाँ पर एम.ए. और एम.फिल. स्तर पर परम्परागत कोर्सों से हटकर नए-नए कोर्स शुरू किए गए।

नामवर जी ने भारतीय भाषा केन्द्र में हिन्दी-उर्दू के अध्यापकों और छात्रों की साझी भागीदारी तैयार की। उनके नेतृत्व में केन्द्र में होली और ईद मिलन बड़े ही उत्साह के साथ मनाए जाते थे। केन्द्र में ऐसे साहित्यिक-सांस्कृतिक कार्यक्रमों के जरिए अध्यापकों और विद्यार्थियों के बीच सद्भाव कायम हुआ। उस समय केन्द्र में अकादमिक चर्चाएँ, कविता पाठ और शेरो-शायरी के कार्यक्रम नियमित रूप से आयोजित किए जाते थे।

उस समय अध्यापकों और छात्रों के बीच घनिष्ठ सम्बन्ध थे। आए दिन छात्रावासों में भोजन के बाद किसी-न-किसी विषय पर अकादमिक-राजनीतिक चर्चाएँ होती थीं। अध्यापकों के घरों पर भी बारी-बारी से महीने में एक-दो बार इस तरह की चर्चाएँ तथा कविता पाठ और शेरो-शायरी के कार्यक्रम आयोजित किए जाते थे। इनमें प्रो. नामवर सिंह सहित हिन्दी-उर्दू के अध्यापक और छात्र भाग लेते थे। उन्हीं के कारण इन कार्यक्रमों में विश्वविद्यालय के रेक्टर प्रो. मूनिस रज़ा भी हिस्सा लेते थे। दरअसल ये ऐसे प्रयास थे जिनसे विश्वविद्यालय में हिन्दी का माहौल बनता चला गया और इनमें प्रो. नामवर सिंह जी की अहम भूमिका रही।

भारतीय भाषा केन्द्र नामवर जी के नाम से जाना जाता था। कोई छात्र नौकरी के लिए कहीं साक्षात्कार देने जाता था तो उससे पूछा जाता था कि आप नामवर जी के छात्र हैं। नामवर जी का छात्र होने का अर्थ था—विषय की अच्छी जानकारी। यही कारण था कि उनके नाम से ही छात्रों को नौकरी मिल जाती थी। बिहार में लम्बे अन्तराल के बाद हिन्दी के अध्यापकों की जगह निकलीं। उस समय शायद ही कोई विद्यार्थी जे.एन.यू. में ऐसा रहा होगा जिसने एप्लाई किया हो और उसकी नियुक्ति न हुई हो।

प्रो. नामवर सिंह जी उन अध्यापकों में से एक हैं जो नियमित रूप से पुस्तकालय जाते थे। शायद ही कभी ऐसा हुआ हो कि नामवर सिंह जी जे.एन.यू. में हों और पुस्तकालय नहीं गए हों। पुस्तकों और पत्र-पत्रिकाओं से उनका अनूठा प्रेम है। उनको पता है कि कौन-सी पुस्तक पुस्तकालय में कहाँ पर रखी है और उसकी जिल्द का कौन-सा रंग है। पुस्तकालय के अटेंडेंट से लेकर पुस्तकालयाध्यक्ष तक से उनके अच्छे सम्बन्ध थे और आज भी हैं। रिटायरमेंट के बाद आज भी जब कभी वे जे.एन.यू. आते हैं तो पुस्तकालय अवश्य जाते हैं। वे हिन्दी ही नहीं अपितु देश-विदेश से

प्रकाशित विभिन्न विषयों की पुस्तकें और पत्र-पत्रिकाएँ पढ़ते हैं। उन्हें अपनी रुचि की पुस्तकों के प्रकाशन की जानकारी पुस्तकालय में पुस्तक डिस्प्ले होने से पहले ही होती है। वह जहाँ कहीं भी जाते हैं वहाँ के पुस्तकालय में अवश्य जाते हैं। उनके पास स्रोत सामग्री का अपार भंडार है।

कैम्पस में शॉपिंग सेन्टर के सामने उनका आवास था। वहाँ पर पुस्तकों और पत्र-पत्रिकाओं की गीता बुक सेन्टर के नाम से 'दादा' की दुकान है। 'दादा' तो अब नहीं रहे लेकिन दुकान अब भी है। वे नियमित रूप से उस दुकान में भी जाते थे और अपनी पसन्द की पुस्तकें और पत्र-पत्रिकाएँ मँगवाते और खरीदते थे।

अध्यापन के प्रति उनकी रुचि एक मिसाल है। वे कितने भी व्यस्त क्यों न हों क्लास अवश्य लेते थे। जोधपुर में मैं देखता था कि यदि वे किसी काम से दिल्ली या अन्य किसी जगह जाते थे तो सुबह की फ्लाइट से क्लास लेने जोधपुर अवश्य पहुँच जाते थे। विद्यार्थी भी इनकी क्लास मिस नहीं करते थे। इसे अध्यापन के प्रति उनकी रुचि कहिए या कर्तव्य के प्रति निष्ठा!

क्लास में वे विद्यार्थियों को खुलकर चर्चा करने का मौका देते थे। मैंने देखा है कि यदि कोई विद्यार्थी क्लास टेस्ट या सेमिनार/टर्म पेपर पर अंक देने के बाद उनसे चर्चा करता था और उन्हें लगता था कि इसे और अच्छे अंक मिलने चाहिए तो वे सभी विद्यार्थियों के सामने उसे अधिक अंक भी देते थे।

शुरू में कैम्पस में विद्यार्थियों और अध्यापकों में निकट सम्बन्ध थे। नामवर जी जब जे.एन.यू. कैम्पस में शाम में घूमते थे तो उनके साथ अनेक विद्यार्थी भी होते थे। घूमते हुए उनमें अकादमिक और देश-विदेश की चर्चाएँ होती थीं। शाम को गंगा ढाबा पर विद्यार्थियों के साथ बैठकर चाय पीने और चर्चा करने में उन्हें कोई संकोच न था। उनके घर पर भी विद्यार्थियों का आना-जाना लगा रहता था। उस समय विश्वविद्यालय में विद्यार्थियों के लिए बसों की अच्छी व्यवस्था थी। संगोष्ठी आदि में भाग लेने के लिए विद्यार्थियों को विश्वविद्यालय से बस उपलब्ध हो जाती थी। प्रो. नामवर सिंह विद्यार्थियों में इतने लोकप्रिय थे कि जब भी वे दिल्ली या दिल्ली के आस-पास व्याख्यान देने जाते थे तो उन्हें सुनने के लिए विद्यार्थी विश्वविद्यालय की बस लेकर उनके साथ जाते थे।

भारतीय परिधान के कारण भी प्रो. नामवर सिंह जी की विश्वविद्यालय में अपनी एक पहचान थी। कुर्ता-धोती पहननेवाले शायद वे जे.एन.यू. में पहले प्रोफेसर थे। उनके आने से पहले थोड़े से छात्र एम.ए. हिन्दी में आ चुके थे। 1975 से हिन्दी और उसके बाद उर्दू में विद्यार्थियों के आने के बाद से जे.एन.यू. का माहौल बदला।

शुरू में जे.एन.यू. में अंग्रेजी का बोलबाला था। विद्यार्थी हिन्दी बोलने में झिझकते थे। उसी दौरान नामवर जी के अंडर में एक शोध छात्र अलीगढ़ से आए। उनका

नाम चौधरी रामबीर सिंह था। वे अचकन, चूड़ीदार पाजामा और टोपी पहनते थे। प्रो. नामवर सिंह जी के गरिमामय व्यक्तित्व के कारण रामबीर सिंह ने उनका चरण स्पर्श करना शुरू किया। उस समय जे.एन.यू. के विद्यार्थियों में ऐसी कोई परम्परा न थी। जे.एन.यू. में भारतीय गुरु-शिष्य परम्परा के मिसाल की शुरुआत रामबीर सिंह ने की, इसमें कोई दो मत नहीं है।

रामबीर सिंह ने छात्र यूनियन का चुनाव लड़ा और चुनाव सभा में पहली बार हिंदी में भाषण दिया। धीरे-धीरे भारतीय भाषा केन्द्र के विद्यार्थियों की संख्या बढ़ती गई। प्रो. नामवर सिंह जी के नेतृत्व में, विद्यार्थियों की साहित्यिक, सांस्कृतिक और राजनीतिक गतिविधियों के जरिए, जे.एन.यू. का माहौल हिन्दीमय हो गया। हिन्दी के शोध-छात्र श्री जगदीश्वर चतुर्वेदी जे.एन.यू. छात्रसंघ के अध्यक्ष बने। उर्दू के शोध-छात्र श्री शकील अहमद खान भी जे.एन.यू. छात्रसंघ के अध्यक्ष बने। बाद में जे.एन.यू. छात्रसंघ चुनाव में 'प्रेसीडेंसियल स्पीच' हिन्दी में भी होने लगी। इस प्रकार कैम्पस में हिन्दी भाषाभाषी छात्रों का बोलबाला हो गया और हिन्दी बोलने में विद्यार्थियों की झिझक समाप्त हो गई।

उन दिनों केन्द्र में अध्यापक एक साथ बैठकर लंच करते थे। केन्द्र से सम्बन्धित अहम मुद्दों पर भी इसी दौरान चर्चा हो जाती थी। प्रो. नामवर सिंह जी जे.एन.यू. में दो बार केन्द्र के अध्यक्ष और एक बार भाषा संस्थान के डीन रहे। उनके कार्यकाल के दौरान केन्द्र स्तर पर सेन्टर, फैकल्टी और एस.एफ.सी. आदि और संस्थान स्तर पर अध्ययन मंडल की बैठकें सौहार्दपूर्ण वातावरण में सम्पन्न होती थीं।

जे.एन.यू. में हिन्दी अध्ययन-अध्यापन के लिए भारतीय भाषा केन्द्र की स्थापना से लेकर हिन्दी के प्रचार-प्रसार के लिए हिन्दी यूनिट की स्थापना में भी नामवर सिंह जी की अहम् भूमिका रही। वे हिन्दी यूनिट के लम्बे समय तक सलाहकार रहे।

जवाहरलाल नेहरू विश्वविद्यालय में भारतीय भाषाओं की सम्मानजनक स्थिति के निर्माण में प्रो. नामवर सिंह जी का महत्त्वपूर्ण योगदान है।

डॉ. साहब के बारे में मुझ नाचीज़ की ज़बानी

अनस अहमद

हज़ारों साल नर्गिस अपनी बेनूरी पे रोती है
बड़ी मुश्किल से होता है चमन में दीदावर पैदा

डॉ. सुमन केशरी के मुहब्बत भरे हुक्म ने अचानक मुझे झंझोड़ दिया और मैं यह सोचने पर मजबूर हो गया कि मुझ जैसा जाहिल आदमी जिसका लिखने-पढ़ने से दूर-दूर तक कोई वास्ता नहीं, वह प्रोफेसर नामवर सिंह जैसी अज़ीम शख़्सियत के बारे में लिखने की कैसे कोशिश कर सकता है? दूसरी तरफ यह भी था कि डॉ. सुमन केशरी की बात को कैसे मना करूँ क्योंकि सुमन जी की मैं जितनी इज़्ज़त करता हूँ शायद उससे दस गुना वह मेरी इज़्ज़त करती हैं और यह ख़ूबी जे.एन.यू. की ख़ास करके पुराने विद्यार्थियों में ख़ूब पाई जाती है। इन सब चीज़ों की वजह से आख़िरकार मैंने यह हिम्मत की और यह सोचा कि अगर डॉ. साहब की शान में लिखने में कुछ ऊँच-नीच हो गई तो मैं डॉ. साहब से माफ़ी माँग लूँगा और वे यक़ीकन मुझे माफ़ कर देंगे।

21 अक्तूबर, सन् 1975 को सेन्टर ऑफ़ इंडियन लैंग्वेजेज़ के दफ़्तर में मेरा पहला दिन था। लंच के वक़्त अचानक एक आवाज़ सुनाई दी—'कांचीमल!' मेरे बराबर वाली सीट पर बैठे शर्मा जी झटके से अपनी कुर्सी से खड़े हुए और दफ़्तर से बाहर निकले, तब मेरी नज़र एक लम्बे क़द वाले व्यक्ति पर पड़ी जो सफ़ेद लिबास पहने हुए थे। शर्मा जी से यह कहते हुए "ठीक है, मैं जा रहा हूँ, अब कल आऊँगा," बिल्डिंग से बाहर चले गए। शर्मा जी ने उनके यह सब कहने के दौरान तीन-चार बार गर्दन हिलाई और आकर वापस अपनी कुर्सी पर बैठ गए। उसी दिन पता चला कि जिन्हें हम शर्मा जी कहते हैं, उनका नाम कांचीमल शर्मा है। शर्मा जी से मैंने पूछा यह कौन हैं? तो उन्होंने बताया कि यह प्रोफेसर नामवर सिंह जी हैं और हमारे सेन्टर के हैड भी हैं।

प्रोफेसर नामवर सिंह जी की शख़्सियत, यानी सफ़ेद कुर्ता और धोती में उनको

देखकर न जाने मेरे दिमाग़ में यह बात कहाँ से आई कि यह कुछ कट्टर और धार्मिक होंगे और शायद इसी वजह से मुझे डॉ. साहब का सामना करने में घबराहट-सी होती थी। एक दिन शर्मा जी दफ़्तर में नहीं थे तो मुझे डॉ. साहब के सामने हाज़िर होना पड़ा। रोज़ाना की तरह उन्होंने पूछा, "कोई काम तो नहीं है? ठीक है, मैं अब घर जा रहा हूँ।" मैंने लम्बा ठंडा साँस लिया और शुक्र अदा किया। दरअसल मेरी नौकरी की शुरुआत थी और मेरी उम्र भी उस वक़्त 18 वर्ष ही थी। इसी तरह आहिस्ता-आहिस्ता डॉ. साहब का तक़रीबन रोज़ाना सामना होता था और गर्दन हिलाकर मैं आदाब या नमस्ते करता था। जवाब भी ठीक-ठीक मिलता था। इसी तरह हौसला बढ़ता गया और दिन-ब-दिन डॉ. साहब से नज़दीक आने में इज़ाफ़ा होता चला गया।

मुझे जे.एन.यू. में लानेवाले प्रोफेसर मुहम्मद हसन साहब थे और यहाँ तक पहुँचाने वाले प्रोफेसर नामवर सिंह जी। उर्दू की वजह से मेरा ताल्लुक प्रोफेसर मुहम्मद हसन साहब के साथ ज्यादा था और हिन्दी की वजह से शर्मा जी का प्रोफेसर नामवर सिंह जी के साथ। लेकिन दफ्तर एक ही था। मगर प्रोफेसर नामवर सिंह ने कभी इस नजरिए से नहीं देखा कि मैं प्रोफेसर हसन जी के साथ था और शर्मा जी उनके साथ, बल्कि हमेशा एक ही नजर से हम दोनों को देखा। शुरू में मेरी नियुक्ति जे.एन.यू. में डेली वेजिज़ पर हुई, फिर एडहोक और जब मेरा मुस्तकिल होने का वक़्त आया तो मैंने प्रोफेसर मुहम्मद हसन साहब से सिफ़ारिश के लिए कहा। प्रोफेसर हसन साहब ने फ़रमाया, "मैं कोशिश करूँगा ही मगर यह बात प्रोफेसर नामवर सिंह जी के कान में भी डाल दो।" बड़ी हिम्मत के बाद डॉ. साहब के कमरे में दाख़िल हुआ तो नामवर सिंह जी ने पूछा क्या बात है। मैंने गिड़गिड़ाकर कहा, "अगर आप रजिस्ट्रार से बात कर लें तो मेरा यह काम हो सकता है।" नामवर सिंह जी ने एक लम्बी ख़ामोशी के बाद "हूँ" करी और कहा "ठीक है देखते हैं।" मुझे ऐसा लगा कि जैसे मुझे टाल दिया मगर अगले दिन सुबह को अपने कमरे में दाखिल होने से पहले मुझे बुलाया और कहा कि "मेरी बात हो गई, आपका काम हो जाएगा।" मुझे यकीन नहीं आया। लेकिन डॉ. साहब अन्दर ख़ाने कोशिश करते रहे और यह सिर्फ उन्हीं की कोशिशों का नतीजा है कि आज मैं इस मुकाम तक पहुँच गया। भले ही डॉ. साहब रिटायर्ड हो गए हों मगर आज भी डॉ. साहब का सहारा लेने से हम नहीं चूकते और न ही कभी डॉ. साहब ने हमारे किसी काम को मना किया। डॉ. साहब का एक अपना अलग अन्दाज़ है, जिससे उन्होंने कह दिया ठीक है, देखते हैं, और यह कहते ही समझो उसकी नय्या पार हो गई। मेरे ऊपर डॉ. साहब के इतने एहसान हैं कि शायद सौ जन्म में भी मैं उन्हें चुका न सकूँ। इन सब बर्तावों की वजह से मैं अपने माँ-बाप के बाद डॉ. साहब को सब कुछ समझता हूँ।

ज़ाहिरी तौर से डॉ. साहब बहुत रूखे और कम बात करनेवाले लगते हैं, लेकिन

ऐसा नहीं है। डॉ. साहब को चापलूसी पसन्द नहीं है और न ही वह चापलूसी करवाते हैं और न ही कोई ग़ैरज़रूरी बात करते हैं। न जाने कितने ही लोग डॉ. साहब के दम से घर आबाद हैं। दुनियाभर की यूनिवर्सिटियों में एक्सपर्ट मेम्बर, चेयरपर्सन होने की वजह से उन्होंने वाइस-चांसलर, रजिस्ट्रार, प्रोफेसर, लेक्चरार और टीचर की नियुक्तियाँ की होंगी। मगर इस खुदगर्ज़ ज़माने में उन्होंने अपने बारे में कभी कुछ ज़्यादा नहीं सोचा, न ही किसी से अपने लिए सिफ़ारिश करवाई, वरना डॉ. साहब का किसी वाइस-चांसलर या गवर्नर जैसी पोस्ट पर होना मामूली-सी बात होती। हिन्दुस्तान के दो प्रधानमन्त्री जो कि डॉ. साहब के क्लासमेट और क़रीबी दोस्तों में से थे, उनके कहने पर भी डॉ. साहब ने कभी कोई ओहदा नहीं लिया और शायद इसी वजह से डॉ. साहब का किरदार बेदाग़ है और इंशाल्लाह बेदाग़ ही रहेगा। क्योंकि डॉ. साहब को दौलत व जायदाद में कोई दिलचस्पी नहीं है। उनकी सारी दिलचस्पी लिखने और पढ़ने में है।

डॉ. साहब के रोज़ाना के काम में से एक बहुत अहम काम जे.एन.यू. लाइब्रेरी जाना था और आज भी अगर वह विश्वविद्यालय आते हैं तो लाइब्रेरी ज़रूर जाते हैं। लाइब्रेरी का स्टाफ़ भी डॉ. साहब की बहुत इज़्ज़त करता है। किताबें डॉ. साहब की कमज़ोरी हैं, इसी वजह से अपने लाइब्रेरी कार्ड के अलावा दूसरों के कार्ड माँगकर किताबें हासिल करने में डॉ. साहब को कोई हिचक नहीं होती है।

डॉ. साहब बहुत मसरूफ़ियत के बाद भी क्लास को कभी मिस नहीं करते थे और अगर किसी वजह से क्लास मिस भी हो जाए तो एक्स्ट्रा क्लास लेते थे। विद्यार्थी भी एक्स्ट्रा क्लास लेने में कोई आपत्ति नहीं दिखाते थे। ऐसा देखने में बहुत कम आया है कि विद्यार्थी डॉ. साहब का इंतिज़ार करें और वह देर से आएँ, बल्कि डॉ. साहब पहले ही आ जाते थे। अपने सेन्टर के अलावा दूसरे सेन्टरों से भी विद्यार्थी उनकी क्लास में आज्ञा लेकर बैठ जाते थे, जिसके लिए डॉ. साहब ने कभी किसी को मना नहीं किया।

एम.फिल. और पी-एच.डी. के विद्यार्थी अपने चैप्टर्स दिखाने और डिस्कस करने के लिए आते तो डॉ. साहब चैप्टर्स को सुझाव के साथ विद्यार्थियों को समय पर वापस कर देते और विद्यार्थियों को कभी उनके आगे-पीछे घूमना नहीं पड़ता यानी किसी तरह का एक्सप्लाइटेशन उनके यहाँ नहीं पाया जाता है।

इसी तरह उनकी ईमानदारी में भी कोई शक व शुबा नहीं है। आए दिन दिल्ली या दिल्ली से बाहर सेमिनार, कॉन्फ्रेंस या ऑफ़िशियल मीटिंग के लिए जाते थे। अगर रेल से गए तो रेल का ही किराया लिया न कि हवाई जहाज़ का, अगर सरकारी कार इस्तेमाल की तो टैक्सी का किराया लेने से साफ़ इनकार कर देते थे। तक़रीबन 30 वर्ष के अरसे, मैं डॉ. साहब के इतने क़रीब रहा मगर मैं यह दावे से कह सकता

हूँ कि डॉ. साहब में कभी एक पैसे की भी गड़बड़ी नहीं देखने में आई। आजकल लोग रुपयों की वजह से सेमिनार या कॉन्फ्रेंस वगैरह में जाते हैं जबकि डॉ. साहब के जाने का मक़सद सिर्फ एकेडमिक था। उनके नज़दीक रुपए-पैसे की कोई अहमियत नहीं है।

सेन्टर में हेड, चेयरपर्सन होने के अलावा वह स्कूल ऑफ लैंग्वेज में डीन भी रहे। अकेडमिक के अलावा दफ़्तरी कामों में भी उनकी पकड़ अच्छी थी। वह यह ख़ूब जानते थे, किससे कैसे और क्या काम लेना है। इसी वजह से उनके मातहत काम करनेवाले हमेशा खुश रहे। जिस मीटिंग को नामवर जी चेयर करते थे उसमें किसी भी तरह की कोई नाखुशगवार बात नहीं होती थी और न ही किसी की हिम्मत होती थी कि कोई ग़ैरज़रूरी बात करे। कितना भी लम्बा एजेंडा हो मीटिंग बहुत ही कम वक़्त में ख़त्म हो जाती थी और बिना लम्बे-चौड़े डिस्कशन के सारे मामलात तय हो जाते थे और न ही कोई डॉ. साहब के फ़ैसले की मुख़ालफ़त करता था। यह सब बड़े खुशगवार माहौल में होता था। खुद कम बोलते थे, सबकी सुनते थे और बाद में एक लम्बी-सी हूँ करके मिनटों में फ़ैसला कर देते थे। कई दफ़ा तो मीटिंग शुरू होने से पहले ही ख़त्म हो जाती थी। आजकल की तरह नहीं कि एक आईटम पर दो-तीन घंटे मीटिंग चलती है और बिना किसी नतीजे के ही मीटिंग ख़त्म हो जाती है या यूँ कहिए कि दो-तीन घंटे की बहस के बाद अगली मीटिंग की तारीख़ या वक़्त ही तय किया जाता है। आपसी भेदभाव उस दौर में भी था मगर उनको लेकर कभी भी कोई तकरार नहीं होती थी। एक दूसरे का लिहाज़ हमेशा बरक़रार रहता था जो आज देखने को बहुत मुश्किल से नज़र आता है। लेकिन डॉ. साहब जी के सब्र की भी दाद देनी होगी जो कि हर बात बरदाश्त करते हैं और यही उनके बड़प्पन की निशानी है।

ज़ाहिर है प्रोफेसर नामवर सिंह ने सी.आई.एल. की बुनियाद रखी और सेन्टर को एक पौधे की तरह सींचा और यहाँ तक पहुँचाया, इसी वजह से आज भी जे.एन.यू. का सी.आई.एल. पूरे यूनिवर्सिटी जगत में जाना जाता है। डॉ. साहब का शागिर्द बनने और उनसे पढ़ने के लिए लोग दूर-दूर से दाख़िला लेने आते थे। उस दौर का सी.आई.एल. और आज का सेन्टर सबके सामने है। काश जो डॉ. साहब ने सी.आई.एल. को बनाने का ख़्वाब देखा था और जिस तरह के पाठ्यक्रम बनाए थे उसको हम बरक़रार रख सकें तो इससे बढ़कर डॉ. साहब के लिए और कोई ख़ुशी नहीं हो सकती।

डॉ. साहब के मिज़ाज में निहायत सादगी है, जिसमें किसी तरह की बनावट नहीं पाई जाती। जब सेन्टर ओल्ड कैम्पस में था और न्यू कैम्पस मकान नं. 109 में डॉ. साहब की रिहाइश थी, 1 बजे क्लास ख़त्म होने के बाद वापसी होती थी। उस

ज़माने में बस सर्विस बहुत कम थी। एक दिन मैंने डॉ. साहब से कहा, "सर रुकिए मैं आपको स्कूटर पर छोड़ देता हूँ," तो वह कहते हैं "अच्छा, चलो छोड़ दो।" और फिर कभी खुद भी इलतिजा भरे अन्दाज़ में कहते कि "मुझे छोड़ दोगे," मैं कहता, "क्यों नहीं, डॉक्टर साहब!" वे कभी हुक्मिया अन्दाज़ में नहीं बोलते थे। दफ़्तरी मामलात में दफ़्तर के स्टाफ़ पर बहुत भरोसा करते और हम भी डरते कि कभी अनजाने में गलती से किसी ऐसे पेपर पर साइन न करा दें, जिससे डॉ. साहब का हम पर से भरोसा उठ जाए। उनके इस नर्म रवैये की वजह से हमारे ज़मीर ने कभी ग़लत काम करने की इजाज़त नहीं दी। डॉ. साहब की सादगी का यह आलम था कि डीन बनने के बाद भी डीन के कमरे में सिर्फ जब कोई मीटिंग होती तभी जाते थे वरना अपने कमरे से ही सारे काम करते थे। ए.ओ. काग़ज़ात लेकर आते और दस्तख़त कराकर ले जाते थे। दूर-दूर तक उनमें कोई अफ़सरशाही वाली बात नहीं थी पर जहाँ तक रौब और डिसिप्लीन का सवाल है उसमें भी कोई कमी नहीं थी।

उनके मिज़ाज में नर्मी और इन्सानियत कूट-कूटकर भरी थी। डॉ. साहब बिना किसी लालच या फ़ायदे के सबकी मदद करते थे। कभी भी मैंने डॉ. साहब के मुँह से यह नहीं सुना कि मैंने किसी को प्रोफेसर या वाइस-चांसलर या टीचर जैसे औहदे पर पहुँचाया या किसी की कभी मदद की। यह ख़ूबी बहुत कम लोगों में पाई जाती है।

कोई डॉ. साहब का एहसानमन्द हो या न हो मगर मैं डॉ. साहब का तमाम ज़िन्दगी एहसान नहीं भूल सकता। इतने मोहब्बत व खुलूस से आज तक मेरे साथ पेश आते हैं। मैं डॉ. साहब पर अपना हक़ समझता हूँ और बड़ी बेतकल्लुफ़ी के साथ अपनी ज़रूरत उनके सामने रखता हूँ, मगर उन्हें कभी भी बुरा नहीं लगता और वह मेरे लिए दिलो जान से काम आते हैं। अल्लाह से यह दुआ है कि डॉ. साहब की उम्र में बरकत हो, तन्दुरुस्ती व इज़्ज़त हमेशा बरक़रार रहे और हमारे सरों पर उनका साया अल्लाह की नेमत बनकर हमेशा रहे। आमीन!

नामवर सिंह
तब और
अब...

रामविलास शर्मा के जन्मदिन पर (बाएँ से दाएँ) नागार्जुन, रामविलास शर्मा, नामवर सिंह, मैनेजर पाण्डेय और उनके पीछे है (दाएँ से बाएँ) अरुण महेश्वरी, अशोक महेश्वरी

फ़ैज़ अहमद फ़ैज़ के जे एन यू आगमन के अवसर पर

हबीब तनवीर के साथ

जे एन यू में फैपज़ के अभिनंदन के अवसर पर मुहम्मद हसन, फपहमीदा रियाज़, फपैज़, मूनिस रज़ा के साथ

बाबा नागार्जुन के साथ

रामविलास शर्मा के साथ

मोहम्मद हसन और केदारनाथ सिंह के साथ जे एन यू में

जे एन यू के अपने निवास पर
नागार्जुन के साथ

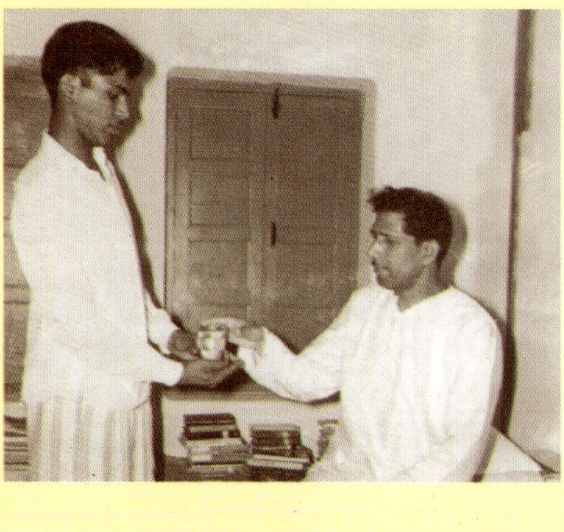

मदन लाल राव के साथ

सुमन-पुरुषोत्तम के पुत्र ऋत्विक का अक्षरारंभ कराते हुए और पीछे दिखाई दे रहे हैं विश्वनाथ त्रिपाठी

फोटो—सुधा केशरी

सुमन-पुरुषोत्तम के पुत्र ऋत्विक के जन्मोत्सव पर निर्मला जैन और लक्ष्मीनारायण अग्रवाल के साथ

प्रगतिशील लेखक संघ, बनारस के कार्यक्रम में अब्दुल बिस्मिल्लाह और पुरुषोत्तम अग्रवाल के साथ

25 मार्च, 1989 त्रिवेणी कला संगम, नई दिल्ली में, पाश की पुस्तक 'बीच का रास्ता नहीं होता' के लोकार्पण के अवसर पर शीला संधू, ओंकार सिंह, नामवर सिंह, चमन लाल और केदारनाथ सिंह

हरिद्वार में समीर वरण नंदी के साथ

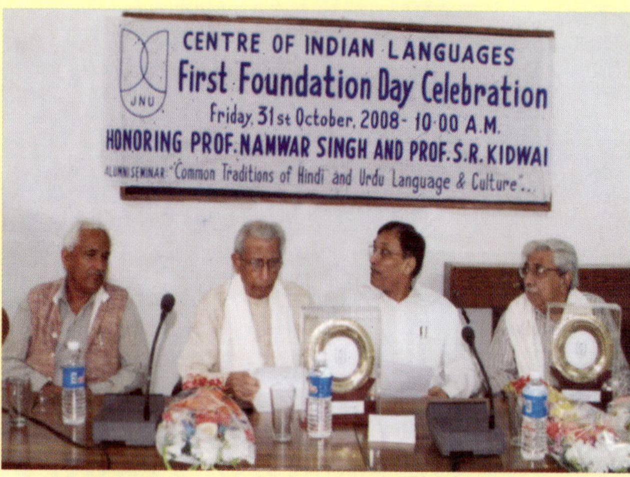

भारतीय भाषा केन्द्र के स्थापना दिवस समारोह में वरयाम सिंह, आर. कुमार और एस. आर. किदवई के साथ

कवि त्रिलोचन के साथ
विचार विमर्श करते हुए

जे एन यू में 22 जुलाई 2009
अपने पुराने सहकर्मियों के साथ
(बाएँ से बैठे हुए हैं)—अनस अहमद,
नामवर सिंह और के. एन. शर्मा
पीछे हैं रामदुलारे, मदन लाल राव

22 जुलाई 2009 को
जे एन यू में नामवर सिंह
फोटो-सौम्यानंद साही

कथाकार राजेन्द्र यादव के साथ एक आत्मीय प्रसंग

रॉबर्टो कलासो की पुस्तक 'क'
का लोकार्पण करते हुए

नामवर सिंह के
सहस्र चन्द्रोदय महोत्सव पर
ए. बी. वर्धन, कृष्णा सोबती
और अपनी बेटी समीक्षा के साथ

कवि कुँवर नारायण
के साथ

मुक्तिबोध प्रसंग, 1980 के अवसर
पर अशोक वाजपेयी के साथ

कथाकार काशीनाथ सिंह
एवं विश्वनाथ प्रताप सिंह
के साथ

22 जुलाई, 2009 को जे एन यू में नामवर सिंह एक यादगार मुद्रा में

पुस्तक की संपादक सुमन केशरी के साथ

प्रभाष जोशी के साथ भावपूर्ण मुद्रा में

22 जुलाई, 2009 को
जे एन यू में
पुस्तकालय के पास,
भावनात्मक मुद्रा में,
यहाँ नामवर सिंह अभी भी
आते रहते हैं

राजकमल प्रकाशन (स्थापना : 28 फरवरी, 1947) के 60 वर्ष पूर्ण होने पर एक भव्य समारोह 28 फरवरी, 2009 को नई दिल्ली में 'राजकमल प्रकाशन दिवस' के रूप में सम्पन्न हुआ।
इस अवसर पर श्रीमती शिरोमणि देवी (अशोक महेश्वरी की माताजी) नामवर सिंह और कृष्णा सोबती के साथ अपने अनुभवों और सहयोग को स्मरण करते हुए

28 फरवरी 2009 'राजकमल प्रकाशन दिवस' के अवसर पर, बाएँ से दाएँ– हरीश आनंद, सुरेश शर्मा, अशोक महेश्वरी, कृष्णा सोबती और नामवर सिंह

हम भी साथ हैं

अब बहुत फ़र्क़ दिखता है...

रामदुलारे

प्रश्न : आपकी मुलाकात नामवर जी से कैसे हुई?

उत्तर : नामवर जी से मेरी पहली मुलाकात जोधपुर में हुई। मैं वहाँ पहले से था। वहाँ नामवर जी जब डीन बने तब उन्हें दो चीजें मिलीं—एक टेलीफोन, दूसरा मैं। ऑफिस में मुझे बताया गया कि अब मुझे ऑफिस आने की जरूरत नहीं थी। मतलब अपनी मर्जी से आ-जा सकता था। मुझे नामवर जी के साथ ही रहना था। एक-दो साल उनके साथ रहा।

प्रश्न : आप दिल्ली कब आए? नामवर जी ने बुलाया आपको?

उत्तर : नामवर जी 1974 में दिल्ली आए और मैं 1976 में। जोधपुर में ही उनके एक मित्र सूडान जा रहे थे। मुझसे पूछा गया कि तुम जाओगे? मैं उनके साथ सूडान चला गया। वहाँ से आने पर पता चला कि नामवर जी जे.एन.यू. में प्रोफेसर हो गए हैं। दिल्ली में नामवर जी के साथ मदन जी थे। किसी कारणवश वे चले गए, तब नामवर जी ने योगेन्द्र जी से पूछा कि अब रोटी कैसे चलेगी? योगेन्द्र जी ने कहा कि एक लड़का है जोधपुर में—रामदुलारे। 1965 से 1973 के बीच मैं जोधपुर में नौकरी में था। मुझे टेलीग्राम भेजा गया—"रामदुलारे कम जे.एन.यू. सून।" 22 सितम्बर, 1976 को जब मैं दिल्ली आया तब से उनके साथ ही रहा।

प्रश्न : नामवर सिंह के बारे में जो खास बात लगती है वह बताएँ। कोई घटना? बहुत शान्त दिखाई पड़ते हैं—क्या कहना है आपको?

उत्तर : क्या बताऊँ? बाहर से तो ऐसा नहीं लगता था पर गुस्सा करते थे। बड़े अच्छे हैं। एक बार की बात है। जे.एन.यू. कैम्पस में ही बस से एक बार गिर गए। हाथ टूट गया। सफदरजंग अस्पताल ले जाया गया। पलस्तर कराया गया। डेढ़ महीने तक मैंने उनका सारा काम किया—घर का सारा काम, उनको नहाना-धुलाना, खिलाना आदि। किसी दोस्त ने यह देखकर कहा कि तुम दूसरे हाथ से नहीं खा सकते? उन्होंने जवाब दिया—क्या करूँ, जरूरत नहीं पड़ी इसलिए आदत भी नहीं पड़ी। एक बार

डेंगू हो गया। जिस वर्ष दिल्ली में खेल हुआ था शायद 1982 में। बुखार था। बाद में पता चला डेंगू हो गया है। उनके भाई काशीनाथ सिंह देखने आए थे। घर में सब लोग थे। लेकिन जब कोई बात होती तब वे कहते थे कि रामदुलारे को बुलाओ। कपड़ा, जूता, बंडी या कोई भी सामान जब नहीं मिलता, तब कहते, दुलारे को बुलाओ उसे सब पता है।

प्रश्न : नामवर जी का पहनावा विशिष्ट होता है। क्या आप उसमें सहायता करते थे?

उत्तर : नहीं, मैं क्या करूँगा! लेकिन वे तैयार होने से पहले बता देते कि उन्हें क्या-क्या चाहिए। मैं उन्हें तैयार कर उनके खाट पर रख देता था। वे पहन लेते थे।

प्रश्न : कोई विशेष आदत? या दूसरी कोई स्मृति?

उत्तर : उन्हें पान का बड़ा शौक है और पान को लेकर वे बहुत सतर्क रहते हैं। खाने के बाद उन्हें पान चाहिए। रात में दुकान बन्द न हो जाए इससे पहले ही वे मँगवा लेते थे। उनके लिए मैं पूरण के यहाँ से या पूर्वांचल से पान लाता था। तम्बाकू भी उनकी खास पसन्द का। अपने पास उस नम्बर का तम्बाकू रखते हैं। वे खैनी के भी बहुत शौकीन हैं। दो-तीन बार अच्छा पान न होने पर नाराज भी हुए थे।

प्रश्न : और कोई ऐसी बात? माता जी के बारे में, परिवार के बारे में?

उत्तर : माता जी बहुत अच्छी थीं। सबका ध्यान रखती थीं। पर वो ज्यादातर गाँव में रहती थीं। उन दिनों उनका लड़का विजय भटिंडा में फर्टिलाइजर कम्पनी में काम करता था। पर जब उसे उनसे कोई बात कहनी होती तब सीधे उनसे न कहकर मुझसे कहलवाता था। शादी होने के बाद उसने मेरे माध्यम से पूछा कि अम्मा को यहाँ ले आएँ। तब उन्होंने कहा कि यहाँ तो अभी जरूरत नहीं है। तब उसने पूछा कि वह अम्मा को अपने साथ ले जाए? तब उन्होंने जवाब दिया कि ले जाओ लेकिन उनकी यहाँ जरूरत नहीं है। उनकी बेटी तब बनारस से दसवीं कर रही थी। जब उसने ग्रेजुएशन में गार्गी कॉलेज में एडमीशन लिया तब माता जी भी यहीं दिल्ली आ गईं। एक समय नामवर जी सागर भी रहे। वहाँ उन्होंने कोई चुनाव लड़ा था, शायद लोकसभा का। (नामवर जी ने चुनाव बी.एच.यू. में पढ़ाते हुए, चन्दौली सीट से लड़ा था—सम्पादक) लेकिन हार गए। फिर दो-तीन वर्षों के लिए मास्को गए।

प्रश्न : 1976-77 के जे.एन.यू. और अब के जे.एन.यू. में आपको क्या फर्क दिखता है?

उत्तर : बहुत फर्क दिखता है। न तो आपके जैसे विद्यार्थी अब रहे और न ही टीचर। पहले के विद्यार्थियों में तहजीब थी। इज्जत से बात करते थे। अब विद्यार्थियों के बात करने का तरीका अलग किस्म का है। मिलने-जुलने का तरीका वैसा नहीं

है। बस आए कि भाई ये काम है, जल्दी करो। चाहे लंच हो या कुछ और। बस अभी कर दो, अभी ले लो, अभी दे दो। वो तरीका अब नहीं रहा यहाँ। पहले और अब में बहुत फर्क आ गया है। टीचर भी वैसे नहीं रहे। मेरा तो अगले जनवरी में रिटायरमेंट भी है।

प्रश्न : आज अगर आप नामवर जी को कोई सन्देश देना चाहेंगे तो क्या कहेंगे?

उत्तर : (सोचते हुए) क्या कहेंगे। सन्देश तो क्या देंगे?

प्रश्न : फिर भी, क्या कहेंगे?

उत्तर : यही रहेगा कि जो भी है सब ठीक है...आप खूब स्वस्थ रहें, पढ़ें-लिखें और कुछ नहीं। वैसे मैं जाता रहता हूँ उनके पास।

प्रश्न : जे.एन.यू. के स्टूडेंट्स को क्या कहेंगे? अगर आपको कुछ कहना हो? अगर कोई विद्यार्थी यह पूछे कि सुना है 1970-80 में जे.एन.यू. बड़ा अच्छा होता था। हम ऐसा क्या करें कि जे.एन.यू. वैसा बने? आप क्या कहना चाहेंगे?

उत्तर : अब तो बहुत मुश्किल है। न तो वैसे विद्यार्थी आएँगे, न होंगे और न जे.एन.यू. वैसा बनेगा। न वैसे टीचर होंगे।

प्रश्न : निराशा हो गई है?

उत्तर : हाँ, बिलकुल। चार-पाँच साल पहले फिर भी ठीक था। अब तो बिलकुल उजाड़-सा हो गया है। न तो टीचर को टीचर समझते हैं विद्यार्थी, न स्टाफ को स्टाफ समझते हैं, तुम-तड़ाक वाली बात। तुमने ऐसा नहीं किया, तुमने वैसा नहीं किया। हमलोग लंच में हों तब भी लोग चले आ रहे हैं कि अपना काम अभी ही करा के चले जाएँ। दूसरों की कोई परवाह नहीं। बस, अभी क्यों नहीं हो सकता। पहले लोग कागज़ दे जाते थे और लंच के बाद पूछते थे कि हुआ या नहीं। अब तो इतनी स्कॉलरशिप भी मिलती है लेकिन किसी को चैन नहीं है। पहले इतनी हड़बड़ी नहीं रहती थी। हम खुद ही छात्रों को कहते थे कि हो गया, ले जाओ।

एक बार डॉ. साहब, अपने डॉ. पुरुषोत्तम अग्रवाल जी भूख हड़ताल पर बैठे थे, नासिरा शर्मा वाले केस में। तब आपलोग एम.फिल. में थे और अग्रवाल साहब काउंसलर थे। पाँच दिनों तब भूख हड़ताल पर बैठे रहे। 1980 के आस-पास। वो झगड़ा था नासिरा शर्मा के पी-एच.डी. में एडमीशन को लेकर, प्रोफेसर अजहर से। पर उन्होंने कहा, नासिरा तो खुद ही एक प्रोफेसर की जितनी पढ़ी-लिखी है, अब उसे पी-एच.डी. करने की क्या जरूरत है। इससे तो एक सीट ही खराब होगी। बहुत जिद्दी थे। सब लोग जब ऑफिस बन्द कर जाते तो वो आते थे। एक दिन जब मैं लौट रहा था तब अजहर साहब मिले। मैंने पूछा, डॉ. साहब आ रहे हैं कि जा रहे हैं। उन्होंने जवाब दिया–मियाँ! अभी तो आ रहा हूँ मैं। बाकी सारे प्रोफेसर ठीक थे यहाँ। सभी डीन भी अच्छे हुए हमारे यहाँ। सावित्री चन्द्रा जैसा प्रोफेसर तो और

कोई हुआ ही नहीं, बहुत अच्छी थीं। बहुत सीधी थीं वो। किसी को कुछ कहती नहीं थीं। जून 1990 में सेन्टर न्यू कैम्पस आया। 1990 के मई में अग्रवाल जी ने ज्वाइन किया था। कुछ आगे-पीछे तलवार जी ने ज्वाइन किया था। अग्रवाल जी के पास पहले ही रामजस में आठ साल की नौकरी थी। इसलिए वो तलवार जी से सीनियर हुए। हालाँकि मैडम इस पोस्ट पर अपने प्रिय शिष्य अरुण प्रकाश को लाना चाहती थीं। अग्रवाल जी कबीर पर काम कर रहे थे तो मैडम चाहती थीं कि वो उनके साथ काम करे क्योंकि वो भक्तिकाल की एक्सपर्ट थीं। ये डॉ. नामवर सिंह के साथ कर रहे थे। तो मैडम नाराज हो गईं कि भक्ति की एक्सपर्ट मैं हूँ और तुम काम करने जा रहे हो नामवर जी के साथ में।

प्रश्न : अच्छा रामदुलारे जी, बहुत अच्छा लगा आपसे बात करना, धन्यवाद!

उत्तर : धन्यवाद!

(सुमन केशरी के साथ बातचीत)

बहुत संयमी हैं डॉक्टर साहब

मदन लाल राव

प्रश्न : कृपया अपने बारे में बताएँ? आप नामवर जी के सम्पर्क में कब और कैसे आए?

उत्तर : मेरा नाम मदन लाल राव है। फिलहाल जे.एन.यू. के एस.एल. में मैं कैन्टीन चलाता हूँ। मूलतः मैं राजस्थान के सोजत सिटी का रहनेवाला हूँ। नामवर जी से मेरी मुलाकात जोधपुर में 10 जुलाई, 1971 में हुई।

प्रश्न : आप तो सोजत सिटी में रहते थे फिर जोधपुर से जुड़ाव कैसे हुआ? नामवर जी से सम्पर्क कैसे हुआ?

उत्तर : मेरे पिता जी के एक परिचित थे—श्री चिरंजीलाल जी ओझा, जो जोधपुर के ही रहनेवाले हैं। उन्हीं के मकान में नामवर जी रहते थे। इसीलिए जोधपुर आना-जाना लगा रहता था। चिरंजीलाल जी ने ही मुझे चिट्ठी लिखी कि प्रोफ़ेसर साहब के यहाँ निजी सहायक की जरूरत है, तुम आ जाओ। चिट्ठी मिलते ही मैं जोधपुर आ गया। इस तरह नामवर जी के सम्पर्क में आया।

प्रश्न : जब नामवर जी जोधपुर में थे तब तो लोगों का आना-जाना लगा रहता होगा। उनके बारे में कुछ बताएँगे?

उत्तर : सबसे पहले विष्णु खरे आए थे। फिर भारत भूषण अग्रवाल आए। डॉ. रघुवंश भी आए थे। उनके हाथ बहुत छोटे थे। वे हाथ और पैर मिलाकर लिखते थे। पर उनकी लिखावट बहुत सुन्दर थी। बाबा नागार्जुन भी आए थे दिसम्बर 1971 में। वे प्रो. साहब को नामवर कहकर पुकारते थे। सर्दियों में वे दो पैंट पहनते थे। नहाने के बारे में पूछने पर बताते कि नहाते तो जवान लोग हैं। नामवर नहाएगा। यूनिवर्सिटी से भी लोग आते रहते थे।

प्रश्न : आप नामवर जी के साथ इतने समय तक रहे। उनकी दिनचर्या और आदतों के बारे में कुछ बताइए।

उत्तर : डॉक्टर साहब के दिन की शुरुआत नीबू की चाय के साथ होती थी।

नाश्ते के नाम पर सिर्फ एक गिलास दूध लेते थे। फिर यूनिवर्सिटी जाते क्लास के लिए। वहाँ से लौटकर दोपहर का खाना खाते। खाने-पीने के मामले में बहुत संयम करते थे। एक बार मैंने पूछा कि सब्जी क्या बनेगी। उन्होंने कहा कि जो आज बनाया वो कल मत बनाना। मैं समझ गया।

रात में खाने के बाद टहलते थे। बाकी समय वो बस पढ़ते रहते थे। पढ़ते-पढ़ते सो भी जाते थे, हाथ में किताब लिए-लिए ही।

वे वक्त के बहुत पाबन्द थे। अब भी हैं। उन्हें पान का बहुत शौक है। तम्बाकू को चैतन्य चूरण कहते हैं। डॉ. साहब बहुत सफाई पसन्द हैं।

प्रश्न : और कोई घटना जो आपको याद आती हो?

उत्तर : जोधपुर में नामवर जी के नाम का एक बोर्ड था जिसमें उनके नाम के पहले डॉ. लगा था। एक दिन मैंने वह बोर्ड दरवाजे के बाहर लगा दिया। शाम को एक औरत अपने बीमार बच्चे को लेकर आ गई और पूछने लगी कि डॉ. साहब कहाँ हैं? मैंने कहा, भाई ये तो किताबों के डॉक्टर हैं। फिर वो बोर्ड मैंने हटा दिया।

एक और घटना जो याद आती है तब शायद जे.एन.यू. आ गए थे। उन्हें मॉरीशस जाना था, अन्तर्राष्ट्रीय हिन्दी सम्मेलन में भाग लेने के लिए। तब मैंने पहली और आखिरी बार उन्हें कोट-पैंट में देखा था। यूँ तो आप जानती ही हैं कि वे धोती-कुर्ता पहनते हैं।

प्रश्न : आप तो नामवर जी के समय से ही जे.एन.यू. में हैं। तब और अब में क्या फर्क लगता है?

उत्तर : फर्क तो काफी आया है। मैं एक उदाहरण दूँगा। मेरे सामने की बात है। शुरुआत में एम.ए. की परीक्षा में प्रश्न पत्र नहीं मिलते थे। चॉक से बोर्ड पर प्रश्न लिख दिया जाता था। और कोई समय सीमा भी नहीं थी। स्टूडेंट चाहे तो घूम-फिर कर, गप्पें मारकर शाम तक पेपर जमा कर सकता था। अब तो दूसरे जगहों जैसी ही प्रक्रिया अपनाई जाती है। एक बार तो यह भी हुआ कि किसी गलतफ़हमी की वज़ह से छात्र परीक्षा देने नहीं पहुँचे। जानती हैं आप, तब असलम साहब खुद उन्हें लेकर आए...बड़ी यादें हैं...शुरुआती दिनों में स्टूडेंट्स सादा पहनते थे और बड़े ज्ञान की बातें करते थे...अब तो कई स्टूडेंट मल्टी नेशनलों में काम करते हैं—ढेर पैसा है, तरह-तरह के स्कॉलरशिप-फैलोशिप...अब तो वो बात नहीं रही। पहले मुद्दों पर बहसें होती थीं। अब तो गाली-गलौज होती हैं...और जब कम नम्बर आते हैं तो टीचर को दोष देते हैं...

प्रश्न : नामवर जी के व्यक्तित्व या चरित्र के बारे में कोई ऐसी बात बताइए जो हमारे सामने न आई हो?

उत्तर : नामवर जी का अधिकांश समय अध्ययन में गुजरता है। बोलते वे बहुत

कम हैं। बस काम की बात। खाने-पीने के मामले में भी बड़े संयमी। दो रोटी तो बस दो ही रोटी। ऐसा नहीं कि भोज में गए तो खूब खा लिया।

मैंने उन्हें कभी उत्तेजित नहीं देखा। एक और घटना याद आती है। माताजी (शान्ति सिंह—उनकी पत्नी) का जब देहान्त हुआ तब दाह संस्कार के पहले उन्हें सिन्दूर लगाते हुए डॉ. साहब की आँखें नम हो गईं...।

प्रश्न : जोधपुर में रहते हुए डॉ. साहब कई अकादमिक गतिविधि में संलग्न थे। साहित्य अकादमी के सदस्य भी थे। उनका दिल्ली काफी आना-जाना रहता था। तब ऐसे में वे क्लास के लिए समय कैसे निकालते थे?

उत्तर : ठीक कहा आपने। वहाँ के किसी अखबार में भी मैंने पढ़ा था कि नामवर सिंह का एक पैर जोधपुर में और दूसरा दिल्ली में रहता है। किन्तु क्लास लेना उनके लिए सबसे जरूरी काम था—और वह भी पूरी तैयारी के साथ। एक तो यह कि वे हमेशा पढ़ते रहते थे। यहाँ तक कि पढ़ते-पढ़ते ही सो जाते थे। दूसरे वे वक्त के बहुत पाबन्द थे। कई बार ऐसा होता कि दिल्ली से आने पर हवाई जहाज से उतरकर सीधे क्लास ही चले जाते थे। उसके बाद घर आते थे। दो-चार बार तो ऐसा भी हुआ है कि वे एअरपोर्ट से सीधे क्लास और क्लास से ही सीधे एअरपोर्ट चले गए। मैंने डॉ. साहब में एक बात देखी है कि वे जो भी काम करते हैं, मन लगाकर करते हैं।

प्रश्न : और कोई बात जो जे.एन.यू. को अन्य विश्वविद्यालयों से, जैसे जोधपुर से अलगाती हो।

उत्तर : जिस वक्त हम जे.एन.यू. आए, उस वक्त यहाँ के स्टूडेंट्स पढ़ने-लिखने के अलावा नाटक, शायरी, कविता आदि पर बहुत ध्यान देते थे। यहाँ के बच्चे राजनीतिक-सामाजिक गतिविधियों से जुड़े थे और राजनीति को पढ़ाई से जोड़ देते थे। जोधपुर का मामला बिल्कुल अलग था। वहाँ जाति पर बड़ा बल था। जाटों-राजपूतों में बिलकुल तालमेल नहीं था। राजनीति करनेवाले नाममात्र को पढ़ाई करते थे जबकि पढ़ने-लिखने वाले विद्यार्थी राजनीति से दूर भागते थे। जे.एन.यू. में बराबरी की बात कोरी बात नहीं है। अब आप ही हो, कितने प्यार से, आदर से बात कर रही हो...जोधपुर में यह बात नहीं थी...छोटा-बड़ा...जाँत-पाँत सब वैसा ही था जैसा सारे देश में है...बस जे.एन.यू. में यह सब नहीं मिलता। पर यहाँ का भी कुछ रुख बदल गया तिरासी की हड़ताल के बाद। स्टूडेंट्स की सोच में बदलाव आया। कर्मचारी और स्टूडेंट्स जो पहले एक साथ होते थे, उनमें दूरी आई...अध्यापक और स्टूडेंट्स के बीच भी दूरी आई। रिश्ते बदल गए।

प्रश्न : कोई और बात जो आप कहना चाहेंगे?

उत्तर : हाँ! सब बात जरूर कहूँगा। मुझे यह कभी अच्छा नहीं लगा कि त्योहारों के दिन हॉस्टलों के मेस बन्द रहते हैं। त्योहार के दिन तो और अच्छा खाना बनना

चाहिए। स्टूडेंट्स इतने दूर-दूर से आए हैं...उन्हें भी घर की याद आती होगी। अरे, आप हर होस्टल में पूरी-सब्जी-हलवा बनवा दीजिए...अलग-अलग मीनू मत रखिए, जिससे सब अपने ही होस्टल में खाना खाएँगे। कोई गेस्ट मत एलाउ कीजिए। डेली वेजेज से काम करवा लीजिए। मेरा तो बस यही कहना है। दूसरी बात जो मैं अपने कैन्टीन में करता हूँ, आपको बता देता हूँ। मैं कोई खाता नहीं रखता। बोल देता हूँ, जो चाही खा लो...पर पैसे की बात तुम्हें याद रखनी पड़ेगी। जब पैसे हों दे जाओ...मैं नहीं माँगूँगा। आज तक तो कोई शिकायत नहीं है। आगे भी नहीं रहेगी। हाँ, एक और बात, मैं अपनी कैन्टीन में शाकाहारी भोजन बनाता हूँ। मेरे हिसाब से एक ऐसी भी जगह होनी चाहिए जहाँ शाकाहारी भोजन मिले। इसकी प्रेरणा भी मुझे एक सेमिनार में आए व्यक्ति से मिली, जो पूरे दिन से भूखे थे—मेरे यहाँ शाकाहारी भोजन पाकर बड़े खुश हुए और शाम का भोजन भी पैक करके लेते गए। तब से मैंने प्रण किया कि अपनी कैन्टीन में मैं शाकाहारी भोजन ही परोसूँगा।

मैं तो यही चाहता हूँ कि जे.एन.यू. अपने सपनों को पूरा करे।

(सुमन केशरी और सूरज के साथ बातचीत)

प्रेरणा देने वाले...

पूरणचन्द

प्रश्न : कृपया अपने बारे में बताइए। आप जे.एन.यू. में कब से हैं?

पूरणचन्द : मेरा नाम पूरणचन्द है। जे.एन.यू. के के.सी. (कमल कॉम्प्लैक्स) मार्केट में मेरी पान की दुकान है। मैं जे.एन.यू. में 1973 में आया। तब ओल्ड कैम्पस के मेन गेट पर ब्लॉक 4 के पास पान-सिगरेट की मेरी दुकान थी।

प्रश्न : आप नामवर जी के सम्पर्क में कैसे आए?

पूरणचन्द : नामवर जी शायद 1974 या 1975 में जे.एन.यू. आए थे। उन्हें पान खाने का बड़ा शौक था। मेरी दुकान पान की थी ही। वो पान खाने आते और इस तरह से मैं उनके सम्पर्क में आया।

प्रश्न : आपके दिमाग में नामवर जी की कोई छवि होगी। उनके व्यक्तित्व से सम्बन्धित कोई बात जो आपको खास लगती हो, बताइए।

पूरणचन्द : नामवर जी यहाँ हिन्दी सेन्टर में टीचर थे। वे बड़े ही सज्जन और नेक इनसान हैं। वे ज्यादा बात नहीं करते हैं। लेकिन जो भी बात करते, बड़े अच्छे-से करते हैं।

प्रश्न : नामवर जी से सम्बन्धित कोई खास घटना जो आपको याद आती हो।

पूरणचन्द : जैसा मैंने बताया कि नामवर जी पान के बड़े शौकीन थे। उन्हें तम्बाकू भी बस 'बाबा 120 नं.' ही पसन्द था। हिन्दी सेन्टर का चपरासी रामदुलारे उनके लिए पान ले जाता था। वह मेरी दुकान से ही पान ले जाता था। वो खुद भी मेरी दुकान पर आते थे। अभी भी जब वे सेन्टर या सेमिनार के लिए जे.एन.यू. आते हैं तब मेरी दुकान पर आकर पान खाते हैं। अब तो वो जे.एन.यू. में नहीं रहते हैं फिर भी कोई स्टूडेंट जे.एन.यू. से जब उनके घर जाता है तब उनके यहाँ मेरी दुकान से पान जरूर ले जाता है। जब कभी दुलारे या कोई और दूसरी दुकान से पान ले जाता तब नामवर जी टोक देते थे—पूरण के यहाँ से नहीं लाए हो? उनकी यह बात मेरे मन को भी छूती है और मुझे अच्छी तरह काम करने की भी प्रेरणा देती है।

प्रश्न : आप इतने वर्ष से जे.एन.यू. में हैं। क्या परिवर्तन लगता है आपको, तब के जे.एन.यू. और अब के जे.एन.यू. में?

पूरणचन्द : जे.एन.यू. में काफी परिवर्तन हुआ है। पहले स्टूडेंट्स में बड़ा प्रेमभाव था। स्टूडेंट और टीचर, दुकानदार या कर्मचारी के बीच में बड़ा हेल-मेल था। अभी तो बस अपने से ही मतलब है। व्यवहार में पहलेवाली बात नहीं है। पहले स्टूडेंट्स भी कम थे। कुल छह ही हॉस्टल थे—गंगा, झेलम, सतलज, गोदावरी, पेरियार, कावेरी और एक पूर्वांचल। आज तो न मालूम कितने हैं, याद भी नहीं हैं। अब वो अपनापन नहीं है।

प्रश्न : और जे.एन.यू. के टीचरों के बारे में कुछ कहना चाहेंगे?

पूरणचन्द : हाँ, पहले नामवर जी के अलावा प्रो. मुनीस रज़ा, आगवानी साहब जैसे टीचर मेरी दुकान पर पान-सिगरेट लेते थे। अभी भी बहुत सारे टीचर ऐसे हैं जो पहले यहीं के स्टूडेंट थे। बाकी और ज्यादा तो पता नहीं।

प्रश्न : पूरण जी, जे.एन.यू. के छात्रों को कुछ कहना चाहेंगे?

पूरणचन्द : हम तो यही कहेंगे कि सभी प्रेमभाव से रहें। यहाँ के तो कितने ही स्टूडेंट्स बड़े-बड़े ओहदों पर हैं, पर जब भी मिलते हैं, बड़े सम्मान और प्रेम से मिलते हैं। वही पुराना वाला भाव रहता है।

प्रश्न : नामवर जी के लिए कुछ कहना चाहेंगे?

पूरणचन्द : हमारी तरफ से तो यही दुआ है कि स्वस्थ रहें। अपनी विद्या बाँटते रहें, और क्या!

लेखक परिचय

प्रो. पुरुषोत्तम अग्रवाल

पुरुषोत्तम अग्रवाल ने रामजस कॉलेज, दिल्ली विश्वविद्यालय तथा जे.एन.यू. में अध्यापन कार्य किया। 'संस्कृति वर्चस्व और प्रतिरोध', 'तीसरा रुख', 'विचार का अनन्त', 'शिवदान सिंह चौहान', 'निज ब्रह्म विचार', 'कबीर : साखी और सबद' आदि पुस्तकों के लेखक तथा कई पुरस्कारों से सम्मानित प्रो. अग्रवाल कैम्ब्रिज विश्वविद्यालय और कॉलेज ऑफ मैक्सिको में विजिटिंग प्रोफेसर रहे हैं। एन.सी.ई.आर.टी., नई दिल्ली में हिन्दी पाठ्यपुस्तकों के मुख्य सलाहकार रहे, अग्रवाल इस समय संघ लोक सेवा आयोग के सदस्य हैं और कबीर तथा भक्तिकाल पर शोध कार्य कर रहे हैं।

प्रो. भगवान जोश

पंजाब यूनिवर्सिटी में पहले रसायन विज्ञान और फिर इतिहास पढ़ने के दौरान ही प्रो. नामवर सिंह से प्रभावित व प्रेरित डॉ. भगवान जोश ने जवाहरलाल नेहरू विश्वविद्यालय से इतिहास में पी-एच.डी. की डिग्री प्राप्त की। सेज़ पब्लिकेशंस से तीन खंडों में प्रकाशित उनका 'कम्यूनिस्ट पार्टी का इतिहास' इतिहास के गम्भीर पाठकों एवं शोधकर्ताओं के बीच अत्यन्त चर्चित है।

धर्म, राजनीति एवं संस्कृति सम्बन्धी विषयों का अध्ययन एवं शोध और विशेष रूप से साहित्य व इतिहास के सम्बन्धों का अध्ययन भगवान की दिलचस्पी के क्षेत्र हैं, जिसमें बक़ौल उनके, उन्होंने नामवर जी से बहुत कुछ सीखा है। इन दिनों जे.एन.यू. में समकालीन इतिहास पढ़ा रहे भगवान जोश के लिए उनके अपने शब्दों में ''इस पुस्तक का हिस्सा होना अत्यन्त सौभाग्य का विषय है।''

प्रो. सदीकुर्रहमान किदवई

दिल्ली विश्वविद्यालय में पढ़ाने के बाद जे.एन.यू. में अध्यापन।

'मास्टर रामचन्द्र', 'अदब, सकाफ़त और दानिशवरी', 'तमन्ना कहें जिसे', 'यक़ीन और गुमान के दरमियान', 'गिलक्रिस्ट एंड द लैंग्वेज ऑफ़ हिन्दुस्तान' आदि रचनाएँ प्रकाशित।

1857 के संस्मरणों का सम्पादन कर रहे हैं। इन दिनों ग़ालिब इंस्टीट्यूट के सचिव हैं और ग़ालिबनामा के सम्पादक भी।

प्रो. केदारनाथ सिंह

'अभी बिलकुल अभी', 'जमीन पक रही है', 'अकाल में सारस', 'बाघ', 'मुक्ति' आदि के रचयिता और साहित्य अकादमी, व्यास-सम्मान, कुमारन आशान पुरस्कार आदि से अलंकृत कवि केदारनाथ सिंह को कौन नहीं जानता। बनारस, गोरखपुर और पडरौना में अध्यापन के बाद केदार जी ने वर्षों जवाहरलाल नेहरू विश्वविद्यालय में पढ़ाया और अब वे वहाँ प्रोफेसर एमिरेटस हैं।

डॉ. गोबिन्द प्रसाद

शब्द ही नहीं, शब्देतर सर्जनात्मकता से भी गहरे में जुड़े डॉ. गोबिन्द प्रसाद दिल्ली विश्वविद्यालय से एम.ए. एवं पी-एच.डी. करने के बाद जे.एन.यू. के भारतीय भाषा केन्द्र में एसोसिएट प्रोफेसर के पद पर कार्यरत हैं। 'कोई ऐसा शब्द दो', 'मैं नहीं था लिखते समय,' 'कविता के सम्मुख', 'त्रिलोचन के बारे में' आदि उनकी प्रमुख रचनाएँ हैं। इसके अतिरिक्त उन्होंने 'फारसी-हिन्दी कोश' तैयार करने में मदद की है तथा फिराक़ गोरखपुरी की बहुचर्चित कृति 'उर्दू की इश्क़िया शायरी' का देवनागरी में लिप्यन्तरण किया है।

इन दिनों गोबिन्द सोफ़िया विश्वविद्यालय, बल्गेरिया में हैं और यह लेख उन्होंने वहीं से भेजा है।

प्रो. गोविन्द पुरुषोत्तम देशपांडे

गोविन्द पुरुषोत्तम देशपांडे लम्बे समय तक जे.एन.यू. के सेन्टर फॉर ईस्ट एशियन स्टडीज़ में चीनी राजनीति और विदेश नीति के अध्यापक रहे। देश के प्रमुख समकालीन नाट्यकारों में से एक, जी.पी.डी. अनायास ही अपने विभिन्न अवतारों में विचरण करते रहे हैं। उनके प्रतिनिधि नाटकों में 'उद्धवस्त धर्मशाला', 'रास्ते', 'सत्यशोधक' नाट्यप्रेमियों में बहुत चर्चित हैं। जी.पी.डी. नाम से जाने जानेवाले देशपांडे सांस्कृतिक, सामाजिक, राजनीतिक रूप में प्रसिद्ध हैं।

डॉ. असलम परवेज

सात पीढ़ियों से तुर्कमान गेट के निवासी। ग्रेजुएशन अलीगढ़ यूनिवर्सिटी और एम.ए./ पी-एच.डी. दिल्ली विश्वविद्यालय। दिल्ली कॉलेज में पढ़ाने के बाद जे.एन.यू. में अध्यापन।

इंशाअल्ला खाँ इंशा, एडप्टेशन ऑफ़ पश्तो–अरेबिक स्क्रिप्ट फ़ॉर उर्दू, पंजाबी एंड हिन्दी; चन्दन का पेड़ (कविता), बहादुरशाह जफ़र, तहरीरें (लेख), पंजाब अदब और सकाफ़त आदि रचनाएँ हैं।

इन दिनों 'उर्दू अदब' नामक पत्रिका का सम्पादन कर रहे हैं।

प्रो. पुष्पेश पन्त

बहुमुखी प्रतिभा के धनी प्रो. पुष्पेश पंत अन्तर्राष्ट्रीय अध्ययन संस्थान, जे.एन.यू. के अन्तर्राष्ट्रीय राजनीति, संगठन और निशस्त्रीकरण केन्द्र में प्रोफेसर हैं। इन्होंने अन्तर्राष्ट्रीय राजनीति में पी-एच.डी. की है। कुमाऊँ विश्वविद्यालय, उत्तरांचल सरकार के संस्कृति विभाग और भारत सरकार के तकनीकी विभाग के एक्जीक्यूटिव काउंसिल के सदस्य रहे। इन्होंने 2001 में आई.एफ.एस. संस्थान के लिए भारतीय विदेश नीति के मूल पाठ्यक्रम की रूपरेखा तैयार की। कई विश्वविद्यालयों में विजिटिंग प्रोफेसर रहे।

इन्होंने अन्तर्राष्ट्रीय राजनीति पर कई चर्चित किताबें लिखी हैं। देश-विदेश के कई पत्र-पत्रिकाओं में नियमित रूप से लेख प्रकाशित होते रहे हैं। अंग्रेजी तथा हिन्दी

दोनों भाषाओं के समाचार पत्रों में एक स्तम्भ लेखक के रूप में इनकी बहुत ख्याति है। इन्हें टेलीविजन की विभिन्न चर्चाओं में देखा जा सकता है। पर्यटन और व्यंजन भी इनकी रुचि के विषय हैं, जिस पर इनकी कई पुस्तकें हैं।

प्रो. आनन्द कुमार

प्रो. आनन्द कुमार ने काशी विश्वविद्यालय, वाराणसी एवं जवाहरलाल नेहरू विश्वविद्यालय, नई दिल्ली में समाजशास्त्र का अध्ययन किया तथा अब वे जे.एन.यू. में पढ़ाते हैं। स्टेट एंड सोसायटी इन इंडिया, नेशन बिल्डिंग इन इंडिया तिब्बत रिसोर्स बुक (सं.) निर्धनता का राजनैतिक समाजशास्त्र, परिवर्तन की राजनीति और राजनीति का परिवर्तन (लेख संग्रह) उनकी रचनाएँ हैं। काशी विश्वविद्यालय और जे.एन.यू. दोनों के छात्र संगठनों के अध्यक्ष रहे। आनन्द कुमार कोरे विद्वान नहीं हैं बल्कि शब्द और कर्म के संश्लिष्ट सम्बन्धों में आस्था रखते हैं। वे केन्द्रीय विश्वविद्यालय शिक्षक महासंघ के राष्ट्रीय अध्यक्ष भी रह चुके हैं।

प्रो. तुलसी राम

बौद्धदर्शन के विद्वान डॉ. तुलसीराम अन्तर्राष्ट्रीय अध्ययन संस्थान, जे.एन.यू. के रूसी और मध्य एशियन अध्ययन केन्द्र में प्रोफेसर हैं। इन्होंने अन्तर्राष्ट्रीय राजनीति में जे.एन.यू. से पी-एच.डी. की। इंस्टिट्यूट ऑफ ओरियंटल स्टडीज, मास्को और सेंट पीटसबर्ग में विजिटिंग फेलो रहे हैं। लोक साहित्य और दलित साहित्य के महत्त्वपूर्ण लेखक और आलोचक हैं। 'भारत अश्वघोष' पत्रिका के सम्पादक के रूप में भी जाने जाते हैं। वर्तमान समय में 'ट्रांसकाकशिया एंड बुद्धिज्म इन रसिया' पर कार्य कर रहे हैं।

प्रो. सुवीरा जायसवाल

प्रसिद्ध इतिहासकार प्रो. सुवीरा जायसवाल ने 1971 से जे.एन.यू. के इतिहास विभाग में अध्यापन कार्य किया। वैष्णव धर्म पर उनका कार्य विशेष रूप से चर्चित रहा है।

इन दिनों सुवीरा जी सिकन्दराबाद (आन्ध्रप्रदेश) में रहती हैं तथा राम पर काम कर रही हैं।

प्रो. शबरी मित्र

शबरी मित्र जे.एन.यू. के भाषा संस्थान में चीनी भाषा और साहित्य की प्रोफेसर हैं। समकालीन चीनी साहित्य में विशेष रुचि रखने के कारण, उन्होंने माओ-परवर्ती चीनी कविताओं और कहानियों का अनुवाद किया है। इसी के साथ बीसवीं सदी में, ख़ासकर वैश्वीकरण के दौर में, चीन के सामाजिक और सांस्कृतिक रूपान्तरण के विभिन्न मुद्दों पर कई पुस्तकें और लेख लिखे हैं। शबरी जे.एन.यू. को अपने जीवन की शिक्षाभूमि और कर्मभूमि मानती हैं।

प्रो. चमन लाल

1947 में पंजाब के बठिंडा जिले में जन्मे प्रो. चमनलाल ने जवाहरलाल नेहरू विश्वविद्यालय, नई दिल्ली से पी-एच.डी. की। अकादमिक जीवन शुरू करने से पहले वे कॉर्पोरेशन बैंक, बम्बई में हिन्दी अधिकारी और दैनिक जनसत्ता, दिल्ली में उपसम्पादक रहे। गुरु नानकदेव विश्वविद्यालय, अमृतसर और पंजाबी विश्वविद्यालय में रीडर रहने के बाद, वे वर्तमान में जवाहरलाल नेहरू विश्वविद्यालय, नई दिल्ली में भारतीय भाषा केन्द्र के अध्यक्ष हैं। उनकी अनूदित पुस्तक 'समय ओ भाई समय' को राष्ट्रीय पुरस्कार के लिए चुना गया। वे लगातार भगतसिंह एवं उस समय के स्वतन्त्रता सेनानियों पर काम कर रहे हैं।

प्रो. रामबक्ष

प्रारम्भिक शिक्षा गाँव तथा जोधपुर में करने के पश्चात जवाहरलाल नेहरू विश्वविद्यालय, नई दिल्ली से पी-एच.डी.।

एन.सी.ई.आर.टी., एन.बी.टी., साहित्य अकादमी आदि से पुस्तकें प्रकाशित।

विभिन्न पत्र-पत्रिकाओं में शोध आलेख प्रकाशित। कई राष्ट्रीय-अन्तर्राष्ट्रीय संगोष्ठियों में भागीदारी। महर्षि दयानन्द विश्वविद्यालय, रोहतक में अध्यापन के पश्चात जयनारायण व्यास विश्वविद्यालय, जोधपुर; इन्दिरा गांधी राष्ट्रीय मुक्त विश्वविद्यालय, नई दिल्ली में प्रोफेसर (हिन्दी) के पद पर कार्य किया।

इन दिनों वे भारतीय भाषा केन्द्र, जवाहरलाल नेहरू विश्वविद्यालय में प्रोफेसर हैं।

डॉ. रामचन्द्र

रामचन्द्र का जन्म बलिया के एक पिछड़े गाँव पूर में हुआ। जे.एन.यू. से एम.ए. तथा पी-एच.डी.। प्रेमचन्द के कथा साहित्य में दलित तथा दलित-विमर्श पर इनका विशेष काम है। ईश्वर शरण डिग्री कॉलेज (इलाहाबाद वि.वि.), इलाहाबाद में अध्यापन करने के पश्चात इन दिनों डॉ. रामचन्द्र भारतीय भाषा केन्द्र, जे.एन.यू., नई दिल्ली में अध्यापन कार्य कर रहे हैं।

प्रो. मुज़फ़्फ़र आलम

जामिया मिल्लिया, नई दिल्ली, अलीगढ़ मुस्लिम विश्वविद्यालय एवं जवाहरलाल नेहरू विश्वविद्यालय से सम्बद्ध प्रसिद्ध इतिहासकार प्रो. मुजफ्फर आलम की प्रमुख पुस्तकें हैं—इंडो-पर्शियन ट्रेवेल्स इन द ऐज ऑफ डिस्कवरी : 1400-1800 (संजय सुब्रह्मणियम के साथ), द लैंग्वेजेज ऑफ पॉलिटिकल इस्लाम इन इंडिया, द मुग़ल स्टेट (संजय सुब्रह्ममणियम के साथ सम्पादन) तथा द क्राइसस ऑफ एम्पायर इन मुग़ल नॉर्थ इंडिया।

इन दिनों प्रो. आलम यूनिवर्सिटी ऑफ शिकागो, यू.एस.ए. में पढ़ा रहे हैं।

समीर वरण नन्दी

बांग्लादेश से विस्थापित कवि समीर वरण नन्दी ने पहले बिहार और फिर जवाहरलाल नेहरू विश्वविद्यालय में अध्ययन किया। उनकी कविताएँ 'जिज्ञासा', 'साक्षात्कार',

'नवभारत टाइम्स' व 'जनयुग' में छपी हैं। इन कविताओं में हड़बड़ी भरी सूक्तिपरकता से सर्वथा अलग वैयक्तिक अनुभव के बने-बनाए ढाँचे से अलग जाकर व्यापक बोध की यन्त्रणा से जुड़ने की एक छटपटाहट है।

उनका एक कविता-संग्रह 'तलहटी में वसन्त' प्रकाशित है। समीर इन दिनों भेल, हरिद्वार में अध्यापन का काम कर रहे हैं।

डॉ. राजकुमार

जवाहरलाल नेहरू विश्वविद्यालय से एम.ए. एवं पी-एच.डी. की पढ़ाई करने के बाद डॉ. राजकुमार इन दिनों बनारस हिन्दू विश्वविद्यालय में अध्यापन कर रहे हैं। 'हिन्दी साहित्य का चौथा दशक' नामक पुस्तक छप चुकी है।

डॉ. राजकुमार इन दिनों भारतीय साहित्यिक-संस्कृति एवं वैकल्पिक आधुनिकता के क्षेत्र में काम कर रहे हैं।

डॉ. ज्योतिष जोशी

बिहार, दिल्ली विश्वविद्यालय एवं जवाहरलाल विश्वविद्यालय से अध्ययन करने के बाद कवि एवं आलोचक डॉ. ज्योतिष जोशी ललिल कला अकादमी से जुड़े। उनकी प्रमुख पुस्तकें हैं—आलोचना की छवियाँ, भारतीय कला के हस्ताक्षर, कृति-आकृति, पुरखों का पक्ष, साहित्यिक पत्रकारिता आदि।

इन दिनों डॉ. ज्योतिष जोशी हिन्दी अकादमी, दिल्ली में सचिव हैं।

डॉ. सुरेश शर्मा

बिहार के एक गाँव में शिक्षक माता-पिता के घर में जन्मे सुरेश शर्मा 1974 में जे.पी. आन्दोलन के दौरान मीसा में गिरफ्तार हुए। बिहार विश्वविद्यालय, मुजफ्फरपुर से हिन्दी में एम.ए. तथा जे.एन.यू. से एम.फिल, पी-एच.डी. करने के बाद पत्रकारिता से जुड़े। 'जनसत्ता' में काम किया। 1991 से 'नवभारत टाइम्स' से सम्बद्ध। इन दिनों

सांध्य टाइम्स, नई दिल्ली में सम्पादक।

सुरेश शर्मा की प्रमुख कृतियाँ हैं—रघुवीर सहाय का कविकर्म, इस अकाल वेला में (राजकमल चौधरी की सम्पूर्ण कविताएँ संपा.); रघुवीर सहाय ग्रंथावली (छह खंडों में) का सम्पादन इत्यादि।

सुरेश जी को देवीशंकर अवस्थी सम्मान तथा सर्वोत्तम फिल्म आलोचक का राष्ट्रीय सम्मान भी मिल चुका है।

डॉ. राजेन्द्र शर्मा

आगरा विश्वविद्यालय से 1975 में हिन्दी में एम.ए. करने के बाद, जवाहरलाल नेहरू विश्वविद्यालय में पी-एच.डी. का अधूरा काम।

समाज, संस्कृति, साहित्य के मुद्दों पर लेख और व्यंग्य विभिन्न पत्र-पत्रिकाओं में निरन्तर प्रकाशित। पुस्तकों के नाम पर 'गुजरात 2002 : भूलने के विरुद्ध', 'संस्कृतिक्षेत्रे रणक्षेत्रे' तथा 'बहस अनन्ता'।

'इस दौर में' पुस्तक श्रृंखला के सम्पादन के अलावा पत्रिका 'सहमत मुक्तनाद' और सहमत के लिए ही पुस्तक श्रृंखला 'यह समय' का सम्पादन। 'लोकलहर' साप्ताहिक से संयुक्त सम्पादक के रूप में पूर्णकालिक सम्बद्धता।

डॉ. राजेन्द्र प्रसाद पांडेय

इलाहाबाद विश्वविद्यालय से बी.ए. तथा जवाहरलाल नेहरू विश्वविद्यालय, नई दिल्ली से एम.ए. (हिन्दी), एम.फिल तथा 'रामचन्द्र शुक्ल की आलोचना के पाश्चात्य स्रोत' विषय पर पी-एच.डी.।

हिन्दी आलोचना से सम्बन्धित विषयों पर निरन्तर लेखन।

इन्दिरा गांधी राष्ट्रीय मुक्त विश्वविद्यालय, नई दिल्ली के अनुवाद अध्ययन एवं प्रशिक्षण विद्यापीठ में रीडर के पद पर कार्यरत।

डॉ. जितेन्द्र श्रीवास्तव

जितेन्द्र श्रीवास्तव ने जवाहरलाल नेहरू विश्वविद्यालय, नई दिल्ली से एम.ए.,

एम.फिल. और पी-एच.डी. की उपाधियाँ हासिल की हैं। भारत भूषण अग्रवाल पुरस्कार, रामचन्द्र शुक्ल पुरस्कार, विजयदेव नारायण साही पुरस्कार, डॉ. रामविलास शर्मा आलोचना सम्मान एवं भारतीय भाषा परिषद्, कोलकाता का युवा सम्मान प्राप्त जितेन्द्र श्रीवास्तव इन दिनों इन्दिरा गांधी राष्ट्रीय मुक्त विश्वविद्यालय में प्राध्यापक हैं।

आनन्द पांडेय

उत्तर प्रदेश के अम्बेडकर नगर जिले के श्रीमती प्रेमा पांडेय और श्री राममिलन पांडेय के किसान परिवार में जन्म। इंटर तक की शिक्षा गाँव में। बी.ए. इलाहाबाद विश्वविद्यालय से। एम.ए. जे.एन.यू. और एम.फिल. जामिया मिल्लिया इस्लामिया से किया। सम्प्रति : जे.एन.यू. के भारतीय भाषा केन्द्र में यू.जी.सी के सीनियर रिसर्च फैलो कार्यक्रम के तहत पी-एच.डी. कर रहे हैं।

किशोरावस्था से ही राजनीति में भागीदारी। वर्तमान में कांग्रेस के छात्र संगठन एन.एस.यू.आई. के राष्ट्रीय महासचिव।

डॉ. धीरेन्द्र बहादुर सिंह

उत्तरप्रदेश के रायबरेली जिले में जन्मे धीरेन्द्र बहादुर सिंह ने एम.ए., एम.फिल. और पी-एच.डी. भारतीय भाषा केन्द्र, जे.एन.यू. से की। 'आलोचना' जैसी पत्रिकाओं में लेख प्रकाशित। विख्यात साहित्यकार-इतिहासकार डेविड लॉरेन्जन के लेखों का अनुवाद कर रहे हैं। इन दिनों दिल्ली विश्वविद्यालय के रामलाल आनंद कॉलेज (सायं) में (तदर्थ) प्रवक्ता के रूप में कार्य कर रहे हैं।

सूरज

मूल रूप से बिहार राज्य के नालन्दा जिले के हिलसा अनुमंडल का निवासी। स्कूली शिक्षा से स्नातक तक की शिक्षा वहीं सम्पन्न हुई। स्नातकोत्तर हिन्दी विषय में

जे.एन.यू. से। एम.फिल. झुम्पा लाहिड़ी की कहानियों के अनुवाद और उसके सांस्कृतिक विमर्श पर आधारित। वर्तमान में 'भीष्म साहनी के अनुवाद कर्म' विषय पर पी-एच.डी. हेतु शोधरत।

सुधा निकेतन रंजनी

मूलतः बिहार राज्य के ग्राम फरीदपुर, जिला पटना की निवासी। स्कूली शिक्षा गाँवों से सम्पन्न हुई। बी.ए. मगध महिला कॉलेज, पटना तथा एम.ए., एम.फिल. हिन्दी विषय में जे.एन.यू. से। वर्तमान में 'बिहार के दरिया साहब' पर पी-एच.डी. हेतु शोधरत।

लक्ष्मीनारायण मलिक

जे.एन.यू. लाइब्रेरी की आत्मा कहे जाने वाले मलिक साहब ने 1971 में प्रोफेशनल अस्सिटेंट के तौर पर जे.एन.यू. लाइब्रेरी में काम शुरू किया। देश-विदेश की अनेक भाषाओं के जानकार मलिक साहब ने न केवल जे.एन.यू. की मुख्य लाइब्रेरी बल्कि संस्कृत लाइब्रेरी, लॉ एंड गवर्नेन्स की लाइब्रेरी के विकास एवं नवीकरण में भी महत्त्वपूर्ण भूमिका निभाई है। इन्हें वाइस चांसलर का 'लाइफलोंग सर्विस टु द लाइब्रेरी' का गोल्ड मेडल भी मिल चुका है।

इन दिनों मलिक साहब अकेडमिक स्टाफ कालेज की लाइब्रेरी बनाने में लगे हुए हैं।

के.एम. शर्मा

1975 में जोधपुर विश्वविद्यालय से जवाहरलाल नेहरू विश्वविद्यालय के भारतीय भाषा केन्द्र में प्रोफेसर नामवर सिंह के निजी सहायक के रूप में आए श्री कांचीमल शर्मा इन दिनों जे.एन.यू. के हिन्दी एकक में वरिष्ठ हिन्दी अधिकारी के रूप में कार्यरत हैं।

अनस अहमद

काम को वक्त पर और अत्यन्त सलीके से करनेवाले अनस अहमद ने भारतीय भाषा केन्द्र में अपने कैरियर की शुरुआत की। इन दिनों वे डीन ऑफ़िस, स्कूल ऑफ़ लैंग्वेजेज लिट्रेचर एंड कल्चर में कार्यरत हैं। अनस भाई की चुस्ती-स्फूर्ति और काम में उनकी सलाहियत से शायद ही कोई जे.एन.यू. वाला नावाकिफ़ होगा।

रामदुलारे

जोधपुर विश्वविद्यालय से जवाहलाल नेहरू विश्वविद्यालय आए रामदुलारे जी भारतीय भाषा केन्द्र में काम करते हैं। मुस्कराते हुए सभी के काम तत्परता से करना उनकी खासियत है।

मदन लाल राव

श्री मदन स्कूल ऑफ़ लैंग्वेज़ज के बेसमेंट में कैन्टीन चलाते हैं। इनकी कैन्टीन की कचौड़ियाँ जू.एन.यू. ही नहीं जे.एन.यू. के बाहर भी मशहूर हैं और उससे भी ज्यादा मशहूर है मदन जी का दोस्ताना व्यवहार और मेहमाननवाज़ी। नामवर जी से उनके सम्बन्ध उनके अपने शब्दों में कुछ इस तरह के हैं—"नामवर जी का घर हमारे लिए चौबीसों घंटे खुला रहता है।"

पूरणचन्द

पूरणचन्द जे.एन.यू. में पान-सिगरेट विक्रेता हैं। चेहरा देखकर ग्राहक की पसन्द की चीज़ें देना और बढ़िया पान खिलाना उनकी विशेषता है।

●●●